FLUG INS NÖRDLICHE EGERLAND

von Franz Böhm

Titelfoto: Die Stadt Elbogen

„Ein landschaftliches Kunstwerk" hat Goethe 1807 die romantisch gelegene, von Mauern und Türmen umgebene Burgstadt Elbogen genannt. Er hat hier das Schloß gezeichnet und sich öfter mit der jungen Ulrike von Levetzow getroffen.

Flug ins nördliche Egerland

Dinkelsbühl 2003

Herausgegeben vom Heimatkreis Mies-Pilsen e.V., Bauhofstraße 41, 91550 Dinkelsbühl
Telefon 09851/53003, Fax 09851/53004
e-mail: hans.mirtes@t-online.de
Internet http://mies-pilsen.de

Verfasser Franz Böhm
Redaktion Dr. Hans Mirtes

Buchdesign, technische Gestaltung und Gesamtherstellung
Ortmaier-Druck GmbH,
Birnbachstraße 2, 84160 Frontenhausen
Tel. 08732/921040, Fax 08732/921093
Internet: www.vilstalbote.de
E-Mail: ortmaier.druck@vilstalbote.de

ISBN: 3-9808506-1-7

FLUG INS NÖRDLICHE EGERLAND

von Franz Böhm

Eine Dokumentation in Wort und Bild
Wie unsere Heimat einst war – und wie sie heute ist

Herausgegeben vom
Heimatkreis Mies-Pilsen e.V., Dinkelsbühl

FLUG INS NÖRDLICHE EGERLAND

widme ich postum meinem Vater

F r a n z   B ö h m

Lehrer in Schlowitz und Littitz

geboren 1902 in Kladrau bei Mies

gefallen 1944 in Serbien

zur 100sten Wiederkehr seines Geburtstages

im Jahre 2002

Dank und Anerkennung

Stadt und Land Karlsbad in Luftaufnahmen erinnern den Leser an frühere Gegebenheiten. Wehmut und Schmerz, Stolz und Zuversicht gleichermaßen ergreifen den Betrachter. Prächtige Bilder, faszinierende Motive und deutsche Kultur kommen durch Anlagen und Bauten zum Ausdruck, erinnern an Heimat, Eigentum und Verankerungen, erboßen jedoch auch wegen Vertreibung, Raub und Mord. Aus diesem Bildband keimt – aus luftiger Höhe die Realitäten betrachtend – doch Hoffnung auf Gerechtigkeit, zumal der Zeitpunkt des Erscheinens mit dem der Vorkehrungen für einen möglichen Beitritt der Tschechischen Republik zur Europäischen Union in naher zeitlicher Verbindung liegt.

Die Verbindung zur Heimat darf nicht abreißen. Auch wir Karlsbader kümmern uns ambitioniert um unsere Vaterstadt, hoffend auf den Beitrittsprozess, der rechtliche und wirtschaftliche Klarheit bringen soll.

Deshalb danken wir Karlsbader unserem Landsmann Franz Böhm für sein publizistisches Wirken. Nach zwei erfolgreichen Bänden liegt nunmehr der dritte Bildband vor, ein großartiges Werk und ausgewogen komponiert in Text und Bild. Entlang der Flugroute wird die Landschaft unseres Heimatkreises von Elbogen bis Engelhaus, Karlsbad bis Schlackenwerth in eindrucksvoller Art dargestellt. Unsere Reverenz entbieten wir dem Autor sowie dem Herausgeber Heimatkreis Mies-Pilsen e. V. mit Vorsitzendem Dr. Hans Mirtes und wünschen diesem Werk gute Aufnahme und Verbreitung, um aller Welt zu zeigen, wie wir Sudetendeutsche für unsere Heimat einstehen.

Dr. Peter Küffner

Heimatverband der Karlsbader e. V.

Ein herzliches „Dånk schäi(n“!

Lieber Landsmann Franz Böhm, lieber Freund,

gerne komme ich Deinem Wunsch nach, ein Grußwort für den 3. Band „Flug über die Heimat“ zu schreiben.

Als ich vor zwei Jahren Band 1 in der Hand hielt, sind mir vor Freude die Tränen gekommen. Vor allem, weil es noch Menschen gibt, die solche Belastungen für ihre Heimat auf sich nehmen. Einige Orte, die ich früher öfter besucht hatte, sah ich nach mehr als fünfzig Jahren wieder. Einiges war mir bekannt, vieles hatte sich geändert, und Wehmut kam auf, wenn man die sinnlosen Zerstörungen erkennen konnte.

Als Ehrenvorsitzender des Heimatverbandes der Falkenauer e.V. und als Heimatkreisbetreuer des Kreises Falkenau a. d. Eger gingen mir aber auch andere Gedanken durch den Kopf. Ich dachte an unsere Städte und Dörfer, an unseren Kaiserwald und richtete an mich selbst und an meine Freunde die Frage, ob es nicht möglich sein müßte, etwas ähnliches zu schaffen. Da kam Dein Anruf, daß Du einen weiteren Flug geplant hast, der auch über Falkenau führen soll, wie ein Geschenk des Himmels. Natürlich sagte ich Dir sofort jede Unterstützung zu, und ich danke Dir, daß Du auch meinem Wunsch nachgekommen bist, weitere Orte einzuschließen. Ich freue mich zusammen mit meinen Landsleuten aus Stadt und Kreis Falkenau für die hervorragend gelungenen Luftaufnahmen von Falkenau, Haberspirk, Hartenberg, Königsberg und Maria Kulm. Für all die Mühe und Arbeit sage ich Dir, auch im Namen meiner Landsleute, ein herzliches „Dånk schäi(n“. Mein Dank gilt aber auch Lm. Dr. Mirtes, der als Kreisbetreuer und Vorsitzender vom Heimatkreis Mies-Pilsen e.V. wieder die Verantwortung und das Risiko der Veröffentlichung übernommen hat. Ich wünsche Euch, daß das Buch von vielen Egerländer Familien gekauft wird, aber auch darüber hinaus Verbreitung findet, um diesen Menschen zu zeigen, aus welchem wunderschönen Land wir vertrieben wurden.

Rudolf Götzl

Ehrenvorsitzender des
Heimatverbandes der Falkenauer e. V.
Heimatkreisbetreuer des Kreises Falkenau a. d. Eger

„Vergelt's Gott"

Angeregt durch die sehens- und lesenswerte Serie „Flug über die Heimat" in der „Sudetendeutschen Zeitung" habe ich Anfang 1999 mit dem Autor Franz Böhm Verbindung aufgenommen. Er ist meiner Bitte sehr gern gefolgt, die Orte meiner Heimat beim Flug über das romantische Egertal zu fotografieren. – Bei gutem Wetter und bester Fernsicht sind am 18. Juni 2000 sehr schöne Fotos entstanden.

Von Karlsbad die Eger abwärts folgend, kommt man bald nach Gießhübl-Sauerbrunn, Rodisfort, Welchau, Wickwitz und Jokes (meinem Geburtsort). Professor Dr. Viktor Karell hat in *„Das Egertal und seine Sommerfrischen"* u.a. diese Orte textlich und zeichnerisch bereits 1934 mit einer achtfarbigen (!) Egertal-Bildkarte dargestellt. Herausgeber war der Egertal-Arbeitsausschuß, Sitz Klösterle, im Deutschen Landesverband für Fremdenverkehr in Böhmen.

Die jetzt vorliegenden farbigen Luftaufnahmen und die ergänzenden Texte von Franz Böhm zeigen unsere alte Heimat in einer sehr eindrucksvollen, außergewöhnlichen und ganz anderen Weise.

Es stimmt einen schon sehr traurig, und Wehmut ergreift das Herz, wenn man die schönen Fotos des Egerlandes sieht, das von Franken, Bayern, Oberpfälzern und Obersachsen im 12. Jahrhundert großflächig besiedelt wurde. Nur weil wir Deutsche waren, mußten wir 1945/46 mit geringen Habseligkeiten (bei meinen Eltern waren es 30 kg je Person) unsere angestammte Heimat für immer verlassen. – Damit endete ein jahrhundertelanges und meist friedliches Zusammenleben von Deutschen und Tschechen in Böhmen und Mähren.

Franz Böhm und dem Heimatkreis Mies-Pilsen gilt ein herzliches „Vergelt's Gott", so wie man sich einst im Egerland bedankte, für die viele Mühe und Arbeit bei der Vorbereitung und Herausgabe dieses Bildbandes.

Ober-Ramstadt, im Juli 2000

Oskar Girschick

(Herausgeber des Heimatbuches „Dorfgeschichte von Jokes im Egerland")

Glück auf
dem 3. Band „Flug über die Heimat“
von meinem Heimatfreund Franz Böhm!

Ohne daß wir voneinander wußten, haben wir beide im Juli 1944 in Holleischen im Landkreis Mies an einem Segelfluglehrgang teilgenommen. Weitere Parallelen ergeben sich aus unseren fotografischen Ambitionen, Franz aus der Luft und ich bei meinen früheren Besuchen in der Heimat vom Boden aus.

Es ist eine enorme Leistung vom Flugzeug aus – die Türe ausgebaut – diese Aufnahmen zu machen und in Bruchteilen von Sekunden das gewünschte Objekt auf den Film zu bannen.

Weiter muß erwähnt werden, daß dies alles ehrenamtlich geschehen ist, also alle Kosten – die nicht unbeträchtlich sind – vom Autor allein bestritten wurden.

Der Bildband „Flug ins nördliche Egerland“ mit ausführlichem begleitendem Textteil ist eine bedeutende Dokumentation über die wichtigsten Orte unserer Heimat aus der Vogelperspektive, die wir in dieser Art nie wieder zu Gesicht bekommen werden.

Allen unseren Landsleuten, den Freunden des Egerlandes und den Politikern zur Information ist der Kauf dieses einmaligen Werkes, das sich auch als ein besonderes Geschenk eignet, bestens zu empfehlen.

Dank gebührt auch dem Herausgeber, dem Heimatkreis Mies-Pilsen, der damit abermals ein hohes finanzielles Risiko zur Verbreitung von besonderer Heimatliteratur eingegangen ist.

Heini Pascher

Ehrenvorsitzender der Eghalanda Gmoi
in München

Gute Wünsche

Mit seinem dritten Bildband, der sich mit dem Flug ins nördliche Egerland beschäftigt, hat Franz Böhm ein wahrhaft weites Feld beackert. Von Franzensbad am Eingang zum Ascher Zipfel im Westen bis zur Hopfenmetropole Saaz im Osten reicht sein fliegerischer Radius, und die Bilder, die er von seinen „Flügen über die Heimat" mitgebracht hat, bringen einem Betrachter die gezeigten Orte auf eine ganz eigentümliche Weise nahe: Denn wer hat schon Gelegenheit, die Heimat so intensiv aus der Luft zu erforschen? Nimmt man dann noch die Texte hinzu, die oft umfangreiche Heimatbücher zu allgemein Wissenswertem komprimieren oder eigenes Erleben einfließen lassen, erhält der Leser ein Heimatbuch voller wertvoller Informationen und wunderschöner Bilder.

Es kann nicht ausbleiben, daß diese Bilder mitunter auch betroffen machen – auch Verfall muß dokumentiert werden. Bausünden und Fehlentwicklungen aus kommunistischer Zeit, das langsame Sterben von Orten, seitdem sie ihrer deutschen Urbewohner beraubt wurden. Doch Franz Böhm geht es nicht in erster Linie um eine Anklage. Er will die deutsche Vergangenheit dieses Landes zeigen – in der Hoffnung, daß daraus eine gedeihliche deutsch-tschechische Zukunft erwachsen möge. Den Deutschen der Heimat, vertrieben wie verblieben, zeigt er aber vor allem eines – die Schönheit dieses Landes.

Die Sudetendeutsche Zeitung begleitet Franz Böhms Heimatflüge nun bereits seit mehreren Jahren – eigentlich von Anfang an, seit der Autor seine Idee, über Böhmen „in die Luft zu gehen", in die Tat umsetzte und sich zunächst seine engere Heimat um Pilsen vornahm. Schon als Zeitungsveröffentlichung erfreut sich Franz Böhms Serie ungebrochener Beliebtheit. Ich bin sicher, daß die Freunde der „Heimatflüge" in der Sudetendeutschen Zeitung auch diesen dritten Band „Flug in das nördliche Egerland" mit Freude zur Hand nehmen und mit Genuß lesen werden.

Gernot Wildt

Chefredakteur, Sudetendeutsche Zeitung

Die Liebe zu unserer Heimat

hat Franz Böhm zu außerordentlicher Leistung unter Einsatz erheblicher finanzieller Eigenmittel und Verzicht auf seinen wohlverdienten Ruhestand dazu bewogen, dieses Standardwerk zu schaffen. **Flug ins nördliche Egerland** ist damit eine gekonnte Fortsetzung der bisherigen Bände: **Flug über die westböhmische Heimat** (1999) und **Flug ins Stifter-Land** (2001).

Der Heimatkreis Mies-Pilsen ist stolz auf die Leistungen seines Autors und Fotographen und übernimmt die Herausgeberschaft. Wir meinen, daß es wichtig ist, der Öffentlichkeit, aber auch unseren Landsleuten und ihren Nachkommen die Schönheiten unserer Egerländer und sudetendeutschen Heimat bewußt zu machen. Die meisten der noch lebenden Landsleute mußten ihre Heimat als Jugendliche oder Kinder verlassen. Ihnen fehlt eine Gesamtschau. Sie sollen damit ermuntert werden, die Heimat- und Vertreibungsgebiete ihrer Eltern zu besuchen, um sich die mutwilligen Zerstörungen, die mit Ende der kommunistischen Ära weitergingen, vor Augen zu führen.

Was können wir noch tun? Wie es im Moment scheint, ist politisch alles gelaufen. Wir müssen deshalb unsere Aktivitäten auf andere Ebenen verlagern:

- Der Zusammenhalt unserer Heimatgemeinschaften ist das vordringlichste Ziel – dazu gehört auch das Ansprechen der jüngeren Generation.
- Eine weitere wichtige Aufgabe ist die Öffentlichkeitsarbeit und das Suchen und Gewinnen von Freunden und Verbündeten im In- und Ausland, aber auch in der Tschechischen Republik.
- Das dritte Ziel ist das fortgesetzte Bewußtmachen unseres Rechtsstandpunktes in der Öffentlichkeit oder in streitigen Rechtsverfahren vor nationalen und internationalen Gerichten und Gremien. Und hier stehen wir gar nicht so schlecht da.

Dieses Buch soll ein Mosaikstein in unseren Zielsetzungen sein, und wir wünschen ihm eine wohlwollende Aufnahme und Verbreitung. Das ist Lohn und Ansporn für unseren Autor Franz Böhm, aber auch für den Heimatkreis Mies-Pilsen.

Dr. Hans Mirtes

Für die Vorstandschaft
des Heimatkreises Mies-Pilsen e.V.

Flug ins nördliche Egerland

Mit dem Autor im Cockpit

Beim „Flug ins nördliche Egerland“ am 18. Juni 2000 – es war mein 7. Flug über die Heimat – hat wieder Herr Antonín Wagner die einmotorige Cessna gesteuert, und ich saß wieder mit gemischten Gefühlen daneben, denn vor dem Start hatten wir die Türe auf meiner Seite ausgebaut, damit ich ungehindert fotografieren und gute Bilder machen konnte.

Ich hatte dabei: eine Karte mit der eingezeichneten Flugroute, eine Olympus Spiegelreflexkamera, zehn durchnumerierte Diafilme und viele „Spickzettel“, die ich an einer Schnur aufgereiht um den Hals hängen hatte. Der Fahrtwind hätte sie mir sonst aus der Hand und hinaus ins Freie gerissen. Auf ihnen hatte ich aus Heimatbüchern kopierte Ortspläne, Ansichten von Kirchen, Kapellen und Burgruinen zur sicheren Identifizierung der einzelnen Flugziele. In der Brusttasche der Windjacke steckte ein Microcassetten-Rekorder, damit ich unterwegs die Namen der fotografierten Orte und die Bildnummern aufs Band sprechen konnte.

Auch der Flug ins nördliche Egerland war alles andere als ein Vergnügen. Da ich an meiner Seite keine Türe hatte, saß ich sozusagen direkt am Abgrund und konnte unter mir den Schatten des Flugzeuges dahinhuschen sehen. Der Motor machte einen Höllenlärm, sodaß wir uns nur schreiend verständigen konnten, der Fahrtwind zerrte an der Kleidung, an den Haaren und an meinen Zetteln. Wehe ich beugte mich mit der Kamera zu weit hinaus! Der Luftstrom hätte sie mir fast aus der Hand gerissen. Immer wieder sackte die kleine Maschine plötzlich in ein Luftloch ab oder wurde von Windböen kräftig durchgeschüttelt. Nur gut, daß der Magen leer war!

War wieder ein neues Ziel erreicht und anhand der Karte und des „Steckbriefes“ sicher bestimmt, galt es die günstigste Anflugrichtung zu finden, möglichst Gegenlicht zu vermeiden, rasch die besten Motive auszumachen, richtig zu fokussieren und im entscheidenden Moment auszulösen. Herr Wagner ahnte förmlich, worauf es mir jedes Mal ankam und zog so lange seine Kreise – einmal enger, dann wieder weiter – bis ich ihm „Okay!“ zurief. Wir verständigten uns nämlich auf Englisch.

Spannend wurde es, wenn ich den Film wechseln mußte. Meistens passierte es, wenn ich gerade mitten im schönsten Knipsen war. Ich hatte immer Angst, daß mir der belichtete Film durch Unachtsamkeit oder einen plötzlichen Ruck aus der Hand und auf Nimmerwiedersehen hinaus ins Freie fallen könnte. Zum Glück ist es bisher noch nie passiert.

Ganz schön unter Druck kam ich jedes Mal, wenn die Ziele nah beieinanderlagen, wie zum Beispiel im mittleren Egertal die Orte Gießhübl-Sauerbrunn, Rodisfort, Welchau, Wickwitz und Jokes.

Wenn dann nach 4 Stunden die Cessna wieder auf dem Flugplatz Letkov ausgerollt war und ich wieder festen Boden unter den Füßen hatte, war alle Anspannung wie verflogen, nur noch Glücksgefühle pur. Der Flug hat geklappt, das Wetter hat gepaßt, 250 Heimatbilder im Kasten, Heimatherz, was willst du mehr! Danke, lieber Gott, daß Du hast alles gelingen lassen!

Später gab es dann im Hause Wagner in Rokitzan das böhmische Nationalgericht: Schweinas, Kniadla und Kraut und dazu ein süffiges Pilsner Urquell.

Mit „Prosit!“ und „Na zdraví!“ stießen wir auf den gelungenen Flug ins nördliche Egerland an.

Franz Böhm

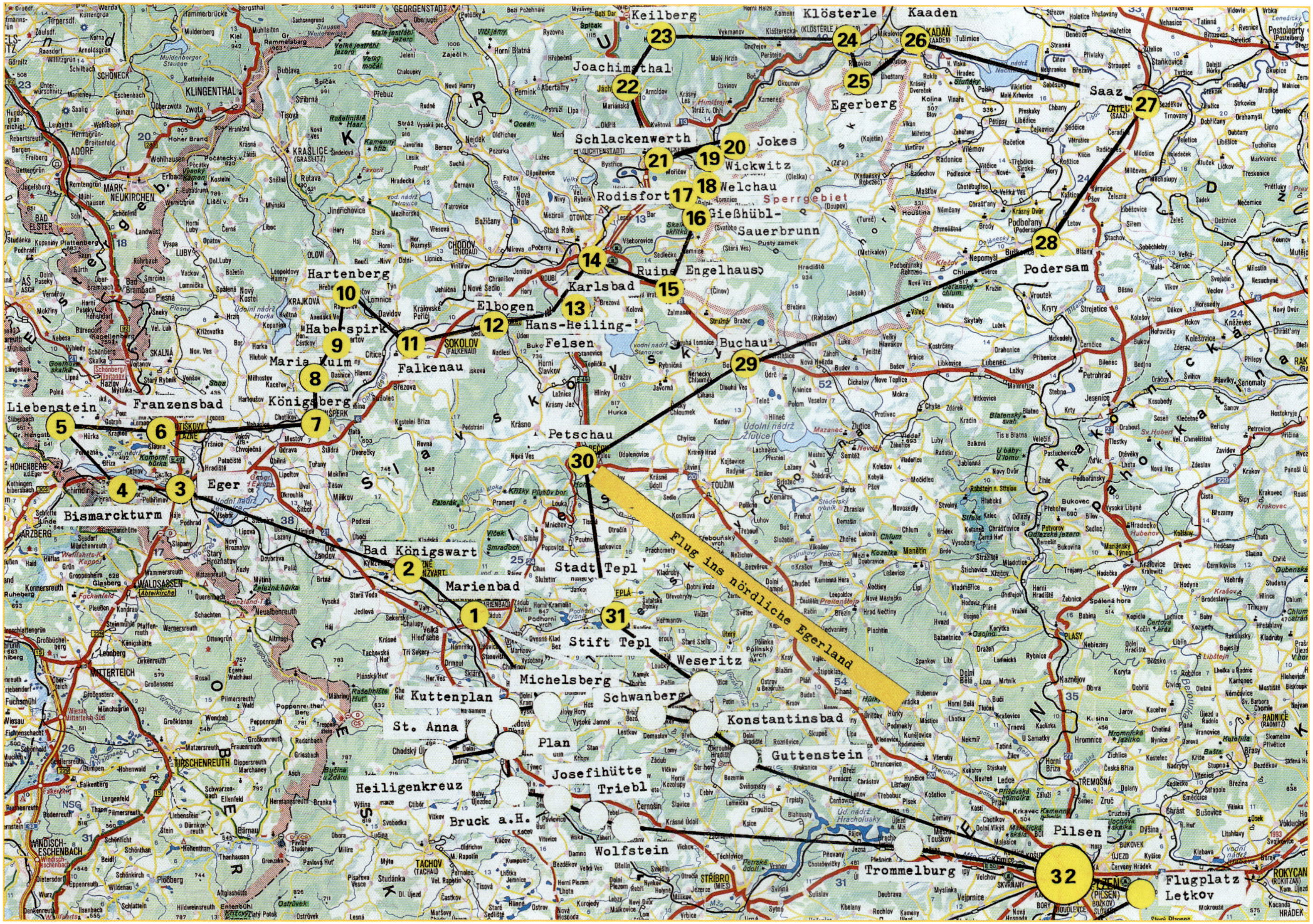
Keilberg
Klösterle
Kaaden
23
24
26
Joachimsthal
25
22
Egerberg
Saaz
27
Schlackenwerth
20 Jokes
21
19 Wickwitz
18 Welchau
Sperrgebiet
Rodisfort 17
16 Gießhübl-Sauerbrunn
28
14
Ruine Engelhaus
Podersam
Hartenberg
15
10
Karlsbad
Elbogen
13
Habersspirk
12
Hans-Heiling-Felsen
9
11
Maria Kulm
Falkenau
Buchau
29
8
Liebenstein
Franzensbad
Königsberg
5
6
7
Petschau
30
4
3
Eger
Bismarckturm
Flug ins nördliche Egerland
Bad Königswart
2
Stadt Tepl
Marienbad
1
31
Stift Tepl
Weseritz
Michelsberg
Kuttenplan
Schwanberg
Konstantinsbad
St. Anna
Plan
Guttenstein
Josefihütte
Heiligenkreuz
Triebl
Bruck a.H.
Wolfstein
Pilsen
Trommelburg
32
Flugplatz Letkov

Flug ins nördliche Egerland – die Flugziele

Marienbad – Gesamtansicht.

1 Flug über Marienbad (Teil 1)

Aus Waldwildnis wurde ein Weltkurort

So sieht heute, im Jahre 2000, Marienbad aus, wenn man sich im Flugzeug von Süden her dem Kurzentrum nähert. Wer schon in Marienbad war, entdeckt etwas über der Bildmitte den Kreuzbrunnen und die Kurkolonnade. Hier bilden Paläste, Kurhotels, Sanatorien und Villen eine markante Silhouette.

Wie mag wohl Marienbad vor 200 Jahren, also um 1800, ausgesehen haben? Überhaupt nicht! Da hat es Marienbad noch nicht gegeben. Da stand noch kein einziges Haus! Das ganze Tal glich einer Wildnis aus dichten Wäldern, riesigen Granitblöcken, weiten Hochmooren und sumpfigen Wiesen. Aber aus unzähligen Spalten und Klüften, sogar aus Mooren und Sümpfen sprudelten Quellen, viele Quellen, Mineralquellen, salzhaltige, kohlensäurehaltige, schwefelhaltige, eisenhaltige. Um 1650 zählte der Klosterchronist von Tepl – das Tal zählte zum Besitz des Prämonstratenser-Chorherrenstiftes Tepl – 60 Quellen, später werden es über 100 sein.

Obwohl Ärzte und Apotheker aus Karlsbad und Eger die Heilkraft der Quellen bestätigten, gab es im Tal der Marienquelle noch immer kein Haus. Es bestand nämlich ein von der Bergbaubehörde erlassenes Rodungs- und Bauverbot, damit die Holzbelieferung der Bergwerksbetriebe in Schlaggenwald gesichert bleibt.

Trotzdem begann sich ab 1700 ein zunächst sehr primitiver Badebetrieb bei den Quellen zu entwickeln. Man unterschied schon den Auschowitzer Salzbrunnen (Ferdinandsquelle) zum Salzsieden, den „Stänker“ (die schwefelhaltige Marienquelle) für Bäder und den „gesalzenen Brunn“ (Kreuzbrunnen) zum Trinken.

Ab 1749 kochte der Tepler Stiftsapotheker das Wasser des Kreuzbrunnens – ein dort errichtetes Holzkreuz gab ihm den Namen – zur Gewinnung von Glaubersalz, das vom Stift als „Tepler Salz“ zu Heilzwecken verkauft wurde.

1760 wurden 6 größere Quellen in Prag chemisch analysiert: Marienquelle, Ferdinands-, Ambrosius-, Karolinenbrunnen und zwei Kreuzbrunnquellen.

1786 gelang es dem Tepler Abt Christoph von Trautmannsdorf, das Holzschlag- und Bauverbot gegen Zahlung von 11000 fl. abzulösen.

Nun stand dem Bau von Kur- und Badehäusern, Hotels und Pensionen nichts mehr im Wege. Drei Männer haben sich um den Aufstieg Marienbads zum Weltkurort besonders verdient gemacht:

der Tepler Arzt Dr. Josef Nehr,
der Tepler Abt Karl Reitenberger,
der Prager Landschaftsgärtner Wenzel Skalník.

Dr. Nehr berichtete über seine Pionierjahre, er selbst habe zunächst nur *„Wasserrisse und Gesümpfe, Stein- und Sandhügel, vermoderte Stöcke und*

Windbrüche" gefunden. Weil er aber den Wert der Quellen erkannte, kümmerte er sich besonders um ihre Pflege. Er sorgte dafür, daß der Kreuzbrunnen eine saubere Fassung erhielt und eingezäunt wurde und für die Gewinnung des Brunnensalzes ein festes Holzhaus errichtet wurde. Er selbst baute das erste Kurhaus mit 16 Zimmern und ließ an der Marienquelle mehrere kleine Badestuben entstehen.

Im Mitteltrakt des Kreuzbrunnens erinnert eine Bronzebüste an Dr. Johann Josef Nehr, den ersten Brunnenarzt Marienbads.

Goethe, der 1820 in Marienbad weilte, hat über die Gründerjahre gesagt: *"Mir war es, als befände ich mich in den nordamerikanischen Wäldern, wo man in drei Jahren eine Stadt baut"*.

Der Tepler **Abt Karl Reitenberger** gilt als der eigentliche Gründer des Kurortes. Schon als Sekretär von Abt Pfrogner hatte er die Aufsicht über den entstehenden Kurort erhalten. Sein Ziel: aus der Einöde einen anmutigen Park zu schaffen. So ließ er Spazierwege anlegen und die Umgebung des Kreuzbrunnens verschönern. Bei diesen Arbeiten wurde 1809 der „Neubrunnen" aufgefunden, der 1817 zu Ehren der Kaiserin Karoline den Namen „Karolinenbrunnen" erhielt.

Als Reitenberger mit 34 Jahren zum Abt des Stiftes Tepl gewählt wurde, konnte er unbehindert großzügig planen und eine neue Ära im Aufbau Marienbads einleiten. Besondere Aufmerksamkeit wandte er der Fassung und dem Schutz der Quellen zu. 1818 ließ er die Kreuzbrunnenkolonnade erbauen, 1819 den Karolinenbrunnen fassen und später mit einer Kuppel überdachen, 1821 die Marienquelle neu fassen und 1828 eindachen, ferner wurde der Ambrosiusbrunnen gefaßt und mit einem gotischen Tempelchen versehen, endlich 1827 die Waldquelle gefaßt und durch einen Überbau geschützt.

Reitenberger sorgte auch für die Verbesserung der Badeanstalten. Das 1810 erbaute Badehaus wurde erweitert und mit Dusche- und Dampfbädern versehen. 1818 ließ er eine Gasbadeanstalt bei der Marienquelle errichten und die Eisenmoorbäder einführen.

Der Versand der Quellwasser gewann immer mehr an Bedeutung. Die Steinkrüge dazu ließ der Abt in einer neuen Krugfabrik herstellen.

Dann wandte er sich der Verschönerung des ganzen Ortes zu. Es entstanden breite Straßen und Trottoirs, und die Promenade zwischen Kreuzbrunnen und Karolinenbrunnen nahm Gestalt an. 1820 wurde ein Interimstheater aufgestellt und im Badehaus ein Lesekabinett eröffnet. Mit einem ständigen Kurorchester kam Musik in den Ort, der Promenadensaal wurde vollendet, der Neubau einer größeren Kapelle, eines Schulhauses und eines Kurhospitals krönten Reitenbergers Schaffen.

Im Kurpark, ganz nahe beim „Singenden Brunnen", steht die Bronzestatue dieses genialen Abtes.

War Abt Reitenberger der erste große Bauherr Marienbads, so war **Wenzel Skalník** der erste große Gärtner der aufstrebenden Kurstadt. Er stand zunächst in Diensten des Grafen Lobkowitz, dem er auf der Prager Kleinseite das erste und vielbewunderte Alpinum angelegt hatte. Als der Graf 1817 zur Kur in Marienbad war, konnte von der „schönsten Gartenstadt Böhmens“ und der „Perle des Kaiserwaldes“ noch keine Rede sein. Auf des Grafen Empfehlung hin, machte sich der Gartenkünstler Skalník 1818 an die Arbeit. Durch große Rodungen und Erdbewegungen, mit künstlich geschaffenen Teichen und Bachläufen, mit prächtigen Baumgruppen heimischer und fremdländischer Flora, mit anmutigen Parklandschaften schuf Skalník die „schönste Gartenstadt Böhmens“.

Im nach ihm benannten Skalníkovy sady (Skalník-Park) steht sein Denkmal in Form eines Obelisken.

Brunnenarzt Dr. Josef Nehr, Abt Karl Reitenberger und Gärtner Wenzel Skalník schufen die Voraussetzungen für den Aufstieg Marienbads zum Weltkurort. Im Wappen der Stadt sind ihre Verdienste für immer festgehalten:

Das Wappen von 1866 zeigt im unteren Teil ein silbernes Becken mit der wassertrinkenden Schlange Äskulaps, des Gottes der Heilkunst, oben links Maria mit dem Kind (Bild an der Marienquelle), oben rechts einen tempelartigen Kuppelbau (Kreuzbrunnen). Die grünen Bäume symbolisieren die **schönste Gartenstadt Böhmens.**

Quellen:

1. Hans-Karl Boltek, Weltkurort Marienbad, Jahrbuch der Egerländer 1996, Preußler-Verlag Nürnberg.
2. Prof. Dr. Elisabeth Reininger, Marienbad – Das Weltbad des Stiftes Tepl, erschienen in „Marienbad und seine Weltbäder“, Verlag „Das Viergespann“, Frankfurt am Main, 1966.
3. Johannes Jetschgo, Westböhmen, Landesverlag Linz, 1993.

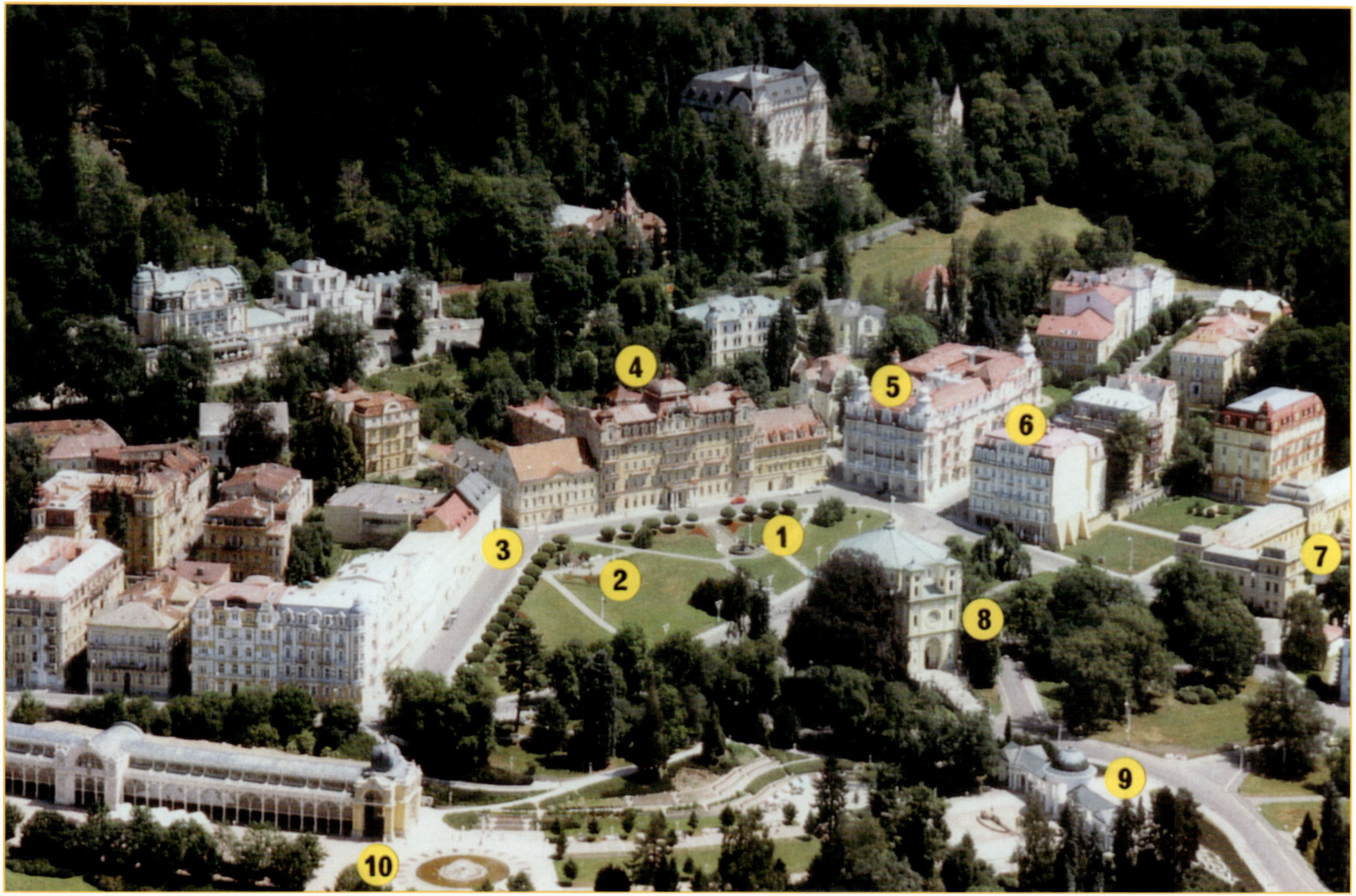

Marienbad – Rund um den Goetheplatz.

1 Flug über Marienbad (Teil 2)

Rund um den Goetheplatz

Die Luftaufnahme zeigt einen der ältesten und berühmtesten Plätze Marienbads.

1 Goetheplatz

Schön, daß er wieder so heißt wie früher (Goethovo náměstí). Er schließt sich gleich an die Hauptkolonnade an und ist von Palästen, Kurhotels und Villen in historisierenden Stilarten umgeben.

2 Goethe-Denkmal

Seit 1993 steht ein neues Goethe-Denkmal am alten Platz. Die Kosten für die Bronzeplastik wurden von der Stadt Marienbad, der Marienbader Patenstadt Bad Homburg und den Vertriebenen des Heimatkreises Marienbad aufgebracht.

Das erste Denkmal hatte 1932 der Bildhauer Willy Ruß geschaffen, der 1888 in Schönfeld im Kaiserwald geboren wurde und 1974 in Merkelshausen starb. Das Denkmal wurde im II. Weltkrieg entfernt.

(Das Bild ist dem „Jahrbuch der Egerländer", 1991, entnommen)

3 Goethe-Haus (Goethův dům)

In diesem Eckhaus, das früher „Zur goldenen Traube“ hieß, hat Goethe im Sommer 1823 gewohnt. In den Räumen des 1. Stockes, die Goethe damals bewohnte, hat man ein kleines Goethe-Museum eingerichtet. Gezeigt werden Originalmöbel, Handschriften und Ulrike von Levetzows Handschuhe. Außen am Haus erinnert heute wieder eine Gedenktafel an den berühmten Gast.

Apropos Ulrike! Goethe war in den Sommermonaten 1821, 1822 und 1823 in Marienbad zur Kur. Hier lernte er die noch sehr junge Ulrike von Levetzow kennen und empfand bald eine tiefe Zuneigung zu ihr. Als der inzwischen 75jährige durch den Großherzog Karl August von Weimar um Ulrikes Hand anhalten ließ, lehnte deren Mutter ab und verließ mit ihren Töchtern den Kurort.

Auf seiner Rückreise nach Weimar begann der enttäuschte Goethe noch im Reisewagen mit seiner „Marienbader Elegie“. ...*“Mich treibt umher ein unbezwinglich Sehnen, da bleibt kein Rat als grenzenlose Tränen“.*

4 Kurhotel King Eduard

Es hieß früher Klebelbergisches Palais, dann Hotel Weimar und Hotel Kavkaz. In diesem Prunkbau wurden einst rauschende Feste gefeiert. Hier wohnten 1821 und 1822 auch Goethe und die Familie Levetzow. 1823 überließ Goethe seine Räume im Palais dem Großherzog von Weimar und übersiedelte selbst ins benachbarte Haus „Zur goldenen Traube“.

In den Sommermonaten von 1903 bis 1909 war hier König Eduard VII. von England mit seiner Gemahlin ständiger Gast. Das Haus hieß damals Hotel Weimar. Es geht die Fama, daß Eduard in dieser Zeit die „entente cordial“ geschaffen hat.

5 Kurhotel Stern (Hvězda)

Wie in den meisten Kurhotels wird auch hier die komplexe Kurtherapie mit Trinkkuren, Mineral- und Moorbädern und Inhalationen geboten.

6 Kurhotel Skalník

Es wurde nach dem Mann benannt, der die herrlichen Marienbader Parkanlagen geschaffen hat. Er hieß Wenzel Skalník und hatte im Garten des Grafen Lobkowitz auf der Prager Kleinseite das erste Alpinum angelegt.

Er begann 1818 mit der Trockenlegung des sumpfigen Tales und schuf durch gewaltige Erdbewegungen einen weiträumigen Landschaftspark. Die Parkanlagen mit ihren prächtigen Baumgruppen, Teichen und Bachläufen zeugen noch heute von Skalníks Gartenbaukunst.

7 Die Marienquelle

Der Kreuzbrunnen und die Marienquelle sind die ältesten Heilquellen. Wegen des großen Kohlensäuregehaltes der Marienquelle werden ihre Mineralwasser bei Hautkrankheiten, Rheumatismus, Neuralgien, Unterleibs- und Stoffwechselkrankheiten eingesetzt. Schon im 17. Jahrhundert wird sie als Badequelle gerühmt. Eine an einem Baum befestigte Votivtafel mit dem Bildnis Mariens gab dem ganzen Ort seinen Namen: Marienbad.

8 Katholische Dekanatskirche Mariä Himmelfahrt

Sie bildet den südlichen Abschluß des Goetheplatzes. An Stelle einer provisorischen Langhauskirche entstand von 1844 bis 1848 nach den Plänen des Münchener Architekten Guttensohn ein achteckiger Kuppelbau im neubyzantinischen Stil. Die 33 zum Portal hinaufführenden Stufen sollen an Christi Lebenszeit gemahnen. Den Skulpturenschmuck aus Steinfiguren schuf der Bildhauer Josef Max, der mit seinem Bruder Emanuel auch die Figuren für die Teynkirche und den Veitsdom in Prag angefertigt hatte. Das Altarblatt von dem Wiener Künstler Ritter von Hempel stellt die Himmelfahrt Mariä dar.

9 Kolonnade der Karolinen- und Rudolfsquelle

Der bei der Anlage des Kurparks aufgefundene „Neubrunnen“ wurde 1817 zu Ehren der Kaiserin Karoline in „Karolinenbrunnen“ umbenannt und neu gefaßt. Zusammen mit der Rudolfsquelle erhielt er einen mächtigen Kuppelbau mit Säulenkolonnade. Die Rudolfsquelle ist ein alkalisch-erdiger Säuerling, der gegen Gicht und Rachitis eingesetzt wird.

10 Hauptkolonnade mit dem „Singenden Brunnen“

Das Luftbild zeigt links unten noch einen Teil der Kreuzbrunnen-Kolonnade. In der halboffenen Wandelhalle flanieren besonders in der Hauptsaison die Besucher, während sie den „Kreuzbrunnen“ trinken. In dem dahinter liegenden geschlossenen Teil wird das Heilwasser an die Kurgäste ausgeschenkt. Die prächtige klassizistische Säulenhalle wurde in den Eisenwerken von Blansko bei Brünn angefertigt und 1889 ganz in Weiß ihrer Bestimmung übergeben.

Der kreisrunde „Singende Brunnen“ am Ende der Wandelhalle stammt aus dem Jahre 1986. Immer zu ungeraden Stunden rauscht er mit seinen sieben verschiedenen Fontänenkombinationen bei wechselnden Farbbeleuchtungen auf, begleitet von klassischer Musik, sanft bei piano und mächtig bei forte.

Der Goetheplatz am 18. Juni 2000

Es war ein Sonntag, strahlend blau der Himmel, 25 Grad im Schatten. Ich habe den Goetheplatz am Nachmittag aus etwa 200 m Höhe fotografiert. Er wirkt wie ausgestorben. Mit der Lupe entdeckt man um den „Singenden Brunnen“ ein paar Leute. Sonst sind Parkwege und Straßen leer.

In „Böhmen und Mähren“, Handbuch der historischen Stätten, Alfred Kröner Verlag Stuttgart, 1998, einem Gemeinschaftswerk deutscher und tschechischer Historiker, heißt es auf Seite 368:

„Nach der Aussiedlung der deutschen Bevölkerung sank das gesellschaftliche Prestige weiter. Die neuen Kurgäste gehörten zur Nomenklatura der Gewerkschaftsbewegung und kamen – wenn überhaupt – nur aus sozialistischen Ländern...“

Irgendwie wirkt diese dunkle Zeit noch nach.

Quellen:

1. Ernst Gütter, Reiseführer Egerland/Westböhmen, Verlag Rautenberg, 1997.
2. Hans-Karl Boltek, Weltkurort Marienbad, Jahrbuch der Egerländer, Preußler-Verlag Nürnberg, 1996.
3. Prof. Dr. Elisabeth Reininger, Marienbad – Das Weltbad des Stiftes Tepl, erschienen in „Egerland und seine Weltbäder“, Verlag „Das Viergespann“, Frankfurt am Main, 1966.

Von links nach rechts: Katholische Dekanatskirche Mariä Himmelfahrt – Kolonnade der Karolinen- und Rudolfsquelle – Kursaal – Neubad.

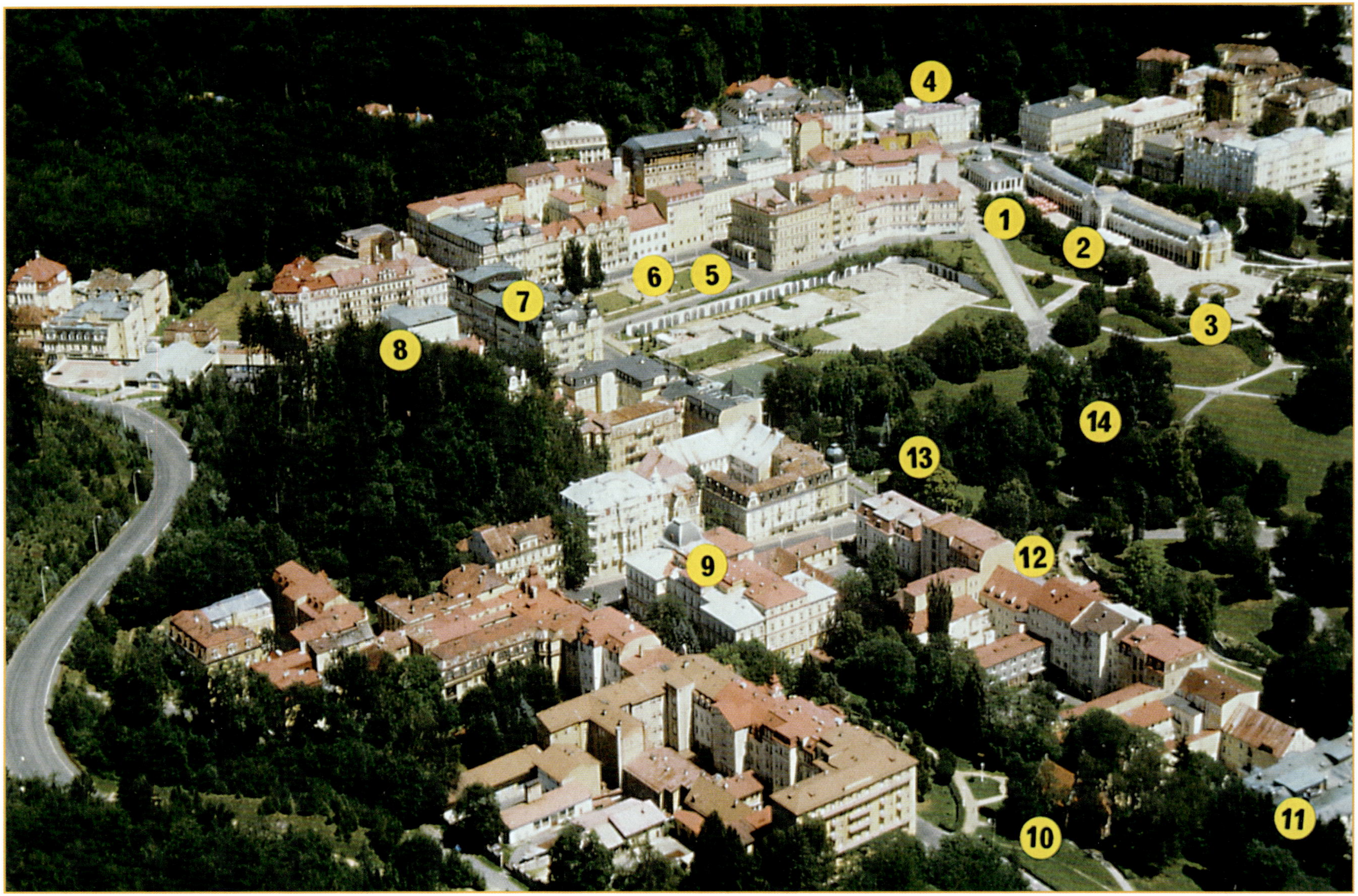

Marienbad – Rund um den Kreuzbrunnen.

1 Flug über Marienbad (Teil 3)

Rund um den Kreuzbrunnen

Auch diese Luftaufnahme zeigt die architektonische Einheitlichkeit des noch immer jungen Weltbades. Rings um den großen Kurpark typische Bäderarchitektur: Mondän wirkende Paläste, Hotels, Sanatorien, Villen. Die meisten immer noch im Habsburger Kaisergelb.

Das Bild zeigt:

1 Kreuzbrunnen
2 Kolonnadenhalle
3 „Singender Brunnen"
4 Haus Reitenberger
5 Schillerplatz
6 Evangelische Kirche
7 Hotel Palace
8 Theater
9 Rathaus
10 Anglikanische Kirche
11 Hotel Bohemia
12 Chopin-Haus
13 Schwanensee
14 Skalník-Park

Was das Luftbild nicht zeigt: Marienbad in seiner k.k. Glanzzeit. Aber es existieren dazu Bilder und Berichte.

In dem Buch „Deutsch-Böhmen Sudetenland, Reisebücher von Anno dazumal", Reprint von 1910, Verlag Rautenberg, 1989, fand ich dieses Bild. Es zeigt die Kolonnade beim Kreuzbrunnen um 1900. Es wimmelt von Menschen.

In seiner „Westböhmischen Heimat“, Ein Hilfsbuch für den heimatkundlichen Unterricht, 1928, beschreibt Bezirksschulinspektor Anton Felbinger einen Sonntag im deutschen Marienbad:

„Die Marienbader Hauptstraße, die wie eine lebenbringende Ader vom Bahnhofe zum Herzen der Stadt hinaufführt, zeigt in den Sommermonaten ein buntes Bild großstädtischen Verkehrs. Ein- und Zweispänner, Motorräder, Automobile, Autobusse, Fahrräder, Hundegespanne und Handwägelchen bewegen sich ununterbrochen die Straße hinauf und hinab, während die Gehsteige von einem tausendköpfigen Menschenstrome belebt sind.

Marienbad erwacht während der „Saison“ schon in den ersten Morgenstunden und legt sich erst spät abends schlafen. Fiaker und Chauffeure, Kellner und Hausmeister, Küchen- und Stubenmädchen, Hausherren und Geschäftsleute haben während der Kurzeit von früh bis abends ununterbrochen zu tun, und die vielen Händler und Händlerinnen, die, oft stundenweit aus der Umgebung kommend, Eier, Butter, Geflügel, Wild, Pilze und Beeren hierher bringen, freuen sich ihres guten Verdienstes.

Die Mehrzahl der Quellen befindet sich innerhalb der eigentlichen Stadt, so auch die berühmteste unter ihnen, der Kreuzbrunn. Vor diesem breitet sich ein großer, schattiger Platz aus, wo die Kranken auf und ab gehen, aus ihren Gläsern und Bechern das wundertätige Wasser schlürfen und dabei den herrlichen Klängen der Kurkapelle lauschen“.

Was damals in der Welt Rang und Namen hatte, gab sich in den Sommermonaten in Marienbad ein Stelldichein. Goethe war viermal hier, auch Carl Maria von Weber, Chopin, Richard Wagner, Anton Bruckner kamen immer wieder. Gogol, Turgenjew, Tolstoi, Schaljapin, Gorki tranken den „Kreuzbrunnen“. Die mondäne Gastlichkeit Marienbads bewies sich besonders Anfang dieses Jahrhunderts, als der englische König Eduard VII. und Kaiser Franz Joseph mit Gemahlinnen und Hofstaat prominente Stammgäste waren.

Daß von diesem einstigen internationalen Flair des deutschen Weltbades Marienbad das heute tschechische Mariánske Lázně nur träumen kann, zeigt meine Luftaufnahme:

Sonntag, 18. Juni 2000, Nachmittag, ist beim Kreuzbrunnen nichts los!

Da kommt bei uns Vertriebenen Wehmut auf!

Die 1922 in Rodisfort, Kreis Karlsbad, geborene und viel zu früh verstorbene Schriftstellerin Margareta Pschorn – sie wurde 1979 mit der Adalbert-Stifter-Medaille ausgezeichnet – hat dieser Wehmut Ausdruck verliehen:

DIE QUELLEN IM EGERLAND

Von Margareta Pschorn

Herzmitte meiner Heimat sind die Quellen.
Aus Erdentiefen brechen sie empor,
fontänenartig springen sie und schwellen,
sie sieden, rauschen – ein gewalt'ger Chor.
Und immer neu ist Aug' und Herz gebannt
von dieser Gotteszier, mein Egerland!

Und immer wieder ist darauf gerichtet
weltweitgebrachtes Hoffen in der Not;
sie haben Krankheit ungezählt vernichtet
und soviel Male auch den frühen Tod.
Du heiße Gabe aus der Erde Schoß,
du machtest die geliebte Heimat groß.

Die Landschaft selbst, sie ist kaum zu besingen,
die Burgen, Schlösser, als der Wälder Kron,
der Egerwellen Glanz und helles Klingen –
Und dorfestrauter Kirchenglockenton.
Ach, unvergessen Peint und Felsenhang,
die ich im ersten Kinderstolz bezwang.

Die Kirchen, Klöster, Hymnen sind's in Steinen,
hehre Musik zu Gottes Lob und Ehr.
Viel große Söhne nennt dein Volk die seinen. –
Du Grenzland littest schwer.
Du littest, doch es wuchs dein Volk daran,
das zeigt sich heute in der Fremde an.

Dein Bauernstand war reich und eingesessen,
Erbhöfe sauber, voller Sang und Ruh.
Mein Egerland, wie könnt' ich dich vergessen?
Ich strebe immer deiner Scholle zu.
Ich streb' ihr zu, solang mein Leben währt,
solang ich atmen darf, bleibst du geeehrt!

(Erschienen in „Das Egerland und seine Weltbäder"
von Viktor Karell im Verlag "Das Viergespann", Frankfurt/Main, 1966)

Wir vertriebenen Sudetendeutschen wünschen unserer einstigen „Perle unter den böhmischen Bädern", daß sie wieder aus ihrem Dornröschenschlaf zu neuem Glanz erwacht, auch wenn wir – wie einst Goethe in seiner Marienbader Elegie weinen:

„Mich treibt umher ein unbezwinglich Sehnen,
da bleibt kein Rat als grenzenlose Tränen."

Quellen:

1. „Deutsch-Böhmen Sudetenland, Reisebücher von Anno dazumal", Reprint von 1910, Verlag Rautenberg, 1989.

2. „Westböhmische Heimat", Ein Hilfsbuch für den heimatkundlichen Unterricht, von Bezirksschulinspektor Anton Felbinger, Mies, Im Selbstverlage, 1928.

BAD KÖNIGSWART

Bad Königswart – Die Burg – Die Stadt – Das Kurbad.

2 Dreimal Bad Königswart (Teil 1)

Die Burg – Die Stadt – Das Kurbad

Die Burg

Wer daran zweifelt, daß Böhmen ein Land der Burgen ist, der nehme eine Karte vom Egerland zur Hand. Allein um die ehemalige Reichsburg Eger findet er 11 Burgen: Kinsberg – Hohenberg – Markthausen – Zettendorf – Neu-Liebenstein – Seeberg – Haslau – Wildstein – Hartenberg – Königsberg und Königswart.

Im Norden der Stadt, oben auf dem Schloßberg, stößt man auf Ruinenreste der Grenzburg „Kunigeswart" – Königs Warte. Hier entstand um 1250 eine Feste, die vermutlich von Egerern Reichsministerialen als Vorposten zur Sicherung der Reichsburg Eger gegen Südosten am Fuß des Kaiserwaldes errichtet wurde. Sie wird 1287 urkundlich erstmals erwähnt und gehörte zu einem Ring von Burgen, die damals zur Flanken- und Frontdeckung der Kaiserburg Eger entstanden.

Besitzer der Burg Königswart war bis ins 14. Jahrhundert das Egerer Ministerialengeschlecht der Herren von Hartenberg. Weil sie Gegner einer böhmischen Pfandschaft des Egerlandes waren, zogen sie sich die Feindschaft des Böhmenkönigs und der Stadt Eger zu. 1347 wurde die Feste erobert und zerstört.

Erst Ende des 14. Jahrhunderts ließ Hynek Pflug von Rabenstein sie wieder aufbauen. Das gesamte 15. Jahrhundert über gehörten Burg und Städtchen den Herren von Plauen, die gegen die Hussiten und Georg von Podiebrad kämpften und dem Städtchen 1464 das Braurecht verliehen. Im 16. Jahrhundert folgten als neue Besitzer nacheinander die Herren von Guttenstein, die Pflug von Rabenstein, von Schwanberg und von Zedtwitz, welche die Herrschaft 1621 aufgrund ihrer Beteiligung am böhmischen Ständeaufstand verloren. Die Zedtwitz hatten bereits nicht mehr auf der Burg, sondern in einem Renaissance-Kastell residiert, das auf dem Areal des späteren Schlosses stand. Über die Ruinenreste von „Kunigeswart" heißt es im „Jahrbuch der Egerländer 1996", S. 54: *„Von den Ruinen des alten Schlosses auf dem Schloßberg sind ein starker viereckiger Wartturm, einige kleinere Türme sowie zahlreiche Mauerreste erhalten, die deutlich die Form der einstigen Burg erkennen lassen. Auch von den starken Ringmauern finden sich noch Spuren."*

Die Stadt

Sie entwickelte sich zu Füßen der gotischen Burg. Die ersten Einwohner dürften Bergleute gewesen sein, die in der Umgebung Zinnerz abbauten. Königswart erhielt 1448 Marktrecht. 1454 werden schon die ersten Mineralquellen erwähnt.

Das „Jahrbuch der Egerländer 1996" berichtet auf S. 54: *„Das Städtchen Königswart brannte 1865 fast vollständig nieder, von welcher Brandkatastrophe sich der frühere Marktflecken, der mit dem Kurort Bad Königswart zur Stadt verschmolzen wurde, nicht mehr ganz erholt hat. Sehenswert in ihm war die alte, 1270 erbaute Synagoge, die in ihrem Innern verschiedene Altertümer und Merkwürdigkeiten verwahrte, wie z.B. wertvolle, bis zu 600 Jahre alte Stickereien und Kultgeräte, einen von König Wenzel geschenkten Kronleuchter usw.. Rund 650 Jahre alt ist der jüdische Waldfriedhof unterhalb der Burgruine. Staatskanzler Fürst Metternich richtete in dem Städtchen zwei Tonwarenfabriken ein, von denen in der einen Krüge für das Marienbader Heilwasser und in der anderen Töpfe für die „böhmischen Köchinnen" erzeugt wurden."*

Die Pfarrkirche „Zur hl. Margareta", 1372 genannt, wurde 1509 und in der zweiten Hälfte des 19. Jahrhunderts umgebaut.

1845 zählte Bad Königswart 209 Häuser und mehr als 1600 Einwohner. Ab 1850 hatte die Stadt ein Bezirksgericht, das für 26 Gemeinden zuständig war. Nach Prof. Pfohl (Ortslexikon Sudetenland) hatte der Ort mit Schloß und Bad 1752 Einwohner, davon 1681 deutsche (=96 %). 1991 zählte man 1655 Einwohner.

Wie man auf dem Luftbild deutlich sieht, dringen die tristen tschechischen Plattenbauten immer weiter in den einst deutschen Ortskern vor. Überall zeugen große Lücken davon, daß viele Häuser, in denen einst Deutsche wohnten, bereits abgerissen wurden.

Persönlichkeiten:

Franz Johann W. Habermann (1706-1783), Komponist, Kapellmeister in Paris und Florenz, zuletzt Chordirektor an der Kirche in Eger; auch zwei seiner Brüder waren angesehene Musiker und Komponisten von Kirchenmusiken. Alfred Stingl (1895-1980), Heimatforscher, der an der Österreichischen Nationalbibliothek in Wien wertvolle Materialien erarbeitete. Rudolf Schmidt (1925-1976), Komponist, Orchesterleiter, Herausgeber eines Heimatbuches über den Kaiserwald.

Das Kurbad

Leider ist auf der Luftaufnahme nichts davon zu sehen. Folgt man der am rechten Bildrand bergwärts führenden Straße, gelangt man in 732 m Höhe am Südhang des Kaiserwaldes, umgeben von herrlichen Wäldern, zum Kurzentrum. Es verdankt seine Existenz dem österreichischen Staatskanzler Fürst Metternich, der außerhalb der Stadt ein herrliches Empireschloß besaß.

1822 wurden die ersten Bäder mit den eisenhaltigen Mineralquellen in Betrieb genommen, 1856 entstand ein neues Kurhaus. Anwendung finden kohlensäure- und eisenhaltige Trinkquellen, Kohlensäure-, Moor- und Stahlbäder. Die Viktorsquelle – ein Säuerling mit starkem Kohlensäuregehalt – liefert ein vorzügliches Tafelwasser.

Indikationen: Rheumatismus, Neuralgien, Frauen- und Nervenkrankheiten, Bluterkrankungen. 1937 wurden hier 1119 Kurgäste gezählt.

Wegen seiner Höhenlage in waldreicher Umgebung ist Bad Königswart auch ein bedeutender Luftkurort geworden.

Heute werden hier besonders asthmakranke Kinder behandelt.

Seit 1862 gehört der Ort offiziell zu den böhmischen Kurstädten.

Quellen:

1) Jahrbuch der Egerländer 1996.
2) Rudolf Hemmerle, Sudetenland, Bechtermünz Verlag, 1996.
3) Böhmen und Mähren, Kröners Taschenausgabe Band 529, 1998 by Alfred Kröner Verlag in Stuttgart.

Bad Königswart – Metternichs Schloß wird renoviert.

2 Bad Königswart (Teil 2)

Metternichs Schloß wird renoviert

Bei der Planung meiner Flüge über das nördliche Egerland hatte ich auch Bad Königswart – etwa 8 km nordwestlich von Marienbad – mit einbezogen. Ich hatte gelesen, daß sich nahe der Stadt das Empireschloß befindet, in dem der österreichische Staatskanzler Fürst Metternich einst große Politik gemacht hatte.

Und so sah es am 18. Juli 2000 aus etwa 250 m Höhe aus.

Es ist nicht zufällig hier entstanden. Die Herren von Zedtwitz, vor den Metternichs letzte Besitzer der Herrschaft Königswart, residierten nicht mehr auf der Burg oben am Schloßberg, sondern in einem Renaissance-Kastell außerhalb der Stadt.

1630 erwarb das aus dem Rheinland stammende Geschlecht der Metternich die Herrschaft Königswart, die sie bis 1945 in Besitz hatte. Ende des 17. Jahrhunderts ließen die neuen Herren an Stelle des Kastells ein Barockschloß bauen, dem in der Zeit von 1833 bis 1839 der damalige österreichische Staatskanzler Clemens Wenzel Lothar Fürst Metternich sein heutiges Aussehen im Empirestil gab.

Die Luftaufnahme zeigt den dreiflügeligen Bau von der Hofseite aus. Im Hauptgebäude – der Dreiecksgiebel trägt das Metternich'sche Wappen und darunter die Jahreszahl 1839 – befanden sich früher die Repräsentationsräume, im linken Flügel Wohnräume, Gästezimmer und zwei Bibliotheken. Das rechte Flügelgebäude beherbergte das berühmte Schloßmuseum und – der Glockenturm zeigt es an – die Schloßkapelle.

Die Gattin eines Kanzler-Urenkels, Tatiana Metternich, – sie mußte 1945 das Schloß verlassen – erinnert sich in ihrem 1976 erschienenen Buch: *„Das hufeisenförmige Haus umgab einen weiten, mit blühenden Sträuchern gesäumten Hof, der einen in drei Stufen aufsteigenden Brunnen umschloß. An der Frontseite führte eine große abfallende Rasenfläche zum Teich hinunter. Der Südflügel enthielt die Gästezimmer, deren Fenster auf den Garten bis zum Tennisplatz blickten. Alle sogenannten „Paradezimmer" lagen im 1. Stock, zu beiden Seiten des großen Mittelsaals, mit breiten Balkonen auf der Vorder- und Rückseite des Hauses ..."*

Den Grundstock des Museums bildeten einst die Sammlungen des ehemaligen Scharfrichters von Eger, Carl Huß, eines gebildeten Mannes, der seinen Lebensabend als Kustos des Kanzlers Metternich hier verbrachte und mit dem auch Goethe Umgang pflegte.

Dazu schreibt Tatiana Metternich:

„Das Museum enthielt eine Bibliothek von 30 000 prachtvoll gebundenen Bänden, viele mit Anmerkungen aus der

Hand des Kanzlers versehen und jedes nur denkbare Gebiet betreffend, einschließlich Naturkunde, Geschichte und Archäologie. Dort befanden sich auch die Sammlungen von Stichen, Medaillen, Münzen, Waffen sowie verschiedenartigste Kuriositäten, von Maria Antoinettes Ring und Gebetbuch über Madame Talliens winzigen Schuh bis zu einem drei Meter langen Frauenhaar. Die Kaiserin Marie Louise, Napoleons zweite Gattin, hatte nach dem Tod ihres Sohnes, des Herzogs von Reichstatt, einige Andenken an den Kanzler geschickt: den Stock des Verstorbenen, sein Waschbecken, einen Ring. Metternich muß jede Gelegenheit zum Schreiben ergriffen haben, und da er sich gern mit schönen Dingen umgab, waren die Schreibtische in jedem Zimmer ebenso verschieden schön ...“

Der Altar in der Schloßkapelle war ein Geschenk Papst Gregors XVI. an den Staatskanzler. Er ist aus Marmorresten der 1823 durch einen Brand zerstörten St. Paulskirche in Rom errichtet. Der unter dem Altar befindliche Sarkophag, der die Gebeine eines Heiligen birgt, stammt aus Resten des Hadrianischen Grabmonumentes.

In der ersten Hälfte des 19. Jahrhunderts war Schloß Königswart – Metternich nutzte es vorwiegend als Sommerresidenz – auch gesellschaftlicher Mittelpunkt für die Aristokratie ganz Europas. Damals verging kaum ein Tag, an dem nicht Botschafter und hochrangige Diplomaten in eleganten Equipagen auf dem Schloßhof vorfuhren, um dem mächtigen Mann ihre Aufwartung zu machen. „Ära Metternich“ heißt diese Epoche in den Geschichtsbüchern.

Doch auch Dichter, Schriftsteller und Musiker fanden sich damals auf Schloß Königswart ein. Goethe hielt sich 1818 und 1822 hier auf, Beethoven, Dumas d.Ä. und Adalbert Stifter waren längere Zeit hier willkommene Gäste. Letzterer besuchte im Schloß seinen Freund und Studienkollegen, den Benediktinerpater Prof. Paul Rath, der als Erzieher der Metternich'schen Kinder mit der Katalogisierung der Sammlungen des Schloßmuseums betraut war. Die mannigfachen Eindrücke, die Stifter während seines Aufenthaltes im Schloß erhielt, fanden später in seinem Roman „Nachsommer“ ihren Niederschlag.

Das Luftbild läßt erkennen, daß heute im Schloß die Handwerker regieren. Ihre Fahrzeuge haben sie respektvoll im Wirtschaftshof abgestellt, der selbst einen recht desolaten Eindruck macht. In den Innenräumen muß vor allem der Holzschwamm beseitigt werden, und die Außenfassaden brauchen dringend neues Habsburger Kaisergelb. Wenn nach der Renovierung Schloß Königswart wieder zur Besichtigung freigegeben ist und die zur Zeit ausgelagerten Sammlungen wieder zurückgekehrt sind, werden die Besucher über die Fülle der historischen Raritäten staunen, die der Kunstmäzen Metternich hier einst zusammengetragen hat. Hoffentlich fehlt dann nichts! Auch nicht das drei Meter lange Frauenhaar!

Quellen:

1. Jahrbuch der Egerländer 1996.
2. Johannes Jetschgo, Westböhmen, Linz; Landesverlag, 1993.

BAD KÖNIGSWART

Eger – Von der Markgrafenburg zur Kaiserpfalz.

3 Flug über Eger (Teil I)

Von der Markgrafenburg zur Kaiserpfalz

So habe ich die Kaiserburg zu Eger am 18. Juni 2000 – einem sonnigen Sonntag – aus etwa 200 m Höhe gesehen und fotografiert. Dieser Anblick hat mir das Herz höher schlagen lassen.

Hier also haben die Stauferkaiser ihre Fürstentage abgehalten und große Feste gefeiert, hier waren einst Könige und Fürsten mit ihrem Gefolge zu Gast, hier verwalteten die Egerer Landrichter als Vertreter des Königs das Egerer Reichsland, hier fielen die Wallenstein'schen Offiziere durch Mörderhand.

Dr. Heribert Sturm – er war von 1934 bis 1945 der letzte Stadtarchivdirektor von Eger – hat uns mit seinem Buch „Eger – Geschichte einer Reichsstadt" eine umfassende Stadtgeschichte von Eger hinterlassen. Die folgenden Begleittexte zu meinem Luftbild sind in Auszügen diesem Werk entnommen.

Von der Markgrafenburg zur Kaiserpfalz – eine Kurzchronik

1061 wird Eger als „Egire" in einer Schenkungsurkunde König Heinrichs IV. zum erstenmal erwähnt. Das Gebiet war damals ein Teil des bairischen Nordgaues.

1125 wird in schriftlichen Quellen die von Markgraf Diepold III. erbaute **Burg Eger** genannt. Diese markgräfliche Burg dürfte – so lassen Ausgrabungen vermuten – aus einem Rundturm und einem sakralen Rundbau bestanden haben.

1135 wird dieses Gebiet als eigenes Territorium, **regio Egere**, unter der Verwaltung des Markgrafen Diepold III. in den Urkunden geführt. Diepold III. gilt als Kolonisator des Egerer Landes und Begründer von Eger.

1147 Nach dem Tod von Markgraf Diepold III. zieht König Konrad III. aus dem Geschlecht der Staufer das Egergebiet als heimgefallenes Reichslehen ein. Es wird dadurch unabhängiges Reichsland.

Ab 1150 entsteht südlich der Burg die Vorburgsiedlung, die sich rasch zu einer Kaufmannssiedlung entwickelt.

1152 Nach dem Tod König Konrads III. wird das Reichslehen Eger an dessen Sohn Friedrich von Rothenburg-Schwaben verliehen.

1167 geht das Reichslehen Eger an dessen Vetter Friedrich Barbarossa über. Er macht Eger zu einem **Königssitz.** Dadurch entwickelt sich der Ort rasch zu einem Marktflecken und zu einer Stadt.

1179 Friedrich I. erkennt bei seinem ersten Aufenthalt in Eger die günstige Lage für einen repräsentativen Bau einer **Reichsburg.**

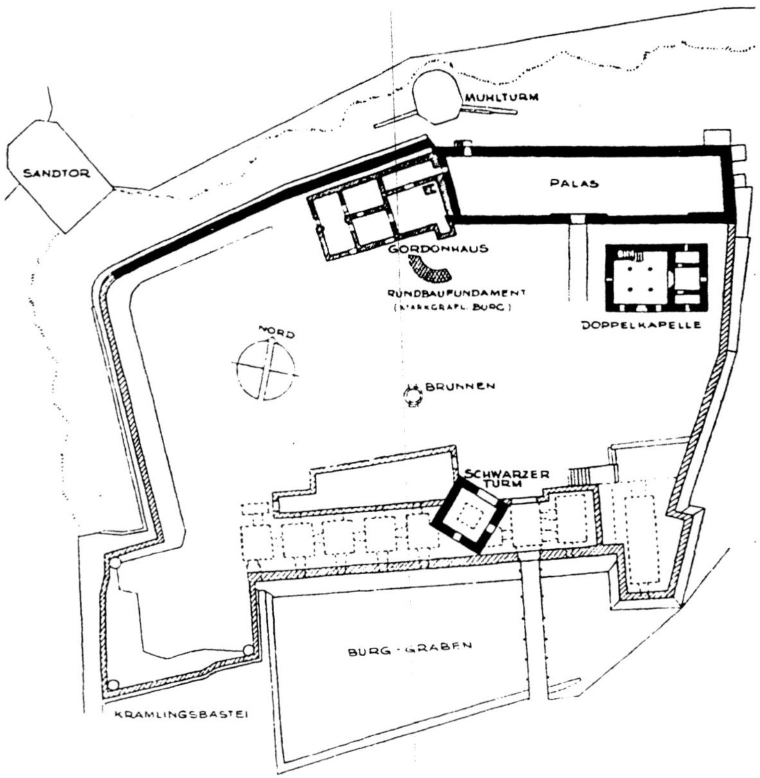

Lageplan der Kaiserburg.

Ab 1180 beginnt die erste Ausbauphase für die neue Kaiserburg zu Eger. Ihre Anlage ist weiträumig und in ihrer Betonung der Größe und der Machtfülle des universalen mittelalterlichen Kaisertums sowohl im Profanen wie im Sakralen monumental. Die Dreiheit Bergfried, Palas und Kapelle vereinigt hier die Aufgaben der Wehrhaftigkeit und der Repräsentation mit dem Glauben an das Gottgnadentum des Herrschers. Solche repräsentative Bauten für den zeitweiligen Aufenthalt des Kaisers, anderwärts Pfalzen genannt, entstanden zur Zeit Friedrich Barbarossas allenthalben in seinem großen Reiche, sei es, daß sie überhaupt neu angelegt oder durch Umbau bestehender Anlagen nach dieser Art umgestaltet wurden. Damit nahm Kaiser Friedrich I. Barbarossa die Tradition des von Karl dem Großen eingeführten und von den salischen Kaisern fortgesetzten Pfalzbaues wieder auf.

Kaiserpfalz Eger

Die Kaiserpfalz Eger um 1500. Rekonstruktion von O. Schürer, nach dem Baubefund, nach archivalischen Quellen und älteren Abbildungen angefertigt von W. Brosche.

Zum Luftbild

1 Schwarzer Turm

Der fast quadratische Schwarze Turm – er war der Bergfried der romanischen Burganlage – ist aus dunklen Basaltbuckelquadern vom nahen Kammerbühl, einem erloschenen Vulkan, zwischen 1180 und 1190 erbaut. Über einer Grundfläche von 9,2 m x 8,9 m ragt er 18,5 m über dem jetzigen Sockel in die Höhe. Im Erdgeschoß sind seine Mauern über 3 m dick. Sein Dach war ursprünglich ein stumpfer Spitzhelm, später ein spitzes Satteldach mit vier Ecktürmchen. Auf einer Ansicht von 1714 ist der Schwarze Turm aber bereits oben ohne Dach abgebildet. Heute ist er mit einem Ziegelaufbau und einer Plattform abgeschlossen.

Über das Wahrzeichen der Stadt Eger schrieb Goethe 1821: *„Er (der Turm) bleibt doch der Anfang und das Ende. Ich wüßte nichts Einfach-Größeres von dieser Art. So etwas setzt einen großen Kunstbegriff voraus.“*

2 Die Doppelkapelle

Anfang des 13. Jahrhunderts entstanden, stellt sie ein Kleinod mittelalterlicher Baukunst dar. Sie ist das einzige noch vollständig erhaltene Bauwerk der Kaiserburg.

Hier gelobte am 12. Juli 1213 der junge Stauferkönig Friedrich II., die Besitzungen und Rechte der römischen Kirche zu wahren und dem Kirchenstaat Schutz durch das Reich zu gewähren.

Der untere Kapellenraum hat einen quadratischen Grundriß und ist durch vier wuchtige Granitsäulen gegliedert, die das massive Rundbogengewölbe tragen. Auf der Ostseite schließt sich etwas erhöht die Altarnische an. Die untere Kapelle war der Dienerschaft, also dem Volke, die obere dem König und seinem Gefolge vorbehalten.

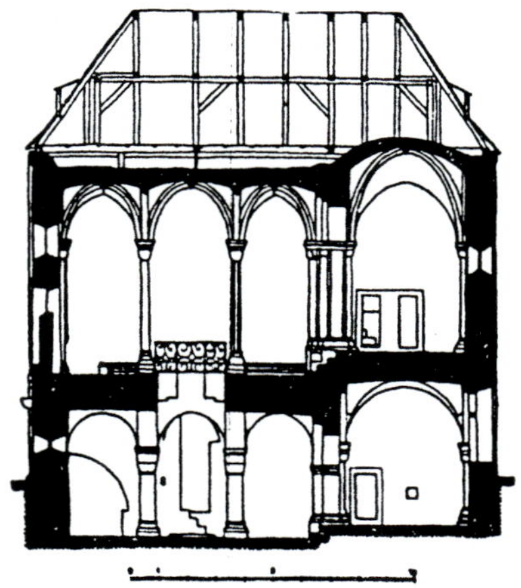

Längsschnitt der Doppelkapelle

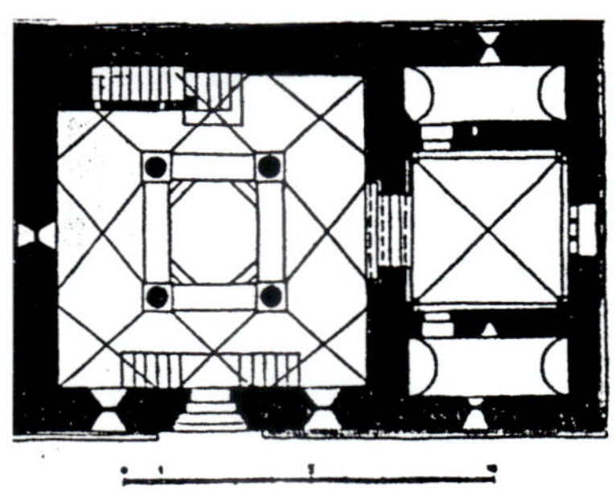

Grundriß der unteren Kapelle

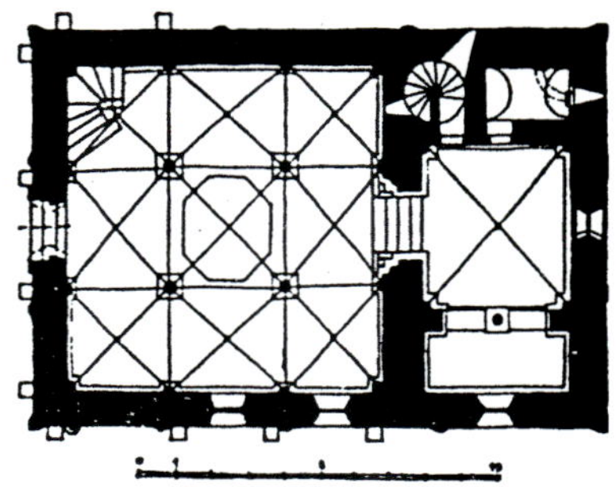

Grundriß der oberen Kapelle

Längsschnitt und 2 x Grundriß

Die Kapitäle der schlanken Säulen im oberen Kapellenraum sind mit kunstvoll ausgeführten Figuren und Blattornamenten reich geschmückt. Die Chorarkade bot Platz für zwei thronartige Stühle für die Kaiser und ihre Gemahlinnen. Der Altar im oberen Raum ist dem hl. Erhart, der untere dem hl. Martin geweiht.

Von der einst kostbaren Ausstattung der Burgkapelle hat sich ein glasperlenbesticktes Altartuch bis in unsere Zeit erhalten. Dieses Egerer Antependium wird im Stadtmuseum aufbewahrt. Es dürfte um das Jahr 1300 von den Egerer Klarissinnen angefertigt worden sein. In seinem eingangs genannten Buch hat Dr. Heribert Sturm die künstlerische Ausgestaltung des Altartuches in allen Einzelheiten beschrieben.

3 Der Palas

Kernstück der Kaiserburg war der im letzten Viertel des 12. Jahrhunderts am Nordrand des Burgfelsens errichtete Palas. Er maß 46 m in der Länge und 12,8 m in der Breite. Heute steht nur noch die nördliche Mauer mit den 5-teiligen Arkadenfenstern vom einstigen Bankettsaal.

Die früheren Umfassungsmauern des Palas waren im Norden und Osten zugleich die Außenmauern der Burg.

Im Ostteil des Palas befand sich der repräsentative Bankettsaal. Er war 24,5 m lang, etwa 6 m hoch und so breit wie der ganze Bau. An den Saal schlossen sich zwei Gemächer und eine große Küche an.

Unter dem Saal, halb im Boden vertieft, lagen die Vorratskammern, Dienerstuben und weitere Nebenräume.

Im 15. Jahrhundert wurde dem Palas ein Fachwerkbau aufgesetzt und an der Westseite ein Wirtschaftsgebäude mit der Wohnung des Burgkommandanten angebaut.

Am 25. Februar 1634 lud Kommandant Oberstleutnant Gordon vier Wallenstein'sche Offiziere (Baron Kinsky, Graf Terzka, Freiherr von Illo und Rittmeister Neumann) unter dem Vorwand eines Abendessens zu sich auf die Burg, wo sie während des Essens auf Befehl des Kaisers Ferdinand ermordet wurden. Am gleichen Tag starb Wallenstein im Pachelbelhaus durch Mörderhand.

Bereits im 17. Jahrhundert setzte der Verfall des Palas ein, weil nach der Ermordung der Wallenstein'schen Offiziere niemand mehr hier wohnen wollte. 1740 wurde der Dachstuhl wegen Baufälligkeit abgetragen, zu Beginn des 19. Jahrhunderts standen nur noch die Umfassungsmauern.

4 Der Mühlturm

Er wurde in der Hussitenzeit (15. Jh.) als zusätzliche Verstärkung der Burg erbaut.

Die Burg heute

Seit 1998 können auf der Burg zu Eger die Doppelkapelle, die Ruinen des Palas und der Schwarze Turm wieder besichtigt werden. Wer auf den Turm steigt, kann oben auf der Bastei interessante Funde zur Besiedelungsgeschichte Egers von der Vorzeit bis zum Mittelalter besichtigen.

In den Kasematten der Burg sind ständig ausgestellt: Erzeugnisse des ältesten Egerer Handwerks, der Ofensetzerei, Volkstrachten, Abbildungen zu Egerländer Brauchtum und Volkssprüchen.

1995 hat der tschechische Staat die Burg Eger wegen ihrer historischen und architektonischen Bedeutung in das Rettungsprogramm Weltkulturerbe aufgenommen.

In ihrer Blütezeit unter den Staufer-herrschern war die Kaiserburg mit ihrer Dreiheit Bergfried, Palas und Doppelkapelle die schönste von allen Stauferpfalzen.

Die Luftaufnahme läßt noch etwas von ihrem Glanz und ihrer Größe erahnen.

Quelle:

Heribert Sturm, Eger – Geschichte einer Reichsstadt, Adam Kraft Verlag Augsburg, 1951.

Eger 2000 – der einstige deutsche Stadtkern.

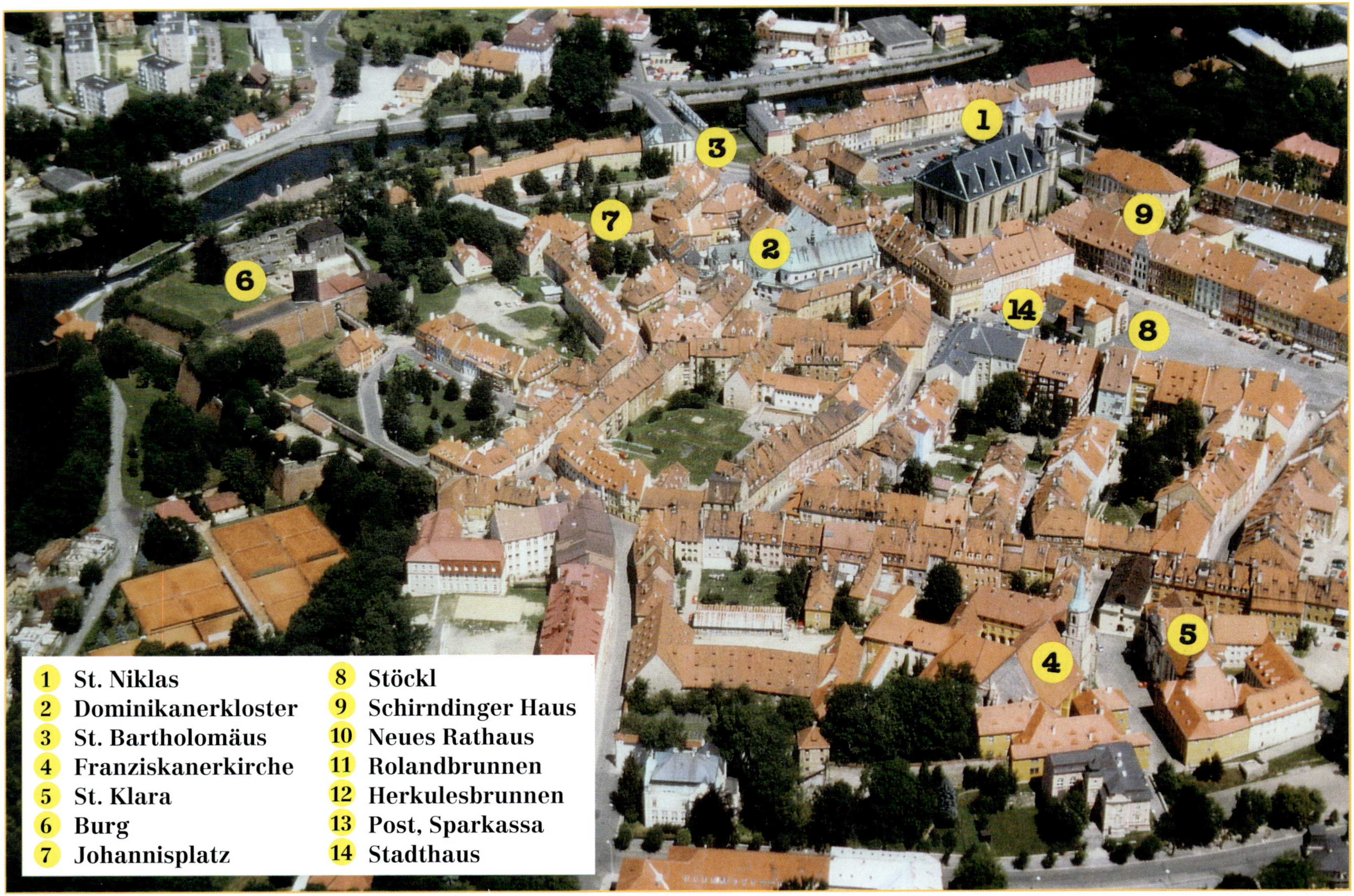

Eger – In memoriam Dr. Heribert Sturm.

Eger – In memoriam Dr. Heribert Sturm.

3 Flug über Eger (Teil 2)

In memoriam Dr. Heribert Sturm

Als am 18. Juni 2000 am frühen Nachmittag mein tschechischer Pilot auf meinen Wunsch hin längere Zeit über Eger kreiste, damit ich die Burg und den Stadtkern aus allen Richtungen fotografieren konnte, saß als unsichtbarer Dritter auch Dr. Heribert Sturm im Flugzeug.

Wer war Dr. Heribert Sturm?

Er wurde 1904 in Chodau geboren, wuchs in Kaaden auf und besuchte nach der Matura die Bibliothekarschule in Aussig. Nach Beendigung seines Studiums in Prag war er zunächst Gastarchivar in Westfalen und später Stadtarchivar in St. Joachimsthal. Von 1934 bis 1945 war er der letzte deutsche Stadtarchivdirektor in Eger. Nach der Vertreibung arbeitete er als Archivar zunächst in Neuburg/Donau und später in Amberg, wo er 1981 starb.

Er veröffentlichte zahlreiche Werke zur Geschichte Europas, Egers und des Egerlandes und des Erzgebirges. Sein Buch „Eger – Geschichte einer Reichsstadt" gilt als das Standardwerk zur Geschichte Egers und des Egerer Landes. Der erste Teil – ein Darstellungsband mit 446 Seiten – ist 1951 im Adam Kraft Verlag Augsburg erschienen, der zweite Teil – ein Bilderband mit 325 Bildern, 13 Textzeichnungen und einem großen Faltplan von Eger – folgte 1952 im gleichen Verlag.

Mit diesem ausgezeichneten Heimatbuch habe ich meinen „Flug über Eger" vorbereitet und die Luftaufnahmen mit Text kommentiert. Ich bedaure sehr, daß ich Dr. Heribert Sturm meine Luftbilder zu „Eger 2000" nicht mehr zeigen kann.

Auf beiden Fotografien ist das Charakteristische des Egerer Stadtbildes deutlich zu sehen: es sind die hohen Giebeldächer, die früher als Warenspeicher genutzt wurden. Weil im Mittelalter viele Bürger ihre Häuser am Marktplatz errichten wollten, teilte man ihnen nur eine schmale Seite zum Marktplatz hin zu. Dafür gingen die Grundstücke oft weit in die Tiefe.

Der gesamte historische Stadtkern um den Marktplatz mit seinen Häusern aus der Zeit der Gotik, der Renaissance und des Barock wurden in den letzten Jahren restauriert und unter Denkmalschutz gestellt. Der Marktplatz mit dem „Stöckl" stellt heute wieder ein städtebauliches Kleinod dar.

Bei der Auswertung der beiden Luftaufnahmen beschränkte ich mich auf die besonderen Sehenswürdigkeiten.

1 St. Niklas

Von welcher Seite man Eger auch immer anfliegt, die St.-Niklas-Kirche ist nicht zu übersehen. Der hohe spätgotische Hallenbau mit seinem mächtigen Satteldach beherrscht noch immer das Stadtbild. Nur die beiden Türme mit ihren einfachen Pultdächern passen nicht so recht dazu. Es sind Notdächer für die am 20. April 1945 in Brand geschossenen Türme. Auch das Kirchendach ist damals abgebrannt.

Die erste St.-Niklas-Kirche in der aufstrebenden Kaufmannssiedlung Eger wurde dem hl. Nikolaus, dem Schutzpatron der Kaufleute, geweiht. Zweite Schutzheilige ist die hl. Elisabeth. Der Baubeginn wird von den Historikern um 1220 datiert. Die romanische Basilika hatte ein hohes Mittelschiff, zwei Seitenschiffe und zwei Türme am Ostchor. Die später freigelegten Kirchenfundamente lassen darauf schließen, daß auch am Westchor zwei Türme geplant waren, die aber nicht gebaut wurden. Die gesamte Planung der ersten St.-Niklas-Kirche weist auf den Bamberger Dom hin. Von diesem ersten Gotteshaus sind das Westportal mit seinen romanischen Kopfmasken und die unteren Teile der Türme erhalten.

Zwischen 1469 und 1475 wurde St. Niklas von Meister Jörg aus Eger in eine große gotische Hallenkirche mit hochaufragendem Steildach umgebaut, das durch getürmte Lukenausbauten ihr charakteristisches Aussehen erhielt. Das Kirchengewölbe stammt von Meister Erhard Bauer aus Eichstätt. Die beiden Türme erhielten spitze gotische Helme mit vier kleinen Ecktürmchen.

1742 wurde ein Turm durch Blitzschlag stark beschädigt. Der Rat der Stadt wandte sich an den 1687 in Eger geborenen und mittlerweile sehr berühmten **Baumeister Balthasar Neumann**, der um diese Zeit im Dienst der Würzburger Fürstbischöfe von Schönborn stand. Ohne ein Honorar zu verlangen, plante er als Abschluß für beide Türme einen barocken Doppelkuppelhelm. Da aber das Geld nur für den Ausbau des Südturmes reichte, erhielt der andere Turm ein stumpfes Notdach.

Nach dem großen Brand von 1809, der beide Türme und die ganze Kirche sehr in Mitleidenschaft zog, bekam zunächst der Südturm wieder einen Spitzhelm mit vier Ecktürmchen. Erst 1862 bis 1864 erhielt auch der andere Turm das gleiche Aussehen.

Das Innere der Kirche hat durch die beiden Brände von 1742 und 1809 sehr gelitten. Weil bei den Restaurierungsarbeiten auch die Innenwände ausgebessert werden mußten, sind keine Wandmalereien aus früherer Zeit erhalten. Sehenswert sind im Presbyterium ein aus der 2. Hälfte des 15. Jahrhunderts stammendes Sakramentshäuschen mit hochaufragendem Baldachinaufbau und im nördlichen Seitenflügel ein aus feinem Granit gemeißelter Taufstein. Als künstlerisch hochwertig gelten die romanischen Säulen am Osteingang des Südturms und das Westportal mit seinen sechs nach innen gestaffelten Türpfosten.

1564 wurde in der St.-Niklas-Kirche die erste evangelische Predigt gehalten. Von da an wurde sie für beide Bekenntnisse geöffnet: den Katholiken war bis 7 Uhr früh der Chor, den Protestanten danach das Kirchenschiff vorbehalten.

Die Egerer Hauptpfarrkirche wurde 1833 von Kaiser Franz I. zu einer Dekanalkirche und 1894 durch den Prager Erzdiözesan, Fürsterzbischof Graf Schönborn, zu einer Erzdekanalkirche erhoben. Seit 1993 gehört St. Niklas zum Bistum Pilsen.

2 Dominikanerkloster

Seine Kirche hat früher anders ausgesehen. Im Jahre 1294 erhielten die nach Eger gekommenen Dominikaner die Erlaubnis, eine Kirche und ein Kloster zu bauen. Über Grundriß, Raumgestaltung und Aussehen dieses ersten Kirchenbaues ist weiter nichts bekannt.

Von 1674 bis 1688 bauten die Dominikaner Kloster und Kirche im barocken Stil völlig um. Sie schufen einen von zwei Seitenschiffen flankierten geräumigen Längsraum, der in einer gekuppelten Chornische für den Hauptaltar endet. Im Inneren wurden Pfeiler, Altarnischen und Hauptaltar in überquellendem Barock ausgeführt.

Nach Fertigstellung der Kirche wurde mit dem Wiederaufbau des neuen Klostergebäudes samt einem Malzhaus begonnen. Das herrliche Deckenfresko im Bibliothekssaal „König David empfängt die Königin von Saba“ wird Elias Dollhopf zugeschrieben. Das große Refektorium diente in Kriegszeiten immer wieder als Lazarett. Nach Auflassung des Egerer Dominikanerkonvents kamen die Klosterbibliothek und das Archiv in das Dominikanerkloster Pilsen.

3 St. Bartholomäus

Die spätgotische Kirche am Ende der Steingasse besitzt ein herrliches Sterngewölbe und gotische Wandmalereien. In den letzten Kriegswochen 1945 wurde der Bau durch die Sprengung der Egerbrücke stark beschädigt. Durch Stützmauern konnte er vor dem Einsturz bewahrt werden. Heute sind hier gotische Plastiken ausgestellt.

Daneben befand sich bis Kriegsende das Bürgerstift St. Bartholomäus. Es war die älteste Fürsorgeanstalt in Eger und wurde um 1270 zur Unterbringung von Kranken und bresthaften (mit Gebrechen behaftet) alten Personen errichtet. Es stand zunächst unter Betreuung der Heiliggeistbrüder, einer Vereinigung von Laien zur Pflege von Kranken und Hilfsbedürftigen. 1271 überließ die Stadt das „Hospital“ dem Kreuzherrenorden mit dem Roten Stern in Prag, behielt sich aber das Aufsichtsrecht vor. Die Aufnahme der Pfründner erfolgte durch Beschluß des Stadtrates, dem die gesamte Spitalaufsicht oblag.

Ratsinstruktion 1420: *„...auch soll jeder burgermeister, der so wird gekorn, mit dem rathe in das spital gen, so wol zu jedem neuen rath zwen dazu kiesen, die alle wochen in das spital gen, umb zu sehen, das den armen siechen recht geschee..“.*

Das Spitalgebäude ist im Laufe der Jahrhunderte wiederholt umgebaut worden. 1945 wurde es durch die Sprengung der Egerbrücke sehr stark beschädigt und später niedergerissen.

4 Franziskanerkirche

Sie ist die bedeutendste gotische Kirche in Eger und eine der schönsten frühgotischen Hallenkirchen im weiten Umkreis.

Nach den Deutschrittern waren die Brüder des heiligen Franz von Assissi der zweite Orden, der sich in Eger niederließ. Sie erhielten im Südwesten der Stadt ein größeres Gelände zugewiesen, auf dem sie Kirche und Kloster errichteten und einen Garten anlegten. 1256 konnte der Regensburger Bischof bereits im Kloster Wohnung nehmen.

Doch schon 1270 wird die Kirche durch den großen Stadtbrand zerstört. 15 Jahre später war sie aber in veränderter Form wieder aufgebaut. Ihr bis zur Spitze in Stein gemauerter Turm und das hohe steile Dach sind bis heute als Charakteristikum der Franziskanerkirche erhalten geblieben. Die Einweihung am 26. Jänner 1285 wurde vom Regensburger Bischof Heinrich unter Anwesenheit Kaiser Rudolfs von Habsburg und einer ansehnlichen Runde hoher geistlicher und weltlicher Würdenträger, die sich um diese Zeit zu einem Fürstentag in Eger eingefunden hatten, vorgenommen. Noch im gleichen Jahr (1285) fand in der Franziskanerkirche die Hochzeit König Wenzels II. von Böhmen mit der Tochter Kaiser Rudolfs II. von Habsburg statt.

Die Franziskanerkirche ist eine dreischiffige Hallenkirche mit einem sehr langgezogenen Chor. Im Presbyterium sind die Kapitelle der zierlichen Wandsäulen mit den für das Mittelalter typischen Pflanzenornamenten geschmückt. Die heutige Innenausstattung wurde in der Barockzeit erneuert und diesem Kunststil angepaßt.

Die Franziskanerkirche war von Anfang an eine Freistattkirche, d.h. eine Zufluchtstätte für gerichtlich Verfolgte. Diese konnten sich in die *„freyung zu den barfuzzen“* (Barfüßer) flüchten und sich dort 14 Tage aufhalten, ohne daß sie verhaftet werden durften. Diese Einrichtung einer Freiung hatte sich als Überbleibsel germanischen Rechtsempfindens bis ins Mittelalter erhalten.

5 St. Klara

1467 begannen die Klarissinnen mit dem Bau einer eigenen Kirche im spätgotischen Stil, über deren Aussehen nichts bekannt ist. Auf einem alten Holzschnitt der Ansicht Egers ist nur ein spitzer Turm zu sehen. Die Chroniken berichten, daß während der Belagerung Egers durch die Schweden 1647 das Konventgebäude stark beschädigt wurde. Weil im Laufe der Zeit auch die Kirche immer größer werdende Schäden zeigte, begannen die Klarissinnen 1708 mit einem Neubau. Der aus Franken nach Böhmen gekommene Baumeister Christoph Dientzenhofer errichtete ein prächtiges Kleinod barocker Baukunst. Sein Kirchengewölbe wurde zum Vorbild für alle Kirchen, die seine Söhne später in Böhmen und Bayern errichteten.

Dieser sehr schönen Barockkirche war als Klosterkirche nur kurze Zeit beschieden. Nach der Säkularisation durch Kaiser Josef II. 1782 wurden Altäre, Kirchengestühl, Orgel, Glocken, Ornat, Monstranz und Kelche auf andere Kirchen verteilt.

Nach dem 1. Weltkrieg wurde die St.-Klara-Kirche zur Gedenkhalle für die im 1. Weltkrieg gefallenen Egerländer umgestaltet. Der Schöpfer des großen Freskos an der Stirnseite – es stellte unzählige zum Himmel schwebende Gestalten dar – war der aus Graslitz stammende akademische Maler Franz Gruß. 1945 haben es die neuen Herren in Eger übertüncht. St. Klara dient heute als Konzert- und Ausstellungsraum. Im Garten des Klosters gab es früher die Gastwirtschaft „Zum ewigen Licht“, in der die Sudetendeutsche Heimatfront gegründet wurde. Nach Umbau der Räumlichkeiten wurde hier 1992 das „Balthasar-Neumann-Haus“ als Begegnungsstätte zwischen Egerländern und Tschechen eröffnet. Das Gebäude ist auch Sitz der Euregio Egrensis, zuständig für die ehemaligen Landkreise Eger, Karlsbad, Falkenau und Tachau.

6 Burg

Über ihre Entwicklung von der Markgrafenburg zur Kaiserpfalz habe ich in Teil 1 „Flug über Eger“ berichtet.

7 Johannisplatz

Er war der älteste Marktplatz der aufstrebenden Marktsiedlung, hier stand die erste Egerer Pfarrkirche, ein frühromanischer Bau, der Johann dem Täufer geweiht war. Da der Friedhof um die Kirche mit einer ringförmigen Mauer umgeben war, dürfte St. Johann eine Wehrkirche gewesen sein. In einer Urkunde aus der Zeit um 1140 wird zum ersten Mal ein Pfarrer zu Eger als markgräflicher Zeuge erwähnt. Also besaß Eger zu dieser Zeit bereits eine selbständige Pfarre. Nach einem Brand im Jahre 1809 wurde die Johanniskirche abgetragen und der Platz eingeebnet.

8 Das „Stöckl“

Jede Stadt hat ihr besonderes Wahrzeichen. Auch Eger. Es ist das „Stöckl“ auf dem unteren Marktplatz, eine freistehende Häusergruppe von elf eng ineinander verschachtelten und hoch aufgestockten Häusern, ohne Höfe und mit winzigen Grundstücksausmaßen, die von der nur eineinhalb Meter breiten Krämergasse geteilt wird.

Das Foto entstand im Mai 2000 und zeigt eine Hälfte des „Stöckl“. Nach gründlicher Renovierung zeigt sich das Egerer Wahrzeichen wieder in seiner ganzen malerischen Schönheit. Im Hintergrund ist ein Teil des Stadthauses zu sehen.

Dr. Sturm erklärt den Ursprung des „Stöckl“ so:

„An der breitesten Stelle des Marktplatzes wurden kurz nach Anlage der Neustadt, also noch im 15. Jahrhundert, Verkaufsstände aufgestellt, auf denen die Waren feilgeboten wurden. Daß diese bald zu einer dauernden Einrichtung wurden und vermöge des damit zu erzielen-

den Gewinnes auch einen bleibenden Wert darstellten, ist ohne weiteres verständlich. Es werden sich dabei sogar ziemlich frühzeitig eigene Besitzverhältnisse herausgebildet haben, auch in der Weise, daß der Verkaufsstand etwa vom Vater auf den Sohn überging. Zunächst dürfte es sich bei den Verkaufsständen um einfache Holzbuden gehandelt haben, die sich alsbald in feste Bauten aus Holz, später in Fachwerk und endlich in Steinbauten umwandelten. Die Annahme der Entwicklung des „Stöckls" aus Verkaufsständen wird dadurch unterstützt, daß noch zur Mitte des 14. Jahrhunderts auf Grund einer Verordnung im Stadtgesetzbuch „von der kreme", also dem „Stöckl", zwei Pfund Gebühr und Zins genau so wie von den übrigen Ständen der Bäcker, Fleischer und Goldschmiede auf dem Markt eingehoben wurden. Durch spätere Um- und Zubauten erhielt im Laufe der Zeit das „Stöckl" jene Bauform, die uns heute vertraut ist."

9 Das Schirndinger Haus

Es steht am Unteren Markt und ist das einzige Patrizierhaus in Eger, das noch einen Treppengiebel hat. Es gehört zu den wenigen Gebäuden, die in ihren ursprünglichen Abmessungen erhalten sind. Da im Mittelalter die Baustellen am Marktplatz besonders bevorzugt waren, wurde hier das Gelände in schmale Grundstücke geteilt, was zur Folge hatte, daß die Häuser mit ihrer Schmalseite zum Marktplatz standen. Ursprünglich betrug die Breite eines Hauses auf dem Marktplatz im Durchschnitt nur acht Meter; dafür ging aber das Grundstück weit in die Tiefe des Baublockes zurück. Die Parzelle des Schirndinger Hauses mißt z.B. 52 Meter in der Tiefe. Da die Anlage des Marktplatzes in die Zeit zwischen 1203 und 1215 anzusetzen ist, gehört das Schirndinger Haus mit zu den ältesten in Eger erhaltenen Baulichkeiten.

Im rückwärtigen Bauteil, der einen schmalen Hof einschließt, ist eine Längsfront mit Säulenarkaden ausgestattet: eines der wenigen in Eger vorhandenen Zeugnisse eines prunkhaften Renaissancebaues. Die Anlage des Arkadenhofes erinnert an ähnliche Renaissancehöfe in Regensburg und Nürnberg.

10 Neues Rathaus

Weil sich die städtische Verwaltung im Laufe der Zeit ständig vergrößert hatte, wurde der in Verona geborene Prager Baumeister Giovanni Battista Alliprandi mit dem Bau eines neuen Rathauses beauftragt. Der berühmte Architekt leitete damals den Ausbau der Kaiserpfalz zur Festung und weilte deshalb öfter in der Stadt.

Seine Pläne sahen nach dem Vorbild des Prager Stadtpalais einen von zwei Türmen flankierten monumentalen Mittelbau vor und zu beiden Seiten der Türme noch große Seitentrakte. Unter der Leitung der Egerer Baumeister Angelus Pfeffer und Johann Christoph Faber wurde im Frühjahr 1723 mit dem Bau begonnen. Wegen knapper Kassen reichte es jedoch nur zu einem Turm und einem Seitentrakt. So blieb von Anbeginn das Egerer Rathaus ein Torso.

An seiner künstlerischen Ausgestaltung mit Deckengemälden, Plastiken und steinernen Wappen waren zahlreiche Egerer Meister beteiligt. Der Turmaufbau mit der Uhr und darüber der Spitzkegel mit dem nach den vier Himmelsrichtungen weisenden Doppelkreuz wurden erst um 1850 fertiggestellt.

Bereits 1850 übersiedelte die Stadtverwaltung in das Stadthaus am Unteren Markt und machte so dem neugeschaffenen k.k. Kreisgericht und dem Bezirksgericht Platz. Auch heute hat die Stadtverwaltung ihren Sitz im Stadthaus.

11 Rolandbrunnen

Als Wahrzeichen der städtischen Marktgerichtsbarkeit stand in vielen Städten auf dem Marktplatz eine symbolische Figur, die in den norddeutschen Städten Roland genannt wurde. In Eger war es der „Wastel", der in seiner aus dem Ende des 16. Jahrhunderts stammenden Gestalt noch heute ein Wahrzeichen der Stadt verkörpert. Auf einem Steinsockel mit der Jahreszahl 1528 steht nunmehr seit über dreieinhalb Jahrhunderte ein in Harnisch und Beinschienen gekleideter Mann mit unbedecktem Haupt, gestützt auf den Schild mit dem Wappen der Stadt. In seiner Rechten hält er einen langen Spieß, an dem jeweils für die Dauer der Markttage ein Laubzweig oder die Marktfahne angebracht wurde. Zu Füßen des Gewappneten lehnt, halb kniend, eine kleine Figur, in der einen Hand ein Schwert, in der anderen ein abgeschlagenes Haupt haltend. Mit diesem, damals jedermann verständlichen Hinweis auf den Blutbann, die Gerichtsbarkeit über Leben und Tod, ist der Egerer Wastel als eine Art Rolandfigur gekennzeichnet, die im Ratsprotokoll von 1584 vereinzelt auch als solche bezeichnet wurde *(„den steinernen Roland zum röhrkasten gehörig")*. Die Steinfigur wurde von dem Bildhauer Wolf Hampff (in den Archivalien auch Henff genannt) zwischen 1580 und 1591 geschaffen und 1591 auf den Sockel des Röhrkastens gegenüber dem Rathaus aufgesetzt.

12 Herkulesbrunnen

Der zweite alte Brunnen auf dem Marktplatz ist der barocke „Wilde-Mann"-Brunnen vor dem Egerer „Stöckl". Der aus Stein gehauene große Brunnen ersetzte 1481 den hölzernen Röhrkasten. Der „Wilde Mann" – auch als Herkules bezeichnet – schwingt in einer Hand eine Keule über seinem Kopf, die andere hält das steinerne Wappen mit dem Reichsadler. Darunter steht die Jahreszahl 1738. Diese Schildhalter-Figur ist fast zu einem zweiten Wappenzeichen von Eger geworden und diente lange Zeit als Wasserzeichen des egrischen Papieres.

13 Egerer Sparkassa

Wo sich heute der von der Egerer Sparkassa 1884/85 im Stil der Neurenaissance errichtete Prunkbau erhebt, in dem auch die Hauptpost und der Ratskeller untergebracht waren, standen vorher der historische Gasthof „Zur Goldenen Sonne" und an der Ecke Marktplatz/Judengasse der „Türkenkopf", so benannt, weil ein bärtiger Kopf als Konsole des Erkervorbaues diente.

Johann Wolfgang von Goethe stieg bei seinen zahlreichen Egeraufenthalten immer im Gasthof „Zur Goldenen Sonne" ab. Hier machte er die Bekanntschaft von Karl Huß, dem letzten Egerer Scharfrichter, für dessen Münzen- und Antiquitätensammlung er sich besonders interessierte. Mit dem Egerer Magistratsrat Grüner, von dem Goethe viel über Sitten und Bräuche im Egerland erfuhr, unternahm er oft Ausflüge in die nähere und weitere Umgebung, so auch zum vulkanischen Kammerbühl, wo er mineralogische Untersuchungen anstellte.

Ein besonderes Ereignis für Eger war es, daß Goethe am 1. und 5. September 1821 den Abschlußprüfungen im Gymnasium beiwohnte und am letzten Prüfungstag dieses Jahres selbst die Prämierung des besten Abiturienten Georg Schmid vornahm.

14 Das Stadthaus

Diesem geschichtsträchtigen Haus ist Teil 3 „Flug über Eger“ gewidmet.

Das Schulwesen in Eger

Ein vielgliedriges Schulwesen machte Eger zu einer sehr bedeutenden Schulstadt. Eger besaß 1930:

4 Knabenvolksschulen, 3 Mädchenvolksschulen, 2 Knabenbürgerschulen, 2 Mädchenbürgerschulen, 1 Hilfsschule für schwach veranlagte Schulkinder; dazu kamen an Privatschulen die Erziehungsanstalten der Kongregation der Schwestern vom Hl. Kreuz und eine evangelische Volksschule; 1 Gymnasium, 1 Mädchen-Reformrealgymnasium, 1 Staatsoberrealschule, 1 Lehrerbildungsanstalt; Fortbildungsschulen für Kaufleute, für Schneiderinnen und Modistinnen; Fortbildungsschulen für das Baugewerbe, metallverarbeitende Gewerbe, Kunstgewerbe, Bekleidungsgewerbe, Nahrungsmittelgewerbe, Bäckergewerbe; Fortbildungsschule für Raseure, Friseure und Perückenmacher;

1 Ackerbauschule, 1 deutsche Forstschule, 1 „Höhere Töchterschule“, 1 „volkstümliche Mädchen-Fortbildungsschule“.

Die Kongregation der Schwestern vom Hl. Kreuz unterhielt eine Privat-Lehrerinnenbildungsanstalt und eine Bildungsanstalt für Kindergärtnerinnen.

Einwohner

Nach Dr. Sturm hatte Eger 1930 31406 Einwohner, davon 3493 Tschechen (11,13 %), meist Militär.
Kröners Taschenausgabe Band 329, Alfred Kröner Verlag Stuttgart 1998, nennt für 1930 31546 Einwohner (davon 87,4 % deutsch), 1991 29724 Einwohner.

Quellen:

1) Heribert Sturm, Eger – Geschichte einer Reichsstadt, Adam Kraft Verlag Augsburg, 1951.
2) Böhmen und Mähren, Alfred Kröner Verlag Stuttgart, 1998.

Der Quellmund der Eger im Fichtelgebirge auf bayerischem Boden.

Eger – Ein Haus, das große Geschichte machte: Das Stadthaus.

3 Flug über Eger (Teil III)

Ein Haus, das große Geschichte machte: Das Stadthaus

Gleich hinter dem „Stöckl" steht das „Stadthaus", ein gotischer Patrizierbau, dessen Fassade im Stil der Spätrenaissance umgebaut wurde.

In den Losungsbüchern im Stadtarchiv sind die jeweiligen Besitzer ab 1390 festgehalten. So gehörte das Stadthaus von 1619 – 1642 der angesehenen Patrizierfamilie Pachelbel. Einer von ihnen emigrierte 1629 nach Wunsiedel, weil er nicht wieder katholisch werden wollte.

Ab 1735 gehörte das Stadthaus der Stadtgemeinde Eger.

Dieses Haus ist im wahrsten Sinn des Wortes geschichtsträchtig. Am 25. Feber 1634 wurde in einem Zimmer des 1. Stockwerks Generalissimus Albrecht von Wallenstein auf Befehl des Kaisers Ferdinand II. wegen des Verdachts des Hochverrates von dem irischen Hauptmann Deveraux mit der Partisane ermordet.

Friedrich Schiller, der 1791 in Eger weilte, verarbeitete Aufstieg und Untergang des großen Feldherrn in seiner berühmten Wallenstein-Trilogie.

1908 wurden in Eger, teilweise an den historischen Stätten, die ersten Wallenstein-Festspiele aufgeführt.

Noch ein zweites Mal machte das Stadthaus Geschichte. 1897 fand hier zum Schutz des Deutschtums in den deutschen Siedlungsgebieten der erste „Egerer Volkstag“ statt.

Zwei Sprachenverordnungen aus Prag lieferten dazu den Anlaß. Zum einen sollten die Behörden alle Eingaben in der Sprache bearbeiten, in der sie abgefaßt waren, zum anderen sollte ab 1. Juli 1901 nur Beamter werden, der die Kenntnis beider Landessprachen nachweisen kann. Mit diesen beiden Verordnungen wollte die Prager Regierung die Doppelsprachigkeit in den rein deutschen Siedlungsgebieten einführen. In der Praxis bedeutete dies, daß schon ein einziger in einem deutschen Bezirk wohnender Tscheche die Abhaltung von Gerichtsverhandlungen in tschechischer Sprache fordern konnte. In diesem Vorgehen sahen die Vertreter der deutschen Bevölkerung den Beginn einer von Prag gesteuerten Tschechisierung. Trotz eines von Prag erlassenen Versammlungsverbotes trafen sich am 11. und 12. Juli 1897 Reichsrats- und Landtagsabgeordnete und Vertreter der deutschböhmischen Bezirke im Hof des Stadthauses zu einer Protestkundgebung.

Der Dichter Felix D a h n faßte das Anliegen des Egerer Volkstages in Verse.

Im Hof des Stadthauses wurden sie auf einer Spruchtafel angebracht. Ab 1918 mußte sie als „staatsfeindlich“ überdeckt werden. 1945 hat man sie heruntergerissen und zertrümmert.

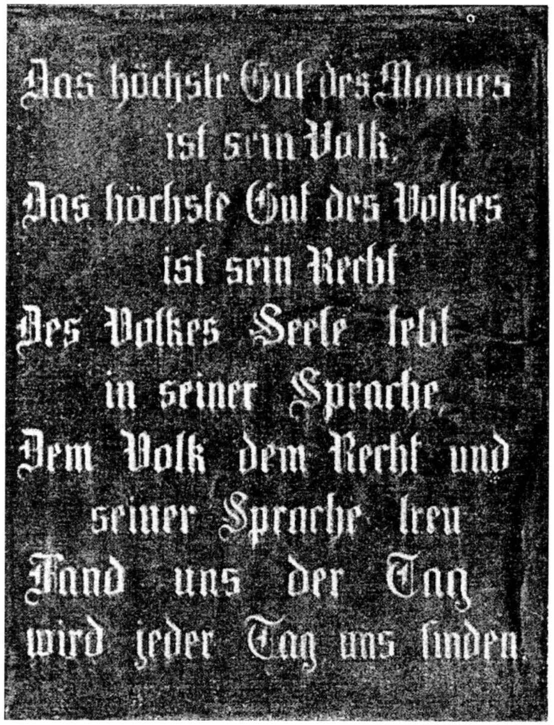

Kundgebung.

Am 9. Juli 1922 fand dazu ein Egerer Volkstag statt, der seinen Höhepunkt im Hof des Stadthauses erreichte. Mitglieder der Egerer Stadtverwaltung, Bürgermeister aus dem Egerer Gebiet, Abordnungen vieler Vereine legten ein Gelöbnis ab, das Satz für Satz von Tausenden von Kundgebungsteilnehmern auf dem Marktplatz im Chor nachgesprochen wurde.

Sie schworen mit erhobener Hand:

**„Wir geloben heute hier in feierlicher Stunde
als volksbewußte Deutsche, jederzeit einzutreten
und zu kämpfen für das Recht unserer freien Sprache,
für unseren deutschen Arbeitsplatz und völkischen Besitz.
Wir geloben, alles, was uns trennen mag, zurückzustellen
in diesem Kampfe um unsere heiligsten Güter.
Wir wollen sein ein einig Volk von Brüdern,
dem alten Recht und unserer Sprache treu.
Wir wollen sein und wollen bleiben deutsch und frei!“**

Mit dem Absingen des Schenkendorf'-schen Liedes „Wenn alle untreu werden, so bleiben wir doch treu“ bekräftigten sie ihren Schwur.

25 Jahre später – die Österreich-Ungarische Monarchie existierte nicht mehr, die Forderung der Sudetendeutschen nach Recht auf Selbstbestimmung wurde von den Siegermächten ignoriert, Eger war von tschechischem Militär besetzt – hofften die Egerländer durch Anrufung des Völkerbundes doch noch einen Anschluß Egers an Bayern zu erreichen.

Was ist geblieben?

Heute, im Jahre 2000, heißt Eger Cheb.

Aber die vertriebenen Deutschen aus Eger bekunden mit ihren Kindern und Enkeln Jahr für Jahr bei ihrem „Egerer Volkstag“ in der Patenstadt Amberg ihre Liebe und Treue zu ihrer Heimatstadt.

Quelle:

Heribert Sturm, Eger – Geschichte einer Reichsstadt, Adam Kraft Verlag Augsburg, 1951.

Eger – Wie das Egerer Land böhmisch wurde.

3 Flug über Eger (Teil IV)

Wie das Egerer Land böhmisch wurde

Nicht etwa 1945, auch nicht 1918, sondern viel früher. Und das Schlimme daran: ein bayerischer Herzog war schuld!

Und so ist es passiert:

Nach dem Tod König Heinrichs VII. (1313) erheben 1314 **Herzog Ludwig von Bayern** und **Friedrich der Schöne von Österreich** Anspruch auf den deutschen Königsthron.

Für seine Unterstützung bei der Königswahl sichert der Wittelsbacher dem **Böhmenkönig Johann** die Verpfändung von Stadt und Land Eger zu. Eger war damals eine **freie Reichsstadt** und das Egerer Land ein **Reichsland.**

Da sich die Kurfürsten nicht auf einen Kandidaten einigen können, kommt es zu einer doppelten Königswahl. Für den Habsburger stimmen der Erzbischof von Köln, der Kurfürst von Sachsen-Wittenberg, Rudolf von der Pfalz und Heinrich von Kärnten. Der Bayer wird von den Erzbischöfen von Mainz und Trier, dem Kurfürsten von Brandenburg, dem Kurfürsten von Sachsen-Lauenburg und dem Böhmenkönig Johann von Luxemburg zum deutschen König gewählt.

Die **Schlacht bei Mühldorf am Inn am 28. September 1322** entscheidet den Thronkampf zu Gunsten Ludwigs von Bayern, der nach der Gefangennahme Friedrichs von Österreich nun alleiniger deutscher König ist.

Schon am **4. Oktober 1322** wird die vor acht Jahren versprochene **Verpfändung von Stadt und Land Eger an den Böhmenkönig vollzogen.** Die Höhe der Pfandsumme hatte damals keine Relation zum Wert des Haftgutes. Dies geht schon daraus hervor, daß Eger zunächst für 10 000, dann für 20 000 und schließlich für 40 000 Mark Silber zu Pfand gesetzt wurde.

Die Pfanddauer sollte bis zum Zeitpunkt der Rückerstattung der Pfandsumme gelten. **Daraus läßt sich erkennen, daß das Pfandgebiet nicht dem Königreich Böhmen einverleibt wurde.**

Die Pfändungsurkunde, sie wird im Egerer Schrifttum häufig als der „Egerer Freiheitsbrief“ bezeichnet, beinhaltet an Vertragspunkten:

1) Anerkennung aller überkommenen Rechte und Freiheiten, der Status der Reichsstadt mit Garantie der Unantastbarkeit.

2) Zusicherung der Unverletzlichkeit des Pfandgebietes, keinerlei Abtretungen an Böhmen.

3) Keine Einmischung in die autonomen Rechte der Pfandregion, die mit dem Gebiet des Egerer Landgerichts identisch war. Keine böhmische Königssteuer oder böhmische Landessteuer durfte erhoben werden.

4) Zusicherung, daß Eger und Land nicht von Böhmen aus weiter verpfändet werden konnte und Anerkennung der Judenschaft als Teil der Stadt und nicht als Kammerknechte des Königreiches Böhmen.

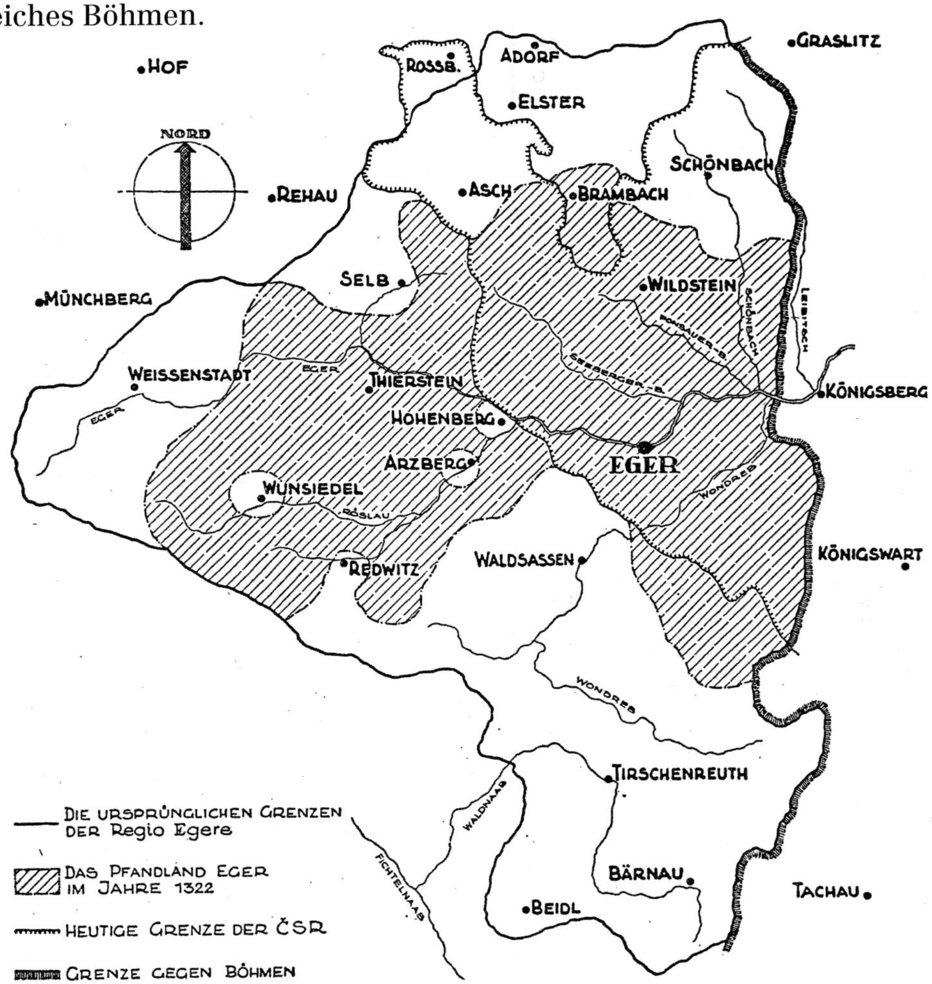

Durch diesen Vertrag erst wurde die eigentliche Identität des Egerlandes geschaffen, die sich bis 1945 kontinuierlich fortgesetzt hat.

Wäre das Pfand irgendwann später eingelöst und Eger und das Egerer Land wieder dem Reiche angeschlossen worden, wäre ihre Geschichte ganz anders verlaufen.

Es hätte 1918 nicht zum neugeschaffenen tschechoslowakischen Staat gehört, Hitler hätte es 1938 nicht „ins Reich heimzuholen“ brauchen, im Egerland hätte es 1945/46 keine tschechische Schreckensherrschaft und keine Vertreibung der deutschen Bevölkerung gegeben.

Eger und das Egerland wären heute im Jahr 2000 – wie am Anfang – ein Teil Bayerns.

Der Exodus des Egerlandes hat letztlich seine Ursachen in einem schmutzigen politischen Geschäft um Macht und Ansehen.

Habe ich in „Flug über Eger“ Teil 2 mein Bedauern darüber ausgedrückt, daß Egers großer Sohn, Dr. Heribert Sturm, meine Luftaufnahmen von Eger nicht mehr sehen kann, weil er 1981 starb, so bin ich andererseits froh, daß er nicht mehr erleben mußte, was seit

1989, dem Ende kommunistischer Gewaltherrschaft in der Tschechoslowakischen Republik aus den deutschen Grenzgebieten geworden ist.

Viele Deutsche fahren heute über die Grenze, weil dort Zigaretten, Alkohol und Frauen billiger zu haben sind. So berichtete die Sudetendeutsche Zeitung vom 25.8.2000, daß in den Dörfern an der Grenze Bordelle wie Pilze aus dem Boden schießen, daß an den Straßen, auch zwischen Schirnding und Eger, sogar ganz junge Mädchen, noch halbe Kinder, oft nicht älter als zwölf Jahre, ihre Liebesdienste anbieten. Es handelt sich dabei meist um Zigeunerinnen, die mit dem Sextourismus den Lebensunterhalt für die ganze Familie verdienen. Auch in Eger dienen immer häufiger Privatwohnungen als Liebesnester, in denen Kinder mißbraucht werden. Das Schlimme daran: im tschechischen Rotlichtmilieu treiben sich hauptsächlich Deutsche herum, von denen einige sogar eigene Bordelle betreiben.

Daß diese Zustände auch tschechischen Menschen mißfallen, dokumentiert der Tscheche Jaroslav Kučera, Jahrgang 1946, mit seiner Foto-Ausstellung „Sudety“. Kučera – ein führendes Mitglied der kritischen Prager Fotografengruppe „Signum“ – hat den ökonomischen, sozialen und moralischen Tiefstand in den einstigen deutschen Siedlungsgebieten mit seiner Kamera festgehalten. Im Herbst 2000 stellte er diese Aufnahmen auch im Tschechischen Zentrum in Berlin der Öffentlichkeit vor.

Über seine Eindrücke im einstigen Sudetenland schreibt er im Ausstellungskatalog u.a. :

„Damals nach fünfundvierzig, nach der Aussiedlung der Deutschen, sah es hier mancherorts wie nach einer Explosion der Neutronbombe aus. Das ganze Vermögen, die Felder, Häuser, Fabriken blieben unverletzt, aber die Leute waren fort. Diejenigen, die nach ihnen kamen, durften austeilen und annehmen. Die neuen Ansiedler kamen noch lange nach dem Krieg aus ganz Osteuropa und bekamen umsonst das, was noch übriggeblieben war. Manche wollten hier Wurzeln fassen, andere nur stehlen und verschwinden. Danach kam die sozialistische Planwirtschaft, die das Volk wahrscheinlich nie begriffen hat, denn ihre miserablen Folgen sieht man im Grenzgebiet noch heute.

So begann ich, irgendwann im Jahr 1990, in die Sudeten zu fahren und traf Leute und Leutchen, die hier leben und arbeiten. Ich habe viele von ihnen fotografiert. Einigen blieb nichts aus den „goldenen Zeiten“, und sie gerieten an den Rand der Gesellschaft. Andere sahen und sehen ihr neues Paradies an der E 55 oder bei einem Stand voller Plüsch-Spielzeug und Gartenzwerge ...

Als ich vor fünf Jahren damit anfing, dachte ich nicht, daß das Fotografieren der ehemaligen Sudeten so lange dauern wird und eigentlich nie enden wird...

***Jaroslav Kučera,** November 1995”*

Aus dem Ausstellungskatalog, den mir die Egerländerin Frau Dr. med. Herta Kaltenpoth zur Verfügung gestellt hat, wählte ich einige Bilder aus, die das Anliegen des Fotografen deutlich machen. Die ins Deutsche übersetzten Bildtexte lagen dem Katalog bei.

Als ich in „ausgesiedelten" Häusern herumschlich, führten mich zwei Hunde zu einem Hof, wo kleine Zigeunerkinder spielten. Dann erschien der Arpad, auf dem ganzen Körper tätowiert. Vor kurzem kehrte er aus dem Loch zurück. Er hat zwölf Jahre in Valdice „gesessen".

(Kučera)

Hausruine Eger 1992.

Das Haus ist eines der vielen „ausgesiedelten" Häuser auf einem Platz in Cheb.

Eger 1992.

Jaroslav Kučera sollte seine Foto-Ausstellung „Sudety" auch in anderen deutschen Städten zeigen. Ich rechne Kučera zu den Tschechinnen und Tschechen, die mit Zivilcourage und dem Mut zur Wahrheit die Vertreibung der Deutschen aus der Tschechoslowakei verurteilen und die Mißstände in den einst deutschen Grenzgebieten anprangern.

Würde ein Sudetendeutscher diese Ausstellung gemacht haben, so müßte er damit rechnen, von den meisten tschechischen Politikern als Revanchist in die rechte Ecke gestellt zu werden, deutsche Regierungskreise sähen darin sogar eine Belastung des deutsch-tschechischen Verhältnisses.

Das letzte Wort aber soll die Tschechin Daniela Mrázková haben. Im letzten Abschnitt ihres Katalog-Vorwortes schreibt sie:

„Das Gebiet des langjährigen Unfriedens im tschechisch-deutschen Grenzgebiet ist ein Schauplatz hastiger Umwandlungen. Dort, in der ökologisch problematischen Gegend, in Bordells, unter den Roma, Straßendirnen, Heimatlosen, neuzeitlichen Goldgräbern und allen anderen aus der „Welt am Rande" entsteht in den letzten Jahren Kučeras umfangreiche, scharf gesehene und ästhetisch verfeinerte Zeugenschaft. Ehrlich gesagt: „Kučera" wirft eine gewaltige Fotografie nach der anderen aus. Als ob ihm die zehnjährige kommerzielle Zensur direkt Nutzen gebracht hätte. Er wurde reif. Er wurde echt. Ich meine, daß er verdammt gut ist!"

Eger 1992.
Ich saß auf einer Bank mit einem „Zuhälter" und Andrea ging zur Arbeit ...

JAROSLAV KUČERA

Mitglied der SIGNUM-Gruppe,
geboren am 19.12.1946 in Ředhošť,
1973 absolvierte die Fakultät für Bauwesen der Böhmischen Technischen Hochschule – seiten fotografiert er professionell.

die Ausstellung
1969 – Prag – Strahov
1975 – Prag – Fotochema
1975 – Olumouc – Galerie V podloubí
1977 – Prag – Galerie MF
1977 – Brno – Kabinet Funke
1979 – Olomouc – Galerie V podloubí
1983 – Prag – Fotochema
1987 – Roma – Palazzo Barberini
1988 – Bologna – Palazzo de Renzo
1988 – Moskau – Messepalast
1989 – Dortmund – Das städtliche Rathaus
1989 – Helsinky – Das städliche Rathaus
1990 – Basel – Galerie No Name
1990 – Freiburg – Kultur Amt
1991 – Brno – Kunsthaus
1994 – Freiburg – Galerie Schwarzeskloster
– (mit Dana Kyndrová)
1994 – Basel – Galerie No Name
1994 – Denver – Temple Emanuele
1995 – Amiens – Galerie Jacques Tati
1995 – Kladno – Kleine Galerie

Bildpublikationen
1982 – Kulturpalast
1983 – National Theater
1984 – Karlsbader Gebiet
1990 – Prag

Quellen:

1) Heribert Sturm, Eger, Geschichte einer Reichsstadt, Adam Kraft Verlag Augsburg, 1951.

2) Jahrbuch der Egerländer, 1998, Helmut Preußler Verlag, Nürnberg.

3) Katalog zur Foto-Ausstellung „Sudety" von Jaroslav Kučera

4 St. Anna und der Bismarck-Turm auf dem Grünberg bei Eger

Ein Nekrolog

Der Grünberg (658 m) westlich von Eger mit der Wallfahrtskirche St. Anna und dem Bismarck-Turm auf dem Gipfel waren früher für die Egerer ein beliebtes Ausflugsziel. Vom Theaterplatz aus führte der nur etwa 4 km lange Weg zuerst in die Nürnberger Straße zur alten Grillmayerschen Brauerei, von da links ab durch die Bahnunterführung zum Hollerhof bei der Militärschießstätte und dann durch herrlichen Wald nach St. Anna.

Bild 1

In dem schönen Bildband „Heimatkreis Eger", Herausgeber Egerer Landtag e.V., Heimatverband für Eger Stadt und Land, 1981 by Egerer Landtag e.V., Sitz Amberg, fand ich zur Geschichte von St. Anna und dem Bismarck-Turm diesen Eintrag:

„Auf dem östlichen, unbewaldeten Rücken des Grünbergs ließ die Stadt Eger i.J. 1518 eine der hl. Anna geweihte Kapelle errichten, die später zu einem Kirchlein erweitert wurde. Ein Franziskanermönch bezog 1575 die angebaute Einsiedelei. Bald war St. Anna eine vielbesuchte Wallfahrtsstätte. 1684 bekam die Kirche einen Glockenturm und Nebengebäude. Ein österreichischer Priester übernahm die Betreuung. 1691 ließ die Stadt Eger die Kirche weiter ausbauen und die Einsiedelei zu einer Priesterwohnung umgestalten, in der 1701 ein Prior, ein Prediger, zwei Laienbrüder und ein Diener

Wohnung fanden. Bei einem erneuten Ausbau i.J. 1716 entstand ein Hospiz, das von Franziskanern geführt wurde.

Bild 2

Seit 1787 war St. Anna eine von weltlichen Priestern geführte Pfarrei für folgende Orte: Boden, Holerhof, Kreuzenstein, Neumühle, Nonnenhof, Oberkunreuth, Oberpilmersreuth, Schwarzenteich, Siechenhaus und Unterpilmersreuth. Der letzte Pfarrer war Johann Tanzer.

Schon 1773 gab es in St. Anna eine Schule. Sie wurde 1797 Pfarrschule und bekam 1802 ein eigenes Schulhaus. Dieses ersetzte man 1886 abermals durch ein neues mit Lehrerwohnung. Der letzte Lehrer war Oberlehrer Josef Urban, ein angesehener Schriftsteller, Dichter und Heimatforscher."

Heute ist von St. Anna nichts mehr zu sehen. Kirche, Pfarrhaus, Schule und Wohnhäuser wurden nach der Vertreibung der deutschen Bevölkerung abgerissen, der Bauschutt für den Bau einer neuen Straße von Eger zum Grenzübergang Schirnding verwendet. **Wer heute von Schirnding nach Eger fährt, fährt im wahrsten Sinn des Wortes über St. Anna.**

Grünbergwarte Bismarck-Turm

So hat er früher ausgesehen. Das Bild entstammt dem Buch „Eger – Geschich-

te einer Reichsstadt“ von Heribert Sturm, Adam Kraft Verlag Augsburg, 1951. Der alte hölzerne Aussichtsturm wurde 1909 durch den Bismarck-Turm abgelöst, den Maurermeister Georg Zuber aus Lapitzfeld bei Eger errichtete. Egerer Bürger, der Verschönerungsverein und die Stadtgemeinde Eger wirkten zusammen und errichteten im Jahre 1914/15 im Walde hinter dem Turm zwei Blockhäuser, von denen das eine (Oberpilmersreuth Nr. 27) als Gaststätte eingerichtet wurde. Oben auf dem Bismarck-Turm bot sich dem Besucher ein weiter herrlicher Rundblick über das Egerland und das Fichtelgebirge.

Meine Luftaufnahme vom 18. Juni 2000 zeigt, wie die Grünbergwarte Bismarck-Turm heute aussieht: zugewachsen und verwahrlost. Wo einst die Bismarck-Büste stand, wuchern Büsche aus dem Mauerwerk. Die steinerne Krone ganz oben fehlt. Sicher hat man sie abgeschlagen.

Da die Bäume ringsherum zum Teil höher als die Plattform des Turmes sind, ist die Fernsicht stark eingeschränkt.

Nur der trutzigen Bauweise ist es zu danken, daß der Turm noch steht. Heute ist er nicht mehr „Zum Schauen bestellt“, sondern Mahnmal und Anklage.

Quellen:

Bild 1 ist aus „Eger – Geschichte einer Reichsstadt“ von Heribert Sturm, Adam Kraft Verlag Augsburg, 1951.

Bild 2 ist aus „Westböhmen – Unvergessene Heimat“, Rolf Nitsch, 1999, ISBN 3-88189-210-9.

Liebenstein und sein Stern.

5 Liebenstein und sein Stern

Schloß Liebenstein liegt etwa 9 km westlich von Eger und nur 2 km von der Grenze zu Bayern entfernt. Vom Flugzeug aus ist der Grenzübergang von Schirnding deutlich zu sehen.

Wie das Bild aus dem Buch „Eger – Geschichte einer Reichsstadt" von Heribert Sturm, Adam Kraft Verlag Augsburg, 1951, S. 148 zeigt, hatte Liebenstein etwas von einem Märchenschloß.

Die Luftaufnahme vom 18.6.2000 hingegen läßt nichts mehr von der Romantik früherer Zeiten erkennen. Die baulichen Veränderungen gehen sicher nicht auf das Konto der letzten 50 Jahre, wohl aber Verwahrlosung und Verfall. Liebenstein ist seit 1945 zu einer traurigen Schloßruine verkommen. Nur der walzenförmige mit einem Rundhelm abgeschlossene Turm hat bis heute überdauert. Doch das Schloß hat Zukunft! Der vordere Trakt ist neu eingedeckt worden, dem früheren Renaissance-Dach nachempfunden. Vom noch dachlosen Rückgebäude stehen aber nur noch die Außenmauern.

Im o.g. Heimatbuch findet sich auf Seite 149 folgender Beitrag zur Geschichte von Burg und Schloß Liebenstein:

„Die nordwestlich von Eger gelegene Burg (Neu-)Liebenstein ist urkundlich erstmals 1264 erwähnt. Damals übertrugen Abt Heinrich und der Konvent des Klosters Reichenbach das Dorf Göpfersgrün bei Wunsiedel an die Witwe

nach Heinrich von Kinsberg und deren Tochter Berchta gegen Abgabe eines jährlichen Zinses. Unter den Zeugen dieser Urkunde vom 21. Dezember 1264 ist Rupertus de Nuenlibenstein genannt, derselbe, der kurz darnach (20. April 1265) als Egerer Landrichter bezeugt ist. Die Burg, die seit ihrem Bekanntwerden ein Reichslehen im Lande Eger war, nannte sich Neu-Liebenstein, zum Unterschied von Liebenstein in der Oberpfalz. Sie dürfte im Zuge des dichteren Ausbaues des Burgennetzes im Reichslande Eger nicht lange vor der ersten urkundlichen Nennung erbaut worden sein.

Noch im 13. Jahrhundert starb das auf Liebenstein sitzende Reichsministerialengeschlecht mit Heinrich von Liebenstein aus (1292), und der Besitz samt der Burg fiel dem Reiche zurück.

König Adolf verlieh Liebenstein dann an den Burggrafen Friedrich von Nürnberg. Zum Zeitpunkt der Verpfändung des Reichslandes an den Böhmenkönig Johann von Luxemburg (1322) war die Burg aus einem nicht bekannten Grunde zerstört und wird deshalb auch nicht bei den in der Verpfändungsurkunde genannten Burgen des Pfandlandes eigens erwähnt.

Noch 1346 ist Liebenstein als eine seit langem zerstörte Burgstelle bezeichnet, die vom König Johann von Luxemburg am 24. Dezember dem Egerer Bürger Franz Goswein mit der Erlaubnis zum Wiederaufbau verliehen wurde. Im April 1349 war die neue Burg Liebenstein aufgebaut und wurde für die Egerer als offenes Haus erklärt; Franz Goswein, der 1325 das Amt eines Bürgermeisters der Stadt Eger bekleidet hatte und später (1355) von Kaiser Karl IV. gelegentlich der Krönung in Rom zum Ritter geschlagen wurde, leistete anläßlich der Fertigstellung der neuen Burg Liebenstein den Egerern den Treueid als Burginhaber und nahm die Verpflichtung auf sich, im Falle eines Verkaufes Eger das Vorkaufsrecht einzuräumen.

Seinem Sohne Wenzel wurde vom Böhmenkönig Wenzel IV. als Pfandinhaber des Reichslandes Eger wegen verübter Gewalttätigkeit die Burg Liebenstein abgenommen und dem Egerer Burgpfleger Johann Landgraf von Leuchtenberg und Grafen zu Hals (bei Passau) verliehen, der mit der Verwaltung Erhard von Sparneck betraute.

Am 13. Mai 1400 verkaufte der Landgraf von Leuchtenberg die Burg samt dem Dorf Liebenstein dem Egerer Bürger Erhard Rudusch, der wiederholt Bürgermeister der Stadt Eger war und 1406 die Pfarrkirche in Liebenstein stiftete.

Bei seinem Tode im Jahre 1418 ging Liebenstein als Erbteil seiner Tochter Ottilie, die mit Arnold von Sparneck verheiratet war, an die Sparneck über. Nur kurze Zeit dauerte indes die Besitzinhabung durch die Sparneck.

Nachdem 1424 bereits zwei zu Liebenstein gehörige Höfe und eine Herberge zu Ratsam dem Liebensteiner Pfarrer Konrad zuhanden seiner Kirche verkauft worden waren, ging der gesamte Liebensteiner Besitz 1425 um 3600 Gulden an Heinz von Zedtwitz auf Neiperg über. Seit dieser Zeit blieben Schloß und Besitz von Liebenstein bis zur Gegenwart Eigentum der Familie Zedtwitz, die im Jahre 1790 vom Kurfürsten Karl Theodor in den Reichsgrafenstand erhoben wurde und 1879 das Prädikat Zedtwitz-Liebenstein annahm. Erst 1915 wurde Liebenstein von dem letzten Liebensteiner Zedtwitz, Graf Benno, an ein Privatkonsortium in Wien verkauft."

In der Friedhofskapelle von Liebenstein befand sich die Familiengruft der Zedtwitz.

Gleich unterhalb der Burg steht die turmlose Pfarrkirche „Hl. Dreifaltigkeit und St. Katharina" mit sehenswerten Fresken. Hochaltar, Seitenaltäre und Kanzel sind neugotisch.

Vor 1850 gab es in der Gemeinde Liebenstein eine Poststation, 2 Herrenhöfe, 1 Brauerei, 5 Schenken und 2 Mühlen.

Liebenstein hatte

1850	1541 Einwohner,
1900	2139 Einwohner,
1930	2202 Einwohner,
1950	796 Einwohner,
1991	407 Einwohner.

Im „Jahrbuch der Egerländer", 1956, ist auf den Seiten 75 bis 78 ein sehr bemerkenswerter Bericht über den Liebensteiner Schulmeister Johann Nepomuk Deißinger abgedruckt. Der Verfasser, Eduard Deißinger, 1859 in Liebenstein geboren, wirkte als Lehrer in verschiedenen Orten des Egerlandes, zuletzt als Oberlehrer und Volksschuldirektor in Mies. Er starb 1921 in Urfahr. Mit seinem **„Bruchstück aus einer Familienchronik"** hat uns Eduard Deißinger ein einzigartiges Dokument über **„Schulmeister im alten Egerland"** hinterlassen. In seinem Bericht heißt es u.a.:

„1802 kam er (gemeint ist des Verfassers Großvater Johann Nepomuk Deißinger) als Lehrer und Kantor nach Liebenstein, einem Pfarrorte im damaligen Elbogner Kreise Böhmens an der Grenze gegen Bayern und Sachsen. Das Anstellungsdekret enthielt das Verzeichnis der Einkünfte, pro Jahr.

Nähere Erklärung zu nachstehenden Einkünften: Bis zum Jahre 1869 stand der Lehrer im Dienste des herrschaftlichen Patronates (Adel, geistl. Stifte, Städte), das ihm die Wohnung im Schulhause nebst einigen Grundstücken (Felder, Wiesen) zur Haltung eines kleinen Viehstandes beistellte (die Schule Liebenstein hatte Ausmaß für zwei Kühe). Die Haupteinnahme aber bildete das „Schulgeld". Jedes Kind hatte wöchentlich einen Groschen (drei Kreuzer)

Einkünfte
des vereinigten Kantor-, Schullehrer- und Mesnerdienstes
zu Liebenstein nach der bestehenden Fassion:

	Wiener Gulden
An Schulgeld	*40*
Von der gnädigsten Grundobrigkeit in Naturalien von Schulfeldern, der Betrag nach Abzug der Ausgaben zu Geld berechnet	*50*
An Neujahrsgeschenk und Michaelizins von der Gemeinde	*16*
An Zehent, Eiern und Schulbrot von der Gemeinde zu Geld berechnet	*22*
Von der Kirche an Stolagebühren	*28*
Summe des ganzen Genusses	*156*

abzuliefern. Am Samstage, dem Zahltage, wurde das Geld durch den Lehrer eingesammelt. An diesem Tage zeigten die Schulbänke gewöhnlich große Lücken. Eine weitere Einnahme bildete die „Stola", d.h. die Entlohnung für kirchliche Funktionen, für Taufen, Versegnungen der Mütter, Hochzeiten, Messen, Begräbnisse etc.. Die Verpflichtungen des Lehrers hierfür waren: die Leitung der Kirchenmusik mit dem obligatorischen Notenschreiben (gedruckte Noten gab es selten, und wer sollte sie bezahlen?), die Heranbildung von Sängern und Musikern, der gesamte Mesnerdienst (die Instandhaltung der Kirchenwäsche, die Obhut der Paramente, das Läuten der Glocken, die Bedienung des Priesters, das Hostienbacken u.a.m.).

Eine dritte Einnahmequelle, die man besser mit „Bettelei" bezeichnen könnte, war das Einsammeln des „Zehnt", den die Bauern zum Teil ins Haus sandten, wie Brotlaibe. Der übrige Teil, wie Getreide, Stroh, Erbsen, Eier wurde vom Lehrer selbst mit einem Manne als Lastenträger eingesammelt. Um Dreikönig herum machte der Lehrer oder sein Gehilfe einen Gang von Haus zu Haus, schrieb fein säuberlich die Buchstaben K+M+B (Kaspar, Melchior, Balthasar) an die Türpfosten und erhielt für dieses Geschäft zwei Eier. Ein dritter Rundgang bezweckte die Aufschreibung sämtlicher Pfarrkinder in einem genauen Verzeichnis, das auch alle beichtpflichtigen Personen des Kirchspieles zu enthalten hatte. Für jedes Beichtkind wurde ein Beichtzettel, „auf seinen Namen lautend", ausgefertigt, der am Beichttage abgeholt (Entlohnung ein Kreuzer per Zettel) und dem Seelsorger abgeliefert wurde."

An anderer Stelle der Chronik heißt es:

„Um die Altersversorgung der Lehrerveteranen stand es in damaliger Zeit schlecht. Die Patronate hatten sich dieselbe nie zur Pflicht gemacht, die Kirche fühlte sich noch weniger hiezu verpflichtet, Land und Staat erst recht nicht. So lebte sich das Auskunftsmittel der Vererbung ein, wobei der dienstuntauglich gewordene Lehrer von seinem Nachfolger im Schuldienste erhalten werden mußte. So erhielt sich oft derselbe Posten, da der Dienst vom Vater auf den Sohn überging, durch drei bis vier Generationen bei derselben Familie. Oder der junge Schulmann trat als Gehilfe bei einem Lehrer ein, lernte unter seiner Anleitung das „Schulen", machte die Konkursprüfung, heiratete schließlich die Lehrerstochter (oder die Pfarrersköchin) und erhielt so die Stelle, einstweilen provisorisch, nach dem Ableben des alten Lehrers definitiv.

Als ich, Schreiber dieser Zeilen, noch Kind war, beging der Großvater das Fest der Goldenen Hochzeit, das mit besonderer Feierlichkeit abgehalten wurde.

Sämtliche Kinder und Enkel – es waren deren wohl eine große Zahl – umstanden die Stufen des Altares, und als der Priester nach geschehener Einsegnung dem Jubilar einen Stab überreichte mit den Worten: „Nimm hin den Stab des Greises, deine Wanderschaft auf Erden wird wohl bald zu Ende sein!" – bemächtigte sich aller Anwesenden eine tiefe Rührung. Und in der Tat: der Greis bedurfte bald des Stabes. In seinem 80. Lebensjahr erblindete er plötzlich und eine fünfjährige Nacht bildete den Rest seines Lebens.

Als es zum Sterben kam, – der alte Kantor ahnte seine baldige Auflösung voraus, denn er mahnte die Seinigen, genügend Öl für die Nacht in Bereitschaft zu halten, da sie es brauchen würden, – da umgaben Kinder und Enkel schluchzend sein Lager. ... Der die Sakramente spendende Priester mahnte den Sterbenden, seine Kinder zu segnen. Nachdem dies vollbracht, entschlummerte er still und sanft in den Armen seines treuen Weibes.“

Soweit die Auszüge aus Eduard Deißingers Familienchronik.

Der Liebensteiner Schulmeister galt als trefflicher Lehrer, Musiker und Kirchenkomponist, und sein Andenken blieb lange Zeit lebendig in der Gemeinde. Sein Sohn Andreas Deißinger wurde ebenfalls Lehrer, sein Enkel Eduard Deißinger war Schuldirektor in Mies und sein Urenkel Hans Deißinger Professor an der Staatsgewerbeschule in Salzburg. Er erfuhr vor allem für sein dichterisches Schaffen zahlreiche hohe Ehrungen.

Am Beispiel des Liebensteiner Schulmeisters Johann Nepomuk Deißinger wird deutlich, wie erbärmlich früher die soziale Lage der Lehrer und ihrer Familien gewesen ist. Umso höher sind deshalb ihre Hingabe zum Beruf und ihre Liebe zu ihrer Egerländer Heimat zu werten. Über solche Lehrer hat Johann Gottfried Herder gesagt:

„Die Lehrer werden leuchten, wie des Himmels Glanz, und die, so viel zum Guten gewirkt haben, wie die unvergänglichen Sterne“.

Der Liebensteiner Schulmeister und Kantor Johann Nepomuk Deißinger ist so ein Stern.

Schloß Liebenstein mit Pfarrkirche „Hl. Dreifaltigkeit und St. Katharina“.

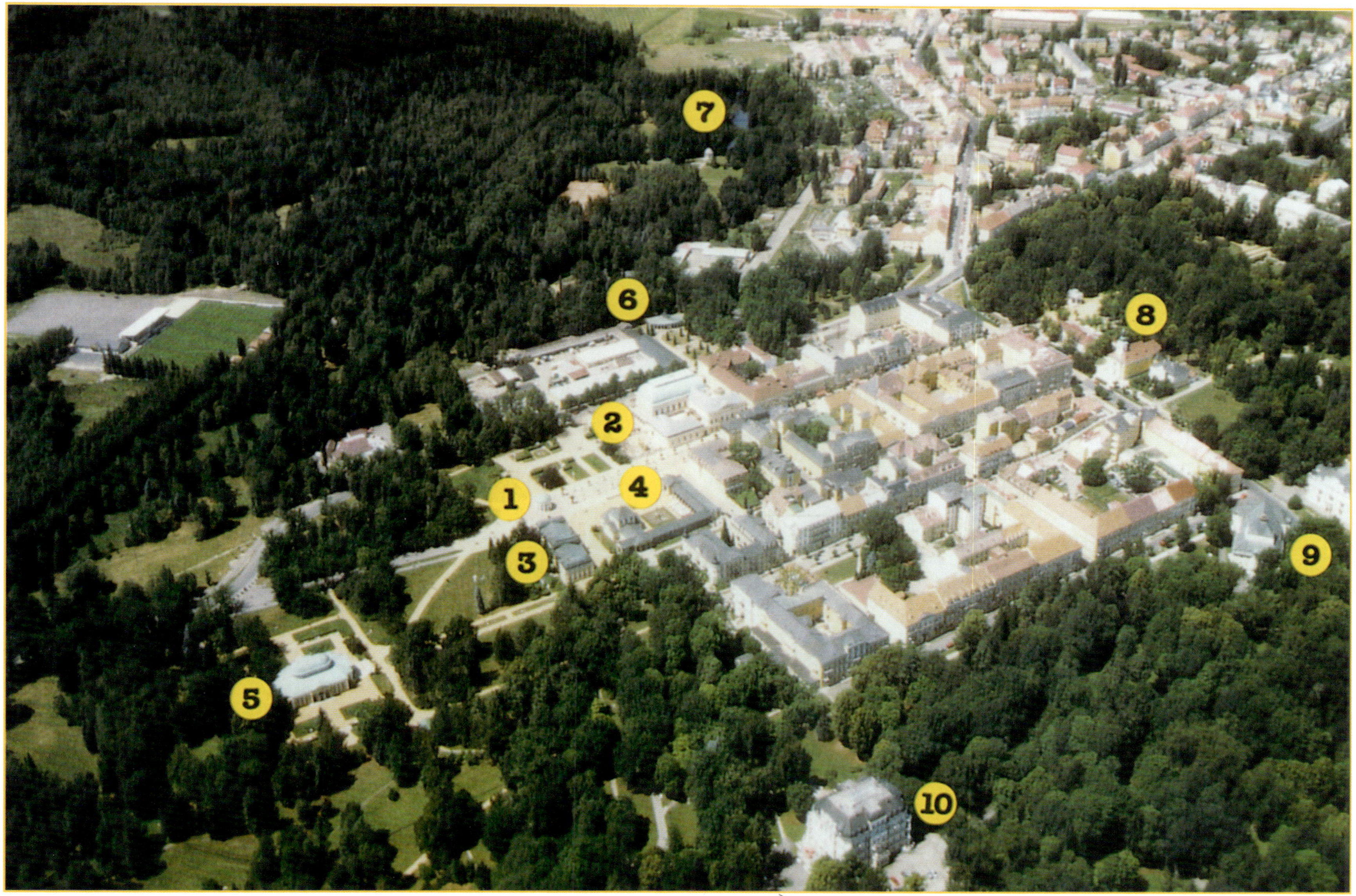

Kaiser Franzens Bad – Vom „E g h a r a Saaling“ zum Weltkurort.

6 Kaiser Franzens Bad (Teil 1)

Vom „E g h a r a Saaling“ zum Weltkurort

Kaiser Franzens Bad ist ein junger Kurort. Wo sich heute klassizistische Prachtbauten in Weiß und Gelb aneinanderreihen, dehnte sich noch vor wenigen hundert Jahren ein weites Moor mit vielen salzhaltigen Quellen. Schon in grauer Vorzeit müssen die Menschen die heilende Wirkung des Wassers gekannt haben, denn zahlreiche Funde weisen auf Siedlungen in der Stein- und Bronzezeit hin.

In früheren Jahrhunderten wurde das bei dem Dorfe Schlada entspringende Mineralwasser – die heutige Franzensquelle – in Tonkrügen von den „Saalingweibern“ in die nahe Stadt Eger getragen und dort als „Schletter Säuerling“ oder „Eghara Wasser“ für Heilzwecke verkauft. 1661 ließ der Egerer Rat nahe der Quelle einen Brunnen und ein Füllhaus und 1694 ein Gasthaus bauen, in welchem 1708 die ersten Bäder eingerichtet wurden.

Franzensbad wäre aber kein Kurort geworden, wenn die „Saalingweiber“ ihren Willen durchgesetzt hätten. Als nämlich die spätere Franzensquelle auf Betreiben des Egerer Stadtarztes Dr. Adler besser ausgebaut und in die Stadt geleitet werden sollte, stürmten die Weiber die Baustelle und zerschlugen, was soeben erst fertig geworden war. Sie befürchteten, daß ihr Verdienst durch Wassertragen in die Stadt geschmälert oder gar verloren gehen würde.

Der „Weiberaufstand“ vom 18. August 1791 konnte aber Franzensbrunns Aufstieg zum Weltbad nicht verhindern. Mit Hofdekret vom 17. April 1793 genehmigte Kaiser Franz I. die von einer Kommission vorgelegten Lage- und Baupläne, die ein Kurhaus, ein neues Brunnenversendungsgebäude, eine gedeckte Wandelhalle und 19 Baustellen umfaßten. Damit wurden Dr. Adlers Pläne Wirklichkeit. Er selbst wurde 1795 zum ersten landesfürstlichen Brunnenarzt ernannt.

Die neue Kolonie wurde zu Ehren des regierenden Kaisers Franz I. zuerst „Kaiser Franzensdorf“, im Jahre 1807 „Franzensbrunn“ und später kurz „Franzensbad“ genannt.

Die Luftaufnahme läßt es gut erkennen: Franzensbad ist auf dem Reißbrett entstanden. Nach der Ernennung zum Kurort 1793 ist aus einem Stück Moorland in kurzer Zeit ein moderner Kurort entstanden.

Die Luftaufnahme vom 18. Juni 2000 zeigt:

1 Franzensquelle
2 Kurhaus mit Kurplatz
3 Kurklinik (früher Brunnenversandhaus)
4 Gasbad mit Kolonnaden (der „Polterbrunnen“ liefert Naturgas)
5 Halle der Glaubersalzquellen (nach Apotheker Rudolf Glauber)
6 Luisenquelle
7 kleiner Schwanensee
8 Kreuzerhöhungskirche
9 Stadttheater
10 Kurhotel Imperial

Vom „Saaling“ zum Brunnentempel

(Eine Kurzchronik aus „Das Egerland und seine Weltbäder“ von Viktor Karell, Verlag „Das Viergespann“, Frankfurt am Main, 1966)

1406 Erwähnung eines Egerer „Stadtsäuerlings“ in der „Langwiese“.

1545 Agricola erwähnt neben dem „Stadtsäuerling“ auch eine Gasquelle.

1565 bespricht Günther von Andernach den innerlichen und äußerlichen Gebrauch des „Stadtsäuerlings“ bei gewissen Krankheiten.

1590 An Stelle des „Stadtsäuerlings“ trat der „Schladasäuerling“, die spätere Franzensquelle, die der Egerer Stadtarzt Johann Rübinger beschreibt.

1615 Der Ruhm der Quelle war bereits so groß, daß der kaiserliche Leibarzt Dr. Thomas Mingonius in Eger „zur Kur des Sauerbrunns“ wohnte.

1617 Kaiserin Anna, die Gemahlin des Kaisers Matthias, gebrauchte das versandte Heilwasser.

1651 Dr. Christian Lange, Universitätsprofessor von Leipzig, gab der Quelle den Namen „Egerbrunnen“.

1656 nahm die Stadt Eger die ausschließliche Versendung des Heilwassers an sich und wurde zunächst für 10 Jahre vom Kaiser privilegiert.

1661 Errichtung des ersten Füll- und Packhauses neben der Quelle.

1694 Neubau des Füllhauses.

1714 Errichtung eines Gast- und Badehauses mit 12 Wohn- und 14 Badestuben.

1785 Dr. Bernhard Adler, zum Stadtarzt von Eger ernannt, reinigt die Quelle und wird der Begründer des „Kurortes“.

1791 Sturm der Egerer Brunnenweiber auf die Quelle. Der Magistrat von Eger beschloß darauf die Gründung eines Kurortes an der Heilquelle.

1792 Verlosung der ersten Baustellen. Der Kaiser gestattete, die Kolonie nach ihm „Kaiser Franzensdorf“ und die Quelle „Franzensquelle“ zu benennen.

1793 Der Bau von Kurhaus, Brunnentempel, Wandelbahn und Parkanlagen wird rasch in Angriff genommen, wobei noch im selben Jahr die Kolonnade und der Brunnentempel vollendet waren. Am 18. Juli fand zur Weihe des Kurortes ein großes Volksfest statt.

1807 in Franzensbad umbenannt.

1852 wird Franzensbad selbständige Gemeinde (bis dahin gehörte es zu Eger).

1865 wird Franzensbad zur Stadt erhoben.

Nach Prof. Pfohl (Ortslexikon Sudetenland) hatte Franzensbad mit Unter-Lohma 1930 3141 Einwohner, davon 2691 deutsche (= 86 %). Seit 1955 ist Bayreuth Patenstadt von Franzensbad.

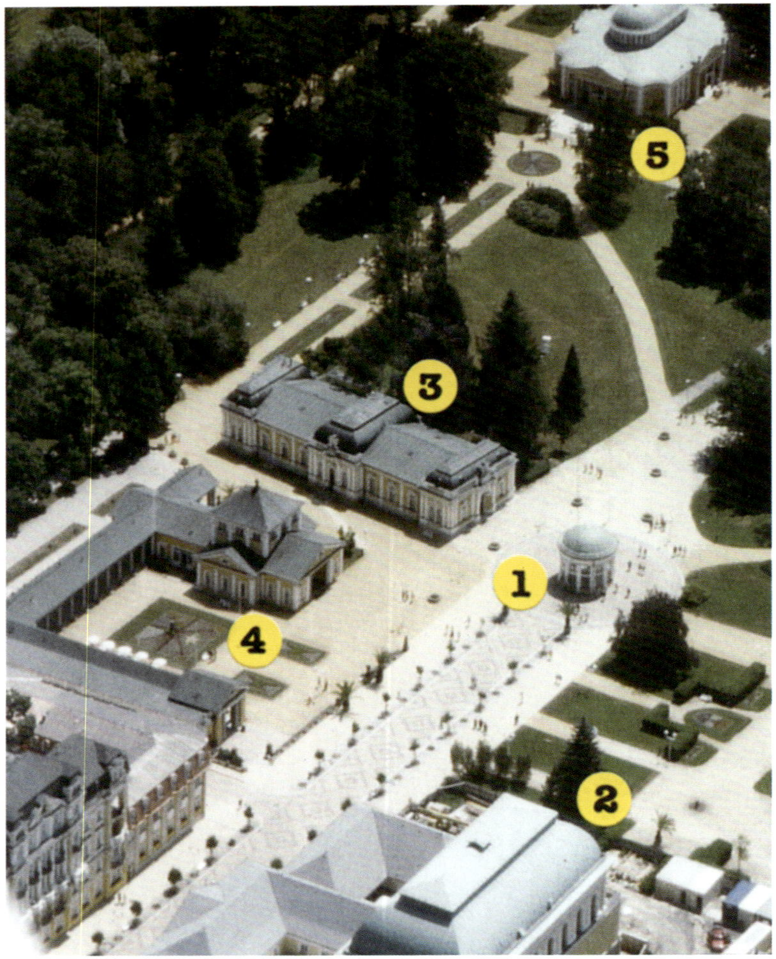

Im Wappen von Franzensbad bedeutet der silberne Schrägrechtsbach den Strom der Gesundheit, zu dem die sechs Hauptquellen des Kurortes führen. Der Adler mit Aeskulapstab bezieht sich auf Dr. B. V. Adler (1752 – 1810) und der rote Hahn auf den böhmischen Oberstburggrafen von Rothenhann als den eifrigen Förderer des Kurortes im entscheidenden Anfangsstadium seiner Entwicklung. Zum Wappen gehört ein Spruchband mit der Devise CONCORDIA PARVAE RES CRESCUNT (durch Eintracht wachsen kleine Dinge).

1 Franzensquelle
2 Kurhaus mit Kurplatz
3 Kurklinik (früher Brunnenversandhaus)
4 Gasbad mit Kolonnaden (der „Polterbrunnen“ liefert Naturgas)
5 Halle der Glaubersalzquellen (nach Apotheker Rudolf Glauber)

Quelle:

„Das Egerland und seine Weltbäder“ von Viktor Karell, Verlag „Das Viergespann“, Frankfurt am Main, 1966.

Kaiser Franzens Bad – Als Franzensbad noch k.u.k. war.

KAISER FRANZENS BAD

6 Kaiser Franzens Bad (Teil 2)

Als Franzensbad noch k.u.k. war

Die Kunde von einem neuen Kurort in einer herrlichen Park- und Waldlandschaft, ganz nahe bei Eger und nicht weit von Marienbad und Karlsbad entfernt, hatte sich in den deutschen Landen und im Ausland rasch herumgesprochen. Namhafte Ärzte hatten nachgewiesen, daß Franzensbader Säuerlinge, in Trink- und Badekuren angewandt, und nicht zuletzt Mineralmoorbäder heilende Wirkungen bei Frauenleiden, Erkrankungen der Gelenke, des Kreislaufs, der Verdauungsorgane und des Nervensystems besitzen.

Zuerst gab in Franzensbad der Hochadel sein Stelldichein und verhalf dem Heilbad rasch zu Ansehen und Prestige. In den Kurlisten ist festgehalten, welche Adeligen wann eintrafen, wo sie abstiegen, welche Bäder sie nahmen, wann sie wieder abreisten. So lustwandelten während der Hochsaison im Juli und August auf der Kurpromenade zwischen Kurhaus und Franzensquelle zu den Klängen des Kurorchesters Kaiserinnen und Kaiser, Königinnen und Könige, Erzherzoginnen und Erzherzöge, Großfürstinnen und Großfürsten, Prinzessinnen und Prinzen aus Österreich, Preußen, Rußland, Sachsen, Bayern, Rumänien, Griechenland und Dänemark. Die hohe Geistlichkeit war durch Kardinal Fürstbischof Schwarzenberg vertreten.

Johann Wolfgang von Goethe ist auf seinen vielen Badereisen nach Karlsbad und Marienbad 33mal in Franzensbad gewesen, öfters mit mehrtägigem Aufenthalt. Am längsten 1808 und zwar vom 9. bis 21. Juli und vom 30. August bis 12. September. Es ist überliefert, daß ihn die holde Anmut einer lieblichen Silvia so lange aushalten ließ. Franzensbrunn, so hieß der Ort damals, hatte erst zwei Straßen, die Kaiser- und die Kirchenstraße. Von den Quellen kannte man nur die Franzensquelle, den Polterbrunnen und die Luisenquelle.

Goethe machte, teils allein, teils mit Silvia, ausgedehnte Spaziergänge in die weitere Umgebung, so nach Eger, St. Anna und Schloß Liebenstein. Er wanderte auch zum Kammerbühl, dessen Entstehung und Aufbau ihn sehr interessierte. Unter dem Titel *„Der Cammersberg bey Eger 1808"* verfaßte er einen Aufsatz über den zuletzt erloschenen Vulkan Mitteleuropas und ein Verzeichnis über die hier gefundenen Gesteinsarten.

Franzensbad hat seinen berühmten Kurgast, der sich das „Egerer Wasser“ auch nach Weimar schicken ließ, mit diesem Denkmal geehrt, das am 9. September 1906 im Morgenzeilpark enthüllt wurde.

Auch **Friedrich Schiller** hat Anfang August 1791 einen Aufenthalt in Eger dazu benutzt, um mit seiner Frau Lotte in Franzensbrunn das „Egerer Wasser“ zu trinken. Im Füllhause bestellte er eine Kiste davon zur Nachsendung nach Jena. Von der wohltätigen Wirkung der Franzensquelle auf seinen kranken Organismus zeugt ein Brief an seinen Freund Christian Gottfried Körner, den Vater des Freiheitsdichters Theodor Körner. Es heißt da: *„Doch verschafft mir der Egerbrunnen, den ich seit fünfzehn Tagen trinke, Erleichterung, und ich kann jetzt zwei, drei Stunden des Tages etwas lesen, ohne mich anzugreifen. Die Kräfte nehmen zu und man findet sich auch wieder frischer aussehend...“*

Am 8. August 1812 traf **Ludwig van Beethoven** aus Karlsbad kommend in Franzensbad ein, um in einer dreiwöchigen Kur mit der Heilkraft des Brunnens gegen seine Taubheit anzukämpfen. Die Kurliste vom 8. August 1812 vermerkt unter der chronologischen Nro. 378: *„Herr Ludwig van Beethoven, Compositeur aus Wien, wohnhaft zu den 2 goldenen Löwen“.* Über seinen Aufenthalt schreibt Beethoven in einem Brief an seinen Verleger Breitkopf & Härtel nach Leipzig: *„...Mein Arzt treibt mich von einem Orte zum anderen, um endlich die Gesundheit zu erhaschen, von Teplitz nach Carlsbad, von da hierher ... Und nun muß ich mich enthalten, ferner zu schreiben, dafür muß ich auch wieder im Wasser herumplätschern. Kaum habe ich mein Inneres mit einer tüchtigen Quantität anfüllen müssen, so muß ich nun wieder auch das Äußere um und um bespülen lassen ...“*

In der Kurliste vom 20. Juli 1826 heißt es unter der chronologischen Nummer 278: *„Herr **Wilhelm Müller,** herzogl. anhaltdessauischer Hofrath und Bibliothekar aus Dessau, wohnt zum goldenen Engel“.*

Der Dichter der Schubert-Lieder hat während eines längeren Aufenthaltes in Franzensbad seinen Lieder-Zyklus „Lieder aus Franzensbad“ geschaffen. Eines der Lieder trägt den Titel:

Am Brunnen

Sie schreiten fremd an mir vorbei,
Ich frage keinen, wer er sei;
Wir wandeln auf, wir wandeln nieder
Und seh’n vielleicht uns nimmer wieder.

Und ziehen dennoch allzumal
Nach einem Ziel in Lust und Qual,
Dem Erdenquell, dem ewig vollen,
Aus dem das Heil wir trinken wollen.

Aus einem Borne schöpfen wir,
Ein Tempel über dir und mir.
Laß Hand in Hand uns hier verbinden:
Am Himmelsquell auf Wiederfinden.

Ein Jahr später, am 30. September 1827, ist Wilhelm Müller im Alter von erst 33 Jahren an einem Herzschlag gestorben.

Zur Kurprominenz im k.u.k. Franzensbad des 19. Jahrhunderts zählten ferner: der Philosoph und Humanist **Johann**

Gottfried Herder, der 1803 im „Schwarzen Adler" wohnte;

1847 der österreichische Dichter **Anastasius Grün (Anton Graf von Auersperg)** aus Graz. Während seines Aufenthaltes verfaßte er „Ein Märchen aus Franzensbad" mit humorvollen Reimen über Moor- und Wassergeister und über die Zubereitung von Moorbädern;

die Dichterin **Marie von Ebner-Eschenbach**, die „Novellen aus Franzensbad" verfaßte;

berühmte Komponisten wie **Cherubini, Spontini, Meyerbeer, von Flotow** und der Walzerkönig **Johann Strauß.** Er war fünfmal zur Kur in Franzensbad. Einmal ließ er es sich nicht nehmen, im großen Kursaal seinen berühmten Walzer „An der schönen blauen Donau" selbst zu dirigieren und stellenweise auf der Geige des Konzertmeisters selbst mitzuspielen, was am Schluß donnernden Applaus auslöste.

Im „Jahrbuch der Egerländer 1961" hat Alois John, bis 1945 Leiter des Franzensbader Stadtmuseums, ein wunderschönes Saisonbild aus Franzensbads großer Zeit gezeichnet, das ich in Auszügen vorstellen möchte:

..."Eines Tages aber schmettert die Badekapelle durch einen brausenden Eröffnungstusch den letzten Rest süßer Versunkenheit hinweg, die Brunnenweihe ist vorbei, die heiligen Quellen fluten und schäumen wieder geheimnisvoll aus der Tiefe herauf. Am Brunnenrand stehen becherfüllend die Brunnenmädchen, und die ersten Badegäste wandeln die Alleen hinab. Die „Saison" hat begonnen, jeder Bahnzug bringt neue Gäste, die erste Kurliste ist erschienen. Es sind schöne, hoffnungsfrohe, erwartungsfreudige Maitage ...

Wenn die Juli- und Augustsonne mit ihren heißen Strahlen den Talkessel umfängt, dann vollzieht sich der bekannte Wechsel: aus der schüchtern auflauschenden, im Dialekt redenden Quellennymphe ist plötzlich eine große, welterfahrene Dame geworden, die es versteht, ihr Haus zu machen und eine anspruchsvolle internationale Gesellschaft mit Anmut und Grazie zu unterhalten. Ein schwungvoller Kultus der Rosen leitet diese Epoche ein, dann folgen Konzerte, Vorlesungen, Rezitationen, Quartetts, kleine Fackelzüge, Reunionen, Zigeunerkapellen, Serenaden usw.. In den Straßen, unter den Schauläden der Kolonnade, in den melancholischen, mooratmenden Birkenwäldern, unter dem kühlen Schatten alter Lindenbäume, um die säulengetragenen Brunnentempel schwärmt und wimmelt es; zwischendurch rollen staubaufwirbelnd die eleganten Cabs. Das Saisonbild weitet sich, es wird voller, üppiger, die Gesellschaft bunter und reicher, die Toiletten gewagter. Alles aber umfängt der milde, wehende Glanz des sommerlichen Himmels.

...Der Vormittag gehört den Quellen und den Badehäusern. Eine träge üppige Morgenruhe brütet in den sonnenglühenden Gassen, über den weiten Plätzen. Überall Friede, Ruhe, behagliche Muße; Genrebilder idyllischer Art: die frühstückende Familie, die elegante Dame im Negligé, briefschreibend an den Gatten, der noch im Staub der Großstadt ächzt.

Die Vögel zwitschern von den Bäumen, der Morgenwind weht auf, man hört vom Theater den Chor für die abendliche Operette herübersingen. Eine liebe bekannte Weise flattert hie und da von weinumrankten Balkonen nieder. In den Badesälen harrt und drängt die Menge. Gewandte Mädchen rüsten die breiigen Moorbäder, die kohlensäureschäumenden Schwarz'schen Bäder. Die Alleen sind leer, die Plätze sind verödet, die Loimannschen Parkanlagen verlassen ...

Da läuten die Mittagsglocken von den nahen Dörfern. Noch immer hält die Stadt schläfrige Ruhe. Erst die Nachmittage sind lebendiger und der Geselligkeit geweiht. Unter den schattigen Kastanien des Parks sammelt man sich vollzählig, die Badekapelle schmettert, das Kaffeegeschirr klirrt und nette, in Egerländer Tracht gekleidete Mädchen durchstreifen dienstfertig die Menge. Unter dem Bronzebild des Habsburgers aber wimmelt es von blendenden Toiletten; der ansehnliche Korso zieht sich schließlich die Kaiserstraße hinab und lagert in bunten Farben becherschlürfend und der Musik lauschend, auf dem weiten Platz, der von der Freitreppe des Kursaales, den Kolonnaden und der Franzensquelle gebildet wird.

Doch schon fallen die Lichtwellen immer schräger herein, ein rosiger Dunst dämmert auf über den Birkenwäldchen, und die laue Sommernacht senkt sich über die stillen Gassen der Badestadt. Noch einige Stunden im Theater, in den glänzend erleuchteten Speisesälen, im Konzert oder in dem von der Lampe erhellten Hausgärtchen, und das Bad ist in Schlaf gesunken. Kein Laut tönt mehr in den nachtenden Straßen, nur der Mond steigt jetzt groß und herrlich auf vom Kaiserwald, wallt langsam herauf über die feuchten nebelglänzenden Wiesengründe und tritt eine stille Wacht an ...“

Schön, wunderschön, diese lyrische Liebeserklärung an das Franzensbad einer vergangenen großen Epoche.

Im heutigen Františkový Lázně findet man leider nur noch wenige Denkmäler und Inschriften aus Franzensbads deutscher Zeit. Aber den „Franzl“ gibt es noch! Er sitzt immer noch auf dem Kurplatz auf seiner Kugel, spielt immer noch mit seinem Fisch und wird immer noch fleißig berührt. Die Bronzefigur gehört nämlich zu den populären Sehenswürdigkeiten des Kurortes. Man sagt, wer sie berührt, dem verheißt sie Fruchtbarkeit. Der „Franzl“ ist tatsächlich an vielen Stellen ganz blank poliert.

Quellen:

1) „Das Egerland und seine Weltbäder“ von Viktor Karell, Verlag „Das Viergespann“, Frankfurt am Main, 1966.

2) „Jahrbuch der Egerländer 1996“, Egerland-Verlag, Geislingen/Steige.

Königsberg an der Eger – Seine Möbel hatten Weltruf.

7 Königsberg an der Eger (Teil 1)

Seine Möbel hatten Weltruf

Der Ort liegt am Ostrand des Egerer Beckens, eingerahmt vom Kulmer Berg im Norden und vom Kaiserwald im Süden.

Am Anfang der Geschichte von Königsberg an der Eger stand eine Burg. In seiner „Festschrift zum 21. Bundestreffen der Falkenauer vom 17. bis 19. September 1999 in Schwandorf" weist der Heimatverband der Falkenauer nach, daß „Chunigisberch" eine um 1155 erbaute hohenstaufische Burg gewesen ist. Diese Burg des Königs auf dem Berg dürfte – weil es einen böhmischen König damals nicht gab – sogar nach Friedrich Barbarossa benannt worden sein. Denn dieser regierte ab 1152 als König und ab 1155 als Kaiser und hielt sich öfter im nahen Eger auf, wo er seine Kaiserpfalz errichten ließ.

Das um 1188 als Chunigisberch bezeugte Königsberg ist – nach dem jetzigen Stand der Forschung – der am frühesten urkundlich genannte deutsche Ortsname Böhmens, vom historischen Egerer Land abgesehen. Erst um das Jahr 1212, als die deutsche Oberhoheit über das Elbogener Land erlosch, dürfte Königsberg in den Besitz des böhmischen Königs gekommen sein.

Von der Veste, die zum Schutz gegen Slaweneinfälle errichtet wurde, sieht man auf der Bergkuppe noch den Platz, wo sie stand. Auch Teile des Wallgrabens sind noch vorhanden.

1232 erlaubte der böhmische König Wenzel I. dem Franziskanerkloster Doxan im Kreis Leitmeritz, neue Dörfer und Städte nach deutschem Muster und deutschem Recht zu gründen. Dazu gehörte auch „Cuningberch". Im Privilegium für das Doxaner Kloster heißt es dazu: *„...daß wir, Wenzeslaus, von Gottes Gnaden König von Böhmen, der Kirche in Doxan jegliche Freiheit zugestanden haben, an einem Ort, den man Cuningberch nennt, eine Stadt zu gründen und anzulegen und alljährlich daselbst einen Markt abzuhalten ..."*

In der 2. Hälfte des 13. Jahrhunderts ist Königsberg, weil sehr entlegen, vom Kloster Doxan aufgegeben worden. Nachdem das Zisterzienserkloster in Waldsassen längere Zeit die Seelsorge in Königsberg ausgeübt hatte, schenkte 1286 König Wenzel II. dem Kreuzherrenorden mit dem roten Stern das Patronatsrecht von Königsberg. 1364 verlieh Kaiser Karl IV. dem Ort ein eigenes Stadtrecht.

In den folgenden Jahrhunderten wechselte Königsberg entweder durch Verkauf, Schenkung oder Verpfändung oft den Besitzer. Diese hießen Schlick, Pflug, Heinrich (Burggraf von Meißen), Popp, Nostwitz, Metternich, Convay von Waterfort, Sinzendorf, Waldau, Strahlenfels. Zuletzt gehörte Königsberg zwei Egerländer Bauern, Dietl und Adler.

1840 endete die Erbuntertänigkeit unter wechselnden Besitzern. Die Stadt erhielt einen eigenen Magistrat mit Johann Bötzl als ersten Bürgermeister.

Besonders im 19. Jahrhundert wurde Königsberg an der Eger im In- und Ausland durch die Herstellung hochwertiger Möbel bekannt. Im Heimatbuch „Falkenau, Stadt und Land“ von Hugo Theisinger, Verlag Hans Obermayer, Buchloe 1983, heißt es dazu:

„Der tüchtige und erfahrene Tischlermeister Emanuel Gottlieb (1800 – 1870) errichtete in einem auf dem Schloßberg erbauten zweistöckigen Gebäude den ersten größeren Tischlereibetrieb und beschäftigte dort mehr als 20 Gesellen. Die hochwertigen Erzeugnisse Gottliebs lenkten das Augenmerk anspruchsvoller Kundschaft auf seinen Betrieb. Fürst Metternich auf Schloß Königswart stattete dieses vorzüglich mit Möbeln aus den Werkstätten Gottliebs aus und empfahl die Königsberger Möbel in seinem großen Bekanntenkreis im In- und Ausland. Die stetige Weiterentwicklung und das Aufblühen der benachbarten Weltkurorte Karlsbad, Marienbad und Franzensbad brachten dem Königsberger Tischlerhandwerk starken Aufschwung. Reiche und anspruchsvolle Kurgäste aus allen Ländern Europas tätigten in Königsberg Möbelkäufe, so daß nicht nur Wien und die Länder der österreichisch-ungarischen Monarchie das Absatzgebiet für die Königsberger Qualitätsmöbel darstellten, sondern solche auch nach Riga und in andere Städte Rußlands geliefert wurden. Mehrere prachtvolle Stücke aus dieser Werkstätte befinden sich im Besitz des Kunstgewerbemuseums in Wien.

Im Jahre 1876 gründeten strebsame junge Meister den „Ersten Möbeltischlerverein“, welcher eine führende Stellung in der Königsberger Möbelerzeugung einnahm.

Von großer Bedeutung für die Entwicklung der Königsberger Möbeltischlerei war die Gründung der Staatsfachschule für Holzverarbeitung in Königsberg an der Eger. Sie erzielte in den folgenden Jahren bei Ausstellungen viele Preise. So 1875 die Silberne Medaille bei der Industrieausstellung in Teplitz; 1878 die Goldene Medaille bei der Weltausstellung in Paris; 1881 die Goldene Medaille bei der Gewerbeausstellung in Eger; 1887 die Goldene Medaille bei der Gewerbeausstellung in Saaz; 1904 den Grand Prix bei der Weltausstellung in Chicago; 1915 die Goldene Medaille bei der Gewerbeschau in Komotau; 1925 die Goldene Medaille bei der Ausstellung in Eger; 1925 den Grand Prix bei der Kunstgewerblichen Ausstellung in Paris.“

In der 2. Hälfte des 19. Jahrhunderts wurde ein Königsberger zum bekanntesten Bildhauer der Vereinigten Staaten von Amerika: **Karl Kaspar B u b e r l.** Er wurde am 22.9.1832 in Königsberg geboren, studierte von 1850 bis 1852 in Prag und Wien, wanderte 1854 nach New York aus, wo er sich 12 Jahre bei Robert E. Launitz, einem Schüler des berühmten Thorwaldsen, weiterbildete. 1881 richtete Buberl in New York sein eigenes Atelier ein.

Seine bekanntesten Werke:

Das kolossale Soldaten- und Matrosendenkmal in Buffalo; das Hartford-Denkmal, ein Fries von 82 Fuß Länge und 7 Fuß Höhe mit 60 Figuren; das Denkmal des ermordeten amerikanischen Präsidenten James A. Garfield in Cleveland, laut einer amerikanischen Zeitung von 1887 *„das bei weitem wichtigste und berühmteste Skulpturwerk, das in Amerika geschaffen wurde“*, 110 lebensgroße Gestalten, die das Leben des Präsidenten darstellen. Buberl schuf auch die „Musen“ in der Metropolitan-Oper in New York.

Das Wappen von Königsberg an der Eger zeigt einen weißen, zweigeschwänzten Löwen mit goldener Krone im roten Feld. Er drückt aus, daß hier – knapp an der Ostgrenze des Egerer Landes, das erst durch die Verpfändung zu Böhmen kam – Böhmen seinen Anfang nahm.

Der Königsberger Künstler starb am 22. August 1899 in New York an den Folgen eines Schlaganfalles.

Zahlen zu Königsberg an der Eger, Stand 31. Oktober 1936:

696 Häuser, 5117 Einwohner, 4956 Deutsche, 79 Tschechen, 5 andere, 77 Ausländer.

Konfession: 4812 römisch-katholisch, 120 evangelisch, 5 tschechische Kirche, 27 Israeliten, 2 andere, 153 ohne Glauben.

5-klassige Knabenvolksschule, 5-klassige Mädchenvolksschule, Knabenbürgerschule, Landwirtschaftsschule, Staatliche Fachschule für Holzverarbeitung, Meisterschule, allgemeine gewerbliche Fortbildungsschule, privater Kindergarten, tschechische Volksschule und Kindergarten.

1946 wurden fast alle deutschen Bewohner der Stadt als Folge der Beneš-Dekrete enteignet und vertrieben.

1947 zählte man in Kynšperk nad Ohří noch 2045 Einwohner.

1968 wurde Moosburg an der Isar Königsbergs Patenstadt.

Quellen:

1) Hugo Theisinger, Falkenau – Stadt und Land, Verlag Hans Obermayer, 1983.

2) Heimat Falkenau an der Eger, Persönlichkeiten aus Stadt und Kreis Falkenau, Selbstverlag des Heimatverbandes der Falkenauer, 1984.

5) Gertrud Höller, Königsberg im Egerland, Jahrbuch der Egerländer 1993.

KÖNIGSBERG

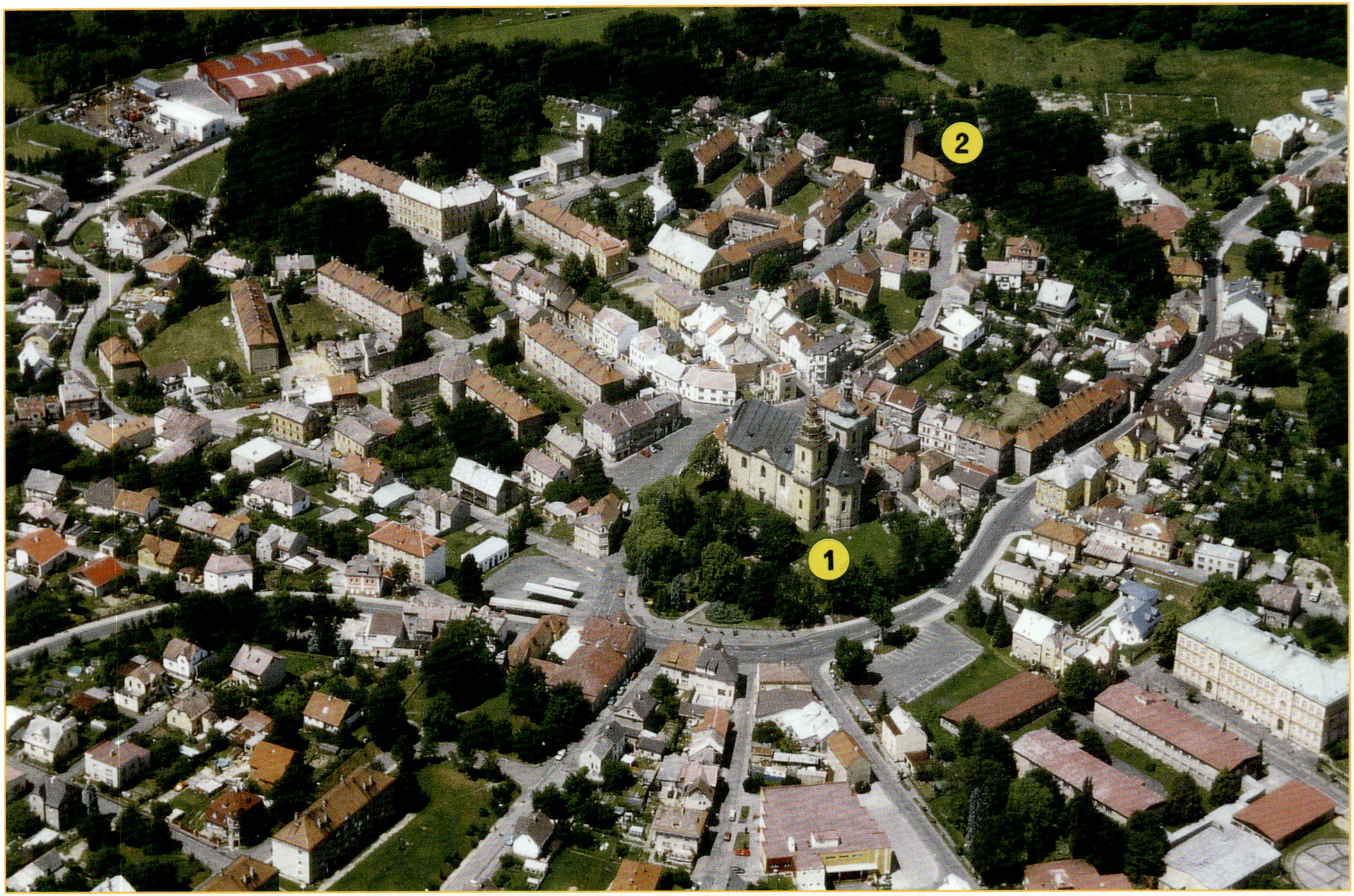

Königsberg an der Eger – Beide Kirchen stehen noch.

7 Königsberg an der Eger (Teil 2)

Beide Kirchen stehen noch

So selbstverständlich ist das nicht in unserer sudetendeutschen Heimat! So sind zum Beispiel im Kreis Falkenau – und Königsberg an der Eger gehört dorthin – nach 1946 die Gotteshäuser in Frohnau, Haberspirk und Lobs zerstört worden. Die Kirchen in Kirchenbirk, Zieditz und die Klosterkirche in Falkenau sind baufällig.

Auch heute noch läßt die Luftaufnahme erkennen, daß der Ort eine deutsche Gründung ist und sich planmäßig um Kirche und Marktplatz entwickelt hat. Die katholische Kirche in Königsberg an der Eger ist im wahrsten Sinn des Wortes der Mittelpunkt des Ortes. Man sieht auf dem Luftbild, daß ein Turm eine neue kupferne Zwiebelhaube erhalten hat. Am 18. Juni 2000 – als die Aufnahme entstand – ist sie noch eingerüstet.

Daß ich im folgenden über die **katholische Kirche Maria Himmelfahrt** 1 berichten kann, verdanke ich dem neuen und sehr informativen Farbbildband „Die Kirchen im Kreis Falkenau“, den mir der Ehrenvorsitzende des Heimatverbandes der Falkenauer, Lm. Rudolf Götzl, geschenkt hat. Der Verfasser, Lm. Alfred Reichmann, weist einleitend darauf hin, daß die kirchlichen Matriken 1945 von den Tschechen beschlagnahmt und teilweise auch vernichtet wurden und deutsche Heimatforscher erst nach 1989 Zugang zu Archiven und Bibliotheken erhielten. Dabei mußten sie feststellen, daß altes deutsches Archivmaterial unvollständig ist und wichtige Urkunden und Chroniken nicht auffindbar sind. Trotzdem konnte der Autor in seinem Bildband auf 8 DIN-A4-Seiten über die katholische Kirche von Königsberg an der Eger u.a. folgendes berichten:

„Über die älteste Geschichte ist fast nichts bekannt. Lediglich auf Grund geschichtlicher Aufzeichnungen und Urkunden läßt sich die Entstehung der Kirche annähernd feststellen.

Im Jahre 1132 wurde das Kloster Waldsassen durch Diepold III. aus Vohburg gegründet. Přemysl Ottokar I. – er regierte von 1192 bis 1230 – schenkte dem Kloster Waldsassen die Pfarrpfründe von Königsberg. Im Jahre 1232 erteilte König Wenzel I. dem Franziskanerkloster Doxan das Privileg, an dem Orte, der Cuningberch genannt wurde, eine Stadt zu gründen.

Mit einer Urkunde aus dem Jahre 1286 schenkte König Wenzel II. dem Kreuzherrenorden mit dem roten Stern das Patronat von Königsberg. Als erster Kreuzherrenpfarrer wird 1307 Lutholtus genannt.

Die ältesten Matriken der Kirche stammen aus dem Jahre 1633, das älteste Kirchenrechnungsbuch von 1598. Von dem Aussehen und der Größe der ersten Königsberger Pfarrkirche, die wir uns im gotischen Stil erbaut vorstellen müssen, wissen wir nichts. Sie hat im 18. Jahrhundert dem jetzigen Gotteshaus Platz machen müssen.

Die heutige Pfarrkirche, ein großer, barocker Hallenbau, wurde in den Jahren 1712 bis 1727 von W. Braunrock auf Veranlassung des Generalgroßmeisters

des Kreuzherrenordens, Martin Konstantin Beinlich, der in den Jahren 1692 bis 1694 in Königsberg Pfarrer war, errichtet. Die Kirche ist im Osten von zwei 50 Meter hohen Türmen flankiert. An den Seiten des Presbyteriums ist die Sakristei und eine Kapelle. Das Hauptportal befindet sich an der westlichen Front des rechteckigen Kirchenschiffes. Die Seitenportale sind unterhalb des mittleren Fensters, darüber ein Ansatzstück mit Schild.

Innen ist das halbkreisförmige und gewölbte Presbyterium durch Pilaster abgeteilt. An den Seiten sind Portale in die Sakristei und in die Kapelle eingelassen, darüber gewölbte Oratorien mit Stuckverzierung. Das Schiff ist gewölbt mit Lünetten und herabfallenden Gürteln auf angemauerten Pilastern und mit stuckierter Ausschmückung. Bemerkenswert ist das Chorgestühl und das halbrunde, massiv aus Ziegeln hergestellte Tonnengewölbe, welches sich ohne jeden Pfeiler über die ganze Breite der Kirche in einen schön geschwungenen Bogen spannt.

Die Kanzel stammt aus dem Jahre 1766 und ist mit den vier Evangelisten Markus, Matthäus, Lukas und Johannes geschmückt. Ein Glück, daß sie noch nicht gestohlen wurden! Der Hauptaltar stammt ebenfalls aus dem Jahre 1766 und ist ein Werk des Bildhauers Jakob Eberle aus Maschau. Das große

Altarbild „Himmelfahrt Mariens", der die Kirche geweiht ist, wird dem bekannten Maler Elias Dollhopf zugeschrieben.

Der reich mit Gold verzierte Seitenaltar der hl. Anna ist das Werk eines unbekannten Künstlers aus den 80er Jahren des 18. Jahrhunderts. Aus derselben Zeit stammen auch die lebensgroßen Statuen des hl. Johannes Nepomuk und des hl. Antonius von Padua, die sich in den Wandnischen über den kleinen Seitenaltären befinden. Aus dem Jahre 1905 ist der Herz-Jesu-Altar, eine Schnitzarbeit des Tirolers Stuffleser aus Gröden.

An der Nordseite des Kirchenschiffes befindet sich der frühbarocke, im Jahre 1682 gefertigte Altar der schmerzhaften Muttergottes. Er ist belebt durch Säulen, Statuen und Bildern des Kalvarienberges und der hl. Veronika.

Die neue Orgel ist ein Werk des Orgelbauers Martin Zaus aus Eger, der sie von 1902 bis 1903 gebaut hat. Der Magazinbalg befindet sich im rückwärtigen Teil. Die Orgel hat 24 klingende Register.

Die Königsberger Madonna auf dem Halbmond ist 157,5 cm groß, aus Lindenholz und stammt aus der Zeit um 1490. Sie ist in dem neu erschienenen Buch „Kunst in Eger" ausführlich beschrieben. Es heißt da u.a.: Mit dieser Statue wurde ein Madonnentypus in Eger heimisch, der schon seit dem 14. Jahrhundert bekannt ist, aber speziell in der Spätgotik besondere Beliebtheit erlangte. Es ist die sogenannte „Mondsichelmadonna", die allgemein nach der apokalyptischen Vision der Johannesoffenbarung „mit der Sonne bekleidet, den Mond unter den Füßen und auf ihrem Haupt eine Krone von zwölf Sternen" als allmächtige Herrin des Kosmos dargestellt wurde.

Was uns Vertriebenen besonders freut: an jedem Sonntag wird um 8 Uhr in der Königsberger Pfarrkirche eine deutsche Messe gelesen.

2 Die evangelische Erlöserkirche in Königsberg an der Eger

Den nachstehenden Text dazu habe ich dem Heimatbuch „Falkenau – Stadt und Land" von Hugo Theisinger, Verlag Hans Obermayer, 1985, entnommen:

„Die evangelische Zweiggemeinde in Königsberg errichtete am 14. Mai 1899 eine Predigtstation in der Stadt. Im April des gleichen Jahres traten in Königsberg 18 Personen zur evangelischen Kirche über, und am 4. Juni hielt

Superintendentialvikar Gustav Fischer in der Königsberger Turnhalle den ersten evangelischen Gottesdienst. In der Folgezeit fanden zahlreiche Übertritte von der katholischen in die evangelische Kirche statt. Auch der Zuzug reichsdeutscher Protestanten ließ die evangelische Zweiggemeinde auf 392 Seelen anwachsen. Der Königsberger Seelsorgebezirk erstreckte sich auf ca. 50 Ortschaften. Weil von Königsberg aus auch die bald errichteten Predigtstationen Bleistadt und Haberspirk leichter zu erreichen waren und um sich der Seelsorge in Königsberg mehr annehmen zu können, verlegte Vikar Hargesheimer im Jahre 1903 seinen Amtssitz von Eger nach Königsberg, wo er seitdem ständig als Vikar wirkte.

Bald darauf kam das Verlangen nach dem Bau einer eigenen Kirche. Dank der Opferfreudigkeit reichsdeutscher Glaubensgenossen, wie auch der ortsansässigen Evangelischen, wurde im August 1904 der Grundstein zur Erlöserkirche gelegt.

Im Juni 1905 fand die Glockenweihe der drei Glocken der bereits im Rohbau fertiggestellten Kirche statt. Die Einweihung der Kirche selbst war am 8. Dezember 1905. Sie kostete samt Baugrund, innerer Einrichtung und Geläute insgesamt 47496 Kč, 88 h. Sie bot Platz für 205 Personen. Im Jahre 1920 hat die Gemeindeversammlung der drei Predigtstationen Königsberg, Bleistadt und Haberspirk die Zusammenfassung zu einer Zweiggemeinde unter dem Namen „Evangelisch-lutherische Gemeinde Königsberg" beschlossen."

Von dem Elbogener Burggrafen Sebastian Schlick, einem Freunde Luthers, begünstigt, war schon 1525 in Elbogen die Reformation durchgeführt worden, und in kurzer Zeit war der größte Teil der Bewohner des Elbogener Kreises dem Luthertum zugetan. Auch die Bürgerschaft von Königsberg schloß sich bald der Reformation an.

Als dann in der Schlacht am Weißen Berg (1620) die Sache der Protestanten unterlag, mußten auch die Könisberger Bürger die Ungnade des Kaisers Ferdinand II. fühlen. Die meisten von ihnen kehrten nolens volens wieder zum Katholizismus zurück."

Quellen:

1) Hugo Theisinger, Falkenau – Stadt und Land, Verlag Hans Obermayer, 1983.

2) Heimat Falkenau an der Eger, Band II, Die Kirchen im Kreis Falkenau, Heimatverband der Falkenauer, Helmut Preußler Verlag Nürnberg, 1995.

Königsberg an der Eger.

St. Maria Kulm – Der Anfang: eine Haselnußstaude und eine Räuberhöhle.

8 St. Maria Kulm (Teil 1)

Der Anfang: eine Haselnußstaude und eine Räuberhöhle

Vielgepriesenes Maria Kulm! Vieltürmiges Wahrzeichen des Falkenauer Landes! Bedeutendster Wallfahrtsort des Egerlandes! Schon von weitem habe ich Dich gesehen. Stehst Du doch hoch über dem Egertal und schaust von hoher Warte auf unser altes Egerland, hinunter ins Egertal, hinauf zum Elster- und Erzgebirge, hinüber zum Kaiserwald und Tillenberg, zum Oberpfälzer Wald und Fichtelgebirge. Du warst besonders zu Ostern und Pfingsten Hunderte von Jahren Ziel von Millionen gläubiger Menschen, die aus Thüringen und Sachsen, aus Bayern und Böhmen zu Deinem Gnadenheiligtum pilgerten, um dort zu bitten und zu danken. Nach der Vertreibung der deutschen Bevölkerung im Jahre 1946 warst Du wieder Ziel und Mittelpunkt für die in der Heimat verbliebenen Landsleute, die nach dem Sonntagsgottesdienst noch lange in Deinen schützenden Mauern verblieben, um miteinander in ihrer deutschen Muttersprache plaudern zu können.

Um Deine Entstehung ranken sich Sagen und Legenden. Hugo Theisinger erzählt in seinem Heimatbuch „Falkenau, Stadt und Land“, Verlag Hans Obermayer, Buchloe, 1985, *„daß der Fleischhauer Fischer, genannt Hörl Pepp aus Falkenau, einmal über den Kulmer Berg ging, sich dort ausruhte und einschlief. Plötzlich wurde er wach, und sein Blick fiel auf eine kleine Muttergottesstatue in einer Haselnußstaude. Groß war seine Freude über diesen Fund, und er nahm die Statue mit nach Hause. Am anderen Tag war sie jedoch nirgends mehr im Hause zu finden. Der Fleischhauer ging in denselben Wald zurück und fand dort nach einigem Suchen die Statue in der Haselnußstaude wieder. Nun getraute er sich nicht mehr, diese wieder mitzunehmen, sondern errichtete zum Schutz vor Regen über der Statue ein Bretterdach. Bald geriet das Bild in Vergessenheit, bis nach langer Zeit ein Faßbindergeselle, der sich in den Wäldern verirrt hatte, sie wieder entdeckte und seinen Fund dem Königsberger Pfarrer, der seit dem Jahre 1286 die Seelsorge dort innehatte, meldete. Dieser veranlaßte Ende des 13. Jahrhunderts, daß über der Haselnußstaude eine größere Kapelle aus Holz errichtet wurde. Bald kamen von weit und breit Gläubige, um die Mutter Gottes in der Staude zu verehren.*

Der Kulmer Berg, auf dem sich nun eine einfache Holzkapelle befand, lag nahe der Grenze zu Sachsen und Bayern und wurde bald zu einem Knotenpunkt vieler Geschäftsleute. Dieser Umstand war die Ursache, daß sich auch bald düstere Gestalten fanden, die der Reichtum der Kaufleute anlockte und die das Dunkel der Wälder benutzten, um die reichen Kaufleute, aber auch Wallfahrer zu berauben und oft gar umzubringen. Die ganze Gegend war mit Furcht und Schrecken erfüllt. Man sprach nun von den „Kulmer Räubern“, und trotz der Nachforschungen konnte man ihnen nicht auf die Spur kommen.

Es war mehr ein Zufall, der die endliche Entdeckung der Räuberhöhle herbeiführte: Ritter von Tötzengrün, dessen Wohnsitz (das heutige Katzengrün) kaum eine halbe Stunde von der Kapelle entfernt war, kehrte an einem Herbstabend von Falkenau heim und verrichtete in der Kapelle seine Abendandacht, wie er es seit jeher gewohnt war. Der Ritter war eine Größe im Damespiel und besaß ein wertvolles Damebrett, welches er immer bei sich hatte. Er legte das Brett in der Kapelle ab und vergaß es nach dem Gebet mitzunehmen. Erst zu Hause bemerkte er den Verlust und beauftragte den Burgwächter, es zu holen. Der alte Mann hatte keine Lust, den nächtlichen Gang wegen eines Spielbrettes zu unternehmen. Aber seine Tochter, die keine Furcht kannte und ihr ganzes Vertrauen auf Gott setzte, erklärte sich bereit, das Brett zu holen. Als Bibiana, so hieß das Mädchen, die Kapelle betrat, erblickte sie im Mondenschein das Brett. Eilends erfaßte sie es und wollte, nachdem sie ein kurzes Gebet gesprochen hatte, den Heimweg antreten. Da vernahm sie Stimmen, die durch lautes Weinen und Bitten unterbrochen wurden. Sie ahnte nichts Gutes und versteckte sich hinter dem kleinen Altar, wo sie Zeuge einer grausigen Szene wurde. Immer näher kamen die Stimmen. Plötzlich wurde die Kapellentür aufgerissen und herein stürzte ein Mann, der ein junges Mädchen als sein Opfer mitschleppte. Er beraubte es seines Schmuckes und gewährte ihm noch einen Augenblick, um ein letztes Gebet zu sprechen. Dann schleppte er es mit Gewalt hinaus.

Nachdem die Kapelle wieder leer war, eilte Bibiana hinaus. Sie konnte noch einige Schmuckstücke, die der Räuber zurückgelassen hatte, an sich nehmen – sie sollten ein Beweis ihres Erlebnisses sein. Gegen Mitternacht kam Bibiana nach Hause. Am anderen Tag erzählte sie ihre nächtlichen Erlebnisse auf der Burg, und alle waren sich einig, dem räuberischen Treiben endlich ein Ende zu bereiten. Nach großangelegter Suche gelang es bald, die Höhle der Räuber zu entdecken und auch der ruchlosen Männer habhaft zu werden. Ihre Gewalttaten büßten sie im nahen Elbogen teils am Galgen, teils mit langen Haftstrafen. (Heinrich Cuno verfaßte im Jahre 1821 das Theaterstück „Die Räuber von Maria Kulm".)

Die ganze Gegend atmete auf, nicht zuletzt auch, weil so mancher wieder in den Besitz seiner kostbaren Gegenstände kam. Der Erlös der übrigen Wertsachen, deren Besitzer nicht ausfindig gemacht werden konnten, verwendete man zum Bau einer gemauerten Kirche. Um diese herum wurde soviel Wald gelichtet, als nötig war, um ein Dorf zu gründen, welches erstmals in einer Urkunde von 1341 Maria Kulm genannt wurde." Soweit Hugo Theisingers Erzählung.

Doch zurück zu gesicherten Quellen. Landsmann Alfred Reichmann hat in seinem Farbbildband „Die Kirchen im Kreis Falkenau", herausgegeben vom Heimatverband der Falkenauer, Preußler Verlag Nürnberg, 1995, die Geschichte der Wallfahrtskirche Maria Kulm so dargestellt:

„Das Wappen von Maria Kulm: Über einem grünen Dreiberg ein rotes Malteserkreuz. Unter diesem ein sechsstrahliger roter Stern. Seit 1687 war Maria Kulm eine Propstei des Kreuzherrenordens mit dem roten Stern.

Im Jahre 1383 gründete Heinrich von Reißengrün, Richter zu Königsberg, das Stiftgut Maria Kulm und übergab es laut Urkunde vom 10. August 1383 als Schenkung an den Ritterlichen Kreuzherrenorden mit dem roten Stern. Durch weitere Schenkungen an den Orden wurde es möglich, eine steinerne Kirche zu errichten. Genaue Jahreszahlen sind dafür nicht bekannt. Festgehalten ist jedoch, daß die steinerne Kirche aus dem Erlös der in den Verstecken der Räuber vorgefundenen Schätze finanziert werden konnte.

Im Jahre 1401 wurde Maria Kulm eine selbständige Pfarrei und der Großordensbruder Johann Pickelmann als erster Pfarrer eingesetzt. Im Jahre 1429 kamen die Hussiten ins Land, plünderten die Wallfahrtskirche und steckten sie in Brand; das Gnadenbild konnte jedoch gerettet werden. Kurze Zeit später ist ein neues Gotteshaus errichtet worden, welches in der Zeit zwischen 1482 und 1492 erweitert wurde.

Der Sturm des Dreißigjährigen Krieges (1618 – 1648) ging an Maria Kulm nicht spurlos vorüber. Zum evangelischen Glauben übergetretene Ritter versuchten wiederholt, die Kirchengüter an sich zu bringen. Maria Kulm blieb dennoch katholisch.

Mit Zustimmung des Erzbischofs von Prag ließ Gräfin von Frankenburg aus eigenen Mitteln für das wertvolle Gnadenbild im Jahre 1644 eine Kapelle erbauen. Im Jahre 1683 wurde Maria Kulm zur Propstei des Ritterlichen Kreuzherrenordens erhoben.

Den Plan für die jetzige Kirche schuf Christian Dientzenhofer, der auch der leitende Baumeister war. Die Grundsteinlegung zur Wallfahrtskirche erfolgte im Jahre 1690. Nach 10-jähriger Bauzeit konnte zu Pfingsten am 11. Mai 1701 die erste hl. Messe zelebriert werden.

Den Gebäudekomplex dominiert die Westfassade mit den beiden Türmen, die eine Höhe von 40 m erreichen. Das Längsschiff mißt 36 m, das Querschiff 29 m. Wo sich die beiden Schiffe kreuzen, erhebt sich mit aufstrebender Laterne die mächtige Kuppel, deren Durchmesser 12,6 m beträgt. Vorbild für Maria Kulm war St. Peter in Rom. An beiden Seiten der Kirche führen Portale in die anliegenden Flügel des Klosters und zu den beiden Kapellen, von wo aus man den Umgang und die Freitreppe erreichen kann. An der Stirnseite befinden sich das Hauptportal, halbkreisförmige Fenster und Nischen mit den Statuen des hl. Wenzel, des hl. Johannes von Nepomuk und der Unbefleckten Empfängnis. Das Dreieck zwischen den beiden Türmen trägt die Statue Jesu Christi.“

Die prächtige Innenausstattung der Kulmer Wallfahrtskirche mit ihren mächtigen Pfeilern, lebensgroßen Statuen, vielen Figuren, Fresken, Bildern und der schönen großen Kanzel ist einmalig.

Das Längsschiff hat ein Tonnengewölbe mit Lünetten und Gurtbogen. Die Fresken im Gewölbe schuf Jakob Steinfeld 1699 – 1700. Die Wände sind durch Pilaster mit reich stuckierten Kapitellen gegliedert. Die Seitenkapellen sind gegen das Schiff hin offen. Die Schöpfer der reichen Stuckverzierungen aus der Zeit um 1698 sind unbekannt. Den Hochaltar und die beiden Seitenaltäre schuf der Egerer Schreiner G.T. Hermann in den Jahren 1736 – 1738. Die Säulenarchitektur mit den Statuen des hl. Augustinus, der hl. Helene, der hl. Elisabeth von Thüringen und des hl. Karl Borromäus stammen von den Gebrüdern Stilp aus Eger. Von ihnen stammt auch der Tabernakel mit den Statuen der hohen Priester Melchisedech und Zacharias, sowie das Tabernakelrelief mit der Darstellung des Mannawunders. Das Hochaltarblatt mit Maria Himmelfahrt ist wahrscheinlich von J.J. Heinsch (um 1705).

Die „Schöne Madonna" von Maria Kulm (um 1410) im linken Seitenaltar hat ihr großes Vorbild in der „Krummauer Madonna", die heute im Kunsthistorischen Museum in Wien zu sehen ist. Die ersten Bildwerke dieses „Schönen Stils" wurden um 1400 in Schlesien und Böhmen von einem Bildhauer geschaffen, den man den Meister der „Schönen Madonnen" nennt. Diese spätgotischen Skulpturen der stehenden Maria mit dem Kind zeichnen sich durch den „reichen Stil" aus: grazile Gestalt, liebliches Gesicht und üppiger Faltenwurf der Kleidung.

Im südlichen Querschiff ist ein seitengleicher Altar aus dem Jahre 1736 mit einer spätgotischen Pieta um 1500.

Die prächtig verzierte Kanzel wurde zwischen 1736 und 1744 nach einem Entwurf des Malers Elias Dollhopf von dem bereits genannten Schreiner Hermann gefertigt und von Dollhopf selbst staffiert. Oberhalb der Kanzeldecke erkennt man ein Kruzifix. Darunter sind dargestellt Petrus, Paulus und der predigende Johannes der Täufer, die lateinischen Kirchenväter – wie Gregor der Große – , die Symbole der vier Evangelisten, ferner Maria Immaculata, Moses, eine Erdkugel, von einer Schlange umwunden. Das Ganze eine messianische Botschaft: Wir predigen euch Christus, den Gekreuzigten.

Die Orgel wurde 1895 vom Orgelbaumeister Martin Zaus aus Eger gebaut. Sie hat 1600 Pfeifen, 2 Manuale, 1 Pedal

und 65 klingende Register mit 5 Koppeln.

Das Taufbecken mit einer Schnitzgruppe von der Taufe Jesu im Jordan auf dem Deckel stammt aus dem Jahre 1740.

Bemerkenswert ist das schön gestaltete Barockgestühl und die Schnitzerei an den Türen zur Sakristei und zur Votivkapelle. An den Wandpfeilern des Schiffes befinden sich die Statuen der hl. Maria Magdalena, Johannes von Nepomuk, Laurentius und Florian aus der Zeit 1748 – 1750. Die Statuen der hl. Agatha und der hl. Apollonia unter dem Musikchor stammen von J. Eberl aus den Jahren 1760 – 1770. Im nördlichen Seitenschiff fällt unter der Empore ein spätgotisches Kruzifix aus der Zeit um 1500 auf. Im südlichen Querhaus hängt über der Tür zur Sakristei ein Gemälde mit der Darstellung der Kreuzigung. Es stammt von F. Hahmann aus Karlsbad.

Innerhalb des langen Kreuzganges – er wurde 1708 an die Kirche angebaut – befanden sich 6 Altäre mit Bildern der böhmischen Landesherren, der 14 Nothelfer, der hl. Agnes von Böhmen, der Unbefleckten Empfängnis, der hl. Drei Könige und der Heiligen Familie. Zwischen den 28 Feldern zeigten Bilder die Geschichte von Maria Kulm. An diesen Kreuzwegbildern waren seitlich 32 Engelfiguren mit Schriftstellen des Propheten Isaias angebracht, in welchen das Leiden Christi vorhergesagt wurde.

Über die Gnadenkapelle und den derzeitigen Stand der Renovierungsarbeiten außen und innen berichtet Teil 2.

Maria Kulm: Engel an der Kanzel.

Maria Kulm – Die Gnadenkapelle glänzt wieder.

8 Maria Kulm (Teil 2)

Die Gnadenkapelle glänzt wieder

Noch 1983 schrieb Hugo Theisinger in seinem Heimatbuch „Falkenau, Stadt und Land“, Verlag Hans Obermayer, Buchloe, 1998, über die Wallfahrtskirche Maria Kulm: *„Das Bauwerk bietet einen traurigen Anblick. Aus der einst herrlichen Wallfahrtskirche ist eine Ruine geworden. Das Dach, Anstrich, Putz und auch das Mauerwerk sind teils sehr schadhaft. Viele Teile des Bauwerks sind nicht mehr zugänglich, es besteht Einsturzgefahr. Die Eingänge sind verschlossen, im Inneren eingesperrte Hunde verwehren „Unbefugten“ den Zutritt. Es gibt in „Chlum nad Ohří keinen Pfarrer mehr.“*

1993 bringt der Heimatverband der Falkenauer in „Die Kirchen im Kreis Falkenau“, Preußler Verlag Nürnberg, diese frohe Kunde:

„1992, drei Jahre nach der „Wende“, wurde die Gnadenkapelle vollständig renoviert und erstrahlt wieder in neuem Glanz. Eine Fußbodenheizung wurde eingebaut, der Boden mit weißem Marmor belegt. Alle Heiligenfiguren und Engel wurden neu vergoldet. Das meisterliche Deckenfresko von Elias Dollhopf leuchtet wieder in frischen Farben. (Von dem gleichen Künstler, der aus Tachau stammt, sind die Fresken in der Tepler Stiftskirche, in der Mieser Dekanatkirche und in der St. Anna-Kirche in Schlaggenwald.)

Der ovale Bau – 13 x 9,5 m – ist in acht Felder unterteilt. Massive Wandpfeiler tragen die Empore, die wiederum eine direkte Verbindung zur Hauptkirche haben. Die Decke, ein achtzackiger Stern, ist reich verziert und zeigt ein Gemälde von der Geburt Mariens.

An den Wänden sind Ölgemälde aus der Geschichte des Ortes von dem akademischen Maler Wenzl Wirkner aus München, geboren in Karlsbad, aus dem Anfang des 20. Jahrhunderts. Die Bilder stellen dar: den Ritter von Reißengrün, die Erweiterung der Kirche 1482 – 1492, die Huldigung Marias, die Gefangennahme der Räuber und die Auffindung der Muttergottesstatue. An den Wänden der Kapelle stehen auf eigenen Sockeln 6 vergoldete Statuen: der hl. Johannes der Täufer, Josef, Jakobus,

Johannes Ev., sowie König David und Abraham.

Die Gnadenkapelle hat auf der Empore über dem Gnadenaltar eine eigene Orgel.

Das Meisterstück in der Gnadenkapelle ist der Gnadenaltar, dessen reicher Gold- und Silberschmuck von der Verehrung der Kulmer Muttergottes das beste Zeugnis ablegt. Wenzel Pleyer beschreibt den Altar im Jahrbuch der Egerländer 2000, Preußler Verlag Nürnberg, so:

„Mittelpunkt ist die altehrwürdige Statue von Maria mit dem Jesuskind, angetan mit kostbaren Gewändern und aufgesetzten Kronen in einer Nische mit Sternenkranz. Darüber das wertvolle Antipendium – Gottvater und Heiliger Geist –, darunter der Tabernakel mit Kreuz und silbernem Herzen – eine Stiftung der Egerer Studenten aus dem 18. Jahrhundert –, dahinter ein dunkler Baldachin – gestickt mit vielen Zeichen des Kreuzherrenordens –, der von zwei Engeln gehalten wird und in einer goldenen Krone mit aufgesetztem Kreuz endet.

Rechts und links vom Altar stehen die Statuen von Anna und Joachim. Auf den anderen sechs Sockeln sind weitere vergoldete mannshohe Statuen vom hl. Joseph, Johannes dem Täufer, Abraham mit der Opferung von Isaak, David mit der Harfe, Jakobus und Johannes Evangelist. Das Portal auf der Westseite mit einer Tür zum Marktplatz ist fast immer verschlossen und wurde nur zu besonderen Anlässen geöffnet.“
Soweit Wenzel Pleyer.

Einen weiteren Höhepunkt erlebte Maria Kulm mit dem feierlichen Gottesdienst der Egerländer zum Fest Maria Himmelfahrt am 15. August 2000. Der Falkenauer Heimatbrief berichtete darüber in seiner Ausgabe Sept./Okt. 2000 wie folgt (gekürzt):

„Am Festgottesdienst, der dem Gedächtnis des verstorbenen Bundesvorstehers der Egerländer Gmoin, Seff Heil, und des ehemaligen Präses der Dominikaner und Administrators, Dr. Method Haban, gewidmet war, nahm auch Johann Böhm, Präsident des Bayerischen Landtages und Sprecher der Sudetendeutschen teil. Musikalisch umrahmt wurde die Festmesse von der Blaskapelle aus Münchenreuth bei Waldsassen. Die jungen Musiker waren dazu alle in ihrer Oberpfälzer Tracht erschienen.

Hauptzelebrant war Bischof Duka aus Königgrätz, der in den frühen 60er Jah-

ren als junger Dominikanerpater Administrator von Maria Kulm war.

Die Kirche war bis auf den letzten Platz gefüllt, als Bischof Duka in deutscher Sprache die von weither gekommenen Egerländer mit einem herzlichen „Liebe Landsleute" begrüßte. Er nannte es ein Unrecht, was den Sudetendeutschen nach dem II. Weltkrieg widerfuhr und bezeichnete die Zeit der kommunistischen Gewaltherrschaft in seinem Land als „fünfzigjährigen Krieg", der Kirche und Volk unterdrückte. „Es ist der Glaube, der Menschen verbindet. Jeder sollte im anderen seine Schwester oder seinen Bruder sehen". Bischof Duka gab seiner Freude Ausdruck, daß die Egerländer nach all den schlimmen Jahren die Wallfahrtskirche Maria Kulm nicht vergessen haben. „Dies ist auch ein Zeugnis Eures Glaubens!" (Soweit der Bericht aus dem Falkenauer Heimatbrief.)

Bereits am Vortag hat der aus Maria Kulm stammende Ehrenvorsitzende der Ackermann-Gemeinde, Professor Josef Stingl, früher Präsident der Bundesanstalt für Arbeit in Nürnberg, in seiner Heimatkirche gesprochen und auf dem Friedhof in Maria Kulm einen Kranz mit deutscher und tschechischer Aufschrift niedergelegt. Auf Einladung von Landsmann Richard Grillmaier/Hof waren 150 Maria Kulmer zur Festveranstaltung gekommen. Nach einem Konzert in der Kirche gab die junge Bürgermeisterin von Maria Kulm, Frau Ilona Rybárová, einen Empfang für die deutschen Teilnehmer aus Maria Kulm. Frau Rybárová legt besonderen Wert auf enge Kontaktpflege zu den ehemaligen deutschen Einwohnern von Maria Kulm.

Daß die Wallfahrtskirche Maria Kulm heute keinen traurigen Anblick mehr bietet ist zum großen Teil das Verdienst des Sozialwerkes der Ackermann-Gemeinde und auch des „Fördervereins Wallfahrtskirche Maria Kulm". Beide Verbände haben bisher beträchtliche Summen zur Sanierung und Renovierung des gesamten Gebäudekomplexes zur Verfügung gestellt.

Die beiden Luftaufnahmen lassen den Fortschritt erkennen: an der Kirche sind die Stirnseite mit den beiden Türmen, die zwei Kapellen daneben und die ganze Südfront renoviert. Das Portal zum Marktplatz wurde erneuert und mit Butzenscheiben und silbernen Beschlägen verziert. Die ehemalige Propstei ist ebenfalls restauriert. Ganz wichtig: Kreuzgang und ehemaliges Klostergebäude sind komplett neu eingedeckt. Derzeit wird an der Erneuerung des Kreuzganges und seiner Ausstattung gearbeitet.

Was besonders uns vertriebene Egerländer mit Freude und Dankbarkeit erfüllt:

St. Maria Kulm hat Hitler, Stalin und die tschechischen Kommunisten überlebt. Auf der Spitze des Dreiecks zwischen den Türmen steht noch immer die Statue des Salvator mundi, der sein Egerer Land segnet.

HABERSPIRK

Vom Erdboden verschwunden: Das deutsche Haberspirk.

9 Vom Erdboden verschwunden: Das deutsche Haberspirk

Und das habe ich nicht gewußt, als am 18. Juni 2000 so um 15 Uhr mein tschechischer Pilot nach unten deutete und „We have Habartov!" sagte. Als ich nach unten sah, traute ich meinen Augen nicht. Riesige Häuserblöcke, wie Kasernen! An die hundert und mehr mochten es sein. Alle schön in Reih und Glied. Wie im Ruhrpott, dachte ich. Nirgendwo ein Mittelpunkt, kein Marktplatz, keine Kirche. Auch mein Pilot schüttelte den Kopf, als ich ihm ein Bild von der Haberspirker Kirche hinhielt. Aber er war sich sicher: „This is Harbatov!"

Endlich entdeckte ich bei einer Gruppe kleinerer Häuser einen Friedhof. Aber wo ist die Kirche dazu? Ob diese kleineren Häuser vielleicht der letzte Rest vom deutschen Haberspirk sind? Und was ist das für eine große helle Fläche? Kahl, wüstenartig, wie ein Leichentuch. Mit solch gemischten Gefühlen habe ich bisher noch keinen Ort in meiner böhmischen Heimat fotografiert.

Zu Hause war dann alles klar. Das alte deutsche Haberspirk gibt es nicht mehr. Der größte Teil des Ortes mit der Kirche wurde nach der Vertreibung der deutschen Einwohner abgerissen, weil er auf Braunkohle stand. Fairerweise muß aber gesagt werden, daß die Verlegung des deutschen Haberspirk schon 1941 vom damaligen Regierungspräsidenten in Karlsbad geplant war.

Vom neuen tschechischen Habartov kenne ich nur den Namen, auch weiß ich, wie es von oben aussieht: gar nicht schön! Vom einst deutschen Haberspirk weiß ich viel, seit ich Hugo Theisingers Heimatbuch „Aus dem Egerland – Falkenau Stadt und Land", Verlag Obermayer, Buchloe, 1905, gelesen habe. Hier eine Zusammenfassung:

Am 31. Oktober 1936 zählte man in Haberspirk 425 Häuser, 3595 Einwohner, 3326 Deutsche (=92,5 %), 220 Tschechen, 49 Ausländer.

Einwohner, aufgegliedert nach Konfessionen: 3468 röm.-kath., 47 evang., 1 tschech. Kirche, 5 Israeliten, 2 andere Bekenntnisse, 72 ohne Konfession.

Bildungseinrichtungen:
5-klassige deutsche Volksschule mit 291 Schülern;
3-klassige deutsche Volksschule im Ortsteil Rad;
deutsche Bürgerschule mit 285 Schülern;
öffentlicher deutscher Kindergarten;
deutsche Tagesheimstätte;
tschechische Volksschule (seit 1928);
tschechischer Kindergarten.

In Haberspirk gab es vor 1945:
2 Bergwerksbetriebe,
2 Ziegelhütten,
1 Brauerei,
51 gewerbliche Betriebe,
54 handwerkliche Betriebe,
22 bäuerliche Betriebe,
19 Gasthäuser (mit Rad),
1 Arzt, 1 Zahnarzt, 5 Hebammen.

Diese Zahlen belegen, daß in Haberspirk nicht die Landwirtschaft, sondern Bergbau, Industrie und Handwerk die Haupterwerbsquellen waren.

Bis 1905 gab es in Haberspirk nur eine Kapelle, die zur Gutsherrschaft gehörte. Ein Kirchenbauverein finanzierte den Bau einer Kirche, die nach Fertigstellung im Jahre 1906 ein wahres Schmuckkästchen für Haberspirk selbst und für die zum Kirchsprengel zählenden Orte Buckwa, Meierhöfen, Lauterbach-Dorf und Bürgles wurde. Eine Urkunde, die mit einem geweihten Rosenkranz im Presbyterium eingemauert wurde, hatte folgenden Wortlaut:

„Im Namen des dreieinigen Gottes, des Vaters, des Sohnes und des Heiligen Geistes. An dieser Stelle hat im Jahre 1766 Graf Julius Pißnitz eine achteckige Kapelle, acht Quadratmeter im Durchmesser, gebaut und das Patronat über dieselbe ausgeübt. Die Kapelle war die einzige Pfarrkirche des Kirchsprengels von Haberspirk. Im Laufe der Zeit wurde das Patronat strittig, die Kapelle baufällig und der des allhier in der letzten Zeit aufblühenden Bergbaues zahlreichen Bevölkerung von 4.036 Katholiken nicht mehr entsprechend.“

Am 26. Juli 1906, dem Namenstag der Kirchenheiligen Anna, wurde die neue Kirche durch Weihbischof Dr. Wenzel Frind eingeweiht. Ihr waren keine 50 Jahre vergönnt, denn 1951 mußte sie und fast der ganze Ort dem Bergbau weichen. Im tschechischen Habartov ist weit und breit keine Kirche zu sehen.

Haberspirk hatte auch ein eigenes evangelisches Gotteshaus. 1909 konnte durch Spenden, einen kostenlos zur Verfügung gestellten Bauplatz und durch unentgeltlich gefertigte Pläne ein Gemeindehaus mit Betsaal errichtet werden. Maurermeister Georg Zuber aus Lapitzfeld bei Eger führte den Bau aus. Das neue Haus hatte einen geräumigen Betsaal mit 120 Sitzplätzen, ein Sitzungszimmer, eine Wohnung für den Küster und auf dem Dach ein schmuckes Glockentürmchen. Auch die evangelische Kirche mußte nach 1946 der Kohle weichen.

Haberspirk – eine Kurzchronik (nach Hugo Theisinger)

So soll der etwas ungewöhnliche Name entstanden sein: Um 1350 wird eine Siedlung bei einem Birkenwald „Pirck" genannt. Da sie zur Herrschaft Hartenberg gehörte, wurde später nach einem Habert von Hertenberg „Habertsbirk" daraus. Ab 1910 schrieb man „Haberspirk".

Als erster Besitzer wird ein Johann Preisner genannt, der sein Eigentum in ein Lehen umwandelte und einem Heinrich dem Älteren Voigt von Widda übertrug. Von da an gehörte Haberspirk zu den im Elbogener Kreis häufig vorkommenden Erblehen.

1668 wurde Reichsgraf Hartwig von Nostitz-Rieneck, Herr der Herrschaft Falkenau, Besitzer von Gut Haberspirk.

1719 verkaufte es die Falkenauer Herrschaft an Multz von Waldau, Herr der Güter Wallhof und Neuhof.

1737 verkaufte dieser das Gut Haberspirk an Leopold Adolf, Graf von Pißnitz, Herr von Hartenberg und Littengrün.

1790 Nach einigen weiteren Besitzerwechseln kaufte die Gemeinde das Gut Haberspirk, um es aber ab 1793 in Teilen weiterzuverkaufen.

1793 Der aufblühende Kohlebergbau führte dann dazu, daß immer mehr Grundstücke des Gutes verkauft wurden, so daß es sich zum Ende des I. Weltkrieges auflöste. Letzte Reste gingen in den Besitz der Bodener Kohlenwerke über.

Mit Alaun fing alles an (nach Hugo Theisinger)

Die Anfänge des Braunkohlenbergbaues im Falkenauer Gebiet reichen weit in das 19. Jahrhundert zurück. Bei Schürfungen stieß man in den oberen Schichten der Erdformation auf Schwefel- und Eisenkies. Diese wurden zur Herstellung von Alaun, Schwefel, Schwefelsäure und Eisenvitriol verwendet. So entstanden im Falkenauer Gebiet neben der Kohlengewinnung auch Anlagen zur Erzeugung obengenannter Produkte. Alaun ist ein Erdsalz, das als Beizmittel in den Färbereien Verwendung findet, in der Papierfabrikation gebraucht wird und als Heilmittel dient. Sommer schreibt in seiner „Topographie Böhmens" vom Jahre 1847 über die Industrie in Haberspirk: *„Größere Gewerbeanstalten sind eine Alaunfabrik mit 100 Arbeitern und eine Schwefel- und Eisenvitriolfabrik mit 60 Arbeitern"*.

Die Produkte wurden auch auf der Weltausstellung in Wien mit Preisen ausgezeichnet. Um 1900 wurde die Alaun- und Eisenvitriolerzeugung eingestellt.

Haberspirk wurde von der Kohle verschlungen

Ab 1920 schob sich der Kohleabraum im Tagebau immer näher an den Ort heran. Mehrere Bauernhöfe und auch Wohnhäuser verschwanden. Die Gewinnung der Braunkohle im Tiefbau führte zu Rissen im Mauerwerk der Häuser, zu Erdeinbrüchen und Bodenverschiebungen. Schon 1941 planten reichsdeutsche

Behörden, Haberspirk zu evakuieren und an anderer Stelle neu aufzubauen. Mit der Vertreibung der deutschen Bevölkerung 1946 war das Schicksal von Haberspirk endgültig besiegelt. Kirche, Schule, Gemeindeamt, Brauerei und fast alle anderen Häuser und Höfe wurden ein Raub riesiger Bagger (s. Seite 105).

Riesige weißlich-graue Lettenhalden überziehen wie ein Leichentuch die baum- und strauchlose Landschaft. Zurückgeblieben ist eine verwüstete, geschundene Natur.

Im September 1938 erlangte Haberspirk eine traurige Berühmtheit.

Wenige Wochen vor dem Anschluß der Sudetengebiete an Deutschland kam es in Haberspirk zu einer Schießerei zwischen der deutschen Ortsbevölkerung und der in Haberspirk stationierten tschechischen Gendarmerie. Ausgelöst wurde sie durch Hitlers Rede auf dem Reichsparteitag in Nürnberg am 12. September 1938, in der er u.a. sagte: *„Die Deutschen in der Tschechoslowakei sind weder wehrlos, noch sind sie verlassen. Das möge man zur Kenntnis nehmen“.*

Als daraufhin am 13. September 1938 Eduard Beneš in den deutschen Grenzgebieten das Standrecht verhängte, kam es in vielen Orten zu Protestkundgebungen der dortigen Einwohner. Auch in Haberspirk wurden an diesem Tag an Häusern und auf dem Kirchturm Hakenkreuzfahnen gehißt. Auf dem Platz vor dem Bürgermeisteramt versammelte sich eine große Menschenmenge und forderte die Entwaffnung der tschechischen Gendarmen. Als im Verlaufe der Verhandlungen im Postenzimmer der deutschfreundliche Oberwachtmeister – er war slowakischer Herkunft – von einem fanatischen Kollegen hinterrücks niedergeschossen wurde, entwickelte sich eine mehrere Stunden andauernde Schießerei zwischen den tschechischen Polizisten und ebenfalls bewaffneten deutschen Männern. Dabei wurden vier deutsche und vier Tschechen getötet und zahlreiche Demonstranten zum Teil schwer verletzt

Nach 1945 übte die tschechische Justiz an Haberspirk grausame Vergeltung. Das tschechische Volksgericht in Eger verhängte sechs Todesurteile durch den Strang, die auch vollstreckt wurden. 50 Männer und Frauen aus Haberspirk wurden zu insgesamt 808 Jahren schweren Kerkers verurteilt. Der Vorsitzende des Volksgerichts sagte damals: *„Der Name Haberspirk allein rechtfertigt jedes Urteil“.*

In seinem Falkenauer Heimatbuch hat Hugo Theisinger auch der tschechischen Toten vom 15. September 1938 gedacht. Und das ist gut so.

Quellen:

1) Rudolf Hampl, 650 Jahre Haberspirk Kreis Falkenau im Egerland, erschienen im Selbstverlag 1992.

2) Hugo Theisinger, Aus dem Egerland – Falkenau Stadt und Land; Verlag Obermayer, Buchloe, 1983.

3) Heimat Falkenau an der Eger, Band II, Die Kirchen im Kreis Falkenau, Herausgeber: Heimatverband der Falkenauer e.V., Preußler Verlag Nürnberg, 1993.

Lettenhalden überziehen wie ein Leichentuch die Landschaft.

Schloß Hartenberg – Nach 1945 zur Ruine verkommen.

10 Schloß Hartenberg

Nach 1945 zur Ruine verkommen

Hartenberg liegt im nördlichen Egerland, etwa 6 km nordwestlich von Falkenau.

So habe ich die Schloßruine am 18. Juni 2000 aus etwa 250 m Höhe gesehen: siehe farbige Luftbildaufnahme.

Und so hat des Schloß 1821 ausgesehen, als Goethe hier seinen 70. Geburtstag feierte.

Er schrieb damals in sein Tagebuch:

„Der erste Anblick, von einer gewissen Höhe herunter, ist überraschend. Das Schloß liegt, altertümlich, aus Haupt-, An-, und Nebengebäuden, Altanen und Galerien, Türmen und Türmchen, Mauern und Höfen verschiedener Art zusammengesetzt, auf einem vorspringenden Felsen, da wo drei Täler zusammentreffen, drei Wasser sich vereinigen, wovon das größte, die Zwodau, tiefruhig unten vorbeifließt. Denke man sich nun uralte Rüstern (Ulmen) sich fast bis zur Höhe des Schlosses erheben und von unten herauf einen Wald bilden, so hat man schon ein interessantes Gemälde.“

Schloß Hartenberg war bis 1945 bewohnt. Die letzte Besitzerin, Baronin Franziska von Kopal, wurde im Sommer 1945 von Tschechen verhaftet und ins Gefängnis nach Falkenau eingeliefert. Sie verstarb 1963 im Münchener Altersheim Vincentinum.

Die von den tschechischen Behörden veranlaßte Überführung von Herrschaft und Schloß Hartenberg in „Staatseigentum“ sah dann so aus:

Alles, was nicht niet- und nagelfest war, wurde abtransportiert: Möbel, Teppiche, Beleuchtungskörper, Geweih- und Waffensammlungen, Silber, Musikinstrumente, Porzellan- und Glassachen, Ölgemälde, Kupferstiche, Plastiken und Holzschnitzereien, die Bibliothek mit etwa 900 Büchern und einem Archiv mit alten Urkunden. Anschließend diente das Schloß, so berichtet ein Augenzeuge, militärischer Einquartierung. Während dieser Zeit wurde alles zerstört, was nicht hatte abtransportiert werden können, nämlich Wand- und Deckengemälde sowie Mosaikfußböden. Haßparolen gegen alles Deutsche und den Adel wurden an die Wände geschmiert. Nach dem Abzug des Militärs wurde das Schloß als Getreidespeicher der Kolchose benutzt und viele Räume meterhoch mit Getreide beschüttet.

Schloß Hartenberg war dem Verfall preisgegeben. Alle Tore, Türen und Fenster wurden herausgerissen, so daß Wind und Wetter ungehindert ihre Zerstörungsarbeit ausüben konnten. 1985 setzte ein Brand dem Vandalismus ein Ende. Wie Otto Werner im „Jahrbuch der Egerländer 1999“ berichtet, hat sich ein Förderverein gebildet, der die Schloßruine im jetzigen Zustand erhalten will.

Daß ich meiner Luftaufnahme auch etwas über die Geschichte vom ehemaligen Schloß Hartenberg beifügen kann, verdanke ich Hugo Theisingers Heimatbuch „Aus dem Egerland – Falkenau Stadt und Land“, Verlag Obermayer, Buchloe 1983. Die Burg dürfte um 1150 erbaut worden sein. Den Bau der Schloßkapelle datiert man um 1169. Um diese Zeit ist Hartenberg mit Tirschenreuth, Pichlberg und Gossengrün im Besitz der Herren von Hertenberg (auch Hartenberg oder Härtenberg). Sie stammten vermutlich aus Franken oder Schwaben und waren reichsunmittelbarer Adel. Das Geschlecht der Hartenberger ist erst ab Habart I. im Egerland namentlich urkundlich lückenlos nachgewiesen.

Über zwei Jahrhunderte leiteten und förderten die Hartenberger die Ansiedlung deutscher Bauern, Handwerker und Bergleute in einem Gebiet, das sich von der Leibitsch bis über die Zwodau hinaus erstreckte. Schon 1314 ist der Bleibergbau auf Hartenberger Gemarkung erstmals urkundlich erwähnt. In dem Streit zwischen Kaiser Ludwig dem Bayern und König Johann von Böhmen, in dem die Hartenberger als Inhaber eines freien Reichslehens auf kaiserlicher Seite standen, wurde Hartenberg vom Böhmenkönig besetzt und teilweise zerstört. Von dessen Sohn Karl IV. müssen sie 1350 ihren Besitz als Lehen der böhmischen Krone entgegennehmen. Karl IV. brauchte hierbei Widerspruch des Reiches nicht zu befürchten, denn er war böhmischer König und deutscher Kaiser in einer Person. Vermutlich hat er die Herrschaft Hartenberg bald darauf zum böhmischen Krongut gezogen.

Als solches konnte sie durch Verpfändung für die Ziele der luxemburgischen Hausmacht eingesetzt werden. So ist Hartenberg unter anderem von 1407 an etwa 50 Jahre im Besitz der **Familie Malerzik.** Zum Ende dieser Zeit soll die Burg zum Raubritternest herabgesunken und im Jahre 1459 von Egerer

Truppen erobert und verwüstet worden sein.

1462 wurde sie von König Poděbrad an **Matthäus Schlick** verpfändet, der sie wieder instand setzte. Im Besitz dieses Geschlechtes blieb Hartenberg bis 1548. Nach der Niederlage der Protestanten im Schmalkaldischen Krieg mußte Hieronymus Schlick Hartenberg an König Ferdinand I. von Habsburg herausgeben, der es 1551 an **Heinrich V. von Plauen** verpfändete. Im Jahre 1597 verkaufte Rudolf II. die Herrschaft an **Heinrich von Pißnitz,** k.k. Kammerrat und Prokurator des Königreiches Böhmen. Im 30jährigen Krieg – und zwar 1621 – wurde Hartenberg von den Truppen des Feldherrn Mansfeld besetzt, aber bald darauf von Kaiserlichen unter General Tilly zurückerobert und geplündert. Nach einem Brand 1668 baute Ferdinand Franz von Pißnitz die Burg wieder auf.

Mit **Graf Julius Heinrich,** der 1773 als Franziskanermönch in Eger starb, war die Zeit der Pißnitz auf Hartenberg vorbei, denn er übereignete den Besitz der Tochter seines Bruders, **Maria Josefa,** verehelichte **Gräfin von Bredau.** Diese verkaufte Hartenberg an ihre Tochter **Maria-Anna,** Ehefrau des Grafen **Leopold von Auersperg.** Nach ihrem Tod im Jahre 1814 trat ihr Enkel **Josef Joachim von Auersperg** die Nachfolge an. Er ist der Sohn des Grafen von Auersperg, des Freundes Goethes. Joachim starb 1857 kinderlos. Besitznachfolger war zunächst sein Bruder **Ludwig,** der 1863 starb, sodann seine Witwe **Franziska,** geborene **Freiin von Henneberg-Spiegel.** Diese hinterließ den Besitz ihrer Schwester **Maria,** verehelichte von Kopal. Baronin von Kopal starb im Jahre 1913. Ihr folgte die Tochter **Franziska von Kopal,** in deren Besitz Schloß und Herrschaft Hartenberg bis zur Beraubung und Vertreibung im Jahre 1945 war.

Hier muß noch vermerkt werden, daß sie ihren ca. 300 Angestellten und Arbeitern im wahrsten Sinne des Wortes eine gütige Mutter war. In vorbildlicher Weise sorgte sie für ihre ausgedienten und arbeitsunfähigen Mitarbeiter. Für die besonders Hilfsbedürftigen unter ihnen unterhielt sie in Frankenhammer ein eigenes Altersheim. Ihren pensionierten Angestellten und Beamten half sie durch beachtliche Pensionszuschüsse aus den Erträgen ihrer Besitzung, während sie selbst auf Schloß Hartenberg ein bescheidenes Dasein führte. Im 1. Weltkrieg unterhielt Baronin von Kopal auf ihrem Schloß ein Verwundeten-Lazarett. Für ihre hervorragenden Verdienste um die katholische Kirche wurde sie mit dem päpstlichen Orden „Pro Ecclesia et Pontifice“ ausgezeichnet. In den Herzen aller Landsleute, vor allem ihrer früheren Mitarbeiter, hat sich Baronin von Kopal durch ihre Gesinnung und Anteilnahme am Schicksal jedes einzelnen und seiner Familie ein bleibendes Andenken und das Gefühl großer Dankbarkeit gesichert.

Goethe und die Gossengrüner Spitzen

Goethe war dreimal als Gast des Grafen Josef von Auersperg auf Schloß Hartenberg. Während seines zweiten Aufenthaltes im August 1822 notierte er unter dem 4. und 5. August in sein Tagebuch: *„Zu Tafel waren der junge Graf, zwei Damen und die Lehrerin der Brüsseler-Spitzen-Schule zu Gossengrün. Sie zeigte vor das Musterbuch, in Prag gefertigt, sehr schön; ferner die Arbeit auf durchstochenem grünen Perga-*

ment, den Zwirn, die Nadel; sie verehrte mir ein selbstverfertigt Stück".

„In Weimar gaben", so Goethe später an Grüner, *„die unvergleichlichen Spitzenmuster mir schon öfter Gelegenheit, unsere hohen und lieben Damen, wie ich voraussah, zu unterhalten."*

In Gossengrün, das nur 3 km westlich von Hartenberg liegt und früher zu dieser Herrschaft gehörte, blühte besonders im 19. Jahrhundert die Spitzenindustrie auf. In der Festschrift „20. Bundestreffen der Falkenauer in Schwandorf 1997", herausgegeben vom Heimatverband der Falkenauer, heißt es dazu:

„Mit dem allmählichen Niedergang des Bergbaus im Erzgebirge wurde dann die Fertigung von Spitzen, zunächst von Klöppel-, später auch von Nadelspitzen gefördert. 1819 wurde in Gossengrün mit Hilfe des Magistrats, von Pfarrer Kolb und Graf Auersperg auf Hartenberg eine Schule für die Fertigung von Brüsseler Nadelspitzen eingerichtet. Goethe informierte sich 1822 auf Schloß Hartenberg über diese Kunstfertigkeit und – wie wir aus seinen Tagebucheintragungen wissen – brillierte später bei der Damenwelt mit diesem Wissen. 1870 trat der Spitzenhändler Wechselmann auf und ließ noch feinere Nadelspitzen fertigen. Seine Musterwerkstätte wurde 1881 durch eine neue staatliche Spitzenschule abgelöst. 1890 waren rund 400 Personen in Gossengrün mit dem Spitzennähen beschäftigt. Die Gossengrüner Spitzen hatten Weltruf. Sie gingen an den sächsischen, bayerischen, russischen und österreichischen Hof. Die Gossengrüner, die Schönfelder und die Bleistädter Spitzenschulen waren wahre Pflegestätten der Nadelspitze. Sie beteiligten sich mit ihren Arbeiten an zahlreichen Ausstellungen im In- und Ausland. 1945 lösten sie sich auf.

In Erinnerung an dieses letztlich durch sie zerstörte blühende Gewerbe nannten die Tschechen Gossengrün 1945 Krajková, d. h. die Spitzenstadt."

Zurück zum Luftbild aus dem Jahre 2000. Schloß Hartenberg ist zur Ruine verkommen. Ihr Anblick erschüttert nicht nur die Menschen, die hier einst lebten. Möge dem Förderverein gelingen, die Schloßruine in ihrem jetzigen Zustand zu erhalten. **Auch als Mahnmal für Enteignung und Vertreibung seiner deutschen Besitzer!**

Zu Füßen der Ruine von Schloß Hartenberg liegen die Gebäude der früheren Schloßbrauerei. Das dunkle Marienbräu hatte vor dem I. Weltkrieg Weltruf und errang auf Ausstellungen höchste Auszeichnungen.
An der rechten Bildseite ist das kleine Bahnhofsgebäude an der von Falkenau herführenden eingleisigen Bahnlinie zu erkennen.

Falkenau an der Eger ist noch immer Hauptort des Braunkohlengebietes.

11 Falkenau an der Eger (Teil 1)

ist noch immer Hauptort des Braunkohlengebietes

Sehen wir uns zunächst die Luftaufnahme etwas genauer an:

Schon beim Anflug auf Falkenau sieht man, daß die Stadt in einem weiten Becken liegt, das im Norden vom Erzgebirge und im Süden vom Kaiserwald begrenzt wird.

Im Vordergrund verläuft die Eisenbahnstrecke Eger – Karlsbad. Fast parallel dazu fließt die Eger in West- Ost-Richtung ganz nahe am alten deutschen Stadtkern vorbei.

Daß Falkenau als Hauptort des Braunkohlengebietes eine Industriestadt ist, erkennt man an dem großen Areal der Chemischen Fabrik und an den bis an den Stadtrand heranreichenden kahlen Kohleabraumhalden.

Seit der Vertreibung der deutschen Bevölkerung 1946 hat sich das Stadtbild sehr verändert. Noch erkennt man in der Bildmitte an den roten Ziegeldächern den alten deutschen Ortskern mit der St. Jakobs-Kirche. Aber sonst wimmelt es nur so von bis zu 9 Stockwerke hohen grauen Plattenbauten. Allein um den alten Marktplatz zählt man mehr als 10 solcher Hochhaus-Mietskasernen.

Das deutsche Falkenau an der Eger hatte am 31. Oktober 1936

747 Hektar Fläche, 1 149 Häuser,
11 381 Einwohner;
davon 9 825 Deutsche (= 86,3 %),
1 228 Tschechen,
80 andere,
248 Ausländer.

Konfession: 10 024 römisch-katholisch;
409 evangelisch;
147 tschechische Kirche;
170 Israeliten;
570 ohne Konfession.

Das Handbuch der „Historischen Stätten Böhmen und Mähren“, Alfred Kröner Verlag Stuttgart, 1998, nennt für 1980 28 523 Einwohner.

Rudolf Hemmerle vermerkt in seinem Buch „Sudetenland – Wegweiser durch ein unvergessenes Land“, Bechtermünz Verlag, 1996, daß 1980 in Falkenau noch 1 411 Deutsche (= 5 % der Gesamtbevölkerung) leben.

Über die Entstehung von Falkenau geht folgende Sage: In der Stadt Eger lebte ein Ritter namens Sebastian (Wastl), der an einem Kreuzzug teilnahm. Als er wieder heimkehrte suchte er vergeblich seine Burg. Er fand nur eine Brandstätte vor. So wanderte er den Fluß entlang, bis er zu einer Stelle kam, wo die Eger sich mit der Zwodau vereinigt. In dieser unbekannten Gegend erbaute er sich ein Blockhaus und ernährte sich von der Jagd. Von der unweit gelegenen Burg Elbogen kamen die Herren mit abgerichteten Falken zur Jagd. Die Leute nannten das Gebiet die Falken-Au.

Hugo Theisinger hat in seinem Falkenauer Heimatbuch die geschichtliche Entwicklung Falkenaus sehr ausführlich dargestellt. Hier ein gekürzter Auszug davon:

Um 900: Gründung des Falkenhofes durch Junker Sebastian (Wastl).

Um 1000: Ansiedlung von Edelleuten, die im Schutz der Pfalzen Eger und Elbogen mit Rodung und Urbarmachung des Landes beginnen.

1279: Die Burg Falkenau wird erstmals urkundlich genannt, deren Inhaber der Edelmann Albrecht aus dem oberpfälzischen Geschlecht der Nothaft war.

1282: Albrecht Nothaft von Falkenau wird urkundlich als Lehensherr von Falkenau bezeichnet. Er nennt sich in der Urkunde vom 15.04.1310 Albert „Der Valchenawer“.

1313: König Johann verleiht das Stadtrecht an Falkenau, das als Königliche Kammerstadt geführt wird.

1339: Markgraf Karl (Statthalter von Böhmen) belehnt Niklas Winkler mit der Stadt Falkenau.

1348: Trost Winkler folgt als Besitzer und Lehensherr von Falkenau.

1384: Die Hauptkirche wird urkundlich benannt.

1390: Ein Brand vernichtet die Stadt, wobei die verliehenen Urkunden des Stadtrechtes verloren gehen.

1397: König Wenzl IV. erneuert das Stadtrecht unter gleichzeitiger Verleihung der Schlackenwerther Stadtrechte. Die Stadt zählt 500 Einwohner.

1434: Kaiser Sigismund verpfändet die Herrschaft Falkenau an die Grafen Kaspar und Matthäus Schlick.

1435: Sie erhalten das Gut Falkenau zum Geschenk. Damit scheidet Falkenau als Kammerstadt aus. Falkenau wird neben Eger Grenzfestung.

1480: Nikolaus Schlick beginnt mit dem Neubau des Schlosses.

1553: Die Herrschaft Falkenau umfaßt die Stadt und das Schloß, den Maierhof Außen, ein Stück Wald bei Heinrichsgrün, die Golda genannt, und die Dörfer Altsattl, Birndorf, Grün, Haselbach, Königswerth, Lanz, Neurohlau, Ober- und Unterneugrün, Ober- und Unterreichenau, Roßmeißl, Schwand, Teschwitz, Theussau, Wudingrün, Zieditz und Zwodau.

1556: Nach dem Tod von Wolf Schlick wird seine Witwe Anna, geborene Pflug von Rabenstein, Herrin von Falkenau.

1604: Die Stadt zählt 174 Häuser und etwa 1 000 Einwohner.

1615: Graf Johann Albin Schlick erbt die Herrschaft Falkenau.

1618: Ausbruch des 30jährigen Krieges.

1621: Johann Albin Schlick flüchtet aus Falkenau. Drangsalierungen durch die Mannsfeldschen Truppen.

1622: Ritter Otto von Nostitz kauft die Herrschaft Falkenau für 45 000 Schock meissnisch. Alle Einwohner lutherischen Glaubens werden vertrieben und ihrer Besitzungen enteignet.

1626: Befehl zur Annahme der katholischen Religion unter Androhung von Zwangsmaßnahmen.

1633: In der Stadt grassiert die Pest. 122 Menschen sterben daran.

1663: Baubeginn des Kapuzinerklosters. Stifter ist Hans Hartwig von Nostitz-Rieneck.

1671: Am 23. März wird der Grundstein zur Stadtkirche St. Jakob gelegt.

1701: Als Pestgelübde wird eine Mariensäule am Marktplatz errichtet.

1711: Die Herrschaft Falkenau zählt 5 Maierhöfe, 29 Dörfer und hat 5 500 Einwohner. Die Stadt selbst hat etwa 2 300 Einwohner.

1717: Der obere steinerne Brunnen (Röhrkasten) wird gesetzt. Der Falkonia-Brunnen (Wastl-Brunnen) entsteht.

1736: Graf Johann Anton von Nostitz stirbt in Prag. Graf Wenzl Nostitz hat sämtliche Güter übernommen.

1774: Am 24. Mai ist die heilige Dreifaltigkeitskapelle eingeweiht worden.

1795: Der Bürger Matthäus Leistner beginnt den Kohlenabbau.

1800: Falkenau hat 3 500 Einwohner und 350 Häuser.

1844: Am 1. Juli wird der Grundstein für die Egerbrücke gelegt.

1850: Falkenau wird Sitz neuer politischer Behörden: k. k. Bezirkshauptmannschaft, Steueramt, Bezirksgericht.

1868: Am 1. Juli beginnt der Bau der Bahnstrecke Karlsbad – Falkenau – Eger.

1870: Eröffnung der Bahnlinie Karlsbad – Falkenau – Eger am 19. September.

1880: Ausbreitung der Braunkohlenschächte und der Tagbaue an beiden Egerufern.

1900: Falkenau hat 5 500 Einwohner und 600 Häuser.

1904: In Falkenau wird die evangelische Kirche gebaut.

1935: Durch die Arbeitslosigkeit herrscht bitterste Not. In Falkenau werden Notküchen eingerichtet, die warmes Mittagessen verteilen.

1938: 1. bis 10. Oktober: Einmarsch der deutschen Truppen. Sie erreichen am 3. Oktober Falkenau. In Eger wird Hitler am 3. Oktober 1938 die folgenschwere Verpfändungsurkunde von 1322 überreicht. Er verkündet in einer Rede, daß er mit diesem Tag das Egerland wieder in den Schoß des Deutschen Reiches zurückbringe.

1945: Am 17. April Bombenangriff auf Falkenau; rund 100 Tote.

1945: Am 6. Mai nähern sich von Eger her die Amerikaner und besetzen den Falkenauer Raum. Als sie im Juli/August wieder abziehen, treten die Tschechen an ihre Stelle, mit dem Ziel, die Sudetendeutschen aus der Tschechoslowakei zu entfernen.

1946: Im März gehen die ersten Aussiedlertransporte von Falkenau ab.

In dem Buch „Sokolovské pohledy", erschienen 1963 in Pilsen, liest man auf Seite 106:

„Unter den tschechischen Ankömmlingen im Bereich Falkenau 1945 waren auch viele Kollaboranten, Tunichtgute, Karrieristen, Tyrannen, Diktatoren, Emporkömmlinge, Schwarzhändler und ausgesprochen kapitalistische Elemente...".

Heute, im Jahre 2000, besteht besonders auf kulturellem Gebiet zwischen dem Heimatverband der Falkenauer e.V. und den tschechischen Behörden von Sokolov mit Bürgermeister Jiří Dytrych an der Spitze eine erfolgreiche Zusammenarbeit.

Bedeutende Persönlichkeiten aus Falkenau

Als Festausgabe zum 25jährigen Bestehen der Patenschaft Falkenau-Schwandorf hat der Heimatverband der Falkenauer e.V. im Selbstverlag 1984 die Broschüre „Persönlichkeiten aus Stadt und Kreis Falkenau an der Eger" herausgebracht. Verfasser Dr. Franz Xaver Böhm.

Aus den 116 gewürdigten Persönlichkeiten – sie leben nicht mehr – habe ich fünf ausgewählt, deren Namen mir beim Studium der Falkenauer Heimatliteratur immer wieder begegnet sind.

① Hans Christoph Seebohm (1903 - 1967)

Bundesminister für Verkehr; Präsident der Bundesversammlung der Sudetendeutschen Landsmannschaft als Nachfolger von Rudolf Lodgman von Auen; Schirmherr des Bundes der Eghalanda Gmoin; Wegbereiter für deutsch-tschechische Verständigung und Aussöhnung.

② Josef Habermann (1907 -1979)

Als Spenglermeister Schöpfer des nach einem Entwurf von Toni Schönecker aus Kupfer getriebenen Kriegerdenkmals am Falkenauer „Gloriett“ und eines Bildes des hl. Konrad von Parzham in der Kirche von Ingenried. Nach der Vertreibung engagierte er sich in der Sudetendeutschen Landsmannschaft, in der Eghalanda Gmoi und in der Ackermann-Gemeinde.

③ Franz Heidler (1898 - 1980)

Namhafter Volkskundler, Volkstumspfleger und Volksliedsänger; machte sich besonders verdient um die Erforschung und Erhaltung der Egerländer Volkskunst; Liederkomponist; schrieb Balladen, Gedichte, Humoresken, z. T. in Egerländer Mundart; Meister der Vortragskunst; Träger des Bundesverdienstkreuzes.

④ Toni Schönecker (1893 - 1979)

Vielseitiger Maler, Radierer, Lithograph, Illustrator, Fresken- und Sgraffito-Maler; zahlreiche Auszeichnungen. Anläßlich seines 80. Geburtstages brachte der Heimatverband der Falkenauer eine Mappe mit Reproduktionen von 28 seiner Gemälde heraus.

⑤ Ernst Mosch (1925 - 1999)

Auf der Musikschule in Oelsnitz lernte der Sohn eines Bergmanns Geige, Flügelhorn und Posaune. Nach dem Krieg wurde Ernst Mosch erster Posaunist im Stuttgarter Südfunk-Tanzorchester Erwin Lehn. 1955 gründete er mit den „Egerländer Musikanten“ sein eigenes Orchester. Der erste Auftritt im Rundfunk 1956 wurde ein voller Erfolg. Von da an ging sein künstlerischer Weg steil nach oben. 1966 gastierte er auch in den USA. Seine Blaskapelle war die erste, die in der berühmten Carnegie Hall auftreten durfte. In Germaringen (Ostallgäu) gründete er seinen eigenen Musikverlag. Mit seinen „Original Egerländer Musikanten“ spielte er 29 Goldene, zwei Platin-Platten und eine Goldene mit Brillanten ein. „Karajan der Volksmusik“ und „König der Blasmusik“ wurde Ernst Mosch genannt. Mit seinem Lied „Egerland – Heimatland“ hat er seine Heimat in der ganzen Welt bekannt gemacht:

„Egerland, Heimatland,
wie bist du so schön,
Möcht’ dich einmal,
einmal wiederseh`n!
All`deine Felder und Wälder
und mein grünes Tal.
Egerland, Heimatland,
grüß dich tausendmal!“

Quellenangabe erfolgte im Text.

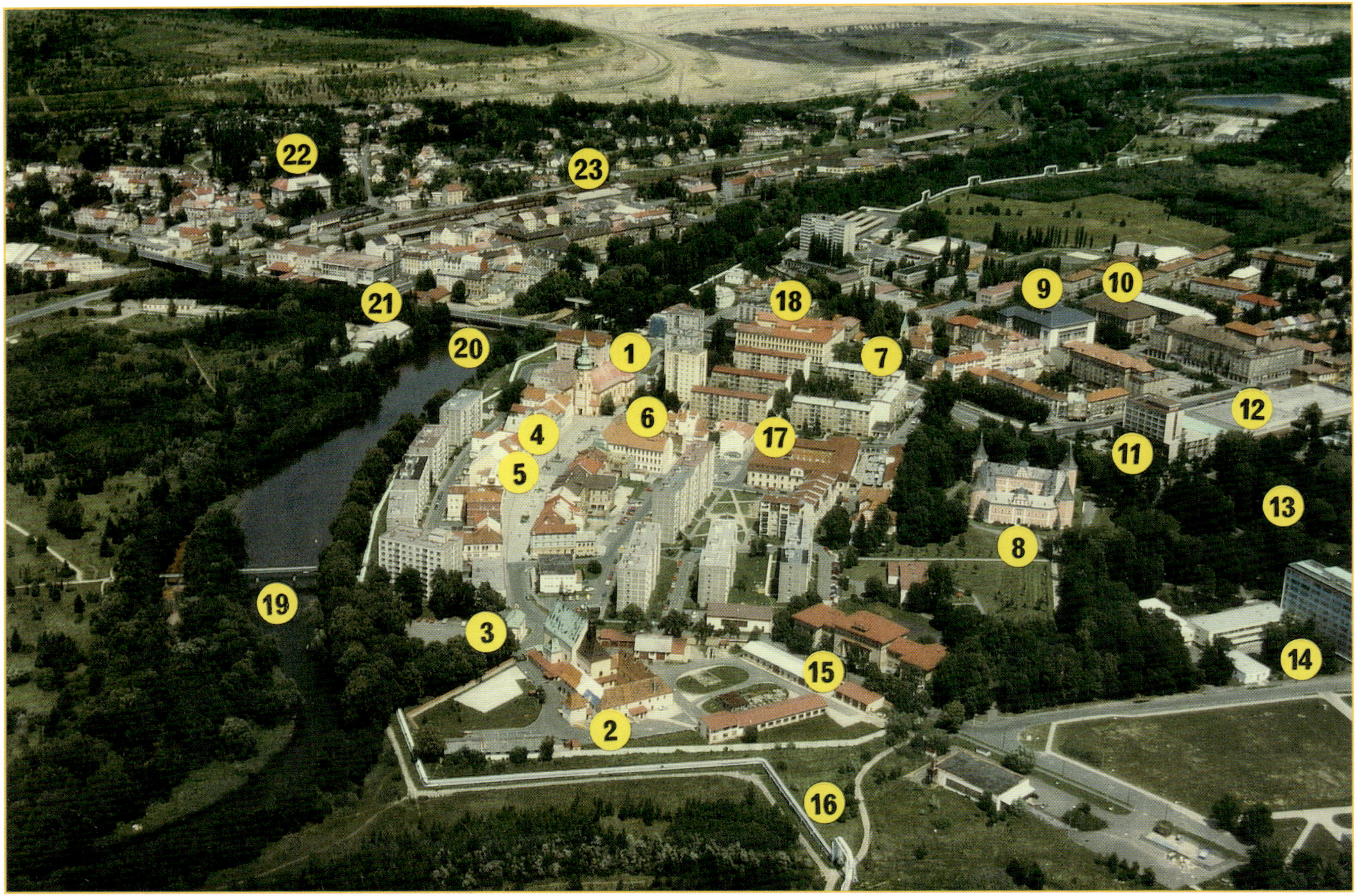

Falkenau an der Eger – Die Stadt von oben gezeigt.

11 Falkenau an der Eger (Teil 2)

Die Stadt von oben gezeigt

Ein Glück, daß die Stadt bis kurz vor Kriegsende von Bombenangriffen verschont blieb. So sind jahrhundertealte Baudenkmäler erhalten geblieben. Erst am 17. April 1945 warfen einige amerikanische Bomber Sprengbomben ab, die aber ihr Ziel, die Egerbrücke, verfehlten. Trotzdem entstand großer Schaden. Mehr als 40 Häuser wurden total zerstört, über 200 Gebäude wurden beschädigt, unter den Trümmern barg man 83 Tote. Einen Tag später fielen noch einmal einige Bomben, die der Bahnlinie galten und einen Teil des Bahnhofes zerstörten.

Die historischen Gebäude in der Altstadt, wie die Kirchen und das Schloß, blieben unversehrt. Daß ich sie im folgenden beschreiben kann, danke ich dem Ehrenvorsitzenden des Heimatverbandes der Falkenauer, Herrn Rudolf Götzl, der mich mit neuester Falkenauer Heimatliteratur bestens versorgt hat.

1 Die Erzdekanalkirche St. Jakob des Älteren

Über die erste Kirche gibt es keine genaueren Angaben. Erst 1352 wird sie in einer Urkunde genannt. Man kann aber davon ausgehen, daß es sie schon einige Jahrzehnte gegeben hat. Sie war aus Holz, viel kleiner als die heutige Kirche und von einem Friedhof umgeben. 1632, im 30jährigen Krieg, brannte sie vollständig ab.

Die neue St. Jakobskirche (Grundsteinlegung 1671) ist ein frühbarocker, einschiffiger Bau mit kreuzförmigem Grundriß. Auf dem Dach über dem Presbyterium befindet sich ein kleines Türmchen mit dem Sanktusglöckchen. Der prismatische Turm an der Westseite ist im Mittelteil durch Arkaden geöffnet, im oberen Teil vieleckig. Das Portal ist datiert mit der Jahreszahl 1684.

Das Presbyterium ist kreuzförmig überwölbt mit Gürtel und Lünettenschluß. Die Kirche hatte bis 1945 bunte bebilderte Glasfenster, von denen nur ein einziges erhalten blieb.

Der Hauptaltar mit dem Tabernakel wurde 1716 von Jakob Eberle, einem

Bildhauer aus Maschau, der seine Kunst in Rom erlernt hatte, angefertigt. Von ihm stammen auch die Statuen des Johannes des Täufers, Johannes von Nepomuk, Petrus und Paulus und der beiden großen Engel.

Bis 1830 war die Stadtkirche reich mit Bildern geschmückt. Anläßlich einer Renovierung entfernte und verkaufte man sie. Darunter sollen auch einige von dem bekannten Maler Elias Dollhopf aus Tachau gewesen sein. Jetzt befinden sich auf den Konsolen an den Seitenwänden Statuen verschiedener Heiligen: auf der linken Seite Barbara, Christophorus und Franziskus-Seraphikus, auf der rechten Seite Anna, Josef mit dem Jesuskind und Anton von Padua.

In der Kirche befindet sich eine schöne Marienstatue, die von den Besuchern besonders verehrt wird. Pfarrer Franz Ulsperger, Bürgerschulkatechet in Falkenau, schrieb darüber:

„Ursprünglich stand die Statue in der Nische eines Tores der Stadtmauer nahe der Klosterkirche. 1874 vernichtete ein großer Brand über 100 Häuser, die Dreifaltigkeitskapelle und die Johanneskapelle am alten Friedhof. Auch vom Stadttor blieben nur Mauerreste übrig. Aber die Statue der Himmelskönigin war unversehrt geblieben. Sie erhielt jetzt einen Platz in der Kirche. Eine Inschrift am Sockel der Statue lautete: „Mitten im Feuer bin ich nicht verbrannt“.

Nach 1946 war diese Inschrift viele Jahre mit einem weißen Tuch verhüllt. Später hat man die deutschen Worte entfernt.

Die Kanzel wurde 1799 von dem Falkenauer Tischlermeister Wenzl Seydl gefertigt, die Bildhauerarbeit stammt von einem Egerer Bildhauer. Staffiert wurde sie von Josef Sättler aus Heinrichsgrün im Jahre 1802.

1903 erhielt St. Jakob durch den bekannten Egerer Orgelbauer Martin Zaus eine neue Orgel. 1906 wurde sie durch H. Schiffner aus Prag umgebaut. Die Orgel hat einen Magazinbalg mit elektrischem Antrieb, Pneumatik und 25 klingende Register.

Der aus Stein gehauene und mit schönen Ornamenten geschmückte Taufstein ist eine Stiftung des Nostitz'schen Wirtschaftshauptmanns Christian Kandler. Am Stein befindet sich die Jahreszahl 1679.

In der Zeit von 1945 bis 1989 war die Falkenauer Kirche mit einem tschechischen Pfarrer besetzt. Da kaum Reparaturen durchgeführt wurden, hat die Bausubstanz stark gelitten. Erst nach der „Wende“ fing man mit Ausbesserungen an. So konnte mit finanzieller Unterstützung von vertriebenen Deutschen das Dach neu eingedeckt werden.

Bis 1945 gehörte zum Dekanat Falkenau: das Falkenauer Kapuzinerkloster, Grasseth, Haselbach, Königswerth, Oberreichenau, Prösau, Schäferei, Teschwitz, Theussau, Unterreichenau, Wudingrün, Zieditz und Albernhof (Bez. Elbogen).

2 Die Klosterkirche St. Anton von Padua

Das Falkenauer Kapuzinerkloster ist eine Stiftung des Reichsgrafen Hans Hartwig von Nostitz. Kloster und Kirche wurden nach vierjähriger Bauzeit 1667 vom ersten Bischof von Leitmeritz zu Ehren des Heiligen Anton von Padua geweiht. Die einschiffige Kirche ist im frühen barocken Stil erbaut und hat zwei angefügte Kapellen und eine Vorhalle.

Die Einrichtung des Kloster entspricht den Statuten des Kapuzinerordens: neben der Kirche der Kreuzgang, Refektorium, Keller, Küchen, Zellen, Zimmer des Provinzials, Krankenzimmer, Hauskapelle, Bibliothek und anderes.

Der Wirkungskreis der Kapuziner umfaßte die ganze Stadt. Zeitweise waren

sie als Religionslehrer an den Schulen und als Prediger in der Erzdekanalkirche tätig.

Der Klosterbau dient heute als Verwaltungsgebäude. Die Kirche bedarf dringend einer Renovierung.

3 Kapelle zur Heiligsten Dreifaltigkeit

Sie wurde neben der Klosterkirche an Stelle einer alten und kleinen Kapelle errichtet und 1774 eingeweiht. 1874 wurde sie durch einen Brand zerstört, aber 1875 durch Spenden wiederhergestellt. In der Kapelle befinden sich drei Altäre. Der Hochaltar ist der allerheiligsten Dreifaltigkeit geweiht. Die beiden Nebenaltäre sind dem Herzen Jesu und dem Herzen Marias gewidmet. Das weit vor dem Hochaltar angebrachte Gitter teilt den Raum in zwei Hälften. Den Vorraum konnte man früher tagsüber zu jeder Zeit betreten. Einige Fresken und Altarbilder stammen von Elias Dollhopf.

Nach der „Tschechischen Kunsttopographie 1982“ befinden sich in der Dreifaltigkeitskapelle aus dem Kapuzinerkloster die Figuren des hl. Franziskus, des hl. Antonius und des hl. Felix; aus der Stadtkirche die Statue des hl. Johannes von Nepomuk.

Nach der Vertreibung der Deutschen stand die Kapelle jahrelang leer. Seit 1991 wird sie nach einer Renovierung von der tschechischen orthodoxen Kirche benützt.

4 Mariensäule

In Erfüllung des Pestgelübdes – 1633 grassierte in Falkenau diese Seuche –

errichtete man 1701 eine barocke Mariensäule, um die sich im unteren Teil vier Heiligenfiguren gruppieren.

5 Wastl-Brunnen

Auch dem legendären Gründer Falkenaus Sebastian (Wastl) – einem Falkner – setzte man 1717 ein Denkmal: den Wastl-Brunnen, der zum Wahrzeichen der Stadt wurde. Die am Brunnen angebrachten Hopfenranken erinnern an den bis ins 19. Jahrhundert betriebenen Hopfenbau, der dann vom Kohlebergbau verdrängt wurde.

6 Bis 1945 das Rathaus der Stadt

7 Evangelische Kirche

Gegen Mitte des 19. Jahrhunderts lebten in Falkenau einige protestantische Familien. Der erste evangelische Gottesdienst fand am 28. Mai 1899 statt. Die Falkenauer Predigtstation wurde bis 1901 von Eger aus und anschließend bis 1907 von Karlsbad aus betreut. Die Gottesdienste wurden bis zu Errichtung der evangelischen Kirche im Sitzungszimmer der Bezirksvertretung abgehalten. Der 1902 gegründete Kirchenbauverein ermöglichte es, daß mit dem Bau bald begonnen werden konnte. Die Einweihung der neuen Kirche erfolgte am 19. Juni 1904. 1907 wurde die evangelische Gemeinde in Falkenau eine Pfarrgemeinde mit einer eigenen Matrikenführung.

In den Jahren 1909 und 1910 wurde das Pfarrhaus errichtet. Um Raum für ein Gemeindezimmer und eine Schwesternwohnung zu gewinnen, erfolgte 1923 ein Anbau. Kirche und Pfarrhaus bilden zusammen eine schmucke Einheit.

8 Das Schloß

Wie auf einer stillen Insel liegt inmitten der Stadt das Falkenauer Schloß.

Seine Geschichte habe ich in gekürzter Fassung einem Aufsatz von Lm. Rudolf Götzl, Ehrenvorsitzender des Heimatverbandes der Falkenauer, entnommen. Der Artikel ist in der Festschrift zum 19. Bundestreffen der Falkenauer 1995 erschienen.

1279 Um diese Zeit stand an dieser Stelle die Nothaft'sche Wasserfestung, deren Besitzer aus der Oberpfalz stammen und zu den Kolonisatoren an der oberen Eger zählen.

1366 fällt die Wasserburg dem böhmischen Königshaus zu.

1435 bis 1621 übernehmen die Schlicks Stadt und Herrschaft Falkenau und errichten an Stelle der Wasserburg eine kleine viereckige Burg mit Türmchen an jeder Ecke.

1622 übernimmt das Geschlecht der Nostitz die Burg, die im 30jährigen Krieg öfter gestürmt wird.

1648 wird Falkenau von den Schweden eingenommen und niedergebrannt. Auch die Burg wird zerstört.

1663 bis 1672 wird Schloß Falkenau durch Johann Hartwig Nostitz, dem höchsten Kanzler der böhmischen Krone, im Stil der Spätrenaissance wiederaufgebaut. Im Innenhof entstehen Renaissancearkaden. Rundum wird ein Wassergraben gezogen und durch den Lobsbach und den Mühlgraben geflutet. Wahrscheinlich ist damals auch der Schloßbrunnen entstanden.

1762 Stadt und Schloß werden im Verlauf des 7jährigen Krieges von preußischen Truppen geplündert und der Tierbestand im Gehege abgeschossen.

1800 Graf Heinrich Johann von Nostitz läßt das Schloß ausbessern und im klassischen Stil umbauen.

1880 Um diese Zeit werden die kegelförmigen Turmdächer durch die heute noch bestehenden Zeltdächer ersetzt. Der östliche Turm mit der für jedermann zugänglichen Kapelle „Zu Ehren der Verklärung Christi“ erhält ein geschmiedetes Kreuz.

1945 zieht ins Schloß die Ortskommandantur des US-Army ein.

2000 Heute befindet sich im Schloß das Bezirksmuseum mit ständigen Ausstellungen zur Geschichte Falkenaus und seiner Umgebung, der Geschichte der Gewinnung von Erzen und Braunkohle, der vorkommenden Mineralien und der Flora und Fauna.

Der Heimatverband der Falkenauer hat im Jahre 1994 die an den Exponaten befindlichen tschechischen Texte ins Deutsche übersetzt. Seit 01.03.1995 sind die Beschriftungen auch in deutscher Sprache vorhanden.

9 Das Bergarbeiterheim

Das Luftbild zeigt es: das Bergarbeiterheim gehört auch heute noch zu den

markanten Gebäuden der Stadt und zu den schönsten Bauwerken in Westböhmen, die von sudetendeutschen Künstlern und Handwerkern geschaffen wurden.

Der Karlsbader Architekt Ing. Wels fertigte den Plan, der ebenfalls aus Karlsbad stammende Bildhauer Srb-Schloßbauer schuf nach einem Entwurf des Falkenauer Malers Toni Schönecker den herrlichen Fries an der Frontseite, der den Arbeitstag eines Bergmannes darstellt.

Zu deutscher Zeit hatte das Haus neben einer eindrucksvollen Vorhalle einen großen Saal mit zwei kleinen Nebensälen, ein geräumiges Bibliothek- und Lesezimmer, ein großes Kino, eine Restauration, ein Cafe und ein Volksbad mit Dampf-, Wannen- und Brausebädern. Außerdem waren noch Kanzleiräume und Wohnungen vorhanden.

Nach zweijähriger Bauzeit war das Falkenauer Bergarbeiterheim 1925 fertig. Es wurde aus Mitteln des von den Bergarbeitern geschaffenen Kohlenfonds finanziert. In seiner Eröffnungsrede nannte der Bergarbeiter-Abgeordnete Adolf Pohl die Zweckbestimmung des neuen Hauses: Kultur- und Unterhaltungszentrum für die Falkenauer Bergleute.

10 Die Bruderlade

Sie war eine Versorgungseinrichtung für die Bergleute im Falkenauer Raum. Um 1860 entstanden die sog. Bruderladen, die der Kranken- und Altersversorgung der Bergarbeiter dienten. Zum Teil waren es reine Betriebs- und Werkseinrichtungen, zum Teil wurden solche Bruderladen für den jeweiligen Revierbereich errichtet. Landsleute aus Falkenau und Umgebung werden erkennen, daß die Falkenauer Bruderlade umgebaut wurde.

11 In diesem Gebäude ist die jetzige Stadtverwaltung untergebracht. Es wurde in den 50er Jahren als Zentrale der kommunistischen Partei errichtet und nach 1989 von der Stadt beschlagnahmt.

12 Wo heute ein Supermarkt steht, befand sich früher eine Niederlassung einer Egerer Brauerei und der Gasthof „Goldener Anker“.

13 Der „Tiergarten“, ein großer Park mit vielen alten Bäumen, war für die Falkenauer Buben ein Eldorado zum „Räuber und Gendarm“-Spielen. Im „unteren und oberen Rautfischlteich“ gab es prachtvolle Rotfische.

14 Hier ist heute die Poliklinik untergebracht. Das Gebäude ist nach 1945 entstanden.

15 Ab Januar 1939 war hier die deutsche Oberschule für Jungen untergebracht, die auch von Mädchen besucht werden konnte. Zum Kriegsende diente das Gebäude als Ersatzlazarett.

16 Was von oben wie ein weißes Band aussieht, das die ganze Stadt umschlingt, ist in Wirklichkeit die Fernwärmeleitung. Landsleuten aus Falkenau ist dieser städtebauliche Schandfleck ein Greuel.

17 Zu deutscher Zeit war das der „Amtshof“.

18 Das war die 1895 erbaute Volks- und Bürgerschule, Falkenaus „Zentralschule". Bis 1945 gab es in Falkenau folgende Bildungsstätten:

zwei Volksschulen für Knaben, zwei Volksschulen für Mädchen, zwei Bürgerschulen für Knaben, zwei Bürgerschulen für Mädchen, eine Oberschule, eine gewerbliche und kaufmännische Fortbildungsschule, 14 Abteilungen städtischer Kindergarten, ein privater Kindergarten des katholischen Hilfsvereins, ein Waisenheim des katholischen Hilfsvereins, eine Tagesheimstätte der Bezirksjugendfürsorge, eine tschechische Volksschule, eine tschechische Bürgerschule.

19 Der „Kreuzersteg" über die Eger. Landsmann Rudolf Götzl erinnert sich, daß dort ein kleines Haus stand, wo man 10 Heller Maut zahlen mußte.

20 Die neue Egerbrücke; über sie führt die Straße nach Graslitz.

21 Die ehemalige „Hellmann-Spinnerei" war auch unter dem Namen „Krummholz-Fabrik" bekannt. Während des 2. Weltkrieges wurden dort Vergaser für die Luftwaffe und für die V 1 hergestellt.

22 Volks- und Bürgerschule im Ortsteil Schönwerth.

23 Bahnhof. Am 1. Juli 1868 wurde mit dem Bau der Bahnlinie Karlsbad – Falkenau – Eger begonnen (1870 eröffnet). 1876 folgte die Inbetriebnahme der Strecke Falkenau – Graslitz.

Wenn man heute über den Stadtrand von Falkenau hinausschaut, hält man es nicht für möglich, daß Falkenau einmal eine Hopfenstadt war. Vor 200 Jahren umfaßte das Falkenauer Hopfenanbaugebiet eine größere Fläche als das im Saazer Land. So schrieb Goethe, der häufig im Egerland zur Kur war, über Falkenau: *„Es ist der Hopfenbau, der die gestreckten Hügel hinter der Stadt in stundenlangen Reihen ziert, ein unübersehbarer Garten in der Nähe, ein weitverbreitetes Buschwerk in der Ferne!"*

Seit aber die Braunkohle im Falkenauer Raum meist im Tagebau gewonnen wird und überall große Industriebetriebe entstanden sind, gleich das Umland einer einzigen großen Mondlandschaft mit riesigen Kratern und hochaufgetürmten Lettenhalden. Die Luftaufnahme zeigt es: diese Verwüstung reicht schon bis an den Stadtrand heran.

Eine Horrorvision:
Haberspirk gibt es nicht mehr, weil es auf Kohle saß.
Auch Falkenau sitzt auf Kohle!

Quellen:

1) Hugo Theisinger, Aus dem Egerland – Falkenau Stadt und Land,
Verlag Obermayer, Buchloe, 1983.
2) Heimat Falkenau an der Eger, Band II, Die Kirchen im Kreis Falkenau, Preußler Verlag Nürnberg, 1993.
3) Festschrift zum 19. Bundestreffen der Falkenauer 1995.
Herausgeber: Heimatverband der Falkenauer, Druckerei Keck, Sulzbach-Rosenberg.
4) Ernst Schremmer, Sudetenland in Farbe, Adam Kraft Verlag Würzburg, 1990.

Falkenau an der Eger – Vertreibung ermöglichte Ausweitung des Kohlenabbaues.

11 Falkenau an der Eger (Teil 3)

Vertreibung ermöglichte Ausweitung des Kohlenabbaues

Die Luftaufnahme zeigt, wie die Chemischen Werke in Falkenau heute, im Jahre 2000, aussehen. Die riesige Anlage macht keinen ungepflegten Eindruck und sie stinkt auch nicht mehr so zum Himmel wie früher, seit man wirksame Filter aus Deutschland verwendet.

Hugo Theisinger hat in seinem Falkenauer Heimatbuch die Geschichte der „Chemischen Falkenau“ – so der Kurzname – sehr ausführlich beschrieben. Hier davon ein knapper Auszug:

Im Ersten Weltkrieg (1914 - 1918) war die Landwirtschaft auch in Böhmen von der Belieferung mit Stickstoffdünger aus Chile, dem „Chilesalpeter“, völlig abgeschnitten. Daher faßte man in Wien den Plan, im Falkenauer Kohlenrevier ein Kalkstickstoffwerk zu bauen.

Dieses Projekt wurde in den Jahren 1916 bis 1918 verwirklicht, und das Falkenauer Werk begann mit der Erzeugung des Kunstdüngers „Kalkstickstoff“. Da die Gewinnung auf elektrochemischem Weg erfolgte, mußte ein eigenes Stromkraftwerk mit Kessel- und Turbinenhaus gebaut werden. Für die Dampferzeugung verwendete man Braunkohle aus dem eigenen Georgschacht, zwei Nachbarschächten und vom Bohemia-Tagebau der Britannia-Zeche.

Das Bild verrät auch, warum die Chemischen Werke gerade in Falkenau entstanden sind. Die zur Stromerzeugung erforderliche Kohle lag gleich nebenan. Die kraterartigen Abräumhalden reichen auf allen Seiten bis an den Stadtrand heran.

Daß im Falkenauer Raum reiche Braunkohlenlager vorhanden sind, war schon seit Jahrhunderten bekannt. Der Kohleförderung stand jedoch der niedrige Holzpreis entgegen. Als aber mit der Zeit Holz immer teurer wurde, mußte man auf ein billigeres Brennmaterial umsteigen. Erst mit Hofdekret vom 16. März 1793 wurde die „Mineralkohle“ in das Bergregal einbezogen. Damals konnte noch jeder Grundstücksbesitzer auf seinem Feld Kohle ausgraben. Der Falkenauer Bürger Matthäus Leistner war der erste, der eine Mutung (Antrag auf Schürfrechte) stellte und auf dem Kalkbühel bei der Schäferei Kohle förderte. Einige Jahre später suchten andere Falkenauer auf den Hopfengründen nach Kohle und wurden fündig.

Die eigentliche Kohleförderung beginnt erst ab Mitte des 19. Jahrhunderts, zunächst als Flözabbau einfacher Art. Als Folge des Kohlenabbaues wächst die Einwohnerzahl von Falkenau sprunghaft an. 1870 zählte man 3 329, 1880 schon 4 144 und 1890 sogar 5 450 Einwohner.

In der 2. Hälfte des 19. Jahrhunderts kommt es im Zuge der industriellen Entwicklung durch Dampfmaschine und Elektroenergie zur Gründung von Kohlengruben und Aktiengesellschaften. Der industriellen Revolution im 19. Jahrhundert und am Beginn des 20. Jahrhunderts folgte der Übergang zur Großförderung durch Nutzung von Maschinenanlagen, vorerst im Tiefbau- und dann im Tagbauverfahren. Später wurde mit großen Abräumbaggern fast die ganze Braunkohle gefördert.

Die nachstehende Tabelle nach Stiefl (1973, Seite 136) gibt eine Übersicht über die Entwicklung der Kohleförderung im Falkenauer Revier vom 19. zum 20. Jahrhundert:

Jahr	geförderte Tonnen	Beschäftigte im Bergbau	Tonnen pro Bergmann
1819	10 445	206	50
1870	279 000	1 720	160
1880	635 000	2 727	230
1890	1 509 000	4 772	318
1937	3 351 000	4 115	815
1955	9 724 000	8 532	1 140
1966	17 645 000	12 250	1 140

1966 erreichte man im Falkenauer Revier nach Brüx mit 46,5 Mill. Tonnen und Mährisch-Ostrau mit 21,7 Mill. Tonnen den dritten Platz in der Kohleförderung der ČSSR.

Während zu deutscher Zeit, also bis 1945, die Braunkohle meist im Untertagebau gewonnen wurde, wählten die Tschechen die schnellere und billigere Abräummethode im Tagebau.

Diesem rigorosen Raubbau fielen seit 1945 im Bezirk Falkenau und Elbogen 25 deutsche Orte zum Opfer.

Deutscher Ortsname	liquidiert	im Jahre
Albernhof	ganz	1975
Boden	teil	1982
Buckwa	ganz	1950
Unter-Pochlowitz	ganz	1951
Deutschbundesort	ganz	1972
Maierhöfen	ganz	1950
Haberspirk	teil	1950
Oberreichenau	teil	1965
Huthäuser	ganz	1975
Grasseth	ganz	1975
Kahr	teil	1982
Kitzlitzdorf	ganz	1950
Littmitz	ganz	1972
Haselbach	ganz	1950
Lauterbach Dorf	ganz	1958
Löwenhof	ganz	1958
Hau	ganz	1957
Neusattl	teil	1967
Hunschgrün	ganz	1975
Pechgrün	ganz	1962
Stelzengrün	ganz	1965
Theusau	ganz	1955
Thein	ganz	1989
Wudingrün	ganz	1977
Doglasgrün	ganz	1959

Und so hat sich das abgespielt:

Die von den Deutschen verlassenen Häuser standen leer, was brauchbar war, wurde entfernt, und dann verschwand ein Haus nach dem anderen unter Steinen, Humus und Letten. Dabei wurden oft von den Deutschen vergrabene wertvolle Gegenstände freigelegt. Vieles liegt wohl für immer tief unter der Erde.

Ob die etwa 28 000 tschechischen Einwohner von Falkenau, die etwa 15 000 von Marienbad und die etwa 5 000 von Franzensbad wissen, daß ihre Wohnorte alle auf Kohle sitzen? Wenn ja, dann „Dobrou noc!“ (Gute Nacht).

Quellen:

1) Festschrift zum 19. Bundestreffen der Falkenauer 1995 in Schwandorf, herausgegeben vom Heimatverband der Falkenauer, Druckerei Keck, Sulzbach- Rosenberg.
2) Festschrift zum 20. Bundestreffen der Falkenauer 1997 in Schwandorf, Herausgeber und Druck wie oben.
3) Hugo Theisinger, Aus dem Egerland – Falkenau Stadt und Land, Verlag Buchloe, 1983.

Falkenau an der Eger 2000: Kath. St. Jakobskirche, evang. Kirche, Volks- und Bürgerschule.

Elbogen an der Eger – „Ein landschaftliches Kunstwerk“.

12 Elbogen an der Eger

„Ein landschaftliches Kunstwerk“

So hat Goethe in einem Schreiben vom 1. Juli 1807 an Karl Ludwig von Knebel die prachtvoll gelegene, von Mauern und Türmen umgebene Burgstadt Elbogen genannt. Sie steht mit ihrem alten Schloß auf einem steilen Granitkegel, und der zwingt die Eger, die Stadt fast in einem Kreis zu umfließen. Von dieser starken Flußkrümmung (lat. cubitus – Ellenbogen) hat die Stadt ihren Namen. Auch der tschechische Ortsname „loket“ bedeutet Ellenbogen.

Mindestens neunmal hat der Dichterfürst von Karlsbad aus das „böhmische Rothenburg“ besucht. 1807 fertigte er eine Zeichnung vom Schloß an, die in dem Buch von Johannes Urzidil „Goethe in Böhmen“ (Wien 1932) wiedergegeben ist.

Goethe hat nicht nur seine mineralogische Leidenschaft nach Elbogen geführt. Hier traf er einige Male mit jener noch sehr jungen Ulrike von Levetzow zusammen, die in ihm eine späte leidenschaftliche Liebe weckte. Am 28. August 1823 feierte er im Gasthof „Zum weißen Roß“ mit der inzwischen 19jährigen Ulrike und deren Familie seinen 74. Geburtstag. Es war das letzte Zusammentreffen der beiden und für Goethe ein Abschiednehmen von einer späten Liebe. Im Speisesaal des Gasthauses erinnert ein Wandbild an dieses Ereignis.

1932 wurde in der Talsenke vor der Stadtbefestigung ein von dem akademischen Bildhauer Willi Russ geschaffenes Goethe-Denkmal enthüllt. Es wurde nach der „Wende“ 1989 zerstört – man hatte Goethe mit dem kommunistentreuen tschechoslowakischen Präsidenten Clement Gottwald verwechselt.

Die großartige Kulisse von Burg und Stadt diente 1980 für Aufnahmen zum Film „Im Westen nichts Neues“ nach dem Roman von E. M. Remarque.

Nach Professor Pfohls „Ortslexikon Sudetenland“ hatte Elbogen im Jahre 1930 3837 Einwohner, davon 3600 Deutsche (= 93,8 %).

Das Wappen von Elbogen zeigt eine Mauer mit Zinnen und Tor, darüber ein Arm mit gezogenem Schwert. Die zwei Rosen in den Zinnen sollen dem Siegel

Luthers entnommen sein; damit wollte man das Bekenntnis zur Reformation ausdrücken. Nach der Gegenreformation wurde über die Rosen je ein Balken gezogen.

Elbogen war zu deutscher Zeit Sitz eines Bezirksgerichtes.

Das o. g. Lexikon führt zu Elbogen weiter an: „Steueramt, Notariat, Oberrealschule, berühmte Pumpernickelerzeugung, Porzellanfabrik, Buchdruckerei, Bierbrauerei, Sägewerk, Ziegelei, Steinbruch, Elektrizitätswerk. Ist in berühmt schöner Lage (Goethe, Körner!) an die Eger gebettet."

Das „Handbuch der historischen Stätten Böhmen und Mähren", Alfred Kröner Verlag Stuttgart, 1998, nennt für 1980 nur 1833 Einwohner.

Auch die nachfolgenden Daten zur Geschichte von Burg und Herrschaft Elbogen sind in Auszügen diesem von deutschen und tschechischen Historikern bearbeiteten Buch entnommen:

1234 Die auf dem Felsen thronende Burg – sie ist zeitweise Sitz der böhmischen Könige – wird erstmals urkundlich genannt. Sie soll schon im 9. Jahrhundert von dem Markgrafen von Vohburg gegründet worden sein. In diesem Jahr wird auch die Gaugrafschaft von Zettlich nach Elbogen verlegt.

1239 König Wenzel I. empfängt auf der Burg den Sohn Kaiser Friedrichs II., Konrad.

1240 König Wenzel I. verleiht dem Orden der Kreuzherren mit dem roten Stern das Patronat über die Burgkirche von Elbogen.

1399 bis 1407 läßt König Wenzel IV. Burg und Wehranlage ausbauen. Aus dieser Zeit stammt das Markgrafenhaus.

1420 und 1427 wird Elbogen von den Hussiten vergeblich belagert. Aber die Vorstädte werden vollständig zerstört.

1434 Kaiser Sigismund verpfändet Stadt und Burggrafschaft an seinen Kanzler Graf Kaspar Schlick, der den Umbau zum Schloß einleitet.

1521 Unter den Schlicks findet Luthers Lehre Eingang in Elbogen.

1547 zieht König Ferdinand I. den Besitz der protestantischen Schlick ein.

1599 Nach kurzer Zwischenherrschaft der Herren von Plauen verkauft Kaiser Rudolf II. Burg und Herrschaft an die Stadt Elbogen.

1725 Nach dem großen Stadtbrand, bei dem nur die Burg und das Rathaus verschont bleiben, erhält die Stadt ihr barockes Antlitz.

1795 wird das Schloß in ein Staatsgefängnis umgebaut, wobei die historische Innenausstattung verlorengeht.

Heute ist im Markgrafenhaus der Burg das städtische Museum untergebracht. Dieses enthält ein Lapidarium mit alten Architekturteilen, Grabsteinen und Schmiedekreuzen; ein Ratszimmer mit Erinnerungsstücken aus der Stadtgeschichte, darunter das Reststück eines ehemals hier herabgefallenen Meteorsteines (genannt der „verschwundene

Burggraf“); ferner gibt es Porzellan- und Glassammlungen vorwiegend böhmischer Herkunft, ein Mineralienkabinett, alte Holzplastiken, Zinnarbeiten, Ofenkacheln, usw. und eine Ausstellung zu „Goethe in Böhmen“.

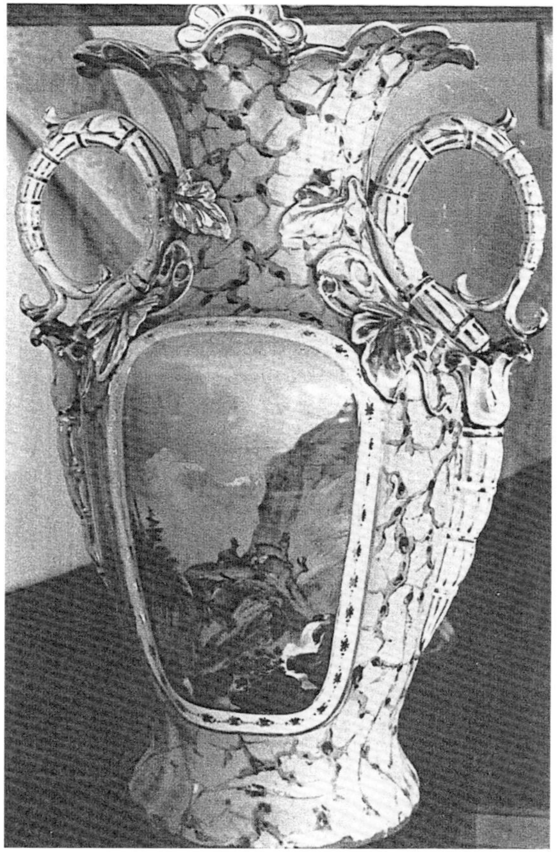

Die Kaolinvorkommen bei Zettlitz nördlich von Karlsbad waren die Grundlage für die Entwicklung der Porzellanindustrie im Elbogener Raum. 1815 gründeten die Brüder Haidinger in Elbogen eine Porzellanfabrik. Ein kleiner Teil der schönsten Stücke – so auch diese Prunkvase – sind im Museum auf der Burg zu sehen.

Außer Porzellan stellten die Elbogener Töpfer auch kunstvoll gearbeitete Kacheln her, mit denen prunkvolle Öfen gebaut wurden. Die meisten dieser künstlerisch gestalteten Ofenkacheln, auf denen ganze Bildergeschichten dargestellt sind, stammen von Töpfermeister Hans Hals, dessen Arbeiten mit Jahreszahlen zwischen 1644 und 1651 datiert sind.

Eine Besonderheit bildeten die „Elbogener Pumpernickel“, die auch nach Wien an das Kaiserhaus geliefert wurden.

Zu den Sehenswürdigkeiten in Elbogen zählt vor allem das barocke Rathaus, das 1682 bis 1685 von dem Prager Barockbaumeister Abraham Leuthner erbaut wurde und 1725 vom Stadtbrand verschont blieb.

Ein weiteres Wahrzeichen des Marktplatzes ist die 15 Meter hohe Dreifaltigkeitssäule, die 1719 Oswald Wenda geschaffen hat.

Auch die Pfarrkirche St. Wenzel wurde nach dem Stadtbrand neu erbaut. Sie besitzt an dem von Jakob Eberle geschaffenen Hochaltar ein Bild von Peter Brandel „Der Tod des hl. Wenzel“ und auf dem rechten Seitenaltar eine holzgeschnitzte gotische Madonna aus dem Ende des 15. Jahrhunderts.

An Stelle der neuen Betonbrücke überspannte bis 1931 eine Kettenbrücke aus dem Jahre 1836 die Eger. Sie war die älteste Kettenbrücke Böhmens und ein Baudenkmal ersten Ranges.

Neben seiner einmaligen Schönheit besitzt Elbogen seit 11 Jahren noch ein zweites attraktives Aushängeschild: Die Elbogener Orgelfeste.

Sie sind mittlerweile zu einem weithin bekannten künstlerischen Ereignis in der alten Burgenstadt an der Eger geworden, die zur Barockzeit 100 Jahre lang Zentrum des böhmischen Orgelbaus war.

Im September 1999 unterzeichneten die Stadt Elbogen und die bayerisch-schwäbische Stadt Illertissen als Patenstadt der 1946 vertriebenen Elbogener einen Partnerschaftsvertrag. Diesem wichtigen Ereignis trug das vom Regensburger Sudetendeutschen Musikinstitut veranstaltete elfte Elbogener Orgelfest am 23. September 2000 mit einem anspruchsvollen Programm Rechnung.

Um 17 Uhr begann das Konzert in der Dekanalkirche Sankt Wenzel, in dem Orgelmusik und Werke aus dem alten Notenarchiv dieser Kirche erklangen. Ausführende waren Mitglieder der Capella Cubitensis mit einem Vokal- und Instrumentalensemble unter Leitung von Martin Wenning und Andreas Willscher an der Orgel.

Um 20 Uhr fand im Konzertsaal auf der Burg eine Soirée mit Werken für Bariton, Klarinette und Klavier statt. Es sang der an der Oper in Ulm engagierte Kammersänger Manfred Capell, begleitet von dem Regensburger Pianisten Walter Reckziegel und dem Klarinettisten Harm Ahlers aus Bremerhaven. Es erklangen unter anderem Werke von Franz Schubert, Heinrich Rietsch und – zum Rilke-Jahr 2000 – Rilke-Vertonungen von Anton Enders und Johannes Bammer.

Zurück zu Goethe, der einst von Elbogen gesagt hat, die Stadt sei „über alle Beschreibung schön“. Hätte er auch noch dieses Orgelfest erlebt, würde er in sein Reisebuch notiert haben:

Elbogen – das ist Klassik in Böhmen:
Ein edler Gehalt in einer schönen
Gestalt.

Quellen:

1) Jahrbuch der Egerländer 1994 und 1999, Preußler Verlag Nürnberg.
2) Johannes Jetschgo, Westböhmen, Landesverlag Linz, 1993.
3) Rudolf Hemmerle, Sudetenland, Bechtermünz Verlag 1996.
4) Historische Stätten Böhmen und Mähren, Kröner Verlag, Stuttgart,1998.
5) Sudetendeutsche Zeitung vom 4.8.2000, S. 9.

Elbogen an der Eger im Jahr 2000.

HANS-HEILING-FELSEN

Sagenumwobene Hans-Heiling-Felsen.

13 Sagenumwobene Hans-Heiling-Felsen

Sie sind auf der Karte des nördlichen Egerlandes im Egertal zwischen Elbogen und Karlsbad eingezeichnet.

Also mußten wir sie finden, wenn wir in niedriger Höhe immer der Eger entlang fliegen. Und dann sah ich sie: im tiefeingeschnittenen Egertal ragen an den steilen, bewaldeten Uferhängen bis zu 50 Meter hohe Felsenpfeiler auf, zerrissen, zerklüftet, bizarr geformt. In Jahrtausenden von Jahren hat die hier stark strömende Eger aus Granitstein diese gewaltige, wildromantische Felsengruppe herausgewaschen.

Die Hans-Heiling-Felsen waren – und sind es sicher noch immer – für die Elbogener und Karlsbader ein beliebtes Ausflugsziel, auf bequemen Wanderwegen durch den Naturschutzpark längs der Eger gut zu erreichen. Gegenüber den Steintürmen lädt noch immer die Waldgaststätte „Hans Heiling" zu geruhsamer und stärkender Rast ein. Zu deutscher Zeit konnte sich der Gast aus dem Fischkasten seine Forelle selbst aussuchen.

„Der heylig Stein" – so nannte man noch um 1630 diese seltsam geformten steinernen Gebilde. Sie sind durch Theodor Körners Novelle „Hans Heiling" literarisch und durch die gleichnamige romantische Oper von Heinrich August Marschner musikalisch berühmt geworden.

Über das Schicksal des sagenumwobenen Hans Heiling gibt es verschiedene Versionen.

Die Gebrüder Grimm erzählen seine Geschichte so:

„An der Eger, dem Dorfe Aich gegenüber, ragen seltsame Felsen empor, die das Volk Hans Heiling-Felsen nennt und davon heißt es: Vor alten Zeiten habe ein gewisser Mann, namens Hans Heiling, im Lande gelebt, der genug Geld und Gut besessen, aber sich jeden Freitag in sein Haus verschlossen und diesen Tag unsichtbar geblieben sei. Dieser Heiling stand mit dem Bösen im Bunde und floh, wo er ein Kreuz sah. Einst soll er sich in ein schönes Mädchen verliebt haben , die ihm auch anfangs zugesagt, aber wieder verweigert worden war. Als diese mit ihrem Bräutigam und vielen Gästen Hochzeit hielt, erschien mitternachts zwölf Uhr Heiling plötzlich unter ihnen und schrie laut: „Teufel, ich lösche dir deine Dienstzeit, wenn du mir diese vernichtest!" Der Teufel antwortete: „So bist du mein!" und verwandelte alle Hochzeitsgäste in Felssteine. Braut und Bräutigam standen da, wie sie sich umarmen; die übrigen mit gefalteten Händen. Hans Heiling stürzte vom Felsen in die Eger hinab, die ihn zischend verschlang, und kein Auge hat ihn wieder gesehen. Noch jetzt zeigt man die Steinbilder, die Liebenden, den Brautvater und die Gäste, auch die Stelle, wo Heiling hinabstürzte."

Im Libretto zu Marschners Oper – 1833 in Berlin uraufgeführt – heißt es:

„Im böhmischen Erzgebirge im 14. Jahrhundert.

Vorspiel: Trotz aller Warnungen verläßt Hans Heiling, der einzige Sohn der Königin der Erdgeister, die Unterwelt, um im Bund mit Anna zum Menschen zu werden.

1. Akt: Auf Bitten Annas verbrennt er sein Zauberbuch, wodurch er sich der Macht über die Unterwelt begibt. Er ist jetzt ganz allein auf die Liebe Annas angewiesen, muß aber bei einem Dorffest bald erkennen, daß sie an dem Leibschütz Konrad mehr Gefallen als an ihm findet.

2. Akt: Anna verirrt sich im Wald und erfährt von der Königin der Erdgeister, daß sie einem Erdgeist die Treue versprochen hat. Konrad bringt Anna nach Hause und bittet um ihre Hand. Als Heiling dazukommt und Anna seinen Brautschmuck zurückweist, stößt er seinen Nebenbuhler nieder und flüchtet.

3. Akt: In einer Felsenschlucht beschwört Heiling die Erdgeister, von denen er vernimmt, daß Konrad noch lebt. Von Rachedurst besessen, erscheint Heiling bei der Hochzeit Annas und versucht abermals, seinen Nebenbuhler niederzustechen, doch zerbricht der Dolch. Da erscheint die Königin der Erdgeister und erinnert Heiling an seine Pflicht. Heiling kehrt in sein unterirdisches Reich zurück; Anna und Konrad dürfen sich in Glück und Frieden vereinen."

Im „Jahrbuch der Egerländer 1989" fand ich auf Seite 142 – leider ohne Verfasserangabe –

„Eine Sage aus Böhmen"
Hans Heiling

„Wer von Elbogen aus im Egertale abwärts gegen Karlsbad wandert, dem zeigen sich in der Nähe des Dorfes Aich seltsam aufgebaute Felsen, die eine Ähnlichkeit mit menschlichen Gestalten haben. Diese Steingebilde führen den Namen Hans-Heiling-Felsen oder kurz Hans Heiling. Über ihre Entstehung wird erzählt: Vor vielen Jahren beherrschten die Markgrafen von Vohburg Schloß und Gebiet um Elbogen. Eines Tages ging ein armer Bauer auf das Schloß, um Frondienste zu leisten. Auf dem Weg dahin fand er zwischen zwei großen Steinen ein verlassenes Knäblein. Von Mitleid ergriffen, hob er das weinende Kind auf und nahm es mit sich.

Als er in das Schloß gekommen war, ließ er sich zu der Markgräfin führen und sprach zu ihr: „Es ist Brauch, beim Erscheinen im Schlosse eine Gabe mitzubringen. Ich habe dieses Kindlein gefunden und bringe es Euch als Gabe dar, übt an dem armen Waislein Barmherzigkeit und nehmt es in Eure Pflege!"

Die Markgräfin erbarmte sich des Kindes und nahm es auf. Es erhielt in der Taufe den Namen Hans und nach dem Finder den Namen Heiling. Hans Heiling wuchs unter dem Schutz der Markgräfin zu einem stattlichen Jüngling heran, der an den Wissenschaften einen größeren Gefallen fand, als an den Ritterspielen. Er liebte die Einsamkeit, durchstreifte Wald und Flur und dachte über alles, was ihm begegnete, eifrig nach.

Einmal saß er in Gedanken versunken am Ufer der Eger. Da teilte sich das Wasser, und eine liebliche Nixe stieg empor und rief ihm freundlich zu: „Ich kenne deinen Kummer; die schwarze Kunst ist dein Begehren; ich will sie dich lehren, wenn du schwörst, dich niemals zu vermählen.“ Ohne langes Besinnen schwor der Jüngling und schloß mit der Wasserfee einen Bund. Die Nixe weihte ihn in die schwarze Kunst ein. Hans Heiling hatte das Ziel seines Strebens erreicht, er hielt sich für den glücklichsten Menschen auf Erden.

Jahre waren vergangen. Da fand er eine liebliche Jungfrau und wollte sich mit ihr vermählen. Der Tag der Trauung war angebrochen, die Hochzeitsgäste hatten sich in den Räumen des Schlosses versammelt, der Brautzug stand vor dem Altar, eben wollte das glückliche Paar das Jawort aussprechen – da stieg aus den tobenden Wellen der Eger die erzürnte Nixe, ließ unter Blitz und Donner das Schloß verschwinden und verwandelte das Brautpaar, den Mönch, die Gäste und die Musikanten in Stein. Noch steht am Ufer der Eger Hans Heilings Fels so hehr; und mancher sieht ihn mit Staunen, nachsinnend der Wundermär.“

An den Texten fällt auf, daß in Marschners Libretto kein Bezug zur versteinerten Hochzeitsgesellschaft besteht. In Grimms Märchen – in dem es recht grimmig zugeht – ist es der Teufel, der Brautpaar und Gäste in Stein verwandelt und Hans Heiling in die Eger stürzen läßt.

Was in „Eine Sage aus Böhmen“ geschieht, kommt einem überlieferten Vers am nächsten, den ich in dem „Buch der Heimat – Die Karlsbader Landschaft“, herausgegeben vom Heimatverband der Karlsbader e.V. Sitz Wiesbaden, 1974, gefunden habe

„Hans Heiling

Du hast deinen Schwur gebrochen,
mein warst du, ewig mein.
So seid denn zur Strafe verwandelt
du und deine Braut zu Stein.“

Wie aber war es wirklich?
Das Wasser und die Felsen wissen es und reden auch davon.
Nur – wir verstehen sie nicht.

Quellen:

1) Jahrbuch der Egerländer 1989, Eine Sage aus Böhmen.
2) Egerland – Heimatland, Preußler Verlag Nürnberg (ohne Erscheinungsjahr).
3) Herders Musiklexikon 1972.

Karlsbad 2000 – „Nicht mehr Salon Europas, sondern die Erinnerung daran“

14 Karlsbad 2000 (Teil 1)

„Nicht mehr Salon Europas, sondern die Erinnerung daran“

So lautete der zusammenfassende Kommentar zu Karlsbad in der Fernsehsendung „Reisen in das Sudetenland“, die 3 SAT am 9. Oktober 2001 ab 21 Uhr ausgestrahlt hat.

Zwar nicht in dieser Deutlichkeit, aber doch alles andere als optimistisch, äußerte sich die Karlsbader Kuramtsleiterin, Frau Jítka Hradilkova, in der Süddeutschen Zeitung vom 24.09.1999, Seite V 2/12: *„Doch trotz zahlreicher Investitionen und Baumaßnahmen hängt vielen Kureinrichtungen, Hotels und Restaurants noch der zweifelhafte sozialistische Charme an. Häuser, wie das über der Stadt thronende, sehr imposante Imperial mit verwildertem Park und etwas verwaisten Terrassen, machen bei näherer Betrachtung eher einen traurigen Eindruck...“*

Diesen *„eher traurigen Eindruck“* machen aber nicht nur die früheren Prachtbauten im ehemaligen Weltkurort Karlsbad, sondern die meisten Orte in den Grenzgebieten der heutigen Tschechischen Republik, aus denen 1945 und 1946 die angestammte deutsche Bevölkerung vertrieben wurde.

Mit meinen **„Flügen über die böhmische Heimat“** will ich vor allem unseren Nachkommen die Erinnerung an Dörfer und Städte wachhalten, in denen ihre Vorfahren einst lebten und wirkten und von denen sie sangen: „Kein schöner Land in dieser Zeit...“

Daß ich zu meinen Luftaufnahmen von Karlsbad – sie entstanden am 18. Juni 2000 – über die Glanzzeit dieses Weltbades berichten kann, verdanke ich diesem Heimatbuch, für mich die schönste Liebeserklärung an eine Stadt:

Heinz Schubert, Karlsbad,
Ein Weltbad im Spiegel der Zeit,
1980 herausgegeben vom
Heimatverband der Karlsbader,
Verlag Callwey, München.

Bei der Kommentierung der Luftaufnahmen habe ich mit Einverständnis des Heimatverbandes der Karlsbader dieses großartige Werk verwendet.

Mit der Entdeckung der heißen Quellen beginnt die Geschichte von

„Kaiser Karls Bad“.

Die erste Aufzeichnung der Legende nahm der Badearzt Dr. Fabian Summer in lateinischer Sprache vor, die sein

Bruder in das Deutsch des 16. Jahrhunderts übersetzte:

„Es wird insgemein gesagt, daß Karl der Vierte in diesen Bergen und Tälern, in denen das heiße Wasser aufspringt, und vorzeiten viele große Wälder und Wildbahn gewesen, eine Jagd angestellt habe, und daß in dem Jagen ein Hund, der einem Stück Wild heftig nachgesetzt, in den Pfuhl, aus dem jetzt das heiße Wasser herfürspringet, gefallen sei. Der fühlte wegen der großen Hitze des Wassers heftige Schmerzen und schrie gar jämmerlich. Als die Jäger des Geschreies inne wurden, folgten sie demselben und vermeinten nichts anders, es würde ein Stück Wildes etwa einen Hund verletzt haben. Als sie aber an den Ort des Geschreies kamen, fanden sie einen Hund in dem Pfuhl stecken und schreien.

Sie wunderten sich sehr darüber, traten näher hinzu, zogen den Hund heraus und befühlten das heiße Wasser, welches den Hund so geängstiget.

Da nun die kaiserliche Majestät von dem Vorfalle unterrichtet worden, ist sie alsbald mit vielen Dienern der Natur Wunderwerk zu besehen gekommen. Als aber ihre Majestät vermerkte, daß das hitzige Wasser schwere Krankheiten zu vertreiben vermöge, probierte sie dasselbe gleich am eigenen Leibe aus und badete ihre kranken Schenkel darinnen. Der Gebrauch des Bades besserte die Krankheit ihrer Majestät.

Als nun dieses Wasser den Schaden des höchstgedachten Kaisers Karl geheilet, hat er dahin ein neues Städtlein gebauet. Auch erhielt das Städtlein den Namen von seinem Erbauer: K a i s e r K a r l s B a d.

Auch wird dafür gehalten, daß man das Jahr 1370 nach Christi Geburt schrieb, als man das Wasser gefunden.“

Was sich von der Gründung der Stadt bis zur Vertreibung ihrer Bewohner ereignet hat

(Kurzfassung aus „Die Karlsbader Landschaft“, 1974 herausgegeben vom Heimatverband der Karlsbader e.V., Sitz in Wiesbaden)

1325 Erste Erwähnung von Karlsbad in einer Belehnungsurkunde König Johanns von Luxemburg.

1349 Wahrscheinlich Gründung der Stadt durch Kaiser Karl IV.

1358 Erbauung des Karlsbader Schlosses.

1370 Kaiser Karl IV. verleiht seinen „Bürgern“ das Elbogener Stadtrecht.

1376 Der Kaiser weilte zwei Wochen lang in Karlsbad zur Kur.

1401 König Wenzel bestätigt die von seinem Vater Karl IV. der Stadt Karlsbad verliehenen Privilegien und erteilt dazu das Asylrecht.

1426 Karlsbad kommt als Pfand an Botho von Eulenburg, Burggraf von Elbogen.

1443 Kaspar Schlick wird Lehensherr von Karlsbad.

1485 Die Stadtkirche wird zum ersten Male urkundlich erwähnt.

1520 Erbauung des ersten Rathauses an der Stelle des späteren Marktbrunnens.

1547 Karlsbad kommt an die königliche Kammer. Ende der Pfandherrschaft des Grafen Schlick.

1604 13. August. Karlsbad wird durch den ersten großen Stadtbrand fast ganz vernichtet. Von 102 Häusern bleiben nur drei erhalten.

1617 16. April. Schwerer Sprudelausbruch.

1628 Die Karlsbader werden unter dem Druck der Gegenreformation wieder katholisch. Die Stadt war 74 Jahre lang lutherisch.

1646 7. und 8. Februar. Plünderung der Stadt durch 3000 schwedische Reiter.

1713 Großer Sprudelausbruch.

1756 Seit diesem Jahr haben sich geschriebene Badelisten erhalten.

1759 Der zweite große Stadtbrand legt 224 Häuser in Schutt und Asche.

1785 5. Juli. J. W. von Goethe trifft zu seiner ersten Kur ein. Er besuchte Karlsbad bis 1823 dreizehnmal.

1791 Der Dichter Friedrich Schiller kam zur Kur.

1795 Der Schloßbrunn wird in Gebrauch genommen.

1810 Die Stadt zählt 437 Häuser und 2 274 Einwohner.

1838 Der Marktbrunn kommt zum Vorschein.

1852 Am Bauplatz des Militärbadehauses kommen die Quellen Kaiserbrunn und Hochbergerquelle zum Vorschein.

1864 22. Juli. Kaiser Franz Joseph I. trifft zu Konferenzen mit dem Preußenkönig und Bismarck zu einem dreitägigen Besuch ein.

1871 9. Dezember. Der erste Personenzug aus Prag kommt in Karlsbad an, womit die Strecke Eger – Karlsbad – Prag eröffnet ist.

1881 Die Stadt hat 834 Häuser und 10 579 Einwohner.

1883 13. Mai. Im neuerbauten Café „Imperial“ wird zum ersten Mal elektrisches Licht eingeschaltet.

1891 Die Brüder Anton, Julius und Heinrich Pupp erhalten die Genehmigung, eine „Hotel AG Grand-Hotel Pupp“ zu gründen.

1895 Dezember. Beginn mit dem Bau der Lokalbahnen Karlsbad – Marienbad und Karlsbad – Johanngeorgenstadt von Neudek aus.

1898 13. April. Gründung einer Männergruppe des Bundes der Deutschen in Böhmen.
17. Dezember. Die Bahn Karlsbad – Marienbad ist vollständig eröffnet.

1907 Regelmäßiger Auto-Omnibusverkehr zwischen Karlsbad und Marienbad eröffnet.

1910 Karlsbad zählt 1 088 Häuser und 17 446 Einwohner. Davon 90 Tschechen.

1912 1. Mai. Das neuerbaute Parkhotel PUPP wird eröffnet.

1914 28. Juni. Große Trauer über die Schreckensnachricht vom Mord in Sarajewo. Viele Kurgäste verlassen Karlsbad.
31. Juli. Allgemeine Mobilmachung. Letzte Vorstellung im Stadttheater.

1918 25. Januar. Die Stadtvertretung stimmt der Schaffung einer selbständigen Provinz „Deutschböhmen" zu.
28. Oktober. In Prag wird die ČSR ausgerufen.
12. Dezember. Karlsbad wird von 30 tschechischen Offizieren und 800 Mann besetzt.

1919 4. März. Kundgebung für das Selbstbestimmungsrecht. Sechs Karlsbader werden dabei von Tschechen getötet.
14. Juni. Erste Gemeindewahl. Die Deutschnationale Partei erhält 3 834, die Sozialdemokratische Partei 3 296, die Nationalsoziale Partei 635, die Wirtschaftspartei 543, die Tschechische Partei 307 und die Deutschdemokratische Partei 231 Stimmen. Von den 36 Stadtvertretern stellten die Deutsch-Nationalen 16, die Sozialdemokraten 14, die Nationalsozialen 3, die Wirtschaftspartei 2, die Tschechen 1.

1922 14. Juli. Protestversammlung der Deutschnationalen Partei im Kurhaus gegen die Tschechisierung von Grund und Boden und die Schulauflassungen im deutschen Gebiet.
23. Oktober. Protestversammlung der Egerländer. Eine Denkschrift an den Völkerbund fordert das Selbstbestimmungsrecht für das Egerland.

1933 20. Oktober. Auflösung der Karlsbader Eghalanda Gmoi durch die tschechischen Behörden.
31. Oktober. Gründung der ersten Ortsgruppe der „Sudetendeutschen Heimatfront" in Karlsbad durch Karl Hermann Frank und Dr. von Tischer.

1938 24. April. Konrad Henlein stellt im Kurhaus in 8 Punkten die politischen Forderungen der Sudetendeutschen Partei auf. Sie werden von den Tschechen abgelehnt.
20. und 21. Mai. Mobilmäßige Besetzung des Egerlandes durch tschechisches Militär.
26. Juli. Der englische Lord Runciman kommt in das Sudetenland, auch nach Karlsbad, zur Überprüfung der politischen Lage.
4. Oktober. Einzug der deutschen Wehrmacht in Karlsbad.

1944 12. September. Bombardierung der Stadt durch englische Flugzeuge.

1945 17. und 19. April. Neuerliche Bombenangriffe, besonders auf Fischern und Donitz.
8. Mai. Der tschechische Národní Výbor übernimmt die Verwaltung der Stadt. Viele Karlsbader wählen in den nächsten Wochen den Freitod.
11. Mai. Einzug der russischen Armee in Karlsbad und Beginn der Vertreibung.
3. August. Der Ausweisungsbefehl tritt in Kraft.

An diesem Tag zogen überall tschechische Wachtposten auf, riegelten die Straßen ab und begannen mit der Räumung des gesamten Stadtgebietes. Still, unfähig zu klagen, verließen die Karlsbader mit 40 kg notdürftigem Gepäck ihre Wohnungen. Viele Bewohner der Oberen Stadt wurden zunächst nach Engelhaus gebracht.

Junge Männer wurden zu LKW-Transporten ins Innere des Landes ausgesucht, wo in den Bergwerken von Kladno und Brüx oder bei Bauern im Inneren des Landes Sklavenarbeit im buchstäblichen Sinne des Wortes ihrer harrte. Die übrigen sollten, wie die Tschechen zynisch bemerkten, „Heim ins Reich“ gebracht werden. Für die anderen rollten die Züge ohne Unterlaß mit meist unbekanntem Ziel. Karlsbad blieb entvölkert zurück.

Nach Prof. Pfohl (Ortslexikon Sudetenland) hatte Karlsbad
1930 19 480 Einwohner,
davon 17 173 Deutsche (= 88 %).

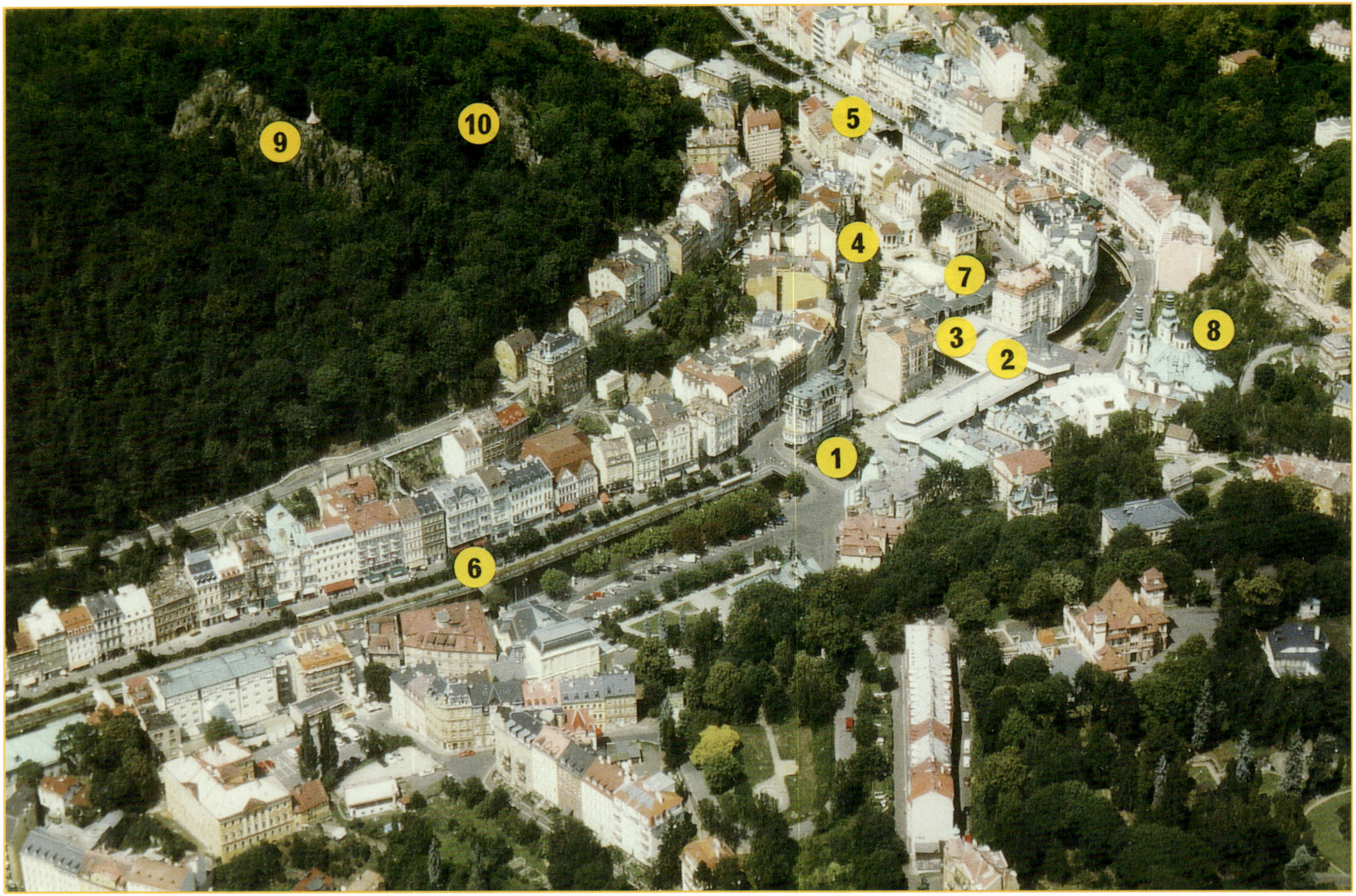

Karlsbad – „ein Brillant in smaragdener Fassung“ – Kurzentrum teplabwärts.

14 Karlsbad (Teil 2)

„ein Brillant in smaragdener Fassung“ – Kurzentrum teplabwärts

Im ersten Satz seines Vorwortes zum großen Heimatbuch „Karlsbad“ zitiert der Autor Heinz Schubert den größten Weltreisenden seiner Zeit, Alexander von Humboldt, der Karlsbad

„einen Brillanten in smaragdener Fassung“

genannt hat.

Ich glaube, daß es mir mit meinem Luftbild „Kurzentrum teplabwärts“ gelungen ist, den einmaligen Reiz dieser Stadt zu dokumentieren:

den harmonischen Dreiklang von Natur, Bad und Stadt.

1 Dabei fällt auf, daß parallel zum Tepltal die **Thermalhauptspalte** verläuft, aus der die warmen Quellen sprudeln.

2 Am Anfang der Bildbeschreibung muß natürlich **„der Sprudel“** stehen, hat er doch den Weltruhm von Karlsbad begründet.

Er, der pro Minute 2 000 Liter Mineralwasser mit einer Temperatur von 72 Grad Celsius zwölf Meter hoch emporschießt, ist die am meisten bekannte Heilquelle.

1939 mußte die barocke Eisenkonstruktion der Sprudelhalle wegen Materialermüdung abgetragen werden. Heute muß der Sprudel in einer gläsernen Halle hochsteigen. Was man nach 1945 in der kommunistischen Ära an Stelle der historischen Sprudelhalle – noch dazu in nächster Nachbarschaft zu Dientzenhofers Maria-Magdalena-Kirche – als Gagarinkolonnade errichtet hat, ist wirklich kein städtebauliches Glanzstück. Auch die jetzigen tschechischen Einwohner sehen das so.

3 **Der Marktbrunn**

Er wurde 1838 am Fuße des ehemaligen kaiserlichen Jagdschlosses aufgefunden und trinkbar gemacht. Wo heute die architektonisch recht ansprechende Marktbrunnkolonnade steht, befand sich früher das alte Rathaus mit dem steinernen Standbild Karls IV.. In der Kolonnade befinden sich zwei Mineralquellen, die Marktbrunnquelle und die Karl IV. – Quelle. Über ihr stellt ein großes Metallrelief die Entdeckung der Karlsbader Quellen durch Kaiser Karl IV. dar.

4 Der Schloßbrunn

Die Schroßbrunnkolonnade beim Stadtturm mit Stilelementen der Klassik und Sezession wurde von 1911 bis 1913 von dem Wiener Architekt Friedrich Ohmann erbaut. Im Atrium befand sich ein großes Sprudelsteinrelief des Berg- und Quellengeistes, das der Wiener Wenzel Hejsa 1913 geschaffen hat. Wer die Nase des Quellengeistes berührt, wird Karlsbad wiedersehen. Vor der Plastik quillt die Untere Schloßbrunnquelle, während sich die Obere Schloßbrunnquelle etwas höher auf dem Schloßberg in einem runden, im Stil des Klassizismus erbauten Pavillon befindet.

5 Der Mühlbrunn

Leider ist auf der Luftaufnahme die sehr repräsentative Frontseite der Mühlbrunnkolonnade nicht zu sehen. Sie war früher der eigentliche Mittelpunkt des Karlsbader Kurlebens. Das Mineralwasser des Mühlbrunns, das der berühmte Badearzt Dr. Fabian Summer schon 1751 lobt, wurde vor allem durch den Versand in alle Welt berühmt.

Die Mühlbrunnkolonnade, die sich längs der Tepl erstreckt, ist ein offener Hallenbau mit 124 korinthischen Granitsäulen, 132 m lang und 13 m breit. Sie wurde zwischen 1871 und 1881 nach Plänen des Prager Professors Josef Zítek gebaut. In der Säulenhalle hat der Kurgast Auswahl unter fünf Heilquellen: Mühlbrunn, Libussaquelle, Fürst-Wenzl-Brunnen, Rusalka-Quelle und Felsenbrunnen.

Über den Portiken stehen zwölf allegorische Figuren, die die zwölf Monate des Jahres symbolisieren.

Heinz Schubert läßt uns in seinem Heimatbuch „Karlsbad – Ein Weltbad im

Spiegel der Zeit“ den Kurbetrieb in der Glanzzeit des Weltbades stimmungsvoll nacherleben:

„Wer zu Beginn des 19. Jahrhunderts die vom Dresdener Hofbaumeister Giessl erweiterte Wandelbahn am Neubrunnen entlang schlenderte, der tauchte bald unter im bunten Treiben der Kurenden. Neben den beiden alten Frauen, die die Brunnenbecher füllten – bis 1852 ein Nebenerwerb für verarmte Bürgersfrauen – boten andere die berühmten Golatschen, gefüllte Hefekuchen, an. Geldwechsler mit Münzen in einem Glaskasten, Offiziere, Beamte in Uniform, Mönche, Bürgerliche mit Zopf und Zweispitz, die Jungen mit Vatermörder und Zylinder, belebten die Szene: Die Herren meist in blauem Frack und Rock, die Frauen á la Königin Luise; ein Musiker der Brunnenmusik sammelte mit dem Notenblatt. Da konnte man Goethe begegnen, umschwärmt von schönen Frauen und gehuldigt vom Hochadel. Da schritten sie Arm in Arm, die Fürsten Blücher und Schwarzenberg, zu denen sich die Staatskanzler Fürst Metternich und Fürst Hardenberg gesellten. Doch auch französische Marschälle, sowie Staatsmänner wie Joseph Fouché, Francois Chateaubriand und viele andere bereicherten das politische Parkett einer Stadt, die Goethe als Idol verehrte:

„Wenige Bäder Deutschlands möchten in Hinsicht auf die Ungezwungenheit und das Harmlose der Lebensart, auf die Menge und Auswahl der Vergnügen, kurz auf alles, was den Inbegriff eines frohen Lebensgenusses ausmacht, vor Karlsbad einen Vorzug haben.“

Daß auch Sissi in Karlsbad zur Kur weilte, weist die „Karlsbader Kurliste vom 18. Juni 1892“aus. Damals, als man dem „Armenkonzert“ Ludwig van Beethovens lauschte, das er zur Linderung der Brandschäden in Baden bei Wien veranstaltete, als man sich 1828 um Paganini scharte, um des unsterblichen Meisters Spiel zu erleben, als Goethe die Kaiserin Maria Ludovika von Österreich mit einem Huldigungsgedicht begrüßte, war Karlsbad zum Treffpunkt von Persönlichkeiten aus ganz Europa aufgestiegen. Selbst einen Papst Leo XII. hätte Karlsbad im Sommer 1829 zu seinen Gästen zählen können, wäre er nicht nach viertägiger Krankheit im Februar gestorben. Als

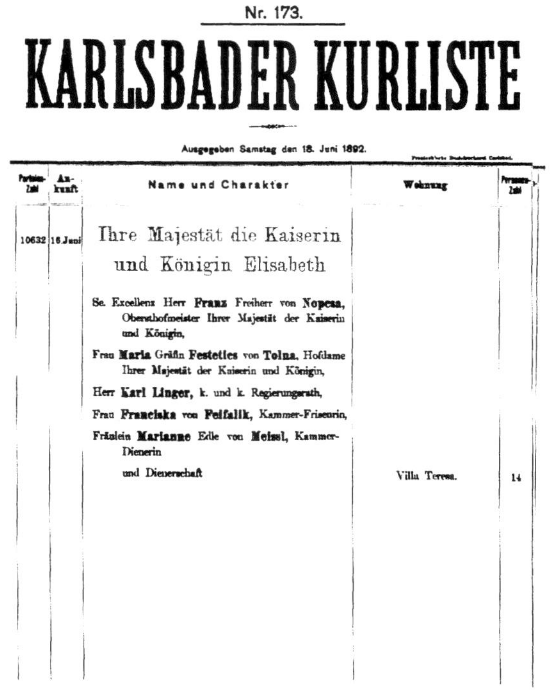
Nr. 173.

KARLSBADER KURLISTE

Ausgegeben Samstag den 18. Juni 1892.

Parteien-Zahl	An-kunft	Name und Charakter	Wohnung	Personen-Zahl
10632	16. Juni	Ihre Majestät die Kaiserin und Königin Elisabeth Se. Excellenz Herr **Franz** Freiherr von **Nopcsa**, Obersthofmeister Ihrer Majestät der Kaiserin und Königin, Frau **Maria** Gräfin **Festetics** von **Tolna**, Hofdame Ihrer Majestät der Kaiserin und Königin, Herr **Karl Linger,** k. und k. Regierungsrath, Frau **Franciska** von **Feifalik**, Kammer-Friseurin, Fräulein **Marianne** Edle von **Meissl**, Kammer-Dienerin und Dienerschaft	Villa Teresa.	14

Erzbischof Graf Genga, apostolischer Nuntius von München, hatte er bereits 1801 die Kur gebraucht. Und als Friedrich Wilhelm III., König von Preußen, die Miete bei seinem ersten Aufenthalt für sich und sein Gefolge in Dukaten bezahlte, da wurden die übrigen Hausbesitzer übermütig und versuchten, den anderen Badegästen Dukaten in Rechnung zu stellen, worauf der Strom der Gäste vorübergehend abnahm.“

6 Alte Wiese

Nur noch der Name erinnert an eine der berühmtesten Flaniermeilen der Welt. Zur Glanzzeit des Weltbades reihte sich hier am Ostufer der Tepl zwischen dem „Atlantik“ und dem „Pupp“ Budike an Budike: Bijouterie- und Edelsteinläden, Sprudelsteinschleifer und Delikatessenhändler, kleine Nobelgeschäfte mit geklöppelten Spitzen aus dem Erzgebirge, Verkaufsstände mit Karlsbader Köstlichkeiten wie „Karlsbader Oblaten von Bayer“ und „Karlsbader Becherbitter“ gegen Störungen im Magentrakt. Auf Frühstückstischchen mitten auf der Straße wurde der echte „Karlsbader Kaffee“ serviert, jenes geheimnisumwitterte Getränk, an dem das Wasser der Quellen, ein Zusatz – „Zichorie“ genannt – und ein bestimmtes Abbrühen und Filtern im „Kaffee-Sackel“ maßgeblich beteiligt waren.

Zur Hochsaison gab es auf der Alten Wiese ein ständiges Auf und Ab feiner Damen und Herren, für die Sehen und Gesehen werden die Devise war.

Mit dem herbstlichen Schulbeginn ging hier die Jugend der höheren Lehranstalten auf den allabendlichen „Bummel“. Allein oder in Gruppen schlenderten die jungen Leute zwischen Mühlbrunnkolonnade und Alte Wiese hin und her, verstohlen Ausschau haltend nach dem oder der Angebeteten.

Heute ist die Alte Wiese nicht mehr Promenier- und Flaniermeile, sondern, wie vieles in Karlsbad, nur noch die Erinnerung daran.

7 Der Schloßturm

Er ist das älteste erhaltene Baudenkmal und steht auf einem Felsen über dem ehemaligen Marktplatz als letzte Erinnerung an ein kleines Jagdschloß, das Karl IV. hier 1385 errichten ließ. 1443 wurde es an die Grafen von Schlick verpfändet, was zu häufigen Streitereien der Bürger mit dem Schloßherrn führte. 1547 schenkte Kaiser Maximilian das Schloß der Stadt. Am 13. August 1604 brach in der Stadt ein Großfeuer aus, das auch das Jagdschloß einäscherte. Aus der Brandruine entstand dann der Stadtturm. Immer wenn Badegäste mit der Kutsche ankamen oder abreisten, blies der Türmer zur Begrüßung und zum Abschied.

8 Dientzenhofers Maria-Magdalena-Kirche

Als wollte er den Sprudel beschützen, erhebt sich ganz in seiner Nähe auf einer Terrasse Dientzenhofers schönster Bau, die katholische Maria-Magdalena-Kirche.

Das erste der hl. Maria Magdalena geweihte Gotteshaus wird 1485 zum erstenmal urkundlich erwähnt. Vorher dürften die Karlsbader entweder nach Zettlitz oder nach Thiergarten in die Kirche gegangen sein. Der hölzerne Bau ist 1604 beim großen Stadtbrand zerstört worden.

Ein Meister Andreas hat 1606 um 165 fl. und ein Strich Korn die Kirche im damals üblichen gotischen Stil errichtet. Sie war eingeschossig, hatte einen rechteckigen Grundriß und ein polygonales Presbyterium.

Als Karlsbad 100 Jahre später bereits vielbesuchte Kurstadt war, spendete Kaiser Karl VI. 1 000 Dukaten für ein neues und größeres Gotteshaus, das der berühmte Barockbaumeister Kilian Ignaz Dientzenhofer aus Prag – sein

Vater Christoph stammte aus Aibling bei Rosenheim – bauen sollte. Er plante einen längsovalen Zentralbau, an den sich ein querovales Presbyterium anschließt. Mit diesem Gotteshaus leitete K. I. Dientzenhofer den spätbarocken Kirchenbau in Böhmen und Deutschland ein. Kunsthistoriker werten die Kirche (Bauzeit 1732 - 1735) als Höhepunkt im künstlerischen Schaffen K. I. Dientzenhofers. Auch Balthasar Neumann aus Eger war von dieser Kirche stark beeindruckt. Die Stadtkirche wendet ihre doppeltürmige Prachtfassade dem Sprudel und dem Marktplatz zu und zieht so die Blicke der Menschen auf sich.

Den Hauptaltar mit seinen meisterhaft gestalteten Heiligenstatuen schuf der berühmte Barockbildhauer Jakob Eberle aus Maschau bei Podersam. Das Hauptaltarbild mit der hl. Maria Magdalena stammt von Elias Dollhof aus Schlaggenwald. Unter der Kirche befinden sich in der Sohle aus Sprudelstein und Granit geräumige Krypten.

Neben der katholischen Pfarrkirche gab es in Karlsbad auch eine evangelische Kirche, eine israelitische Kultusgemeinde, eine russisch-orthodoxe Kirche und eine anglikanische Kirche.

Rudolf Hemmerle nennt in seinem Buch „Sudetenland“, Bechtermünz Verlag 1996, für 1910 folgende Zahlen zur Religionszugehörigkeit: 19718 kath., 2 120 israel., 1 099 ev., 748 ohne, 141 tschech., 75 andere.

9 Mayers Gloriett

Auf dem Luftbild kann man den rotbedachten Altan auf einer Felszunge über der Stadt deutlich erkennen. Der aus Karlsbad stammende Wiener Geschäftsmann Mayer ließ 1804 den hölzernen Altan errichten, von dem aus man eine herrliche Aussicht auf die Stadt hat.

10 Der Hirschensprung

Etwas unterhalb von Mayers Gloriett steht auf der Spitze eines gemauerten Felsturmes – eine Gemse! August Kiss, ein Bildhauer aus Berlin, hat sie 1851 aus Zink gegossen. 1984 wurde die Gemse von Wandalen zerstört, aber bereits 1986 durch eine originalgetreue Nachbildung aus Bronze ersetzt.

Doch wie kommt eine Gemse auf den Hirschensprung?

Schuld daran ist Baron Heinrich von Lützow, der hoch über den Dächern der Stadt und weithin sichtbar zur Gründungssage ein Denkmal stiften wollte.

1851 ließ er in der Nähe von Mayers Gloriett statt eines Hirschen eine Gemse

Seitdem pilgern die Menschen zum „Gemsensprung“ hinauf, um im Angesicht des Sprudels 650 Jahre zurückzuschauen in eine Zeit, von der gesagt wird, daß Kaiser Karl IV. das „hitzige Wasser“ entdeckte, darin badete und diesem Ort seinen Namen gab:

„K a i s e r K a r l s B a d „

Von der Parkbrunnkolonnade, die 1965 zum großen Teil abgerissen wurde, beeindruckt vom verbliebenen Teil diese Gußeisenkonstruktion.

aufstellen. Damit wollte er demonstrieren, daß er die Richtigkeit der Gründungssage anzweifelt. So wurde auf den Ansichtskarten eine Gemse zum Wahrzeichen der Stadt.

K a r l s b a d – Einst „Ein Brillant in smaragdener Fassung“ (Humboldt) – Kurzentrum teplaufwärts.

14 Karlsbad (Teil 3)

Einst „Ein Brillant in smaragdener Fassung“ (Humboldt) Kurzentrum teplaufwärts

Hier beherrschen noch immer die beiden Großhotels „Pupp“ und „Imperial“ das Bild der Stadt.

1 Grand Hotel Pupp

8. Mai 1945. Der Krieg ist aus. Die Russen stehen vor Karlsbad. Ich bin an diesem Tag am „Pupp“ vorbeigefahren und habe es nicht wahrgenommen. Und das kam so: Die Volkssturmeinheit, der ich – noch keine 16 Jahre alt – zugeteilt war, hatte sich in Karlsbad aufgelöst. Mein Sinnen und Trachten war, die Amerikaner zwischen Petschau und Marienbad zu erreichen. Gut, daß ich ein Fahrrad hatte. Ich mußte nur immer an der Tepl bleiben, dann käme ich nach Petschau. Ich fuhr, so schnell ich nur konnte, die Uferpromenade entlang Richtung Süden. Die Stadt war wie ausgestorben. Irgendwo zwischen Petschau und Marienbad traf ich dann auf die Amerikaner. Wegen meines Jungengesichtes und des Zivilsakkos ließen sie mich weiterfahren. In Kladrau bei Mies traf ich meine Mutter und meine beiden Schwestern. Der Vater war nicht dabei, er war gefallen. Jetzt erst war für uns der Krieg vorbei. Wie konnten wir auch ahnen, daß uns das Schlimmste noch bevorstand: die Vertreibung aus der Heimat.

Heute weiß ich, daß ich damals auf meiner Fahrt durch Karlsbad am Grand Hotel Pupp vorbeigekommen bin. Ich habe weder den Sprudel, noch das Hotel gesehen. Sie waren mir damals auch ganz egal. Ich wollte nur heim!

Im Sommer 1968 bin ich wieder in Karlsbad gewesen. Diesmal als Visatourist. Ich war beim Sprudel und auch vor dem „Pupp“. „Moskva“ stand jetzt darauf. Irgendwie hat es mich an Versailles erinnert.

Am 18. Juni 2000 war mir das Hotel wesentlich sympathischer, hatte es doch wieder den Namen seines deutschen Gründers: Pupp.

Das Luftbild läßt gut erkennen, welch repräsentativen Bildabschluß der Hotelkomplex am südlichen Ende der berühmten „Wiese“ abgibt.

Die Geschichte dieses traditionsreichen Luxushotels begann schon im 18. Jahrhundert. Als Johann Pupp, seines Zeichens Zuckerbäcker, 1760 in Karlsbad Arbeit suchte, dachte er wohl nicht im Traum, daß seinen Namen einmal das größte Hotel der Sprudelstadt tragen würde. Er fand eine Stelle, heiratete die Tochter seines Meisters und kaufte 1786 den „Böhmischen Saal“. Aus diesem damaligen Vergnügungspalast entstand durch zahlreiche Anbauten im Laufe der Zeit die legendäre Nobelherberge, die zum Treffpunkt vor allem des europäischen Adels wurde.

Der „Große Konzertsaal“ des Grand Hotels Pupp wurde 1905 bis 1907 nach den Plänen der Wiener Architekten Fellner und Helmer gestaltet, die in Karlsbad auch die Sprudelhalle gebaut

hatten. Der Saal zeigt alle Stilmerkmale des Neubarock. Das Glasdach ruht auf Gewölben, die von den oberen Säulen getragen werden. Die Konzertorgel wurde 1925 von der Jägerndorfer Firma Rieger eingebaut. Als sich Hotelleitung und Stadtrat nicht darüber einigen konnten, ob und wie oft das Kurorchester im Pupp-Saal spielen sollte, gründete Pupp sein eigenes Orchester.

Wie die Süddeutsche Zeitung am 24.09.1999 in ihrer Beilage unter der Überschrift „Neue Klientel im alten Glanz" meldete, erstrahlt mindestens zweimal im Jahr das altehrwürdige Grandhotel Pupp wieder in altem Glanz. Nämlich dann, wenn sich Europas Hochadel zum Frühjahrsball in Karlsbad trifft und Stars und Sternchen aus der Filmbranche im Juli zum Internationalen Filmfestival angereist kommen. Dann knüpft das traditionsreiche Haus an die Zeiten der Belle Epoque an und in den Sälen rauschen wieder die Ballkleider.

Trotzdem klagt die Karlsbader Kuramtsleiterin, Frau Jítka Hradilkova, daß auch im renommierten Grandhotel Pupp Service und Atmosphäre noch zu wünschen übrig lassen, obwohl die Preise mittlerweile durchaus auf westlichem Niveau liegen.

2 Goetheplatz

Hier hätte Goethe beinahe das Haus „Zum goldenen Brunnen“ gekauft, so sehr hatte es ihm sein „irdisches Paradies“ Karlsbad angetan. *„Weimar, Karlsbad und Rom sind die einzigen Orte, wo ich leben möchte“,* hatte er einmal zu Wilhelm von Humboldt gesagt.

Zwischen 1785 und 1823 hielt sich Goethe siebzehnmal in Böhmen auf, davon dreizehnmal in Karlsbad. Da er genau Tagebuch geführt hatte, konnten Goetheforscher errechnen, daß der sächsische Staatsminister 1114 Tage auf böhmischem Boden verbrachte, was einen Zeitraum von mehr als drei Jahren ergibt.

Was zog Goethe in die böhmischen Bäder? In erster Linie waren es gesundheitliche Gründe, denn er litt immer wieder an schmerzhaften Nierenkoliken und auch arthritischen Beschwerden. Die regelmäßigen Trink- und Badekuren in Marienbad und besonders in Karlsbad befreiten ihn von den quälenden Anfällen. Aus seinen Aufzeichnungen wissen wir, daß Goethe schon ab 5 Uhr früh eine Stunde lang im warmen Mineralwasser badete. Er wollte deshalb der erste Badegast sein, weil man gewöhnlich mehrere Kurgäste nacheinander in dasselbe Wasser steigen ließ.

Ein zweiter nicht minder wichtiger Grund für Goethes Aufenthalte in Karlsbad: hier traf sich damals die große Welt. Dort konnte er gekrönten Häuptern, Feldherren, Geistesgrößen und vornehmen Damen begegnen. Nach dem Wiener Kongreß hatte sich 1818 eine glänzende Gesellschaft im Modebad eingefunden: Metternich, Blücher, Schwarzenberg und noch viele andere berühmte Gäste. Sie alle huldigten ihm, dem Genius der Dichterwelt.

Ein dritter Grund, warum Goethe die böhmischen Bäder den deutschen vorzog: hier ließ es sich preiswerter leben. Für den sehr sparsam veranlagten Menschen Goethe kein nebensächlicher Gesichtspunkt!

Die Besserung seiner körperlichen Leiden beflügelte auch seinen schöpferischen Geist. In den Karlsbader Jahren arbeitete er an „Iphigenie“, „Wilhelm Meister“, „Die Wahlverwandtschaften“,

„Dichtung und Wahrheit“ und „Der westöstliche Diwan“. Hier entstand auch seine Farbenlehre. Und viele Verse und Gedichte, die in seiner Karlsbader Zeit aus seiner Feder flossen, sind Ausdruck eines glücklichen Teiles seines Lebens.

Die Stadt Karlsbad hat ihrem großen Kurgast im Jahre 1883 am Goetheweg hinter dem Pupp'schen Kaffeegarten ein Denkmal gesetzt. Die Büste aus weißem Marmor hat der Bildhauer Adolf Donndorf gefertigt.

Schön, daß das Goethedenkmal noch an seinem alten Platz steht!

3 Bürgerschule am Schillerplatz Nr. 270

Schulen in Karlsbad

(Laut „Standesausweis der Lehrerschaft an den Deutschen Volks- und Bürgerschulen Böhmens“, Stichtag 31.10.1936)

4 Knabenvolksschulen,
3 Mädchenvolksschulen,
1 Hilfsschule,
2 Knabenbürgerschulen,
2 Mädchenbürgerschulen,
1 Deutsches Staatsrealgymnasium,
1 Deutsches städt. Mädchenreformrealgymnasium,
1 Handelsakademie und Handelsschule,
1 Fachschule für Frauenberufe,
1 Gewerbliche Fortbildungsschule,
3 Kindergärten.

4 Schillerplatz

Zu deutscher Zeit war der Platz vor der I. Bürgerschule nach dem großen deutschen Freiheitsdichter benannt.

Schiller kam 1791 mit einer lebensbedrohlichen eitrigen Rippenfellentzündung, die man damals noch nicht erfolgreich zu behandeln verstand, nach Karlsbad zur Heilkur, auf die er alle Hoffnung setzte. Mit seiner Frau Lotte und seiner Schwägerin Karoline wohnte er *„sehr eingezogen“* im „Weißen Schwan“ in der Sprudelgasse.

Das Haus wurde 1938/39 abgerissen.

Weil Schiller zu dieser Zeit an seinem „Wallenstein“ arbeitete, suchte er die Bekanntschaft österreichischer Offiziere, um in diesen Stand *„näher einzuschauen“*. In einem Brief an Wieland lobte er die gute Wirkung seiner Trinkkur, *„durch die sich vieles verbessert hat“*. Sichtlich erholt und gestärkt reiste Schiller nach Eger, um dort das Wallensteinhaus zu besichtigen.

Am 10. Dezember 1909, Schillers 150. Geburtstag, wurde am Eingang zur Posthofpromenade ein Denkmal in Form eines halben Rundtempels enthüllt. Entworfen hat es der Wiener Professor Ohmann, die Bildhauerarbeiten führte Max Hill aus.

Im Gegensatz zu anderen Denkmälern aus deutscher Zeit hat man in Karlsbad 1945 das Schiller-Denkmal geschont.

5 Das Kaiserbad

Was von oben wie ein römisches Amphitheater oder eine Sportarena aussieht, ist das frühere Kaiserbad, ein Prunkbau, den die schon erwähnten Wiener Architekten Fellner und Helmer von 1893 bis 1895 errichtet haben. Dieser französische Renaissance-Kolossalbau mit einem Treppenhaus wie in der Würzburger Residenz, dem prächtigen Kaiserbadappartement und den reich verzierten Wandelhallen repräsentiert Belle Epoque in Reinkultur.

Im Kaiserbad befinden sich auch die beiden berühmten Kolossalgemälde „Berühmte Gäste in Karlsbad“, die der Karlsbader Maler Wilhelm Schneider in jahrelanger Arbeit geschaffen hat. Sie zeigen Kaiser, Könige, adelige Damen, Künstler, Wissenschaftler, Politiker, die das Bad im Laufe der Jahrhunderte besucht und gefördert haben. Auf beiden Gemälden sind, gut erkennbar, insgesamt 108 Personen dargestellt, u. a. Goethe, Charlotte von Stein, Kaiser Franz I. von Österreich, Metternich, Blücher, Theodor Körner, Beethoven, Kaiserin Elisabeth von Österreich (Sissi), Schiller, Herder, Paganini, Chopin, König Wilhelm I. von Preußen, Bismarck, Brahms, Richard Wagner, Anton Dvořak, Wallenstein, Dr. David Becher (der Karlsbader Hippokrates), König Friedrich I. von Preußen, Zar Peter der Große, Prinz Eugen, Kaiserin Maria Theresia, Gellert, Kilian Ignatz Dientzenhofer, Tilly und noch viele andere. Ursprünglich waren die beiden Gemälde für die Sprudelhalle gedacht, doch nach 1918 wollten die Tschechen von Maria Theresia, Joseph II. und Franz Joseph I. nichts mehr wissen. Sie machten daraus ein Politikum. Man entschloß sich, die Bilder statt in die Sprudelhalle in die Ruheräume des Kaiserbades zu hängen, wo sie unter einem grünen Vorhang ihre Staatsgefährlichkeit verbergen mußten. Nur auf Wunsch wurden sie den Besuchern gezeigt, welche Gewähr dafür boten, daß der Anblick zu keiner Staatsaktion führte. Aber Wilhelm Schneiders Geschichtsbilder haben so hohen Rang, daß man sie 1945 überleben ließ.

Wie Landsmann Gerhard Bräunl, Geschäftsführer des Heimatverbandes der Karlsbader e. V. und gebürtiger Karlsbader, weiß, ist das wertvolle Gebäude seit Jahren geschlossen und verfällt.

An der Außenfassade sind die Namen bedeutender Karlsbader Ärzte zu lesen. Zu beiden Seiten des Haupteingangs stehen zwei allegorische Statuen des Bildhauers Karl Wilfert aus Eger. Sie stellen die Urkraft und die Heilkraft der Karlsbader Quellen dar. Im Park davor hat man ein neueres Standbild des Stadtgründers Kaiser Karl IV. aufgestellt.

6 Evangelische Kirche

Sie steht ganz in der Nähe des Kaiserbades, die Straße heißt immer noch Marienbader Straße.

Die Geschichte der evangelischen Kirche in Karlsbad begann schon im Jahre 1554, als die Bürger der Stadt Luthers Lehre annahmen. Aber schon 70 Jahre später verließ unter dem Druck der Gegenreformation der letzte protestantische Pfarrer die Stadt. Nachdem Kaiser Ferdinand II. die Karlsbader von der Militäreinquartierung befreit und alle auf Bürgerhäusern lastenden Zinsdienste aufgehoben hatte, legten die Männer (!) am 25. März 1628 – Maria Verkündigung – geschlossen das katholische Glaubensbekenntnis ab.

Erst 1781 verbriefte das Toleranzpatent Kaiser Josephs II. die Duldung des evangelischen Bekenntnisses. Erst 1844 setzten evangelische Kurgäste durch, daß Gottesdienste in gemieteten Lokalen abgehalten werden durften. 1856 erhielten die evangelischen Christen endlich ihr eigenes Gotteshaus. Schon 6 Jahre später, 1862, folgte die Gründung einer evangelischen Kirchengemeinde. Sie betreute die evangelischen Predigtstationen in Neudeck, Chodau, Neusattl, Falkenau, Joachimsthal, Schlackenwerth und Aich.

Nach 1945 ging das Kircheneigentum in die Hände der sog. „Tschechoslowakischen Kirche" – einer nach 1918 entstandenen Nationalkirche – über.

Wie die Luftaufnahme zeigt, scheint man auch im Jahre 2000 noch nicht in der Lage zu sein, das schadhafte Kirchendach ausbessern zu lassen.

7 Kursanatorium Imperial

So wird das internationale Grandhotel, das sich wie eine Burg über der Stadt erhebt, im neuen tschechischen Stadtprospekt genannt.

Als im Mai 1912 die Hotelgroßanlage auf dem höchsten Punkt der Helenenhöhe für die wohlhabende internationale Klientel eröffnet wurde, verfügte Karlsbad über ein Luxushotel der allerersten Kategorie. Von dem mächtigen schloßartigen Bau mit Türmen und Flügeln, den die Tepl im Halbkreis umfließt, bot sich dem Gast ein großartiger Rundblick auf die ganze Stadt, das nahe Erzgebirge, die Adalbert-Stifter-Warte, den Dreikreuzberg, den Hirschensprung und südwärts ins Tepltal und zum Kaiserpark.

Weil auf dem weiten Hochplateau genügend Platz zur Verfügung stand, konnte der französische Architekt Hebrard großzügig planen: 320 Zimmer, Salons, breite Korridore, marmorbelegte Prunktreppen, die von Stock zu Stock in Vestibüle endeten. Balthasar Neumann könnte bei dem romantischen Burgkomplex Pate gestanden haben.

Wer die Wahl hatte, im „Imperial" oder im „Pupp" abzusteigen, der fand im „Pupp" eine Atmosphäre der Tradition, im „Imperial" Lebensfreude pur, auch mit ihren Kehrseiten.

Bis zur „Wende" war das „Imperial" jahrzehntelang nur für die Parteiprominenz der Sowjetunion reserviert. Vielleicht mag das auch ein Grund dafür sein, daß eines der größten Hotels Europas immer noch nicht aus der Flaute herauskommt.

9 Das Stadttheater

Der Dr. David-Becher-Platz in Karlsbad hat Theatertradition. Hier ließ Dr. David Becher, der mit der Sprudelsalzgewinnung ein Vermögen machte, 1787 einen Theaterbau errichten, der mit „Figaros Hochzeit" eröffnet wurde.

Aber in den letzten Jahrzehnten des 19. Jahrhunderts genügte Bechers Musentempel nicht mehr den gewachsenen Ansprüchen des internationalen Weltbades. Der Planungsauftrag für ein neues Haus erging wieder an die Wiener Architekten Ferdinand Fellner und Hermann Helmer, die in ganz Europa besonders für Theatergroßbauten bekannt und berühmt waren. Unter der Bauleitung des Karlsbader Architekten Alfred Bayer entstand von 1884 bis 1886 ein Renaissance-Bau mit barocker Gliederung, im Inneren ein Rokoko-Schmuckstück in Rot-Weiß-Gold.

Hier gastierten bekannte Künstler vom Berliner Schillertheater und vom Wiener Burgtheater, hier dirigierten Gustav Mahler und Bruno Walter. Theaterdirektor Oskar Basch hat zwischen den beiden Weltkriegen alle Wagner-Opern aufführen lassen.

Dann kam die Nachricht, daß ab 1.9.1944 alle Theater ihre Pforten schließen müßten. In Karlsbad stürmte man die Kassen, denn jeder wollte noch einmal „sein" Theater erleben. Man spielte begeisterter und voller Hingabe – man wollte der Wirklichkeit nicht ins Antlitz sehen. Doch die Abschiedsvorstellung kam, Verdis „Maskenball". Die Vorstellung war überfüllt, die Atmosphäre unbeschreiblich gespannt. Und im dritten Akt geschah es: Im Maskentreiben strömten alle Schauspieler des Theaters in den Kostümen ihrer Glanzrollen auf die Bühne. Man rief ihre Namen, ein Tumult breitete sich aus, und nur mit Mühe konnte die Oper zu Ende gespielt werden. Der Vorhang fiel, und der Beifall brauste wie eine Protestkundgebung durch den Raum. Man wollte nicht weichen, Tränen standen in den Augen mancher Künstler, und nur eine Abschiedsrede des Intendanten konnte das erregte Publikum etwas beruhigen.

Manch einer, der damals im Theater dabei war, mag zwei Jahre später, als er sein eigenes Haus in Karlsbad für immer abschließen und verlassen mußte, an den Nekrolog gedacht haben, den W. R. Sorgenfrey seinem Stadttheater gewidmet hatte:

„Das Spiel ist aus –
ein dunkler Vorhang sank,
dann geht der Eiserne
noch knirschend nieder
und keiner weiß:
wann heben sie sich wieder?
und Trauer überschattet
unsren Dank..."

Als der letzte Vertriebenentransport aus dem Bahnhof rollte, war das deutsche Karlsbad mit seinem Sprudel, seiner Wiese und seinem „Pupp" bereits Geschichte.

Quellen:

1. Heinz Schubert, Karlsbad – Ein Weltbild im Spiegel der Zeit, Verlag Callwey München, 1980;
2. Karlsbad – Eine Dokumentation, Herausgeber Heimatverband der Karlsbader e.V., Satz und Druck: Kastner & Callwey, München, 1981.
3. Gerhard P. Müller/Miloslav Stingl, Böhmen, Sehen und Erleben, Südwest.
4. Rolf Nitsch, Westböhmen – Unvergessene Heimat, Adam Kraft Verlag, Würzburg, 1999.
5. Ernst Gütter, Reiseführer Egerland/Westböhmen, Rautenberg Verlag, 1997.
6. Johannes Jetschgo, Westböhmen – Ein Natur- und Wanderführer, Landesverlag Linz, 1993.
7. Gerhard Bräunl, Geschäftsführer des Heimatverbandes der Karlsbader e. V., Schriftsatz vom 07.06.2001.

R u i n e E n g e l s b u r g – einst beliebter Ausflugsort der Karlsbader.

15 Ruine Engelsburg

einst beliebter Ausflugsort der Karlsbader

Der Ruinenkomplex steht auf einem steilen, weithin sichtbaren Klingsteinfelsen, der das Städtchen Engelhaus etwa 50 Meter überragt.

Engelhaus liegt ungefähr 8 km südöstlich von Karlsbad und war im 19. Jahrhundert ein beliebter Ausflugsort der Karlsbader Brunnengäste. Auch Goethe war einigemal hier, wovon noch die Rede sein wird.

Ich habe den markanten Burgberg mit seiner Ruine in mein Flugprogramm aufgenommen, weil ich gelesen habe, daß die Engelsburg neben der Burg Elbogen die bekannteste Burg im Karlsbader Land war.

Heute erinnern nur noch Ruinenreste an die gotische Burganlage, die früher so ausgesehen haben mag.

Versuch einer Rekonstruktion nach den vorhandenen Gebäuderesten und Grundmauern.

(Aus „Karlsbader Landschaft“, herausgegeben vom Heimatverband der Karlsbader e. V. 1974)

Im gleichen Heimatbuch wird die Burg auch näher beschrieben:

„Drei Tore sicherten den Zugang zu der 188 m langen und 47 m breiten Anlage. Sie hatte die Form einer Wallburg und bestand aus einer unteren und einer oberen Burg. Zwischen dem zweiten und dem dritten Tor lag ein Zwinger. Hinter dem dritten Tor und dem Haupttor befand sich der Burghof mit Stallungen und den Wohnungen der Bediensteten. Anschließend gegen Osten stand das größte Bauwerk der Burg mit den herrschaftlichen Wohnungen, einem Saal und der Burgkapelle. Zwischen diesem Teil der Burg und dem rechteckigen Bergfried (8,5 m x 6,5 m) mit 2,5 m dicken Mauern und darunterliegendem Burgverlies, der am weitesten gegen Westen der oberen Burg lag, ließ Graf Humprecht Johann Czernin im Jahre 1695 auf der höchsten Stelle des Burgberges, dort wo früher eine Windmühle stand, noch ein rechteckiges Herrenhaus in der Größe 17 m x 12,5 m errichten“.

Der Sage nach soll die Engelsburg so entstanden sein:

„König Tristan von England rettete auf der Jagd einem Knäblein, dessen Mutter von einem Bären zerrissen worden war, das Leben. Das den Klauen des Bären entrissene Kind wurde „Richard vom Bärenklau“ genannt und am Hofe des Königs mit der Königstochter Albina gemeinsam erzogen. Zum Jüngling herangewachsen, wagte Richard nicht, beim König um die Hand seiner Tochter anzuhalten und floh schließlich mit Albina in die Karlsbader Gegend. Auf dem weithin sichtbaren Felsen in Engelhaus errichtete er eine feste Burg. Bald war Albina durch ihre Güte und ihre Menschenfreundlichkeit in der Gegend bekannt. Man nannte sie allgemein „Engel“ und ihre Burg „Engelsburg“. Die Schloßherrin konnte durch zahlreiche Wohltaten ihr Gewissen nicht besänftigen, immer schwerer drückte sie das Bewußtsein ihrer Schuld und immer sehnlicher wünschte sie Aussöhnung mit dem verlassenen Vater. Richard wollte aber von einer Versöhnung nichts wissen und behandelte sie deshalb grob und roh.

König Tristan hatte nach langen vergeblichen Mühen durch einen Seher den Aufenthalt der Geflohenen entdeckt und kam mit einer auserlesenen Kriegerschar, um seine Tochter zu befreien. Durch Kundschafter hatte er in Erfahrung gebracht, daß Albina die Aussöhnung sehnlichst wünsche, Richard aber dies verhindern wolle. Tristan belagerte die Burg. Als Richard sah, daß er die Burg nicht mehr weiter halten könne, versuchte er seine Gemahlin zu vergiften, verwechselte aber die Becher und stürzte selbst tot zu Boden. Albina ließ das Burgtor öffnen und ging dem Vater als reumütig Bittende entgegen. Dieser verzieh ihr von Herzen und nahm die Tochter samt ihren Kindern mit nach England.“

Nach gesicherten Aufzeichnungen ergibt sich folgende **Entstehungsgeschichte** der Engelsburg:

1402 Die Burg wird zum erstenmal als Besitz der **Herren von Riesenburg** genannt, die sie auch erbaut haben. Auch Petschau und Buchau sind zu dieser Zeit den Riesenburgern untertan.

1416 bis 1434: Der hussitische Hauptmann **Jakubek von Wřesowitz** ist Herr auf der Engelsburg. Sie dient ihm als Waffenlager und Ausgangspunkt für seine Raubzüge ins Elbogener und Egerer Land.

1467 bis 1567: Nach nur kurzer Herrschaft durch das Geschlecht der **Schlick** und **Steinbach** setzen sich die **Herren von Plauen** in Besitz von Burg und Ort. Der Herrensitz ist um diese Zeit mit 11 Dörfern ausgestattet.

1570 bis 1620: Engelhaus und Engelsburg gehören jetzt den **Herren von Vels**. Leonhard von Vels wirkt aktiv beim Prager Fenstersturz mit. Nach Fertigstellung ihres neuen Schlosses in Gießhübl verlegen die Vels ihren Herrschaftssitz dorthin. Die Herrschaft Engelhaus umfaßt jetzt 24 Dörfer.

1618 Weil sich Leonhard Colonna, Freiherr von Vels auf Schenkenberg, am Aufstand der böhmischen Landstände gegen die Habsburger beteiligt hat, werden alle seine Güter eingezogen.

Graf Hermann Czernin von Chudenitz, königlicher Hauptmann der Altstadt Prag, kauft die Herrschaft und Burg Engelhaus.

1635 30jähriger Krieg. Die Schweden erobern die Burg und brennen sie nieder. Sie wird notdürftig repariert.

1659 Die Czernin stellen die Burg noch einmal in alter Schönheit her.

1718 Durch ein Großfeuer gehen Stadt und Burg in Flammen auf. Ein großer Teil der Ruine wird zum Wiederaufbau des Städtchens abgetragen.

1734 bis 1868: Ort und Burg wechseln oft die Besitzer.

1868 Die Herrschaft Gießhübl mit Engelhaus und Burgruine kommen wieder an das Haus Czernin zurück.

1889 Graf Hermann von Czernin läßt zum Erhalt der Burgruine Konservierungsarbeiten durchführen.

So wie sich die Ruine Engelsburg heute auf dem Luftbild darstellt, hat sie Johann Wolfgang von Goethe mehrmals gesehen und auch gezeichnet.

Über **„Goethe in Engelhaus"** hat Erhard Krause im Jahrbuch der Egerländer 1997 einen sehr interessanten Aufsatz veröffentlicht. Da heißt es u. a.: *„Den großen Weimarer interessierte der Klingsteinfelsen, den er übrigens in einer Zeichnung festgehalten hat, aber nicht allein wegen seiner schönen Lage und Aussicht, sondern als Naturforscher mehr noch wegen dessen geologischer Beschaffenheit... In seinem „Geologischen Taschenbuch der Reise nach dem Fichtelgebirge und nach Böhmen" vom Juni/Juli 1785 beschreibt Goethe den Weg von Karlsbad nach Engelhaus entlang der Prager Straße und berichtet über die dort zu findenden verschiedenen Abarten des Granits. Wörtlich heißt es dann: „Gegenüber steht der Engelsberg, ein kühner, vortrefflich malerischer Felsen, und auf demselben ein altes Schoß. Er besteht von seinem Fuße aus Hornschiefer..."*

Seinen letzten Besuch in Engelhaus, 1823, verbrachte Goethe in „lustiger Stimmung" mit der „lieblichsten der lieblichen Gestalten", Ulrike von Levetzow, deren Mutter und Ulrikes Halbschwestern Amalie und Berta. Man genoß nochmals die schöne Aussicht von dem Klingsteinfelsen und besuchte die in der Nähe gelegene spätbarocke Friedhofskapelle der hl. Dreifaltigkeit (erbaut 1692 bis 1712 nach Plänen von Alliprandi)."

Zur Vorbereitung meiner Flüge über die Heimat habe ich über alle Ziele, von denen ich Luftaufnahmen machen wollte, in den jeweiligen Heimatbüchern nachgelesen. Es gibt in unserer Heimat keinen einzigen Ort, der 1945/46 von tschechischer Gewalt an deutschen Menschen und deren Eigentum verschont geblieben wäre!

Auch Engelhaus nicht! In der Osternacht des Jahres 1960 brachen junge Tschechen in die Heilige-Dreifaltigkeitskapelle beim Friedhof ein, hausten dort wie die Vandalen und zerstörten die gesamte Inneneinrichtung. Diese von 1698 bis 1712 im Auftrag von Graf Hermann Jakob Czernin nach Plänen des italienischen Baumeisters Giovanni Battista Alliprandi errichtete Wallfahrtskirche war ein Kleinod barocker Baukunst und barg eine Fülle von Kunstwerken aus der Zeit des Barock und Rokoko. Seit der Osternacht 1960 gibt es sie nicht mehr.

Deshalb muß Engelhaus in die Dokumentation „Zerstörte Heimat im Egerland“ aufgenommen werden.

Quellen:

1) „Die Karlsbader Landschaft – Das Buch der Heimat“, Herausgeber Heimatverband der Karlsbader e.V., 1974.
2) „Jahrbuch der Egerländer 1997“, Erhard Krause, Die Ruine Engelhaus.
3) Rolf Nitsch, Westböhmen, Würzburg: Flechsig, 1999.

Die Engelsburg.
Der Sage nach erhielt sie den Namen von Albina, der engelgleichen Tochter des Königs Artus.

Engelhaus mit Ruine Engelsburg.

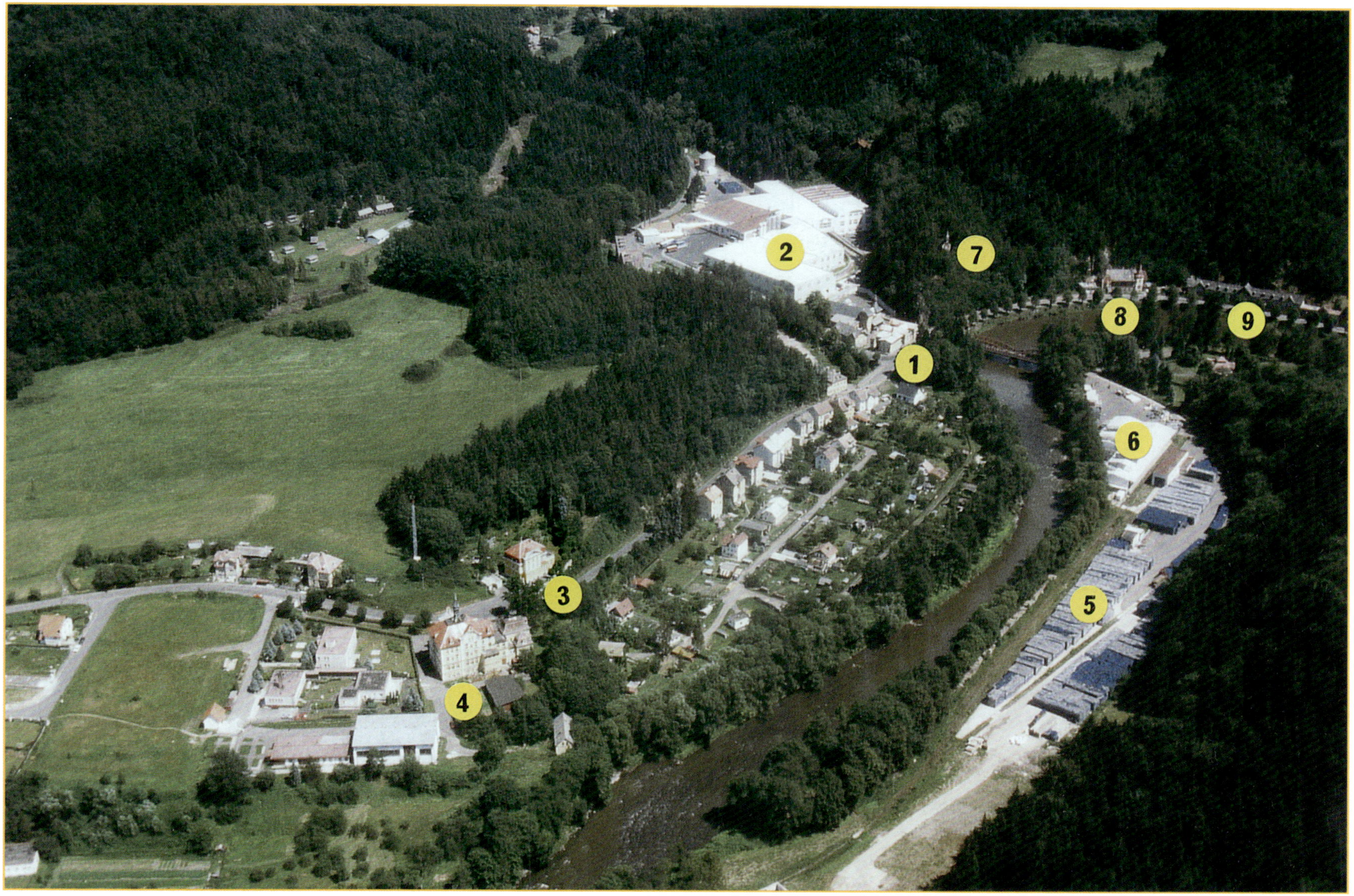

Gießhübl – Sauerbrunn – einst eine Perle im Egertal.

16 Gießhübl – Sauerbrunn

einst eine Perle im Egertal

Nachdem wir für den Abstecher zur Ruine Engelsburg das Egertal verlassen mußten, kehrten wir noch vor Gießhübl-Sauerbrunn wieder zur Eger zurück. Muß sie bei Falkenau auf langer Strecke ein vom Kohlenabbau zerstörtes Land durchqueren, so läßt sie sich zwischen Gießbübl-Sauerbrunn und Wickwitz viel Zeit, um in Windungen und Schleifen eine noch unzerstörte Landschaft zu genießen.

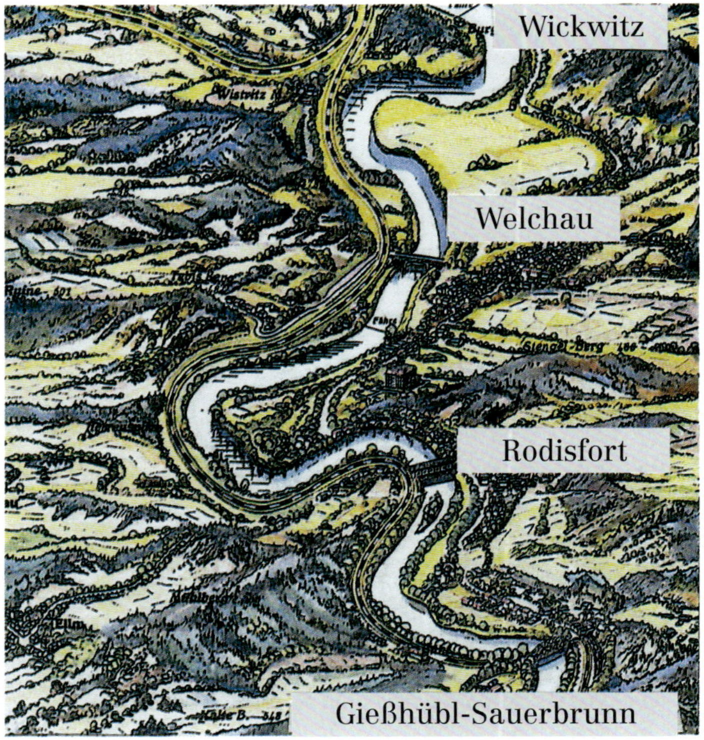

Von oben sieht hier die Eger fast wie die Mosel aus. So romantisch wirken die bewaldeten Hänge, die grünen Wiesen mit den vielen Obstgärten an beiden Ufern und das im Sonnenlicht glitzernde Wasser.

Die Luftaufnahmen von Gießhübl-Sauerbrunn, Rodisfort, Welchau und Wickwitz lassen etwas von dieser Idylle erahnen. Mir hat dieser Egerabschnitt sehr gefallen.

„Perle des mittleren Egertales“ wird Gießhübl-Sauerbrunn in einem Heimatbuch genannt, das ich zur Vorbereitung meines Fluges über das nördliche Egerland studiert habe. An Ort und Stelle aber kam mir Gießhübl-Sauerbrunn wie eine lange Perlenkette vor, mit der sich die Eger hier schmückt. Die ganze Perlenschnur auf ein Bild zu bringen, schien mir unmöglich. Also entschied ich mich für den Teil mit der vermeintlich größten Perle. Und das war falsch. Zuhause mußte ich bei der Auswertung des Luftbildes feststellen, daß die beiden schönsten Perlen fehlen: das Brunnengebäude der König-Otto-Quelle und das Schloß der Edlen von Mattoni. Ich liefere sie später als „Bodenfotos“ nach.

Frau Rosemarie Bayer, geb. Lux, deren Eltern früher in Gießhübl-Sauerbrunn eine Kolonialwaren- und Kohlenhandlung hatten, konnte die markierten Gebäude und deren frühere und jetzige Funktion genau beschreiben.

1 Das **Kurbadehaus** war das Reich der Bademeisterin. Dahinter die sog. Zentrale mit den Räumen für die Flaschenwaschmaschine, die Eti-

kettiermaschine und im Untergeschoß ein großes Flaschenlager. 1945 zog hier der Národní Výbor (Nationalausschuß) ein.

2 Die **Gärtnerei** der Fa. Mattoni AG mit der Blumenbinderei. Heute wohnen hier Arbeiter der Fa. Mattoni AG.

3 In dieser Villa befand sich zuerst die **Arztpraxis des Dr. Wawor**. Später wurden hier ein Kindererholungsheim und nach 1938 ein Müttergenesungsheim eingerichtet. Heute sind hier das Bürgermeisteramt und die Polizei untergebracht.

4 Dieser Gebäudekomplex war das **Kloster der Schwestern vom heiligen Kreuz,** die hier ein Waisenhaus für Kleinkinder und ein Säuglingsheim unterhielten. Heute dient es als Volksschule und die beiden querstehenden Flachbauten davor als Kindergarten.

5 Hier war einst die **Bahnstation** mit Lokschuppen, Brückenwaagen und zwei großen Hallen. Heute befindet sich hier ein Leerflaschendepot mit gestapelten Versandkisten.

6 Wo früher eine kleine **Grünanlage** war, stehen heute Lagerhallen und Garagen.

7 Die **St. Anna-Kapelle**

8 Die sog. **„Stallburg“** bestand aus Pferdestall und Einstellplatz für den Feuerwehrwagen. Im ersten Stock wohnte der Kutscher. Heute sind hier verschiedene Gerätschaften abgestellt, die Wohnungen im ersten Stock blieben.

9 Bis zur **„Oberen Verladehalle“** konnten früher die Waggons geschoben werden. Im ersten Stock befanden sich Büroräume der Fa. Mattoni AG. Heute findet man hier die Abfüllanlage. Das aus mehreren Brunnen gesammelte Mineralwasser wird hier abgefüllt, wodurch die Qualität und der Geschmack der Säuerlinge sehr beeinträchtigt werden. Früher gehörte „Mattonis Gießhübler“ zu den besten Mineralwässern der Donaumonarchie, weil die Quellen einzeln abgefüllt wurden.

Diese beiden „Perlen“ fehlen leider auf dem Luftbild:

Brunnengebäude der Königs-Otto-Quelle (bekannt nach König Otto von Griechenland)

Schloß der Edlen von Mattoni (Ab 1929 Hotel).

Zur König-Otto-Quelle

In umfangreichen Versuchen in Gießhübl-Sauerbrunn stellte man fest, daß beim Abfüllen des Mineralwassers das Abfüllröhrchen bis auf den Grund der Flache reichen muß, daß die Flasche von unten herauf gefüllt werden muß, wenn die Berührung des Wassers mit der Luft und so Verluste an Kohlensäure und Mineralien vermieden werden sollen. Außerdem muß die Flasche sofort nach der Füllung verschlossen werden. Das Mineralwasser darf nicht – so wie es heute geschieht – etwa aus Ersparnisgründen in Röhren von den Quellen ins Tal geleitet und dort erst abgefüllt werden.

Deshalb wurden von der König-Otto-Quelle und später auch von der Löschner-Quelle ins Tal hinab kleine Drahtseilbahnen gebaut, die mit Schwerkraft arbeiteten, indem die Wagen mit den vollen Flaschen bei ihrer Talfahrt die Wagen mit den leeren Flaschen bergauf zogen. Diese Konstruktion war eine geniale, weil einfache Erfindung. Die Bahnen arbeiteten bis 1945 einwandfrei. Heute existieren sie nicht mehr.

Das Schloß der Edlen von Mattoni

Wegen seiner herrlichen Lage an der Eger, umrahmt von einem Kranz dunkler Wälder, zählte es einst zu den schönsten Schlössern im Egerland. Es wurde 1830 vom Baron Freiherrn von Neuberg erbaut, der 1873 seinen ganzen Gießhübler Besitz an Heinrich Mattoni verkaufte. Dieser ließ es 1885/86 umbauen. Die Erker zeigten zur Eger, und an der Südseite wurde ein achteckiger Turm angebaut.

1929 wurde das Schloß zum Hotel umgebaut und mit Kalt- und Warmwasser und einer Dampfheizung ausgestattet.

Wie der Gießhübler Säuerling Weltruf erlangte

(Seine wechselvolle Geschichte in Kurzfassung)

Der Ort war eng mit der Herrschaft Engelsburg verbunden. Diese Burg wird 1402 zum erstenmal als Besitz der **Herren von Riesenburg** genannt, die sie auch erbaut haben.

1434 verpfändet Kaiser Sigismund seinem **Kanzler Kaspar Schlick** kurzzeitig auch die Herrschaft Engelsburg. Anschließend sind die **Herren von Steinbach** und die **Herren von Plauen** im Besitz der Engelsburg.

Von 1570 bis 1620 gehört die Herrschaft Engelhaus mit der Engelsburg den **Herren von Vels.** Nach Fertigstellung des neuen Schlosses **Gießhübl in Solmus** verlegen die Vels ihren Herrschaftssitz dorthin. So ist aus der Herrschaft Engelhaus die Herrschaft Gießhübl mit dem gleichnamigen Schloß in Solmus geworden.

Vielleicht ist der häufige Besitzerwechsel der Herrschaft Gießhübl der Grund, warum die bei Rodisfort entspringende Mineralwasserquelle nicht die ihr gebührende Beachtung findet. In der Umgebung ist das sehr bekömmliche Quellwasser als „Buchsäuerling" – es entspringt an der Westseite des Buchberges – oder „Rodisforter Säuerling" bekannt.

Unter **Johann Graf Hartig,** Herr auf Gießhübl, erhält 1734 der „Buchsäuerling" zum erstenmal eine Fassung aus Holz, die aber bald verfällt.

Erst sein Nachfolger, **Johann Josef Graf Stiebar von Buttenheim,** erkennt den Wert des „Buchsäuerlings".

Karlsbader Brunnenärzte stellen durch Untersuchungen fest, daß sich der Gießhübler Säuerling vorzüglich als Tafel- und Heilwasser eignet. Jetzt erst wird die Quelle von einem Brunnentempel überwölbt und die Versendung des wertvollen Mineralwassers vorbereitet.

Als die beiden Karlsbader Badeärzte Dr. Damm und Dr. Mitterbacher die Heilkraft des „Gießhübler Sauerbrunnens" in einer schriftlichen Analyse ausführlich würdigen, nehmen Nachfrage und Versand einen großen Aufschwung.Da sich Graf Stiebar meist in Wien aufhält und sich persönlich wenig um das Versandgeschäft kümmert, beginnt es zu stagnieren.

Als sein Nachfolger, **Johann Anton Hladik,** den Betrieb an unfähige Leute verpachtet, geht es mit dem „Buchsäuerling" weiter abwärts.

Erst als 1829 **Wilhelm Freiherr von Neuberg** mit seiner Frau Antonia, geb. von Stetten, die Herrschaft Gießhübl übernimmt, beginnt für den Ort und seinen Säuerling wieder eine gute Zeit. Die Quelle erhält eine Marmorfassung und einen neuen Brunnentempel, an der Eger entsteht ein Kurhaus, eine Kolonnade und ein Restaurationsgebäude. Von Engelhaus herab zur Eger entsteht eine neue Straße. So werden alle Voraussetzungen geschaffen, um Gießhübl zu einem Kur- und Badeort zu machen und die Versendung des Mineralwassers in alle Welt zu fördern.

1852 lädt Freiherr von Neuberg den in Karlsbad zur Kur weilenden griechischen König Otto, ein Sohn des bayerischen Königs Ludwig I., zu einem Besuch seines Kurortes im Egertal ein. Der König erscheint mit großem Gefolge, zeigt sich begeistert von der Schönheit der Landschaft und von der Qualität des „Buchsäuerlings", veranlaßt die Versendung von 450 Steinkrügen nach Athen und gibt seine Einwilligung, daß die Quelle den Namen „König-Otto-Quelle" tragen darf. 1856 und 1864 weilt der König wieder in Gießhübl.

1868 erwirbt **Graf Czernin von Chudenitz** die Herrschaft Gießhübl.

Schon 5 Jahre später, 1873, verkauft er seinen Besitz mit allen Betriebs- und Kurgebäuden an **Heinrich Mattoni** aus Karlsbad, der aus dem Rodisforter Gemeindegebiet Grundstücke mit der dort entspringenden Kaiserin-Elisabeth-Quelle mit den dazugehörigen Gebäuden und Einrichtungen zukauft.

Mit Fleiß und Genialität geht Heinrich Mattoni daran, „Mattonis Gießhübler" Weltruf zu verschaffen. Zunächst macht er den Versandbetrieb von fremden Zulieferern unabhängig. An der Eger entstehen ein Sägewerk und eine Kistenfabrik, sowie eine Gärtnerei für die Pflege der Parkanlagen und die Verschönerung des Kurortes. Für die Kurgäste werden ein Hotel, Kurhäuser und ein Kurrestaurant geschaffen. Auch ein eigener Kurarzt wird angestellt. Am linken Ufer entstehen Villen für die Beamten und Angestellten, in den umliegenden Dörfern Wohnhäuser für die Arbeiter.

Mattoni vergrößert die Kapazität der Mineralwassererzeugung, indem er zwei weitere Quellen, die „Franz-Josef-Quelle" und die „Löschner-Quelle" seinem Betrieb anschließt und andere

Quellen in der Umgebung, besonders im Duppauer Gebirge, in seinen Besitz bringt und so mögliche Konkurrenz ausschließt.

Zum rascheren Transport der abgefüllten Flaschen – im Jahr 1867 waren es 280000 Flaschen, 1910 hingegen 12 Millionen – läßt Heinrich Mattoni von Gießhübl nach Wickwitz eine 9 Kilometer lange Eisenbahnlinie – auch für Personenverkehr – bauen. Intensive Reklame und Propaganda machen „Mattonis Gießhübler“ in ganz Europa und bald auch in Übersee bekannt. Die mit großen Schiffahrts-, Speisewagen- und Hotelgesellschaften geschlossenen Lieferverträge fördern Umsatz und Gewinn.

Seiner Fürsorgepflicht den Angestellten und Arbeitern gegenüber kommt Herr Mattoni in vorbildlicher Weise nach. Er schafft einen Pensionsfond und eine eigene Krankenkasse. In seinem Testament verfügt er, daß nach seinem Tode besondere Gratifikationen an die Belegschaft ausgezahlt werden. Für seine Verdienste um die Mineralwasserindustrie in der Österreichisch-Ungarischen Monarchie ehrt ihn der Kaiser am 23. Juli 1890 mit der Ernennung zum Kaiserlichen Rat und durch die Erhebung in den erblichen Adelsstand als Heinrich Edler von Mattoni. Als er 1910 kurz vor Vollendung seines 80. Lebensjahres in seiner Villa in Karlsbad stirbt, erlebt die Stadt die bisher größte Trauerfeier. **Etwa 5000 Trauergäste geben dem Mann die Ehre, der Gießhübl-Sauerbrunn zu einer Perle im Egertal gemacht hat.**

Leider ist Gießhübl-Sauerbrunn im Jahre 2000 keine Perle mehr. Ehemalige Einwohner berichten, daß sich die einst so gepflegten Kur-, Verwaltungs- und Betriebsgebäude in einem jämmerlichen Zustand befinden und dringend renoviert werden müßten. Das Mineralwasser hat lange nicht mehr die hervorragenden Eigenschaften von früher und kann auch geschmacklich nicht mit „Mattonis Gießhübler“ aus deutscher Zeit konkurrieren. Was heute in der Tschechischen Republik als Gießhübler Mineralwasser verkauft wird, zählt zu den schlechtesten Säuerlingen im Lande.

1945 übernimmt ein Tscheche, der viele Jahre für die Mattoni Mineralwasser AG tätig war, als neuer „Správce“ (Verwalter) den Betrieb. Er läßt die lebensgroße Statue des Firmengründers zum Schutz vor Zerstörung eingraben und später wieder aufstellen. Diese Tat eines Tschechen ist ein Beweis für das einstige gute Verhältnis zwischen der Belegschaft und der Familie Mattoni.

Heute verwendet der Gießhübler Betrieb die Fotografie des Denkmals auf seinen Ansichtskarten und Prospekten.

Wir vertriebenen Deutschen freuen uns, daß Heinrich Edler von Mattoni und sein Werk in unserer Heimat nicht totgeschwiegen werden.

Quellen:

1) Das Heimatbuch des Kirchensprengels Rodisfort, Gießhübl-Sauerbrunn, Unterlomitz Rittergrün; erschienen im Selbstverlag der Arbeitsgemeinschaft Heimatbuch Rodisfort, 1993.
2) Rolf Nitsch, Westböhmen – Unvergessene Heimat, Flechsig Würzburg, 1998.

RODISFORT AN DER EGER

Rodisfort an der Eger – In memoriam Margareta Pschorn.

17 Rodisfort an der Eger

In memoriam Margareta Pschorn

Dem Egerland!

Ich möchte, wenn mein Leben niederbrennt
und meine Seele sich vom Dasein trennt,
noch einmal sagen in der letzten Nacht,
wie du, mein Egerland, mich reich gemacht.
Von Kindheit an gabst du nur Schönes mir,
mit ganzer Liebe wuchs ich, Land, zu dir.
Und kehrte ich aufs Neu ins Leben ein,
so möchte ich wiederum dein Kind nur sein!
Und wieder möcht durch Blumen, Blut und Leid
ich dir gehören bis zur Ewigkeit!

Margareta Pschorn

Die Schriftstellerin und Heimatdichterin Margareta Pschorn wurde am 6. Juni 1922 in Rodisfort geboren. Schon als 16jährige veröffentlichte sie in der „Karlsbader Zeitung“ ihre ersten Gedichte.

Nach der Vertreibung aus der Heimat verschlug es sie ins mittelfränkische Heilsbronn, wo sie ein vielseitiges literarisches Schaffen begann. Ihr Werk umfaßt Lyrik, Kurzgeschichten, Erzählungen und Hörbilder. In 77 Anthologien des In- und Auslandes ist sie vertreten, etwa 100 ihrer Gedichte wurden von namhaften Komponisten vertont.

Margareta Pschorn war Mitglied der „Deutschen Akademie für Bildung und

Kultur" in München und Ehrenmitglied von zahlreichen literarischen Verbänden. 1979 wurde sie mit der Adalbert-Stifter-Medaille ausgezeichnet.

Margareta Pschorn ist am 25. Juli 1987 – fern ihrer geliebten Heimat und viel zu früh – in Neuendettelsau/Mittelfranken verstorben.

Und so ist im Heimatbuch „Karlsbader Landschaft" Margareta Pschorns Heimatort R o d i s f o r t beschrieben:

Rodisfort – seine Geschichte

Rodisfort verdankt seine Entstehung einer uralten Furt durch die Eger. Als „Furt des Radowan" wird der Ort 1226 erstmals schriftlich erwähnt. Aber schon lange davor war er ein besonders für den Salzhandel wichtiger Egerübergang. Hier überquerte der alte Salzweg von Mitteldeutschland nach Prag den Egerfluß.

Als Gertrud, die Gemahlin des Herzogs Wladislav, im Jahre 1143 das Prämonstratenserinnenkloster Doxan stiftete, gehörten Welchau und die „vadum Radovani" bereits zum Besitz des Klosters. König Ottokar I. bestätigte 1226 den Chorfrauen von Doxan diese Schenkung. Auf diesen Besitz von Rodisfort bis zum Berg Ztran finden wir in der Konfirmationsurkunde des Papstes Gregor X. vom Jahr 1273 auch schon die Dörfer Jokes, Petersdorf, Wickwitz, Lappersdorf, Damitz, Schönwald und Permesgrün als Klostereigentum bestätigt. Damals bildete Rodisfort die Grenze der drei Herrschaften Welchau, Schlackenwerth und des Osseger Besitztums um Schömitz, wurde aber von dem festen Schlackenwerth aus betreut. Den Namen der Furt übernahm der Ort, wie es auch bei Frankfurt, Hohenfurt usw. der Fall ist.

Die Bedeutung dieses wichtigen Egerüberganges bei Rodisfort zeigt sich an seiner häufigen Erwähnung. Es ist historisch bezeugt, daß König Johann von Luxemburg am 1.11.1310 diese Furt benutzte, als er von Eger kommend nach Kuttenberg zog. Auch der Bau der Brücke ist urkundlich belegt. Kaiser Karl IV. war es, der am 16.5.1364 durch ein eigenes Privileg der Stadt Schlackenwerth den Bau der Brücke gestattete. Schon 1352 hatte er den Kaufleuten für den Transport von Massengütern wie Getreide und Salz den Weg über Rodisfort vorgeschrieben. 1399 gestattete König Wenzel IV. den Schlackenwerthern das Recht, in Rodisfort einen Zöllner anzustellen.

Diesen Zoll von Rodisfort verpfändete 1434 Kaiser Sigismund seinem Kanzler Kaspar Schlick. Um 11906 rheinische Gulden kamen die Schlick damals in den Besitz von Stadt und Burg Elbogen, von Schlackenwerth, der Burg und Herrschaft Engelhaus und den Schömitzer Klostergütern. Zur Zeit der Grafen Schlick war ein Teil der Rodisforter Bauern nach Schlackenwerth untertan, der andere Teil der Herrschaft Engelsburg.

Nach Johann Gottfried Sommer – Verfasser des 16bändigen Werkes „Das Königreich Böhmen" – hatte Rodisfort im Jahre 1847 56 Häuser mit 275 Einwohnern. 12 Häuser gehörten zur Herrschaft Schlackenwerth, 8 Häuser zum Gut Welchau. Zum Schlackenwerther Anteil gehörten damals auch noch die Kirche, das Pfarrhaus und die Schule, die in den Jahren 1809/10 errichtet wurde.

Erst um 1900 entwickelte sich Rodisfort rascher. Nach der Volkszählung von

1930 hatte der Ort mit dem Gießhübl-Sauerbrunner Teil 157 Häuser und 1086 deutsche Bewohner.

Im Ort war ein Kloster der Schwestern vom Heiligen Kreuz, verbunden mit einem Säuglingsheim und Kleinkinderland, ferner das Kinderheim des Revieramtes Falkenau und das Kinderheim des Landkreises Karlsbad. Neben der Landwirtschaft verdienten viele Rodisforter ihren Lebensunterhalt in der Mattoni AG Gießhübl-Sauerbrunn, in den Porzellanfabriken Lessau und Jokes, in der Ziegelbrennerei Lessau, im Kaolinwerk Sodau, im Kohlebergbau, in der Zwirnfabrik Wickwitz und bei der Eisenbahn.

Mit Rodisfort war Gießhübl-Sauerbrunn mit seinen vorzüglichen Heilquellen eng verbunden. In ihren Badeschriften berichteten Karlsbader Badeärzte immer wieder vom Rodisforter „Puchsäuerling". Auf einer Landkarte von 1742 erscheint Rodisfort mit einem Krug, dem Zeichen des Sauerbrunns.

Vor der Vertreibung gab es in Rodisfort einen Musikverein mit einer weithin bekannten Blaskapelle, einen Gesang- und Theaterverein, eine Freiwillige Feuerwehr, einen Turn- und Radfahrverein und einen Bienenzucht- und Fischereiverein.

Nach Kröners „Handbuch der historischen Stätten – Böhmen und Mähren" hatte Rodisfort
1930 1089 Einwohner,
davon 1059 Deutsche (=97,2 %);
1950 343 Einwohner;
1991 532 Einwohner.

Rodisfort – seine Kirche und Pfarrei

Die gotische Pfarrkirche – 1384 erstmals erwähnt – war dem hl. Wenzel geweiht. Das Patronatsrecht unterstand zuerst dem Kloster Waldsassen. Erst gegen Ende des 14. Jahrhunderts übernahm die Stadt Schlackenwerth das Patronatsrecht über die Rodisforter Kirche. 1577 erscheint sie wieder als selbständige Pfarrei, doch büßte sie zur Zeit der Gegenreformation diese Stellung wieder ein. Rodisfort blieb nach Schlackenwerth eingepfarrt und erhielt als Lokalie erst 1768 wieder einen eigenen Seelsorger. 1856 wurde Rodisfort wieder selbständige Pfarrei.

1930 zählte die Pfarrgemeinde 1710 Katholiken, davon entfielen auf Rodisfort 1060, auf einen Teil von Rittersgrün 146, auf Unterlomitz 481 und auf Zwetbau 23. Die Teile von Rittersgrün, Unterlomitz und Zwetbau bildeten den Kurort Gießhübl-Sauerbrunn.

Dr. Josef Zebisch beschreibt in seiner Heimatschrift „Die Kirche in Rodisfort" die St. Wenzelskirche wie folgt:

„Die noch einigermaßen gut gepflegte, letztmals im Jahre 1969 außen renovierte Kirche wurde im Jahre 1757, also in der Zeit des Spätbarock, erbaut, was sowohl nach ihrer Außenansicht als auch an ihrer Innenausstattung zu erkennen ist. Der Kirchturm war allerdings anfangs aus Holz errichtet, wurde aber im Jahre 1862 vom Buchauer Baumeister J. Wallisch durch einen gemauerten ersetzt.

Der Grundriß stellt ein von Süden nach Norden liegendes Rechteck mit eingezogenem Chor dar, sodaß sie ziemlich parallel zur Eger und zum langgestreckten Stengelberg steht. Die Außenfronten weisen eine schöne, wohlproportionierte Lisenengliederung auf, in welche die hohen Rundbogenfenster, auf jeder Seite zwei im Langhaus und je eines im Chor, eingelassen sind.

Der Eingang führt durch den Unterbau des am Südgiebel stehenden quadratischen Turmes. Das Portal hat zu beiden Seiten auf Sockel stehende Säulen mit einer Art romanischen Würfelkapitellen, oben verbunden durch einen mit einem Dreieckgiebel abgedeckten Rundbogen.

Der Turm hat über dem Eingang ein hohes Rundbogenfenster (Rückseite der Orgelempore), darüber nach einem Gesims ein Zwischengeschoß (innen für das Räderwerk der Turmuhr) mit einem kleinen Rundfenster an der Südseite und, wieder abgesetzt durch ein rundumlaufendes Gesims, anschließend die Glockenstube, die für zwei Glocken ausreichte, mit vier hohen Rundbogenfenstern, über denen sich jeweils die vier Zifferblätter der Turmuhr befinden.

Der Hochaltar enthält über dem mit vier Säulchen verzierten Tabernakel eine mit einem goldenen Rahmen versehene halbrunde Nische, in der etwa in Lebensgröße die Statue des Heiligen Wenzel steht, der mit der linken Hand einen Schild berührt, auf dem der deutsche Reichsadler abgebildet ist, als Zeichen, daß der König von Böhmen damals ein Lehensmann des deutschen Kaisers war. In der rechten Hand hält er einen oben in einem Kreuz endenden Stab. Zu beiden Seiten der Nische erheben sich je zwei Säulen mit korinthischen Kapitellen, die über ein Zwischengesims den Aufsatz mit einem Bild tragen, das die Ermordung des Heiligen Wenzels darstellt.

Zu beiden Seiten des Hochaltars befinden sich bis zur Randmauer reichende Rundbogenpforten, auf denen rechts die Statue der Heiligen Ludmilla – erkenntlich an dem um den Hals gelegten, über der Brust gekreuzten Schal, denn sie wurde mit einem solchen erdrosselt – und links die Statue des Heiligen Johann von Nepomuk stehen.
Der Schalldeckel der links über der Kommunionbank befestigten Kanzel, die von der Sakristei aus bestiegen werden kann, trägt die Statue des Heiligen Johannes des Täufers. Gegenüber, also rechts, hängt unterhalb des den Chor abgrenzenden hohen Rundbogen ein großes Kreuz.

Die beiden Seitenaltäre sind etwas halbschräg in die eingezogenen, gerundeten Übergänge des Langhauses zum Chor gestellt und zwar links der Josefsaltar und rechts der Marienaltar. Der Josefsaltar hat über dem Altartisch rechts und links auf Sockeln stehende wulstig gewundene Säulen, die oben durch ein doppeltes Gesims verbunden sind. Darüber im Aufsatz steht in einer Nische die Statue der Heiligen Elisabeth. Der auf der rechten Seite stehende Marienaltar hat die gleiche eben beschriebene Form und Ausstattung. In der Nische des Aufsatzes steht die Statue des Heiligen Antonius, das Jesuskind auf dem rechten Arm tragend.

Die Rodisforter St. Wenzelskirche ist eine schmucke Barockkirche und kein neuerer Bau aus dem 19. oder 20. Jahrhundert. Schon die drei Altäre, die dem Barockstil zuzuordnen sind, ergeben in ihrer Gesamtansicht eine überaus schöne, harmonische Einheit, die trotz der reichen Gliederung nicht überladen wirken, wie es in vielen Kirchen des Spätbarock der Fall ist. Die Kirche hat eine sehr klare, einheitliche barocke Ausstattung, die offenbar von sehr guten, begnadeten Künstlern geschaf-

fen wurde, deren Namen derzeit leider noch nicht zu ermitteln sind.

Der Kunstwert dieses Gotteshauses ist von uns nie richtig beachtet und eingeschätzt worden. Niemand, kein Geistlicher und kein Lehrer hat auf seine Gestaltung, seinen Stil und seine Schönheit hingewiesen. Es ist daher angebracht, sich dessen bewußt zu sein, welch wertvolles Kleinod wir verlassen mußten und unwiederbringlich verloren haben.“

Die Luftaufnahme zeigt, daß die Kirche neu eingedeckt wurde. Sie und auch das Pfarrhaus müßten außen dringend renoviert werden.

Das kleine Rodisfort besaß zu deutscher Zeit dieses auch heute noch repräsentative Gebäude. Es war das Kloster der „Schwestern vom Heiligen Kreuz“. Die 13 Schwestern betreuten hier ein Säuglingsheim, ein Waisenheim und eine Volksschule für Waisenkinder.

Rodisfort – seine Schule

Das Dach ist neu gedeckt, und die Fassade sieht nach frischer Farbe aus. Im „Standesausweis der Lehrerschaft an den „Volks- und Bürgerschulen Böhmens“, Stand 1933, steht:

Volksschule, 3 kl., mit 1 prov. aufst. Klasse, 166 Schüler – Leiterwohnung, Schulgarten, Schulküche.

Oberlehrer Fischer Josef, Lehrerin Göttl Anna geb. Mayer, Anwärterin Fischer Ernestine, Aushilfslehrer Schermaul Adolf, Handarbeitslehrerin Stadler Margarete.

Humanitäre Anstalten: Säuglingsheim/Kleinkinderland der Bez.-Jugendfürsorge der Schwestern vom Hl. Kreuz – Kinder-Erholungsheim des Bezirks Karlsbad – Kindererholungsheim des Revieramtes Karlsbad – Ltg. Kindergärtnerin Schneider Hanna.

Rodisfort – seine Brücke

So hat die Rodsiforter Holzbrücke einst ausgesehen:

Am 26.5.1576 brannte die hölzerne Brücke zum erstenmal ab, wurde aber bald um 800 fl wieder errichtet.

Sie hat eine lange und bewegte Geschichte, über die genau Buch geführt wurde.

Am 16.5.1364 gestattete Kaiser Karl IV. der Stadt Schlackenwerth – sie übte zu dieser Zeit das Patronatsrecht über Rodisfort aus – den Bau einer Brücke über die Eger. Weil sie auf der ganzen Länge mit Holzschindeln gedeckt war, wurde sie bald eine berühmte Sehenswürdigkeit.

1742 wurde sie von französischen Truppen in Brand gesteckt. Aus einer Notbrücke entstand erst 1783 der Egerübergang wieder in seiner früheren Gestalt.

Erst vor 14 Jahren, genau in der Nacht vom 17. zum 18. Juli 1986, wurde die schöne altertümliche Holzbrücke – sie stand unter Denkmalschutz – wieder durch ein Feuer zerstört. Augenzeugen halten Brandstiftung für wahrscheinlich, denn die Brücke fing an mehreren Stellen gleichzeitig zu brennen an. Auch der Umstand, daß die Feuerwehr erst nach dem Brand eintraf, läßt den Schluß zu, daß man die Brücke – ein berühmtes Wahrzeichen aus deutscher Zeit – absichtlich niederbrennen ließ.

Heute erinnern im Flußbett neben der neuen Brücke noch die wuchtigen Steinpfeiler aus dem 14. Jahrhundert an das einzigartige historische Bauwerk.

Meinen „Flug über Rodisfort“ soll eine Widmung beschließen, die Margareta Pschorn zu Ostern 1958 ihrem Gedichtbändchen „Erdverwurzelt“ vorangestellt hat:

In memoriam Margareta Pschorn aus Rodisfort an der Eger

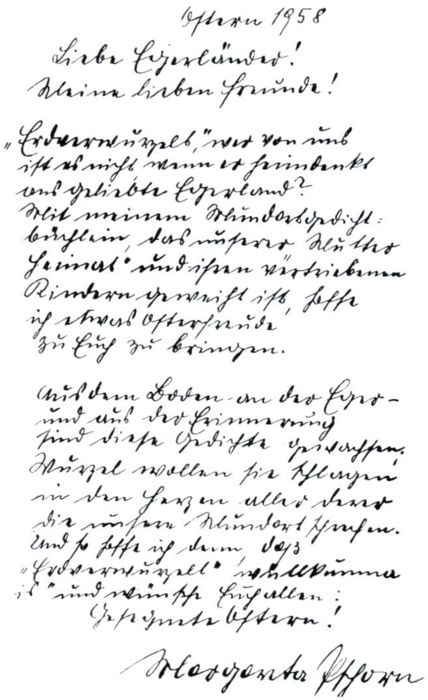
Ostern 1958
Liebe Egerländer!
Meine lieben Freunde!
„Erdverwurzelt", wer von uns ist es nicht, wenn er heimdenkt an's geliebte Egerland? Mit meinem Mundartgedichtbüchlein, das unserer „Mutter Heimat" und ihren vertriebenen Kindern gewidmet ist, hoffe ich etwas Osterfreude zu Euch zu bringen.
Aus dem Boden an der Eger und aus der Erinnerung sind diese Gedichte geschaffen. Wurzel wollen sie schlagen in den Herzen aller derer die unsere Mundart sprechen. Und so hoffe ich denn, daß „Erdverwurzelt" willkommen ist und wünsche Euch allen: Gesegnete Ostern!
Margareta Pschorn

Auf Seite 16 von „Erdverwurzelt" stehen

Drei Dinge

Drei Dinga, låu(ß) diars sogn,
döi san's Glück va da Ear(d)n,
wennst döi håust, brauchst neks mäi(h)a,
koa(n)st neat glücklicha wearn:

's is da Herrgott,
's is da(n) Mutta
u da(n) Hoimat!

In Gottes Frieden
ruht fern der Heimat
im Friedhof von Heilsbronn
was sterblich war an

Margareta Pschorn

Quellen:

1) Dorfgeschichte von Jokes im Egerland, herausgegeben von Oskar Girschick im Selbstverlag, Tilsiter Str. 4 a, 64372 Ober-Ramstadt.
2) Die Karlsbader Landschaft, Buch der Heimat, herausgegeben vom Heimatverband der Karlsbader e. V., Sitz Wiesbaden, 1974.
3) Das Heimatbuch des Kirchsprengels Rodisfort – Gießhübl-Sauerbrunn – Unterlomitz – Rittersgrün, Selbstverlag der Arbeitsgemeinschaft Heimatbuch Rodisfort.

Nach Welchau in die Sommerfrische.

18 Nach Welchau in die Sommerfrische

Das konnte man zu deutscher Zeit immer wieder in der „Karlsbader Zeitung" lesen. Damals wäre eine Luftaufnahme die beste Werbung für diesen Ort gewesen. Denn Welchau war vor der Vertreibung seiner deutschen Bewohner mit 121 Häusern noch viel dichter besiedelt – die vielen Lücken besonders in der Bildmitte zeugen davon, daß bis 1994 26 Häuser eingeebnet wurden.

Die Kirche „Maria Himmelfahrt" war außen noch nicht verwahrlost und innen noch nicht ausgestohlen.

Und dennoch: Welchau hat – von oben gesehen – auch heute noch etwas von einem Garten Eden an sich. Da ist geblieben ein sich anmutig dahinschlängelnder Egerfluß, da breitet sich zu seinen beiden Seiten eine liebliche Gartenlandschaft aus, eingerahmt von dunkelgrünen Wäldern, die sich die Hänge hinaufziehen.

Professor Karell hat 1934 in seiner Schrift „Das Egertal und seine Sommerfrischen" Welchau so beschieben:

„Welchau. Marktflecken, 344 Meter über dem Meere, 800 Einwohner, Czernin'sches Schloß, Hospiz, 400jährige, mächtige Linde, elektrisches Licht, teilweise Wasserleitung, Schwimm- und Badegelegenheit in der Eger, Distriktsarzt und Bahnstation in Wickwitz, zweieinhalb Kilometer entfernt, Postamt, Autobusverkehr nach Karlsbad, Gemüsebau, vor allem Spinat und Gurken. Ausflüge: Auf die Heide, auf den Schuß, Stengelberg, Thebisberg, in fünf Minuten erreichbar – bewaldet – nach Gießhübl-Sauerbrunn vier Kilometer, Tiergarten mit altem Jagdschloß drei Kilometer, Herrnspitze zwei Kilometer, Burgstadtl ein Kilometer, Legerberg mit Kudlich-Warte sechs Kilometer, Kottershof sechs Kilometer, Duppau zehn Kilometer. Gasthöfe: „Zur Linde" sechs Zimmer, Sparkassenrestaurant ein Zimmer, „Zur weißen Fahne" drei Zimmer, „Zum Egertal" zwei Zimmer, „Kreuzigs Gasthaus" zwei Zimmer, außerdem 25 Privatunterkünfte. Auskünfte: Das Gemeindeamt."

So stellt sich die Geschichte von Welchau – in gekürzter Form – dar:

1 Am Anfang war Welchau ein Klostergut.

Als im 12. Jahrhundert die Gattin des in Böhmen regierenden Přemyslidenherzogs Wladislaw II. in Doxan unweit der Egermündung ein Prämonstratenserinnenkloster stiftete, gehörten zur ersten Beschenkung des neuen Klosters auch Welchau und Umgebung. Aus einer Bestätigungsurkunde von 1226 geht hervor, daß diese Schenkung vor 1173 erfolgt sein muß. Das damalige Klostergut Welchau umfaßte folgendes Gebiet: die Westgrenze bildete die Eger von der Furt von Radovan (Rodisfurt) bis zur Sumpfbrücke Moztische unterhalb von Wickwitz; die Süd- und Ostgrenze war durch Berge bestimmt, die den Welchauer Talkessel umschließen, vom Stenglberg bis zum Hängberg. Daß die Chorfrauen von Doxan mit Vorliebe nach „deutschem Recht" Ortschaften anlegen ließen, darf nicht wundernehmen, denn als 1145 der Klosterbau zum Einzug fertig war, zogen zehn aus dem Kloster Donwald (Erzdiözese Köln) berufene Chorfrauen als die ersten

Schwestern ein. Die erste Vorsteherin hieß Mechthild, der erste Probst als geistlicher Berater der Nonnen war ein Mitglied des Strahover Konvents namens Erlebold und stammte aus dem Kloster Steinfeld in der Eifel, und der erste Abt des Klosters Strahov und unmittelbarer Anreger der Doxaner Klostergründung, Gezo, war erst Domherr und Kustos an der Domkirche zu Köln, bevor er in das Steinfelder Kloster eintrat.

2 Das Klostergut Welchau wird getauscht

So schön und vor allem fruchtbar das Doxaner Klostergut Welchau auch war, so hatte es für das Mutterhaus in Doxan auch einen großen Nachteil: die weite Entfernung vom Stift und damit die erschwerte Verwaltung.

Unter Johann von Luxemburg fand sich Gelegenheit, dieses der Kultur erschlossene Gebiet gegen ein dem Kloster näher gelegenes auszutauschen. Der König tauschte 1336 den Besitz um Welchau mit dem Schloß Hauenstein für die an der Elbe gelegene Herrschaft Kmetynowes und Szernucze um. Damit endete die Herrschaft Doxans über das Welchauer Gebiet, in welchem die Chorfrauen zwei Jahrhunderte segensreich gewirkt hatten.

Das ehemalige Welchauer Klostergebiet wurde nun dem Burgbann Hauensteins einverleibt, zu dem 1357 auch das Gebiet der aufgelösten Benediktinerabtei Wosch zugeteilt wurde. Die so vergrößerte Herrschaft Hauenstein-Himmelstein kam in die Hände von Landadeligen.

3 Welchau war ein altes Pfarrdorf

1352 Die Pfarrkirche „Maria Himmelfahrt“ in Welchau wird erstmals erwähnt.

1384 Welchau ist selbstständige Pfarrei. Die Hussiten vertreiben im 15. Jahrhundert den katholischen Pfarrer.

1563 Beginn der protestantischen Matrik in Schönwald; der dortige Pfarrer ist auch für Welchau zuständig.

1624 Gegenreformation: Lutherische Schulmeister und Geistliche müssen das Land verlassen.

1627 Nach dem kaiserlichen Reformationspatent vom 13. Juli werden nur noch katholische Untertanen geduldet.

1635 Viele evangelische Christen aus dem deutschen Teil Böhmens wandern nach Sachsen, Brandenburg und Holland aus.

1731 Pater Martinus Protz ist der erste katholische Pfarrer in Welchau nach der Reformation.

1867 Die Baukosten für einen neuen Friedhof in Welchau belaufen sich auf 2709 Gulden 38 1/2 Kreuzer.

1894 Die alte und baufällige Kirche wird abgetragen. Während des Kirchenneubaus finden die Gottesdienste im Schloß statt.

1897 Am 22. Mai wird die neue Kirche geweiht.

1902 Pfarrer Karl Baumgärtl, der Gründer des Hospizes Mariahilf, feiert sein 25jähriges Priesterjubiläum.

1939 bis 1946 ist Wenzel Zwerenz der letzte deutsche Pfarrer in Welchau. Bis dahin gehörten zum Kirchsprengel Welchau:
Welchau, Lappersdorf, Jokes, Wickwitz, die Wistritzmühle und Petersdorf.

1997 Zum 100jährigen Kirchweihfest wird ein Gottesdienst neben der einsturzgefährdeten Kirche mit großer deutscher und tschechischer Beteiligung von Pfarrer Jiři Majkov SJ (aus Ostrov/Schlackenwerth) gehalten. Dabei wurden auch einige Lieder aus der Schubert-Messe gesungen.

4 Welchau hatte ein eigenes Schulhaus

Im „Standesausweis der Lehrerschaft an den deutschen Volks- und Bürgerschulen Böhmens", Reichenberg 1933, heißt es:

„Welchau – Volksschule, 2 kl., 74 Schüler – Leiterwohnung, Schulgarten. Oberlehrer Rigoli Rudolf, Lehrerin Pauer Anna, geb. Stefan, Handarbeitslehrerin Fischer Anna, geb. Hufsky. Ruheständler: Oberlehrer Fritsch Josef."

Auf der Luftaufnahme fallen drei größere Gebäude auf: die Kirche, das Schloß, das Hospiz.

Die Kirche

Einst und jetzt.

Im Jahre 1993 hat die Pfarrkirche so ausgesehen: ausgeraubt und demoliert.

Oskar Girschick hat in seiner „Dorfgeschichte von Jokes im Egerland" den Zustand des Kircheninneren auch optisch dokumentiert. Er vermerkte auch, daß noch im November 1995 bis auf einen Eingang alle anderen Portale zugemauert waren.

Das Dach der Kirche wurde zwar erneuert, aber auf dem Luftbild ist zu erkennen, daß noch die Dachrinnen fehlen.

Über die neugotische Kirche in Welchau heißt es im o. g. Heimatbuch weiter:

„Unsere Kirche hatte acht wunderschöne bunte, bleiverglaste Fenster.
Sie wurden gespendet von der Gemeinde Lappersdorf, von der Gemeinde Welchau, von der Gemeinde Petersdorf, von der Gemeinde Jokes, von den Frauen der Gemeinde Wickwitz, von der Familie Graf aus Karlsbad, von der Familie Oertl aus Welchau und von Josef und Wenzel Sacher.
Nach der Vertreibung der Deutschen beginnt der Verfall der Welchauer Kirche.

Was nicht gestohlen wurde, soll sich heute in Schlackenwerth (Lourdes-Grotte, Marienfigur), Mähren (Orgel) und Prag befinden. Der Verputz und die Figuren an den Außenwänden sind verwittert."

Das Schloß

So wie es sich auf dem Luftbild zeigt, war es einst das Sommerschloß des Grafen Eugen Czernin-Morzin auf Petersburg, der auch der Patronatsherr der Kirche war.

In der „Topographie des Königreichs Böhmen", verfaßt von Jaroslaus Schaller, Prag 1785, heißt es:

„Das Schloß, welches ehedem von dem Grafen Schlick sehr fest gebauet, mit einem Wassergraben, einer Aufzugbrücke, und hoher Mauer, mit Schießscharten, die noch allein von der ehemaligen Befestigung übrig geblieben, versehen wurden, ist von dem verstorbenen Hrn. Johann Heßler wieder prächtig erneuert."

Franz Hesler, der von 1763 bis 1799 Pfarrer in Welchau war, beschrieb das Schloß so:

„Es befindet sich hier ein sehr massives Schloß, ... hatte ringsum einen Wassergraben samt Aufzugsbrücke und Mauern mit Schießscharten; letztere stehen noch, der Graben hingegen ist aufgeschüttet und die Aufzugsbrücke abgetragen ...

Das Schloß ist sehr prächtig renoviert mit einem Türmel, Glöcklein, einer großen Zeig- und Schlaguhr, innerlich zur Wohnung bequem eingerichtet, wie auch der daranliegende Meierhof, Malzhaus, Dörrhaus, Wohnungen, Schupfen, Scheuer, alles von Steinen und Ziegeln neu und solid erbaut worden."

Das Hospiz

Am südlichen Ortsende fällt das mehrstöckige und offensichtlich intakte Gebäude des ehemaligen Mariahilf-Hospizes auf, das durch die Initiative des Welchauer Pfarrers Karl Baumgärtl zu Beginn des 20. Jahrhunderts entstanden ist.

In seinem Spendenaufruf vom Februar 1900 schrieb er u. a.:
„Wie schön sagt doch die Schrift: „Ein reiner und unbefleckter Gottesdienst vor dem Vater ist dieser, Waisen und Verlassenen in ihrer Trübsal zu Hilfe zu kommen" (Jak. 1,27).

Diese herrlichen Worte des hl. Geistes seien der Leitstern zur Gründung eines neuen Werkes: Nach dem so glücklich vollendeten Kirchenbau soll mit Gottes Hilfe und edler Menschen Beistand in Welchau ein Hospiz entstehen, in dem
1. *arme Waisenkinder Verpflegung, Erziehung und Unterricht erhalten,*
2. *Arme, sowie alte alleinstehende Leute ohne Unterschied der Konfession gastliche Aufnahme und liebevolle Pflege bis an ihr Lebensende von opferfreudigen Ordensschwestern finden werden."*

1904 erfolgte die Grundsteinlegung zum Hospiz der Barmherzigkeit, und am 27. Juni 1909 wurde es eingeweiht und seiner Bestimmung übergeben.

17 Barmherzige Kreuzschwestern – 14 von ihnen stammten aus Bayern – erfüllten bis zu ihrer Vertreibung 1946 mit aufopfernder Hingabe an Waisenkinder und alte sowie unheilbar kranke Menschen Christi Gebot: „Du sollst Deinen Nächsten lieben wie Dich selbst!"

Schauen wir uns noch einmal das Luftbild an. Wie sagte ich am Anfang:

Welchau hat – von oben gesehen – immer noch etwas von einem Garten Eden an sich. Ich meine, einen schöneren Platz hätte man für das Hospiz Mariahilf nicht finden können!

Quellen:

1) „Dorfgeschichte von Jokes im Egerland“, Herausgeber Oskar Girschick, Ober-Ramstadt, 1996.
2) „Die Karlsbader Landschaft – Das Buch der Heimat“, herausgegeben vom Heimatverband der Karlsbader, Wiesbaden, 1974.

Das Hospiz in Welchau.

Wickwitz – Ewig liebe Heimat.

19 Wickwitz – Ewig liebe Heimat

Diese schlichten und doch so innigen Worte hat der Wickwitzer Oberlehrer Josef Stiepek für den Anfang seiner Heimatschrift gewählt, die er 1950 – also nach seiner Vertreibung – „in der Fremde geschrieben" hat. Meine Luftaufnahme vom 18. Juni 2000 stimmt in diesen Lobpreis mit ein, zeigt sie doch ein herrliches Fleckchen Erde im romantischen Egertal zwischen Karlsbad und Klösterle.

Hundert Jahre vor Josef Stiepek hat der 1782 in Leuben bei Dresden geborene und 1848 in Prag verstorbene Schriftsteller Johann Gottfried Sommer in seinem sechzehnbändigen Werk „Das Königreich Böhmen" das Dorf Wickwitz 1847 so beschrieben:

„Wickwitz, Dorf, 1 1/2 St. ö. von Schlackenwerth, an der Eger, hat 42 H. mit 288 E., ist nach Welchau eingepfarrt; hier ist 1 emphyteutischer (in Erbpracht befindlicher) Maierhof, und zum Dorfe gehören die Orte Irlitzgraben, 4 H., 1/4 St. n., und Burgstadtl, 2. H., 10 Min. s. entlegen, dabei Spuren einer zerstörten Burg."

Professor Viktor Karell hat 1934 in seiner Schrift „Das Egertal und seine Sommerfrischen" über Wickwitz schon ausführlicher berichtet:

„Wickwitz, 336 Meter über dem Meer, 780 Einwohner, Distriktsarzt mit kleiner Apotheke im Orte. Warm- und Kaltwasserleitung, sowie Wannenbäder in einigen Hotels, Badegelegenheit in der Eger, ständiges Kino. Postamt, Bahnstation der Linie Prag Karlsbad – Eger und Zweiglinie nach Gießhübl-Sauerbrunn. Autobusverkehr nach Gießhübl-Sauerbrunn. Wirtschaftlich erzeugt Wickwitz Liköre, Apfelmost, Farben, Grammophonnadeln, Zwirne und Bänder, Blumen (hauptsächlich Orchideen). Ungefähr 2600 Obstbäume, daher herrliche Baumblüte.

Aussichtspunkte: Spitzberg zwei Kilometer, Hütten einen halben Kilometer, mit Gloriett, Hutkoppe einen Kilometer, Haselberg einen halben Kilometer, Burgstadtl mit natürlichem Steingarten ein Kilometer, Alter Berg einen halben Kilometer, Glanzen ein Kilometer, Wald in fünf Minuten erreichbar.

Spaziergänge: Glanzenweg, Zodesweg zum Spitzberg, Hüttenweg-Hoigrabenweg, Gokschweg zur Jagdhütte oder ins Gründl, Alter Bergweg, durchs Schafholz.

Gasthöfe: Hotel Bergner sechs Zimmer, Hotel Bormann sechs Zimmer (beide Wannenbäder), Gasthaus „Zu den zwei Linden" zwei Zimmer, Gasthaus „Zum Bahnhof" zwei Zimmer, 15 Privatwohnungen, Massenlager im Hotel Bergner. Auskünfte: Verschönerungsverein Wickwitz, Gemeindeamt Wickwitz."

Der Wickwitzer Oberlehrer Stiepek hat in seiner Heimatschrift den geschichtlichen Bezug stärker betont, der sich in gestrafter Fassung so darstellt:

1226 Das Welchauer Gebiet mit Wickwitz und Schönwald sind Stiftsgüter des Klosters Doxan (siehe Welchau!).

1249 König Wenzel I. befreit das Welchauer Gebiet, also auch Wickwitz, von der Gerichts- und Dienstbarkeit der Elbogener Burggrafen und unterstellt es sich selbst.

1336 Das Kloster Doxan tauscht seinen Welchauer Besitz gegen einen anderen, der dem Kloster näher liegt.

1489 Laut Teilungsurkunde erhält Graf Kaspar II. Schlick neben den Städten Schlackenwerth und Lichtenstadt noch 19 Dörfer, darunter auch Wickwitz.

1578 Die Herrschaft Schlackenwerth (also auch Wickwitz) kommt an den Herrn von Schönberg.

1585 Seine Söhne verkaufen die Herrschaft Schlackenwerth (also auch Wickwitz) an den kaiserlichen Obristen Wolf Ernst von Wirsberg.

1603 Die Herrschaft Schlackenwerth (also auch Wickwitz) geht in den Besitz der Stadt Schlackenwerth über.

1623 Wegen ihrer Teilnahme am Aufstand des protestantischen Adels gegen den König verliert die Stadt Schlackenwerth diesen Besitz wieder. Die Herrschaft Schlackenwerth (also auch Wickwitz) wird dem Herzog Julius Heinrich von Sachsen-Lauenburg verpfändet, der sie 1625 kauft.

1690 Die Herrschaft Schlackenwerth (also auch Wickwitz) wird für fast 100 Jahre badisch, weil eine Prinzessin des Hauses Sachsen-Lauenberg mit dem Markgrafen Ludwig Wilhelm von Baden verheiratet wird.

1798 In Ermangelung eines katholischen Prinzen aus dem Hause Baden fällt die Herrschaft Schlackenwerth (also auch Wickwitz) an das österreichische Kaiserhaus.

1811 Die Herrschaft Schlackenwerth (also auch Wickwitz) geht durch Hofdekret an den Erzherzog Ferdinand III. Großherzog von Toskana.

1918 Mit der Gründung der Tschechoslowakei verliert dieses Adelsgeschlecht seinen Schlackenwerther Besitz.

Von Herren und Knechten

Josef Stiepek berichtet in seiner Heimatschrift ausführlich und mit interessanten Details über die Lage der bäuerlichen Bevölkerung im Welchauer Gebiet.

„Ohne Bewilligung des Grundherrn durfte der Bauer weder seinen Besitz verkaufen, noch etwa entlaufenes Landvolk aufnehmen. Er war mit Kind und Kindeskindern Eigentum des Grundherrn. Für den „Weglaß“, d. h. die Bewilligung sein Gut zu verlassen, mußte dem Grundherrn ein „weißer Groschen“ entrichtet werden und ein anderer „tauglicher“, dem Grundherrn „gefälliger“ Mann gebracht werden. Der neue Untertan mußte dann auch einen „weißen Groschen zahlen.“

Jede Lebensäußerung bedurfte der obrigkeitlichen Bewilligung. Selbst eine letztwillige Verfügung war ohne vorherige obrigkeitliche Erlaubnis ungültig. In Kriegszeiten mußte der Bauer außer der Lieferung für das Heer noch zahlreiche Fuhren leisten und mitunter froh sein, wenn er mit heiler Haut davonkam. So mußte z. B. der Bauer Jakob Siegl aus Wickwitz im Jahre 1741 Heu für das Heer bis nach Dobruschka, etwa 25 Meilen hinter Brüx fahren und war 17 Tage unterwegs. Als Lohn erhielt er pro Tag 1 fl. 2 kr..

Am 1. November 1781 hob Kaiser Josef II. die Leibeigenschaft auf. Der Untertan konnte nun ohne Erlaubnis wegziehen, heiraten, einen Beruf nach eigenem Willen wählen und ein Handwerk erlernen. Die Robot wurde in der Schlackenwerther Herrschaft aufgehoben.

Eine entschiedene Besserung der Verhältnisse bei der Landbevölkerung tritt erst mit dem Jahre 1848 ein. Es brachte den Bauern die Befreiung aus dem Untertanenverhältnis und löste sie von allen daraus sich ergebenden Verbindlichkeiten. Nur für die aus dem Grundbesitz herrührenden Giebigkeiten, wozu die Zehente, Grundzinsen und die Robote gehörten, war eine Entschädigung an die ehemalige Obrigkeit zu leisten. Sonst war der Bauer frei und unabhängig und konnte nun den von ihm bearbeiteten Grund sein Eigentum nennen.

Vom Aufstieg des Ortes

Dazu schreibt Josef Stiepek:

„Hatte Wickwitz im Jahre 1890 noch 435 Einwohner, so zählte man 40 Jahre später, nämlich 1930, bereits 770 Personen. War die Bevölkerung bis in das 20. Jahrhundert rein deutsch, so lebten 1930 schon 87 Tschechen im Ort, meist Eisenbahnbedienstete mit ihren Familien.

Maßgebend für den raschen Bevölkerungszuwachs war unter anderem der Bau der Buschtiehrader Eisenbahn (Karlbad – Wickwitz – Komotau) in der Zeit von 1869 bis 1872 mit der Errichtung einer eigenen Bahnstation und die Inbetriebnahme einer Lokalbahn Gießhübl/Rodisfort – Welchau – Wickwitz.

Wichtiger für den Verkehr wurde die im Jahre 1886 neu errichtete Egerbrücke anstelle der hölzernen. Die Eisenkonstruktion der Brücke wurde von der Maschinenbaugesellschaft, vormals Ruston in Prag, für 19404 fl. 20 kr. ö. Währung ausgeführt. Unterbau/Pfeiler kosteten 11589 fl. 85 kr..

Nun machte sich auch Industrie seßhaft. Es entstanden die Unternehmen „Farbwerke", Inhaber Menzl & Co., Jokes, und die „Zinkweißfabrik", Inhaber Dr. Wieland.

1901 baute die Gemeinde in der Bahnhofstraße ein neues Gemeindehaus und 1902 ein Postamt.

In Wickwitz gab es eine freiwillige Feuerwehr, einen Männergesangsverein, einen Verschönerungsverein und einen Spar- und Darlehenskassenverein.

Von der Schule

1791 Die Gemeinde läßt ein Schulhaus mit Lehrerzimmer und Lehrerwohnung bauen und übernimmt die Instandhaltung des Gebäudes sowie die Bereitstellung des Heizmaterials auch für die Lehrerwohnung.

1863 Wegen Baufälligkeit wird das Schulhaus eingerissen und durch ein größeres Gebäude ersetzt. Auch wird ein Schulgarten angelegt.

1897 Wegen der ständig steigenden Einwohnerzahl wird ein neues, den modernen Anforderungen entsprechendes Schulhaus mit Schulgarten und Turnplatz gebaut.

1933 In Wickwitz werden eine tschechische Volksschulklasse und ein tschechischer Kindergarten eingerichtet.

1945 Max Schmiedl ist der letzte deutsche Schulleiter in Wickwitz.

Von einem großen Heimatfest

In der „Dorfgeschichte von Jokes im Egerland“ (siehe Quelle!) findet sich auf Seite 144/145 dieser von Oberlehrer Josef Zapf aus Jokes verfaßte Bericht über

„Zweites Egertal – Heimatfest 1934“

„Für ein in großem Stile abzuhaltendes II. Egertal-Heimatfest wurden seit Wochen die notwendigen Vorbereitungen getroffen. Festplatz war der Burgstadlbereich oberhalb von Wickwitz. Mit einem herrlichen Fackelzuge wurde am Vorabend des ersten Festtages, dem 19. Mai, die Feier eingeleitet. Zwei mächtige Höhenfeuer sandten vom Lapberg und von der Heide ihre leuchtenden Strahlengaben weithin ins Egertal.

Die eigentliche Feier für den 20. und 21. Mai wurde an ersterem Tage mit einem Weckruf und zahlreichen Böllerschüssen eröffnet. Von 12 Uhr mittags an begann die Aufstellung des Festzuges, welcher von der Brücke oberhalb des Dorfes bis zur Fabrik Menzl reichte und 58 Festwagen mit etwa 2000 Personen umfaßte.

Die Straße von Jokes nach Wickwitz war von vielen Tausenden von Zuschauern, die den Festzug sodann auf den Festplatz begleiteten, eingefaßt. Über 13000 Festteilnehmer sah der Burgstadlberg an diesem Tag.

Der zweite Festtag war dem Kinde gewidmet. Der Kinderfestzug, zusammengestellt beim Bahnhofe in Wickwitz, umfaßte viele herrlich kostümierte Kindergruppen, unterbrochen von einer großen Zahl prächtig ausgestatteter Festwagen mit etwa 1500 Kindern. Etwa 4000 Personen dürften an diesem Tage den Festplatz besucht haben.“

Die Buben aus Wickwitz (vorn) und aus Permesgrün (dahinter) warten beim Wickwitzer Bahnhof auf den Beginn des Kinderfestzuges beim 2. Egertaler Heimatfest 1934.
(Foto Alfred Siegl aus Wickwitz, jetzt Ober-Ramstadt/ Rohrbach).

Mein „Flug über Wickwitz" hat mit Josef Stiepeks Lobpreis „Ewig liebe Heimat" begonnen. Er soll auch am Schluß noch einmal zu Wort kommen:

„Meine lieben Landsleute!

Ich schließe diese Darstellung einer kleinen Ortsgeschichte von Wickwitz mit der innigen Bitte: Erzählt Euren Kindern und Kindeskindern gar oft und mit eindringlichen Worten von unserer schönen sudetendeutschen Heimat, erzählt ihnen immer wieder „w i e 's d a h e i m e i n s t w a r!"

Quellen:

1) Ewig liebe Heimat -eine Heimatschrift, verfaßt von Josef Stiepek, Oberlehrer a. D., Sudetendeutsches Archiv München, Inv.Nr. 24901.
2) Dorfgeschichte von Jokes im Egerland, herausgegeben von Oskar Girschick im Selbstverlag, Tilsiter Str. 4a, 64372 Ober-Ramstadt.

Jokes im Egerland – ewig unvergessen.

20 Jokes im Egerland – ewig unvergessen.

Da hat es im nördlichen Egerland ein kleines deutsches Dorf gegeben, das seine Bewohner bis zu ihrer Vertreibung gehegt und gepflegt und über alle Maßen geliebt haben.

Wenn auch heute nach 50 Jahren 24 Häuser nicht mehr stehen – ein Vergleich der Luftaufnahme vom 18.6.2000 mit dem früheren Ortsplan zeigt es – so werden die Menschen, die hier lebten, ihr Heimatdorf schon noch erkennen. Da gibt es noch die großen Hallen der Porzellanfabrik, die Schule, die kleine Kapelle neben dem Gemeindehaus, die vertrauten Gassen.

Sollte jemand wieder in 50 Jahren dieses Dorf vom Flugzeug aus fotografieren, so wird aus deutscher Zeit nicht mehr viel übrig sein, vielleicht auch gar nichts mehr.

Und trotzdem wird man auch im Jahre 2050 wissen, wieviele Häuser es hier einst gab, wo sie alle standen, wer in ihnen wohnte, wie sie alle hießen, ja sogar wie viele Kinder und Enkel es z. B. beim „Höllenisch“ gegeben hat und wo sie heute alle leben.

Wie das möglich ist?
Da haben sich nach ihrer Vertreibung 27 Menschen aus diesem Dorf zusammengetan, Frauen und Männer, und zur Erinnerung an die geraubte Heimat die

„Dorfgeschichte von Jokes im Egerland“

geschrieben, ein Buch mit 318 Seiten. Allein die lückenlose Erfassung der Hausbewohner mit Kind und Kegel beweist, welch gründliche Vorarbeit dem Heimatbuch zugrundeliegt.

Einer von ihnen, Oskar Girschick, hat das Wagnis auf sich genommen und 1996 dieses Heimatbuch auf eigene Kosten und eigenes Risiko herausgegeben.

Ich habe dieses Buch gelesen. Mit „Dorfgeschichte von Jokes im Egerland“ ist den Autoren ein wertvolles Heimatlesebuch gelungen, das Chronik, Bilder, Karten, Biographien, Statistiken, Erlebnisberichte, Erzählungen, Gedichte und noch vieles mehr in sich vereinigt. In ihm ist auch das letzte grausame Kapitel der Dorfgeschichte für die Nachwelt festgehalten: Willkür, Gewalt, Enteignung und Vertreibung durch die neuen tschechischen Machthaber.

Ich freue mich, daß die Kunde von diesem kleinen einst deutschen Dorf im Egerland auch durch meine Luftaufnahme lebendig bleibt. Meinem Text dazu liegt natürlich das Jokes-Buch zugrunde, dessen Titel ich im Folgenden nur mit „Dorfgeschichte“ nenne.

Wo liegt Jokes?

Zuerst schauen wir auf der Karte nach, wo dieses Jokes liegt. Heute heißt es Jakubov. Man findet es, wenn man auf der Karte des nördlichen Egerlandes von Karlsbad der Eger abwärts Richtung Klösterle folgt. Etwa auf halber Strecke liegt – zwar nicht direkt an der Eger, aber ihr doch sehr nahe – auf der rechten Seite der Ort Jokes.

Er hatte 1930 112 Häuser und 754 Einwohner; 753 deutsche und 1 tschechischen.

Woher kommt der Name?

Der etwas ungewöhnliche Name des Dorfes erinnert mich an ein Gedicht aus meiner Kinderzeit: „Der Herr schickt seinen Jokel aus...“ Aber in unserem Fall war der „Herr“ das Prämonstratenser-Nonnenkloster Doxan bei Leitmeritz, das schon im 12. Jahrhundert hier kolonisierte und an diesem Teil der Eger Stiftsgüter besaß. Dazu gehörte auch Jokes. Es liegt nahe, daß der Ortsname auf einen Siedler namens Jakob (nach Apostel Jakob d. Ä.) zurückgeht.

Was Heimatschriften früher über Jokes berichteten.

Aus dem Schulbuch von Heribert Sturm, 1932; „Dorfgeschichte“ S. 33:

„Jokes wird im Jahre 1141 zum ersten Male genannt und ist eine Gründung des Doxaner Klosters. Seit dem Jahre 1336 gehörte das Dorf zur Herrschaft Hauenstein. Das Gemeindegebiet umfaßt einen Raum von 892 Hektar; dies ergibt im Hundertsatz bei Äcker 38,78, Wald 35,21, Weideland 12,33, Wiesen 10,76, Gärten 2,70 und unproduktivem Boden 0,22. In Jokes werden 114 Häuser und 754 Einwohner gezählt, darunter ein Slowake. Die Bewohner sprechen die Egerländer Mundart. Der Großteil der Bevölkerung treibt Ackerbau und Viehzucht. Allenthalben wird der Obstbau gepflegt (Äpfel und Birnen); mehrere Obstbaumschulen im Ort decken den Nachwuchs. Auch ist seit einigen Jahren die Bienenzucht im Aufschwung begriffen. Und dazu sind noch einige Gemüsegärtnereien im Orte vorhanden, sowie natürlich eine Reihe von Gewerbetreibenden. Ein Teil der Ortsbevölkerung ist auch in der Menzl'schen Porzellanfabrik beschäftigt.

Ortsteile:

Ölsnitz, 1568 zum ersten Male erwähnt, ein Weiler von 3 Häusern. Säuerlingsmühle, 1726 erstmals genannt.“

Aus „Das Egerland und seine Sommerfrischen“ von Viktor Karell, 1934; „Dorfgeschichte“ S. 37:

„Jokes hat ca. 800 Einwohner, die noch die Egerländer Mundart sprechen. Der Großteil der Bewohner treibt Ackerbau und Viehzucht, Obstbau und Bienenzucht, Gemüsegärtnerei. Großes Jagdrevier. Die unweit Jokes liegende Säuerlingsmühle gehört zur Gießhübler Wasserversendung. Der Ort besitzt eine Porzellanfabrik (J.Th.Menzl), die seit 1895 besteht, im Inlande guten Absatz hat und in alle Erdteile exportiert. Die Fabrik beschäftigt ca. 200 Arbeiter. Lohnende Ausflüge auf die Berge der Umgebung. Saubere Unterkünfte. Auskunft: Gemeindeamt Jokes.“

Der auf der Jokeser Gemarkung bei der Säuerlingsmühle austretende Säuerling – die „Apolloquelle“ – wurde 1905 durch die Heinrich Mattoni AG in Gießhübl-Sauerbrunn übernommen. Die Einwohner von Jokes konnten dort das Mineralwasser kostenlos abholen.

Die auf meiner Luftaufnahme markierten Gebäude sind

1 Porzellanfabrik Menzl

Sie ist nicht zu übersehen. Über die Geschichte dieses für Jokes und die umliegenden Orte sehr bedeutsamen Industriebetriebes finden sich in der „Dorfgeschichte“ sehr detaillierte Angaben. Oskar Girschick und sein Landsmann Franz Schmidt fanden 1995 im Staatlichen Bezirksarchiv in Karlsbad Dokumente über die Gründung und Entwicklung der Porzellanfabrik. Hier nur die wichtigsten Daten:

1895 Ernst Mader aus Sodau errichtet im Haus Nr. 35 eine Porzellanfabrik. Sie besteht aus einem Maschinenhaus (im früheren Stall), einem Dreherzimmer, einem Aufbewahrungsraum für die Formen, einem Brennhaus und einem Glasurzimmer. Im einstigen Wohnhaus steht ein Kanalofen mit 10 Schürungen.

1901 In der Fabrik sind 45 Männer und 33 Frauen beschäftigt.

1916 Nach mehrfachem Wechsel der Gesellschafter wird Josef Th. Menzl, Kaufmann in Wintersgrün bei Elbogen, alleiniger Besitzer des Unternehmens. Firmenname: Porzellanfabrik Jokes, Josef Th. Menzl, Jokes-Wickwitz.

2

1919 Der Fabrikbesitzer läßt sich beim Werk eine **Villa** bauen.

1920 bis 1927: Josef Th. Menzl erwirbt in Jokes mehrere Häuser und läßt in ihnen Arbeiterwohnungen einrichten.

1922 bis 1932: Josef Th. Menzl läßt seine Fabrik vergrößern und modernisieren.
Die Erzeugnisse bestehen hauptsächlich aus Kaffeetöpfen, Küchengarnituren, afrikanische Becher usw.. Der Hauptteil der Erzeugung ist auf den Export angewiesen und zwar nach Amerika, England und Kolonien, Frankreich, die ehemals österreichisch-ungarischen Länder, Rumänien, die nordischen Länder, Belgien, Afrika.

1945 Die Porzellanfabrik wird von einem tschechischen Verwalter übernommen. Karl Menzl, Sohn von J. Th. Menzl, wird enteignet, kommt einige Monate ins Gefängnis und war bis zur Zwangsaussiedlung im Mai 1946 als „Fachmann“ im eigenen Betrieb tätig.

1997 Oskar Girschick befindet sich am 1. September in seinem Heimatort Jokes. An diesem Tag wird Porzellan gebrannt.

Girschick schreibt darüber:

„Bei völliger Windstille stand eine große schwarze Wolke über dem Egertal. Ich kann mich nicht erinnern, daß früher die Luft derart schlecht und der Himmel verdunkelt war, obwohl ich immerhin 15 Jahre dort gelebt habe. Das war einer der letzten Brände, denn kurz darauf wurde die Porzellanfabrik in Jokes geschlossen.

In Jokes gibt es noch eine kleine Steingut-Werkstatt in der alten Schule und im ehemaligen Gasthaus Siegl, ferner eine kleine Firma im ehemaligen Schweinestall beim Peterhof, die Holzfiguren herstellt.“

3 Die alte Volksschule in Jokes

Auch was die Schulverhältnisse in Jokes betraf, konnten sich die Autoren der „Dorfgeschichte“ auf zwei zuverlässige historische Quellen stützen:

1. I. Band. Gedenkbuch der Gemeinde Jokes, geführt von Robert Kraus, Oberlehrer in Jokes;

2. Schulchronik von Jokes, 1922 - 1943.

1829 In Jokes wird eine „Schulstation“ errichtet. Vorher mußten die Schulkinder die Schule in Welchau besuchen, was wegen der Entfernung und des nicht ungefährlichen Weges entlang der Eger mit erheblichen Schwierigkeiten verbunden war. Die „Schulstation“ wird von einem „exponierten Schulgehilfen“ betreut, der die Kinder alle acht Tage in einem anderen Bauernhaus unterrichtet.

1852 Die Gemeinde baut ein eigenes Schulhaus, das so aussah:

Das Gebäude erhielt ein kleines Türmchen mit Glocke und Turmuhr. Es steht noch, aber Türmchen, Glocke und Uhr sind nicht mehr vorhanden. In der einklassigen Schule befand sich auch die Lehrerwohnung. Der damalige Lehrer Johann Klemm hatte das Gebetläuten und mit den Schulkindern auch den Gemüsegarten bei der Schule zu besorgen.

Im Schuljahr 1896/97 wurde die einklassige Volksschule in Jokes von 113 (!) Kindern besucht (63 Knaben und 50 Mädchen). Dieser für Kinder und Lehrer unzumutbare Zustand wurde durch den Bau eines größeren Schulgebäudes behoben.

Nach Bezug der neuen Schule wurde das alte Schulhaus zum Gemeindehaus mit Mietwohnungen.

4 Die neue Volksschule in Jokes

1897 Sie wird am 29. August eingeweiht. An der jetzt zweiklassigen Schule wirken Oswald Eberle als Oberlehrer und Josef Pschorn als Unterlehrer.

1909 In der Oberstufe wird Schwimmunterricht eingeführt. Erst wird im Turnsaal mittels eingehängter Gurte das Trockenschwimmen und dann in der warmen Jahreszeit in der Eger das Schwimmen geübt. Oberhalb des Mühlwehres war ein Schwimmplatz mittels Pfählen abgesteckt.

1914 bis 1918: In den vier Kriegsjahren findet in beiden Klassen Halbtagsunterricht statt. Oberlehrer Robert Kraus muß deshalb täglich 130 Kinder unterrichten.

1929 Zu Weihnachten tritt die Schule unter Oberlehrer Josef Zapf mit einer größeren Veranstaltung an die Öffentlichkeit. Zur Aufführung gelang 1. Weihnachtsprolog, 2. Potpourri für Sporan und Alt mit Zitherbegleitung, 3. Ruprecht und Christkind im Zwiegespräch, 4. Stabübungen, Knaben der 2. Klasse, 5. Reigen, acht Mädchen der 2. Klasse, 6. „Rosen und Jugend" für Sopran und Alt mit Zither, 7. Das verirrte Weihnachtenspüppchen, Gesamtspiel mit Gesang und Tanz, 8. Schlußbild: Weihnachtszauber.

1943 Die letzte deutsche Eintragung in der Schulchronik von Jokes über die Schülerzahlen im Schuljahr 1942/43 lautet:

1. Klasse (1. - 4. Schuljahr)
13 Knaben, 9 Mädchen;
2. Klasse (5. - 8. Schuljahr)
14 Knaben, 13 Mädchen.

1997 Bei der 100-Jahr-Feier der Schule am 31. August wurde auch das mit deutschen Spenden restaurierte Kriegerdenkmal (siehe Luftbild rechts neben der Schule) mit großer deutsch-tschechischer Beteiligung wieder eingeweiht.

5 Die Kapelle

bei der alten Schule machte im November 1995 einen gepflegten Eindruck. Hingegen war, ebenfalls 1995, die kleine Kapelle an der Porzellanfabrik völlig verwahrlost. Auch die Muttergottes-Statue war verschwunden.

Zu deutscher Zeit gehörte Jokes zum Kirchsprengel Welchau.

Vereine in Jokes bis 1945
Die „Dorfgeschichte" führt – sage und schreibe – 20 Vereine an.

1) Arbeiter-Radfahrer-Verein;
2) Arbeiter-Sängerbund;
3) Arbeiter-Turnsektion „Freie Turnerschaft";
4) Bolzschützenklub;
5) Bund der Kriegsverletzten, Witwen und Waisen;
6) Deutscher Bienenwirtschaftlicher Landes-Zentralverein;
7) Deutsche Gewerbepartei;
8) Deutscher Kulturverband;
9) Deutsches Rotes Kreuz;
10) Deutscher Turnverband, Turnverein Jokes;
11) Fortbildungsverein „Eintracht" beiderlei Geschlechts;
12) Freiwillige Feuerwehr; bereits 1877 gegründet;
13) Jokeser Feuerwehrmusik;
14) Land- und Gastwirtschaftlicher Verein;
15) Männergesangsverein;
16) Militärveteranenverein;
17) Musikverein „Lyra";
18) Pfeifenklub „Gemütlichkeit";
19) Union aller Glas-, Keramischen- und verwandten Arbeiter;
20) Zentralverband der deutschen Kleinbauern und Häusler.

In der „Dorfgeschichte" sind Zweck, Gründungsdatum, Mitgliederzahlen und Vorstände aufgeführt.

Bei allen Vereinsfesten gab es natürlich die

Egerländer Leibspeise

Schweinafleisch, Knia(d)la u Kraut,
dös habm miar in Eghaland gearn,
vül löiwa habm ma fei(n) dös
wöi Köichla u bachana Stearn.

Eardepfl san neks füar uns,
dau wiard uns sua olwa in Mogn,
dau habm ma koa Kraft u koa Freid,
u kinna aa neks mäi(h)a trogn.

'Gaiht oin wöi an annan a sua,
dau ho(b) ich scho üwarall gschaut;
ban Sterbm am End bäign miar nuch:
„Kochts Schweinas u Knia(d)la u Kraut!"

(von Margareta Pschorn aus Rodisfort)

1945/46 tschechische Gewalt auch in Jokes

In den ersten Monaten nach dem Ende es 2. Weltkrieges ging es in Jokes einigermaßen friedlich zu. Die Bauern konnten ohne Angst vor Tieffliegerangriffen auf ihren Feldern arbeiten, abends brannte im Ort wieder die Straßenbeleuchtung und nach mehr als 6 Jahren mußte nicht mehr verdunkelt werden.

Weil der langjährige deutsche Bürgermeister Wendelin Förster immer dafür gesorgt hatte, daß die Fremdarbeiter aus Polen und Rußland in Jokes gut behandelt wurden, gab es im Ort auch keine Übergriffe, auch nicht von den in der Porzellanfabrik untergebrachten Kriegsgefangenen.

Aber im Herbst 1945 wurden von tschechischen Organen zwölf Männer und eine Frau aus Jokes verhaftet und nach Karlsbad ins Gefängnis gebracht. Wie man bald erfuhr, bekamen sie dort wenig zu essen, dafür aber reichlich Prügel. Die Frauen oder Töchter der Inhaftierten gingen zweimal wöchentlich abwechselnd zu Fuß nach Karlsbad, hin und zurück über 44 km, um Essen hinzubringen. Ein humaner Wärter erlaubte den Frauen, die mitgebrachten Lebensmittel zu hinterlassen, während die Verhafteten in den bombardierten Häusern in Karlsbad die Trümmer wegräumen mußten.

Am 27. März 1946 wurden die ersten vier Familien aus Jokes nach Thüringen abtransportiert. Weil sie Antifaschisten waren, konnten sie auch einige ihrer Möbel mitnehmen.

Am 8. April und 10. Mai 1946 gingen zwei Sammeltransporte aus Jokes über das Lager in St. Joachimsthal nach Hessen.

Endstation des 3. und 4. Abschubs war Mitteldeutschland, also die sowjetische Besatzungszone.

Es war ein großes Glück für Jokes, daß nur ein Ortsbewohner – Josef Weber – ein Opfer tschechischer Gewalt wurde. Er ist am 28. Dezember 1945 im Zwangsarbeitslager Kladno gestorben.

Mord und Totschlag in Totzau

Im Juni 1945 fielen tschechische Mörderbanden in den Nachbarort Totzau ein, ermordeten dort 27 deutsche Männer – darunter drei Buben im Alter von 14, 16 und 17 Jahren – und zwei Frauen. Ein Kind fand man später tot in der Jauchegrube. Frau Dr. Christiane Brückner aus Totzau war Augenzeugin und hat diese schrecklichen Ereignisse im „Kaadener Heimatbrief" Juni 1995 veröffentlicht.

Die tschechischen Mörder mußten sich nie vor einem Gericht für ihre

Verbrechen verantworten, denn ein Beneš-Dekret schützt sie bis zum heutigen Tag.

Pfungstadt ist Patenstadt von Wickwitz und Jokes.

Am 19.August 1961 hat die hessische Stadt Pfungstadt die Patenschaft für Wickwitz und Jokes übernommen. In der Urkunde dazu heißt es:

„Die Stadt Pfungstadt ist für zahlreiche Bürger dieser Gemeinden zur zweiten Heimat geworden. Mit der Übernahme der Patenschaft will sie dazu beitragen, das geistige und kulturelle Gut, Sitte und Art der alten Heimat zu wahren."

Der Herausgeber und Mitautor der „Dorfgeschichte von Jokes im Egerland", Oskar Girschick, hat mit seinem Heimatbuch dafür gesorgt:

Jokes im Egerland bleibt ewig unvergessen!

Jokes. Im Vordergrund die ehemalige Porzellanfabrik Menzl.

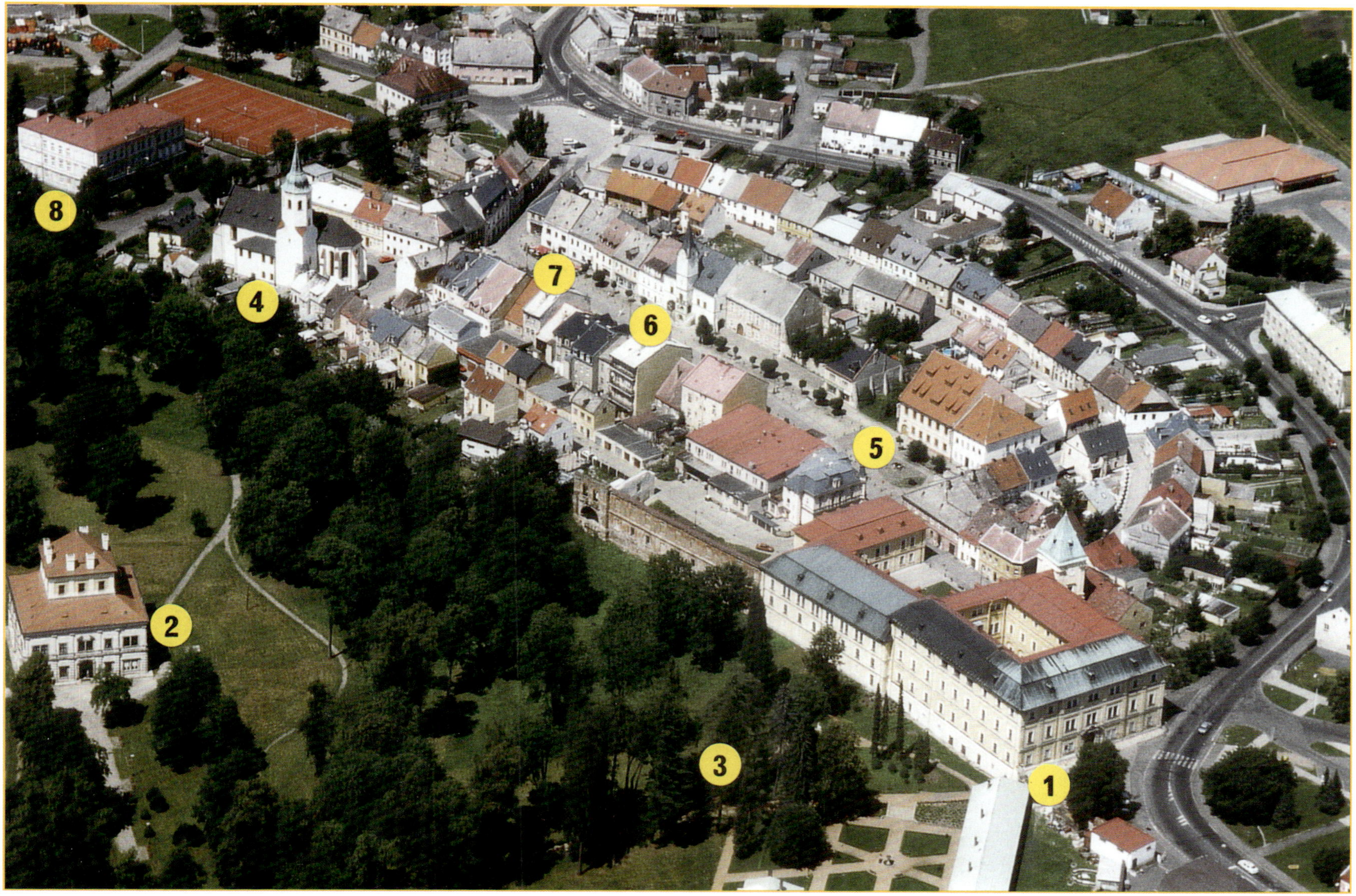

Schlackenwerth war eine Königsstadt.

21 Schlackenwerth war eine Königsstadt

Oh armes Schlackenwerth im nördlichen Egerland! Wie hat man Dich verschandelt! 1272 wurdest Du zur Königlichen Stadt erhoben. 1945/46 – also nach 673 Jahren –, als man die deutschen Menschen aus ihren Häusern trieb, hattest Du immer noch etwas Königliches an Dir. Heute, nur 50 Jahre später, ist davon nicht mehr viel zu sehen. Man muß sich nur die Häuser um den Marktplatz genau anschauen. Allein die Formen und Farben der Dächer sind wahrlich keine Glanzleistung tschechischer Städteplaner. Auch tschechische Menschen mit Sachverstand sprechen von nicht wieder gut zu machenden Bausünden.

Nur gut, daß Dein großes „Weißes Schloß" mit dem „Lusthaus" im einstigen Schloßpark, Deine Kirche, Dein Rathaus, Deine Schule und noch einige Bürgerhäuser aus der Zeit des Barock, der Renaissance und des Empire erhalten geblieben sind! Letzte Zeugen Deiner großen geschichtlichen Vergangenheit!

Und davon soll im folgenden die Rede sein, damit die Nachkommen derer, die heute in Ostrov leben und die Nachkommen derer, die einst in Schlackenwerth daheim waren, von der großen Historie dieses Ortes erfahren.

Am besten blättern wir zunächst einmal in der Ortschronik.

(Gekürzt entnommen aus „Schlackenwerth – Ein Buch der Erinnerungen", bearbeitet von Josef Hubatschek, herausgegeben von der Arbeitsgemeinschaft Stadt Schlackenwerth, 1972)

1207 Die älteste Nachricht über Schlackenwerth stammt aus einer Urkunde des Klosters Osseg in Böhmen, die von König Přemysl Ottokar I. unterzeichnet ist.

1225 Erbauung der ersten Kirche, der späteren Friedhofskirche „St. Jakob", im romanischen Stil.

1272 Schlackenwerth wird zur Königlichen Stadt erhoben.

1331 Johann von Luxemburg, König von Böhmen, erteilt in einem Privilegium den Einwohnern von Schlackenwerth den Titel „Bürger der Stadt Schlackenwerth".

1383 Es entsteht eine Pfarrkirche zum „Hl. Nikolaus". Nach einem Umbau (1500-1550) wurde sie dem Erzengel „St. Michael" geweiht.

1434 Kaiser Sigismund verpfändet seinem Kanzler Kaspar Schlick Schloß und Herrschaft Schlackenwerth, dazu Schloß und Herrschaft Elbogen. Die Schlicks gehören zum mächtigen protestantischen Adel Nordwestböhmens. Durch ertragreichen Silberbergbau in Joachimsthal vergrößern sie ihren politischen Einfluß. Seit 1519 werden die „Joachimsthaler" geprägt. Nach der Schlacht am Weißen Berg wird auch ein Graf Schlick am Altstädter Ring in Prag gehängt.

1567 Die Stadt wird ein Raub der Flammen; ebenso 1607, 1734, 1795, 1866.

1597 Kaiser Rudolf II. verleiht der Stadt „ein sonderliches Wappen" und das Recht, mit rotem Wachs zu siegeln.

1603 Der Rat der Stadt erwirbt die Herrschaft Schlackenwerth.

1623 Wegen Teilnahme am „böhmischen Aufstand" wird die Stadt enteignet, die Herrschaft Schlakkenwerth an Herzog Julius Heinrich von Sachsen-Lauenburg verpfändet. Zwei Jahre später wird ihm die Stadt Schlackenwerth käuflich überlassen.

1642 Der neue Herr legt einen großen Lustgarten an. Über 50 Häuser der Altstadt werden abgetragen. Es soll der schönste Lustgarten Europas werden.

1666 Großherzogin Anna Magdalena von Sachsen-Lauenburg stiftet das Piaristenkloster, das in den Jahren 1666 bis 1674 erbaut wird.

1673 Im Auftrag des Herzogs Julius Franz von Sachsen-Lauenburg erbaut der Prager Baumeister Abraham Leuthner das Lusthaus, das spätere Gartenhaus im Schloßpark.

1686 Die Stadt wird von der Pest nicht befallen. Fünf Jahre später wird auf dem Marktplatz die „Pestsäule" – eine Mariensäule – errichtet.

1690 Ludwig Wilhelm, Markgraf von Baden, heiratet die noch sehr junge Prinzessin Franziska Sibylla Augusta von Sachsen-Lauenburg. Durch diese Heirat kommt die reiche Herrschaft Schlackenwerth beinahe hundert Jahre lang (bis 1787) in den Besitz der Markgrafen von Baden.

1710 Der Bau des Rastatter Schlosses schreitet voran. Das Geld für diesen Bau wir der reichen Herrschaft Schlackenwerth entnommen. Nach Fertigstellung wird die Schlackenwerther Kunstkammer und die „Türkenbeute" dorthin verlegt. Unter den Gemälden befinden sich Originale von Dürer, Rubens, Cranach und anderen großen Meistern.

1728 Gründung der Bruderschaft „Getreue Jungfrau Maria"; dadurch erhält das Kloster und die Klosterkirche den Namen „Maria Treu".

1742 Schlackenwerth zählt etwa 1100 Einwohner.

1789 Nach dem Tode der Prinzessin Elisabeth Augusta, einer Tochter des Markgrafen Ludwig Georg, fällt Schlackenwerth in Ermangelung eines katholischen badischen Prinzen dem Kaiserhaus Wien zu.

1795 Am 14. September brennen die Schlösser, die Stadtkirche, das Pfarrhaus, die Schule, das Rathaus, 114 Wohnhäuser und 22 Scheunen nieder. Mit großem Fleiß und noch größeren Opfern wird die Stadt wieder aufgebaut.

1806 Goethe besucht erstmals Schlakkenwerth und kommt später immer wieder.

1811 Kaiser Franz I. erläßt ein Hofdekret, wonach die Herrschaft Schlackenwerth an den Erzherzog Ferdinand III., Großherzog von Toskana übergeht.

1855 Fasanengarten, Tiergarten und Baumgarten werden aufgelassen und bleiben nur noch Flurnamen. Schlackenwerths Pracht und Herrlichkeit gehen zu Ende.

1859 Infolge der stürmischen Einigungsbestrebungen in Italien flüchtet die Großherzogliche Familie aus Florenz und trifft am 12. September in Schlackenwerth ein.

1861 Großherzog Leopold II. von Toskana wird zum Bürgermeister von Schlackenwerth gewählt.

1871 Am 9. Dezember erfolgt die Eröffnung der Buschtiehrader Eisenbahnstrecke Eger – Karlsbad – Schlackenwerth – Komotau – Prag.

1873 Gründung der Porzellanfabrik „Pfeiffer und Löwenstein". Unter der späteren Marke „PULS" geht wertvolles Kunst- und Tafelporzellan in alle Welt.

1879 Großherzog Leopold II. von Toskana läßt auf seine Kosten die Stadtkirche renovieren.

1891 erhält Schlackenwerth die elektrische Straßenbeleuchtung.

1896 Bau der Eisenbahnstrecke von Schlackenwerth nach St. Joachimsthal.

1897 Baubeginn einer neuen Volks- und Bürgerschule.

1899 Schlackenwerth erhält eine gewerbliche Fortbildungsschule.

1900 Gründung einer Ortsgruppe des „Bundes der Deutschen in Böhmen" zum Schutz gegen die Tschechisierung des deutschböhmischen Gebietes.

1918 Am 28. Oktober wird in Prag von den Tschechen der neue Staat „Tschechoslowakische Republik" ausgerufen. Schlackenwerth wird von tschechischen Legionären besetzt und kommt zur ČSR.

1919 Die Herrschaft Schlackenwerth fällt im Zuge der Enteignung der ČSR zu und wird Staatsbesitz. Am 4. März finden in allen Kreisstädten Großkundgebungen der Sudetendeutschen statt; es wird ein Selbstbestimmungsrecht gefordert. 54 Sudetendeutsche werden an diesem Tag von den Tschechen erschossen.

1931 Nach zweijähriger Bauzeit wird das Altenheim seiner Bestimmung übergehen.

1933 Am 2. September wird die „St.-Floriani-Kapelle" als Gefallenen-Ehrenhalle eingeweiht. Die Arbeitslosgikeit unter der deutschen Bevölkerung wird immer größer und nimmt bedrohliche Formen an.

1938 Die Zahl der deutschen Arbeitslosen nimmt von Jahr zu Jahr zu. Der Volkstumskampf, dem sich die Sudetendeutschen ausgesetzt sehen, wird immer heftiger; eine Verhaftungswelle setzt ein. Am 21. Mai erfolgt die erste Mobilmachung der tschechischen Armee, am 24. September die zweite. Einige Schlackenwerther flüchten über die Grenze und melden sich dort beim „Sudetendeutschen Freikorps“. Am 2. Oktober marschiert die Deutsche Wehrmacht in Schlackenwerth ein und wird als Befreier vom tschechischen Joch von der Bevölkerung herzlich begrüßt.

1939 Am 1. September bricht der Zweite Weltkrieg aus. Es herrscht kein Jubel. Jeder fühlt, daß eine sehr ernste Zeit anbricht, eine Zeit, die auch für Schlackenwerth zu einem furchtbaren Ende führen sollte.

1944 Am Heiligen Abend bricht im Schloß ein Brand aus. Zu dieser Zeit sind hier eine Bekleidungskammer der Waffen-SS und ein Lager für kranke KZ-Häftlinge untergebracht.

1945 Ab 9. Mai schweigen an allen Fronten die Waffen. Die Stadt Schlackenwerth beklagt 162 Gefallene. Bewaffnete und unbewaffnete Tschechen besetzen die Stadt. Der letzte deutsche Bürgermeister Josef Wolf muß die Stadt den Tschechen übergeben und wird verhaftet.

In einer unmenschlichen Weise setzen die Verfolgungen und Austreibungen von deutschen Einwohnern ein. Im Gasthaus „Westfelner“ richten die Tschechen ein KZ ein, in dem die inhaftierten Deutschen aus Schlackenwerth und Umgebung schwerstens mißhandelt werden und viele von ihnen auf grausame Art den Tod finden.

Am 12. Juni müssen in wenigen Minuten alle Lehrkräfte die Stadt verlassen. Am 15. August erfolgt der erste Abtransport einer größeren Gruppe in Richtung Brandenburg.

Im November müssen die deutschen Schwestern der „Christlichen Liebe“ das Kloster verlassen. Das Gnadenbild wird nachts heimlich in die Stadtkirche St. Michael gebracht. In dieser Zeit werden achtzehn Schlackenwerther, darunter auch Frauen, Opfer tschechischer Gewalt.

1946 Am frühen Morgen des 28. September liest Pfarrer Rudolf Salzer in der Stadtkirche zum letzten Mal die heilige Messe. Niemals wurde in diesem Gotteshaus soviel geweint, wie an diesem Morgen. Bis auf ganz wenige müssen alle Deutschen ihre Heimatstadt verlassen; zurück bleiben nur die Toten.

Auf meiner Luftaufnahme vom 18. Juni 2000 habe ich die noch vorhandenen Zeugen aus Schlackenwerths großer deutscher Vergangenheit markiert.

1 Das „Weiße Schloß“

Es war die Residenz der Grafen Schlick, der Herzöge von Sachsen-Lauenburg, der Markgrafen von Baden, der Großherzöge von Toskana.

Der wuchtige Barockbau mit seinen zwei großen, hintereinanderliegenden Höfen erlebte seine Glanzzeit im 17. Jahrhundert unter den Herzögen von Sachsen-Lauenburg, die hier einen Hofstaat von 200 Personen unterhielten. Künstler der damaligen Zeit schufen hier bedeutsame Werke. Zur Zeit des Markgrafen Ludwig Wilhelm von Baden wirkte hier der „edle und kunstreiche“ Johann Kaspar Ferdinand Fischer, dessen Name in der Musikwelt einen guten Klang hat. Er wird als würdiger Vorgänger des großen Johann Sebastian Bach bezeichnet. Hohe Gäste beherbergte das Schloß, so Kurfürst Johann von Sachsen (1691), Kaiser Leopold (1671), Kaiser Ferdinand, König Georg von Sachsen, Kaiser Josef II. (1779), Kaiser Franz Josef (1864), Schah von Persien (1902).

In allen Gängen, Stiegenhäusern und Vorzimmern waren die Wände mit Jagdtrophäen geschmückt. Mächtige Eberköpfe, präparierte Pelikane und Adler, Prachtstücke von Geweihen aus den kaiserlichen Forsten schmückten die Wände.

Heute, im Jahre 2000, dient das „Weiße Schloß“ mit seiner großen Vergangenheit einem ganz profanen Zweck: es ist zu einem Schulhaus umfunktioniert worden.

2 Das Lustschloß (auch Lusthaus genannt)

1673 erbaut es der Prager Baumeister Abraham Leuthner im Auftrag des Herzogs Julius Franz von Sachsen-Lauenburg. Später läßt es Markgraf Ludwig Wilhelm von Baden in ein „Gartenhaus“ ausbauen mit glitzernden Grotten, Kaminnischen, herrlichen Stuckdecken, die mit wundervollen Fresken, zierlichen Blumengirlanden und übervollen Fruchtkörben geschmückt sind. Glanzvolle Zeiten hat dieses prächtige Sommerschloß einst gesehen. Hier dirigierte der Egerländer Hofkapellmeister J.C.F. Fischer (1665 - 1746) seine Werke. Als Erfinder der Fuge wird er auch der „Badische Bach“ genannt.

Heute wird der Bau als Galerie genutzt.

3 Der Lustpark

Für seine Anlage läßt Herzog Julius Heinrich von Sachsen-Lauenburg 1642 mit großem Kostenaufwand mehr als 50 Häuser der Altstadt abtragen. Der Jesuit und Geschichtsschreiber Böhmens, Balbin, hat die barocke Anlage als „achtes Weltwunder“ bezeichnet: *„Täler sind geebnet, Hügel abgetragen, aus einer Entfernung von einigen tausend Schritten ist der Fluß hineingeleitet, der den ganzen Park in mehreren Windungen nach Art des Mäanders durchfließt und bewässert. Dort liegt der Flußgott selbst aus Stein gehauen in Gestalt eines Riesen, der eine Schale hält. In diese wird der Fluß hineingezwängt, den er dann, auf dem untergestemmten Arme ruhend, mit einer Art harmonischen Klingens und mit Dröhnen eines Wasserfalles hinabstürzen läßt. Goldfische kann man zwischen überaus herrlichen Blumenbeeten spielen sehen und andere, mit Ringen gezeichnete, die so abgerichtet sind, daß sie sich auf ein Glockenzeichen hin locken lassen und ohne Furcht Nahrung aus der Hand nehmen, ja sich sogar gerne von Menschenhand berühren lassen. Was Bäume und Blumen anbelangt: welche Anmut und Seltenheit! Welch schöne Anordnung in allem, künstliche Höhen, eine Einsiedelei , Söller, Bassins, Meergrotten, ein schildkrötenförmiges Gewölbe mitten im Wasser, ein palastähnliches Gebäude, dann ein Haus, das die Blumen bei schlechtem Wetter schützt, bei heiterem Himmel aber auf Rädern weggefahren werden* *kann. Auch habe ich sonst nirgend anderswo das Glück gehabt, mehr oder schönere Arten von Nelken und Gewürzpflanzen zu sehen...".*

4 Pfarrkirche St. Michael

Als sie um 1383 errichtet wird, ist sie zunächst dem hl. Nikolaus geweiht. Zwischen 1500 und 1550 wird die Kirche im Renaissancestil umgebaut und in St. Michael umbenannt. Sterngewölbe und Taufkapelle behalten ihr spätgotisches Aussehen, das Kirchenschiff erhält einen Rundgang. Das Altarbild „Grablegung Christi", das dem böhmischen Barockmaler Karel Škréta zugeschrieben wird, schließt den Kreuzwegzyklus ab.

An der rechten Seite des Hochaltars befindet sich ein eingemauerter Gruftstein mit folgender Inschrift: „Hier liegen begraben vier Brüder und Herrn, Herr Mathes, Herr Kaspar, Herr Hans und Herr Wolf des edlen, wohlgeborenen Herrn, Herrn Kaspar Schlick, Grafen zu Passau, Herrn zu Elbogen und Schlackenwerth zur löblichen Gedächtniß eheliche Kinder am letzten Tag Aprilis des Jahres 1521".

In der Michaelskirche befindet sich heute das Gnadenbild „Maria Treu", das zu deutscher Zeit Ziel von Wallfahrten war.

Mit ihm hat es diese Bewandtnis: Es hatte seinen Standort in dem ehemaligen Benediktinerinnenkloster Ebsdorf bei Ülzen in der Lüneburger Heide.

Während der Reformation wurde es in einem Abstellraum mehr versteckt als aufbewahrt. Das Stift wurde aufgehoben, das Bild blieb verborgen.

Anläßlich eines Besuches entdeckte es die Herzogin Anna Magdalena von Sachsen-Lauenburg. Sie nahm es mit und brachte es 1654 nach Schlackenwerth, ihrem Witwensitz. Dort fand das Bild seinen Platz in der von der Herzogin gestifteten Kirche des Piaristenklosters. Bei der 1948 erfolgten Liquidierung einzelner Ordensgemeinschaften kam das Bild in die Michaelskirche. Dort befindet es sich, so ist zu hoffen, für immer in Sicherheit.

Die Luftaufnahme zeigt es: die Schlackenwerther Stadtkirche ist außen renoviert worden.

5 Der Marktplatz

Man sieht es auf den ersten Blick: Schlackenwerth ist nicht von Slawen gegründet worden! Der rechteckige Marktplatz – im Grunde eine verbreiterte Hauptstraße – und die rechtwinklig abzweigenden Nebenstraßen sind typisch für eine deutsche Gründung. Die westböhmischen Städte Tachau und Plan zeigen die gleichen Kriterien einer planmäßigen Neugründung ohne Einbeziehung einer älteren Siedlung.

6 Das Rathaus

Das Wappen der Stadt Schlackenwerth zeigt sieben eng beisammenstehende Tortürme. Im Tor des mittleren Turmes steht in einem Schild ein doppelschwänziger Löwe mit einer goldenen Krone. Darüber ein Helm mit schwarzem Adlerflug. Das aus dem Spätmittelalter stammende Siegel ist durch beidseits der Ecktürme emporkletternde Wölfe erweitert.

Das ursprünglich gotische Rathaus beherrscht mit seinem schlanken Turm den ganzen Platz. Der erste Umbau 1569 fällt in die Renaissancezeit, der letzte erfolgte 1795. An der vorderen Turmwand erinnern drei Sandsteinreliefs an die Zeit der Schlicks. Sie stellen dar: Salomonischer Richtspruch, Rex Salomon mit dem Schlick'schen Wappen – Justitia – und das dritte Susanna im Bad. Über diesen Steinbildern ist das Wappen der Stadt zu sehen.

Der Ratssaal, welcher von einem Gewölbe überspannt ist, birgt die Porträts der Bürgermeister der Stadt (seit 1864) und die von dem fürstlichen Bürgermeister Großherzog Leopold von Toskana gewidmeten Gemälde Leopold II. und dessen Gattin Marie Antonie. In den rückwärtigen Räumen war früher die Spar- und Vorschußkassa Schlackenwerth untergebracht.

7 Die Mariensäule (auch Pestsäule genannt)

Sie wurde 1691 errichtet zum Dank, daß Schlackenwerth „von dem überall herrschenden Übel der Pest verschont blieb“.

8 Die deutsche Volks- und Bürgerschule

In diesem immer noch repräsentativen Gebäude, erbaut 1896 - 1897, waren eine achtklassige Volksschule, eine vierklassige Bürgerschule und eine gewerbliche Fortbildungsschule untergebracht. Außerdem besaß Schlackenwerth noch eine Fachabteilung für Damenschneiderinnen und im Pensionat „Maria Treu“ eine Mädchenschule.

Die Luftaufnahme vom 18. Juni 2000 zeigt den einstigen deutschen Stadtkern. Die romanische Friedhofskirche St. Jakob, das Piaristenkloster mit der Klosterkirche „Maria Treu“, die ehemalige Porzellanfabrik der Firma „Pfeiffer und Löwenstein“ (jetzt stillgelegt) und die Bierbrauerei (auch außer Betrieb) sind auf dem Luftbild nicht zu sehen.

Es lag nahe, daß das badische Rastatt die Patenschaft über Schlackenwerth übernahm, waren doch die Markgrafen von Baden fast hundert Jahre lang (1690 bis 1787) Besitzer der Herrschaft Schlackenwerth.

Über den nach 1946 neu entstandenen tschechischen Stadtteil von Schlackenwerth wird in Bild und Wort in einer Fortsetzung berichtet.

Das Piaristenkloster in Schlackenwerth.

Quellen:

1) Schlackenwerth, Ein Buch der Erinnerungen, bearbeitet von Josef Hubatschek, Herausgeber Arbeitsgemeinschaft Stadt Schlackenwerth 1972.
2) Rolf Nitsch, Westböhmen, Unvergessene Heimat, Adam Kraft Verlag Würzburg, 1999.
3) Johannes Jetschko, Westböhmen, Ein Natur- und Kunstführer, Landesverlag Linz, 1993.

Schlackenwerth heißt jetzt Ostrov.

21 1945: „Hölle von Schlackenwerth“

Auch das ist Schlackenwerth! Ältere Schlackenwerther, die seit der Vertreibung nicht mehr daheim waren, werden dies nicht für möglich halten. Welch ein Gegensatz zum ersten Luftbild, das den einst deutschen Ortskern von Schlackenwerth zeigte. Hier: ein einziges Häusermeer – Wohnblöcke, angetreten in Reih und Glied wie auf einem Kasernenhof!

Hatte Schlackenwerth 1930 2958 Einwohner (davon 191 Tschechen), so meldet Alfred Kröners „Handbuch der historischen Stätten – Böhmen und Mähren“, erschienen 1998 by Alfred Kröner Verlag in Stuttgart, für 1991 die schier unglaubhafte Zahl von 17872 Einwohnern.

Im gleichen von deutschen und tschechischen Autoren verfaßten Handbuch findet sich für die enorme Bevölkerungszunahme diese Erklärung: „Nach dem Zweiten Weltkrieg erfuhr die Stadt einen großen industriellen Aufschwung: Neubaugebiete für Sankt Joachimsthaler Bergleute entstanden, Gießereien, ein Zweigbetrieb des Skodakonzerns, der Trolleybusse produziert, und andere Industrie wurde angesiedelt.“

Schade, daß das sonst recht objektiv berichtende Geschichtswerk mit keiner Silbe erwähnt, was sich nach dem Zweiten Weltkrieg in Schlackenwerth zugetragen hat: ein Pogrom an der deutschen Bevölkerung, die tschechischen Partisanen und Milizionären schutzlos ausgeliefert war. Diese brutalen Übergriffe hat die Illustrierte „Stern“ 1949 als „Hölle von Schlackenwerth“ für immer gebrandmarkt.

Augenzeugen, die in der „Hölle von Schlackenwerth“ waren und sie überlebten, haben nach der Vertreibung die grauenhaften Vorgänge an Eides Statt zu Protokoll gegeben. In „Dokumente zur Austreibung der Sudetendeutschen“, herausgegeben von der Arbeitsgemeinschaft zur Wahrung sudetendeutscher Interessen, Sonderdruck der Europa-Buchhandlung München 1951, berichtet auf Seite 290 ff. Otto Patek aus Joachimsthal:

„Im Mai 1945 erfolgte im Sudetengau der Umsturz. Von diesem Zeitpunkt an setzte die Verfolgung der deutschen Bevölkerung ein. Als Vorsitzender wurde Franz Kroupa, vormals Fabriksbeamter in der Tabakfabrik St. Joachimsthal, eingesetzt. Kroupa war einer der größten Deutschen- und Judenhasser. Er beteiligte sich persönlich an den Durchsuchungen der deutschen Wohnungen. Er war es auch, der bestimmte, welche Personen in Haft zu nehmen und zu liquidieren sind. In meinem Haus wurden zweimal Hausdurchsuchungen durchgeführt. Die erste Durchsuchung wurde vom tschechischen Militär durchgeführt, das sich sehr anständig verhielt. Die zweite Durchsuchung wurde auf Geheiß des Kroupa unter seiner persönlichen Leitung von der Gendarmerie durchgeführt, wobei Kroupa mit vorgehaltener Pistole vorging. Bei dieser Durchsuchung wurden bei mir alle

Behältnisse aufgebrochen und ausgeraubt. Die Gäste, die noch in meinem Hause waren, wurden zusammengetrieben und ausgeraubt. Obwohl sie bei mir nichts Belastendes vorfanden, wurde ich zur Polizeistation gebracht, um angeblich ein Protokoll zu unterschreiben. Sämtlicher Schmuck, Uhren, Gold- und Silberwaren, sowie Bruchgold und Goldmünzen aus meinem Geschäft und mehrere Koffer mit Wertsachen, welche wegen Bombengefahr noch im Keller waren, sowie mehrere Koffer von Kurgästen wurden mit bereitstehenden Autos weggefahren. Von der Polizeistation kam ich jedoch in Wirklichkeit in das berüchtigte Lager nach Schlackenwerth, was Kroupa bestimmt hatte.

In diesem Lager war ich noch mit weiteren 37 Deutschen beisammen, und wir wurden bestialisch mißhandelt. An dem Tage der Einweisung wurde ich in den Tanzsaal des ehemaligen Gasthauses „Zum Franzosen" geführt, dort standen die Inhaftierten an den Wänden und waren schon blutig geschlagen. Ich mußte mich nun zu diesen in der Reihe aufstellen. Die Tschechen schlossen nun alle Türen und stellten zwei Posten mit Maschinenpistolen, die sie auf uns richteten, auf. Nun mußten wir den Oberkörper entkleiden, und die Tschechen schlugen auf uns mit Gummiknüppeln, Leder- und Stahlpeitschen sowie Holzpflöcken ein, daß das Fleisch vom Körper hing und wir vollkommen blutüberströmt waren. Brach einer unter diesen Schlägen zusammen, dann wurde ein Kübel kaltes Wasser über ihn geschüttet, bis er wieder zu sich kam, und weiter auf ihn eingeschlagen. Auf diese Art wurden wir dreimal bei Tag und dreimal bei Nacht mißhandelt. In der Nacht vom 5. auf 6. Juni 1945 gegen 22 Uhr kamen 11 oder 12 Tschechen zu uns in den Tanzsaal und brachten eine Bank und Decken, mit denen die Fenster verhängt wurden. Als ersten ergriffen sie den Uhrmachermeister Johann Müller aus St. Joachimsthal, legten ihn auf die Bank, schnitten ihm bei lebendigem Leibe mit einem Messer die Ohren ab, stachen ihm die Augen aus, bohrten ihm mit einem Bajonett im Mund, brachen ihm die Zähne aus und brachen ihm durch Überlegen der Arme über die Knie und die Beine durch Überlegen über die Bank die Knochen. Da er noch lebte, banden sie ihm Kabeldraht zweimal um den Hals und zogen ihn im Saal herum, bis der Hals ausgezogen war und der Körper kein Lebenszeichen von sich gab. Bei diesem Umherziehen stellte sich ein Tscheche auf den Körper, damit er beschwert werde. Die Leiche war nur noch ein Fleischklumpen und wurde dann in meinen Mantel gewickelt und in die Mitte des Saales gelegt. Auf diese Art und Weise wurden diese Nacht noch sechs ermordet, davon drei reichsdeutsche Soldaten. Wenn wieder einer tot war, dann wurden wir wieder mit Gummiknüppeln geschlagen. Da ich etwas Tschechisch spreche, mußte ich dem Morden zuschauen, wogegen die anderen mit dem Gesicht gegen die Wand stehen mußten. Die auf diese Weise ermordeten Deutschen schrien furchtbar, da sie bei vollem Bewußtsein hingemordet wurden. Durch dieses Miterleben wurden drei Inhaftierte wahnsinnig, ich selbst war dem Wahnsinn nahe. Unter den Gemordeten dieser Nacht befanden sich außer Müller, Uhrmachermeister, noch der Förster Kraus und Tischlermeister Zechel aus Joachimsthal, sowie ein mir unbekannter Sudetendeutscher. Sämtliche Verhaftungen und Einweisungen aus St. Joachimsthal wurden auf Veranlassung des Kroupa durchgeführt. Das Morden sollte am nächsten Tag fortgesetzt wer-

den, da jedoch eine Militärkommission eintraf, wurde dem Morden Einhalt geboten.

Von dort kam ich in ein weiteres Lager nach Karlsbad und Neurohlau, insgesamt war ich 17 Monate inhaftiert.

Ich erkläre, daß meine Angaben der reinen Wahrheit entsprechen und ich jederzeit diese durch Eid bekräftigen kann."

Am 28. Juni 1996 habe ich die Gedenkstätte in Lidice bei Kladno besucht. Hier wurden auf Befehl Hitlers am 10. Juni 1942 alle männlichen Einwohner ab dem 15. Lebensjahr erschossen, insgesamt 173. Von 203 Frauen aus dem Dorf haben immerhin 143 das Konzentrationslager in Ravensbrück überlebt. Alle 105 Kinder vom vollendeten 1. bis 15. Lebensjahr wurden nach Polen verschleppt. 82 von ihnen wurden dort durch Auspuffgase getötet. Nur 17 zur Eindeutschung bei deutschen Adoptiveltern ausgewählte Kinder überlebten. Der Ort wurde niedergebrannt, die Grundmauern der Häuser gesprengt, das Gelände planiert, der Name Lidice in den Ortsverzeichnissen getilgt. Heute weiß man, daß die Bewohner von Lidice mit dem Attentat auf Reinhard Heydrich nichts zu tun hatten.

Ich empfand damals und empfinde auch heute Zorn und Scham, daß die Massaker in Lidice im deutschen Namen geschahen. Ich weiß, daß die meisten Sudetendeutschen die in den Jahren von 1939 bis 1945 von deutschen Besatzern am tschechischen Volk verübten Übergriffe und Verbrechen verurteilen. Wenn auch immer mehr tschechische Menschen ihre Scham über die von Angehörigen ihres Volkes begangenen Untaten bekennen, ist es auf beiden Seiten zur Bitte um Vergebung und Versöhnung nur noch ein kleiner Schritt.

Das eingangs erwähnte „Handbuch der historischen Stätten – Böhmen und Mähren" wurde von deutschen und tschechischen Autoren gemeinsam verfaßt und 1998 veröffentlicht.

Professor Dr. Jan Hlaváček aus Prag urteilte darüber: „Ein ungemein nützliches Werk! Nehmen Sie es in die Hand und lesen Sie!"

Ich tat es und las darinnen vom tragischen Schicksal des tschechischen Dorfes Lidice, aber nichts von der „Hölle von Schlackenwerth". Das konnte ich so nicht gut sein lassen!

Quellen:

1) „Historische Stätten – Böhmen und Mähren", 1998 by Alfred Kröner Verlag in Stuttgart.
2) „Dokumente zur Austreibung der Sudetendeutschen", herausgegeben von der Arbeitsgemeinschaft zur Wahrung sudetendeutscher Interessen, Sonderdruck der Europa-Buchhaltung München 1951.

St. Joachimsthal war einmal zweitgrößte Stadt Böhmens.

22 St. Joachimsthal (Teil 1)

war einmal zweitgrößte Stadt Böhmens

Fast unglaublich! Wenn mir jemand die Frage gestellt hätte, welche Stadt in Böhmen im 16. Jahrhundert nach Prag die zweitgrößte war, hätte ich sicher Pilsen oder Budweis oder Reichenberg genannt, aber nie und nimmer St. Joachimsthal im Erzgebirge. Das von deutschen und tschechischen Autoren gemeinsam verfaßte „Handbuch der historischen Stätten – Böhmen und Mähren“, Alfred Kröner Verlag Stuttgart 1998, gibt an, daß 1533 St. Joachimsthal 18 000 Einwohner und 1200 Häuser hatte.

Dabei waren die Bodenverhältnisse für die Entwicklung eines größeren Ortes denkbar ungünstig. Ein durch steile Berghänge eingeengtes Tal bot nur an der Talsohle Raum für eine Straße und eine oder zwei Häuserzeilen zu beiden Seiten. Die Luftaufnahme – sie zeigt nur den oberen Teil des sich bergwärts dahinziehenden Ortes – macht diese Enge deutlich. Wegen der starken Steigung kann die Höhenlage von St. Joachimsthal auch nicht mit einer Zahl angegeben werden. Das südliche Ende liegt 545 Meter ü. d. M., die im Bild zu sehende Stadtkirche 724 Meter ü. d. M. und das nördliche Ortsende 776 Meter ü. d. M..

Was zog also die Menschen im 16. Jahrhundert in dieses Engtal unterhalb des Keilberges? Der Name des Gebirgszuges zwischen Böhmen und Sachsen verrät den Grund:

E r z - S i l b e r - s e h r v i e l S i l b e r !

Und mit diesem edlen Erz beginnt auch die Geschichte St. Joachimsthals.

Ich selbst hätte davon wenig gewußt. Zum Glück kam mir Heribert Sturms „Abriß der geschichtlichen Entwicklung von Stadt und Bezirk St. Joachimsthal – Ein Behelf für den heimatkundlichen Schulunterricht“ in die Hände. Dieses Heimatbuch ist 1932 in St. Joachimsthal im Verlag der Buchhandlung Rudolf Weis erschienen. Der folgende Begleittext zu meinem Luftbild ist in Auszügen diesem Werk entnommen.

St. Joachimsthals Aufstieg

St. Joachimsthal ist aus der kleinen abgelegenen Waldeinöde Konradsgrün entstanden. Dort betrieb man schon seit der Mitte des 15. Jahrhunderts kleine Silberschürfe mit primitiven Methoden und ohne nennenswerten Erfolg.

Das änderte sich, als **Graf Stefan Schlick,** der Herr von Schlackenwerth, die Silberschürfe selbst in die Hand nahm und einige sächsische Bergsachverständige und Geldleute für den Plan einer umfassenden Auswertung der Bodenschätze gewann. Kurz darauf wurde in Karlsbad eine Aktiengesellschaft gegründet und alles vorbereitet, was für die Errichtung eines Bergwerkes notwendig war.

Dies geschah um die Mitte des Jahres 1516. Der neue Betrieb erfreute sich gleich von allem Anfang an ungeheurer Schürferfolge. Die Ausbeuten stiegen von Monat zu Monat, immer neue Fundorte und Erzlager, ganz knapp unter der Erde, wurden entdeckt. In hellen Scharen strömten Bergleute aus den benachbarten sächsischen Bergbaugebieten herbei. Kurz: der schier unermeßliche Silberreichtum Joachimsthals, dem die Stadt Entstehung, Blüte und Bedeutung verdankt, wurde erschlossen.

Als Heinrich von Könneritz, der erste Joachimsthaler Münzmeister, 1516 aus Sachsen kommend, hier eintraf, gab es im Ort noch keine Herberge. Doch innerhalb von vier Jahren hatte sich eine Bergmannssiedlung zwischen den steilen Berghängen eingenistet, die an die 5 000 Einwohner zählte und am 6. Jänner 1520 mit diesem Wappen zur freien königlichen Bergstadt erhoben wurde.

Ein geviertteter Schild, im ersten und vierten Feld ein doppelschwänziger böhmischer Löwe, im zweiten und dritten Feld zwischen Bergen eine goldenen Schachtkaue. Im Mittelschild in Rot mit silbernem Querbalken Schägel und Eisen gekreuzt.

Reiche Kaufleute aus Nürnberg, Augsburg und Leipzig (u. a. die Welser und später die Fugger) legten ihr Kapital in St. Joachimsthal an.

St. Joachimsthal nahm einen rasanten Aufstieg und wurde innerhalb von etwas mehr als 10 Jahren zur zweitgrößten Stadt Böhmens. Hans Lorenz hat in seinem Buch „Bilder aus Alt-Joachimsthal“ (Verlag der Stadtgemeinde, 1925) eine Menge von Zahlen über dieses geradezu amerikanische Tempo der Anfangsentwicklung der Stadt angeführt. Danach zählte Joachimsthal 1520 etwa 5 000 Einwohner. Fünf Jahre später waren es bereits 13 000, 1530 erreichte die Bevölkerungszahl das 17. Tausend. 1533 war der Höhepunkt mit 18 000 Einwohnern erreicht. Prag hatte damals ungefähr 30 000, Pilsen 3 300, Budweis 2 400, Eger, die bedeutendste Stadt Westböhmens, 15 000 Einwohner, und Karlsbad war um 1530 ein Dorf mit kaum 600 Einwohnern.

Dieser Bevölkerungsexplosion entsprach auch die reiche Ausbeute der Silberbergwerke. 1533, im Jahr des höchsten Ertrages, betrug sie über 14 000 kg Silber.

Im Jahre 1519 erhielten die Grafen Schlick das Recht, Münzen zu prägen. Nun wurde im Hause des Heinrich von Könneritz eine Münzstätte eingerichtet und dort mit der Prägung der „Schlick'schen Taler“ begonnen.

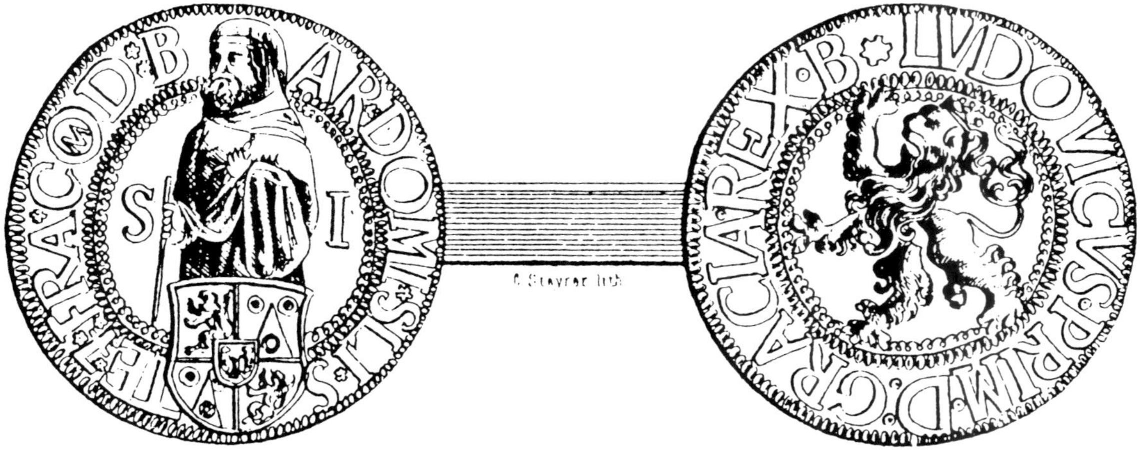

Der älteste Schlickenthaler.

Die Joachimsthaler Groschen – man nannte sie die „Taler“ – galten als eine gute Münze. Sie waren dicke und breite Groschen von zwei Lot Gewicht und in dieser Ausführung für die damalige Zeit noch recht selten und ungewohnt. Heute besitzen die Joachimsthaler Prägungen einen bedeutenden Altertums- und Liebhaberwert. Der älteste Taler zeigt auf der Vorderseite die Figur des hl. Joachim mit langem Bart und faltigem Mantel, einen Stab in der linken Hand, vor dem rechten Knie das vierfeldige Schlick’sche Wappen, an den Seiten des Heiligen die Buchstaben S(anctus) I(oachimus) und die Umschrift:

AR(ma) DOMI(norum) SLI(conum)
STE(fani) ET FRA(trum) CO(mitum)
D(e) B(assano)

Geldstück der Herren Schlick, des Stefan und der Brüder, Grafen von Bassano (Kaiser Sigismund hat 1437 Kaspar Schlick und seine Nachkommen zu Reichsgrafen von Bassano ernannt. Bassano ist eine Stadt in Oberitalien in der Provinz Vicenza).

Die Rückseite zeigt den doppelschwänzigen böhmischen Löwen und die Umschrift:

LUDOVICUS PRIM(us) D(ei) GRACIA
R(ex) BO(emiae).

Ludwig I. von Gottes Gnaden König Böhmens.

St. Joachimsthal wird zu einem kulturellen Zentrum in Böhmen

In dieser Zeit des wirtschaftlichen Aufschwungs erreicht St. Joachimsthal durch bedeutende Persönlichkeiten auch einen kulturellen Höhepunkt. Besonders verdient machen sich:

1) **Magister Johannes Mathesius,** Rektor der Lateinschule, Pfarrer und erster Lutherbiograph. Als er in Wittenberg studiert, lernt er Luther persönlich kennen. Er öffnet seine Stadt Luthers Lehre und ist Mittelpunkt des Joachimsthaler Kulturkreises.

2) **Kantor Nikolaus Herman** wirkt als Komponist vor allem von Kirchenliedern.

3) **Der Arzt und Mineraloge Georg Agricola** ist der Begründer der Mineralogie.

4) Aus der Musikerfamilie Hassler geht **Hans Leo Hassler** als einer der bedeutendsten Musiker des 17. Jahrhunderts hervor.

5) **Johann Praetorius** baut in Nürnberg seine Erdkugeln, fertigt viele wissenschaftliche Arbeiten auf dem Gebiet der Mathematik, Geometrie und Astronomie. Er war viermal Rektor der Universität Altdorf.

Durch diesen Kulturkreis entwickelt sich in St. Joachimsthal ein hohes Bildungswesen, das besonders durch die Lateinschule gefördert wird, in der – für die damalige Zeit eine Seltenheit – neben Latein sogar auch Griechisch und Hebräisch gelehrt wird.

Auch das Kunsthandwerk blüht besonders durch die Goldschmiede und die Erz- und Stempelschneider der Stadt auf. Besonders beliebt wurden die „Handsteine". Handsteine sind Erzstufen, von der Natur interessant geformte Gesteinsstücke, die Bergleute früher ihren Herren schenkten. Joachimsthaler Goldschmiede verarbeiteten sie zu erlesenen Stücken, sodaß sie zu gesuchten Sammelobjekten wurden. Die kleinen Naturwunder aus den Silbererzgruben wurden durch die Kunstfertigkeit der Goldschmiede zu Miniaturbergwerken gestaltet oder als Mikrokosmos auf Pokalen meist mit religiösen Motiven gearbeitet.

Eine besondere Art des Joachimsthaler Kunstgewerbes pflegten die Medailleure, deren feinausgeführte Medaillen, Gedenkmünzen, Familienjetons und Schaugroschen im münzgeschichtlichen Schrifttum als „St. Joachimsthaler Medaillen" aufgeführt werden.

In der ganzen weiteren Geschichte St. Joachimsthals hat es diese Dreiheit von wirtschaftlicher, kultureller und künstlerischer Blüte nicht mehr gegeben.

St. Joachimsthals Niedergang

Dem steilen wirtschaftlichen Aufstieg der Silberbergstadt in der ersten Hälfte des 16. Jahrhunderts folgte schnell und unerwartet der Niedergang. Zum einen hatten sich die Silbererzlager erschöpft, nicht zuletzt auch durch wilden Raubbau, der Schächte neben Schächte und Gänge über Gänge in die Berghänge getrieben und so schon fast die ganze Stadt unterhöhlt hatte. Zum anderen erhielt St. Joachimsthal durch neuentdeckte Erzlager in Amerika mächtige Konkurrenz, die in Europa zu einer raschen Entwertung des Edelmetalls Silber führte.

1574 notiert der Joachimsthaler Stadtschreiber Johannes Seltenreich: *„Das Volk wird von Tag zu Tag ärmer."* Zuerst gerät die Bautätigkeit ins Stocken, das Lehrpersonal an der Lateinschule wird verringert, allgemeine Festlichkeiten hören auf, die Mittagspredigt in St. Joachim muß an Sonntagen entfallen, weil Diakone nicht mehr bezahlt werden können.

So wie in den zwanziger Jahren des 16. Jahrhunderts Bergleute scharenweise in das Tal gekommen waren, so wandern sie jetzt zu Hunderten wieder ab. Bald stehen Häuser leer, werden abgebrochen und alles Hölzerne darinnen verfeuert.

1594 gibt es nur noch 515 bewohnte Häuser, 1613 zählt man – Kinder und Gesinde nicht mitgerechnet – nur noch 529 Personen. Kröners „Handbuch der historischen Stätten – Böhmen und Mähren“ nennt hingegen für 1600 noch 3 000 Einwohner.

Aus der einst zweitgrößten Stadt Böhmens ist in nur einem Menschenalter eine arme und bedeutungslose Kleinstadt im Erzgebirge geworden.

Doch einige große Gebäude aus der Blütezeit des Silberbergbaus zeugen heute noch vom Wohlstand dieser Jahre.

1 Die Stadtkirche „Zum hl. Joachim“

Sie ist dem Schutzpatron der Bergleute geweiht. Am 1. Juni 1534 wurde mit dem Bau begonnen. Durch ein ausführliches Register, das die wöchentlichen Abrechnungen über den Kirchenbau enthält, ist man genau über die einzelnen Bauphasen sowie über die beteiligten Meister unterrichtet. Die technische Leitung oblag dem *„verordneten werkmeyster“* Hans Kopp. Ihm zur Seite stand der *„polirer steinmetz“* Brixius Müller und der *„polirer maurer“* Valten Rudolff. Das Baumaterial stammte hauptsächlich aus dem Steinbruch von Littmitz bei Elbogen.

In den Jahren von 1542 bis 1573 wurde die Inneneinrichtung vervollständigt, 1542 wurde die große Glocke von Burgstein hergeholt und aufgehängt, 1544 spendeten der Münzmeister Pullacher und der Gewerke Neusesser zwei seidene Teppiche zum Altar und Predigtstuhl, 1545 stifteten die Grafen Hieronymus und Lorenz Schlick das Abendmahlbild, das angeblich von Lukas Cranach gemalt wurde, 1533 schenkte Margarete Lobkowitz von Hassenstein der Kirche einen prächtigen Kelch zur Austeilung des Abendmahles, 1558 ließ Andreas Seltenreich die Figur zum Begräbnis des Herrn ausarbeiten, 1560 ließ Nickl Milicz, ein bekannter Medailleur, die Auferstehungsfigur in der Kirche machen. 1564 wurden die 10 Pfeiler in der Kirche gesetzt, im gleichen Jahr ein neuer Predigtstuhl aufgestellt und 1566 das Tafelwerk an der Decke vollendet. 1569 begann man, die Kirche im Inneren auszumalen.

Eine wesentliche Veränderung erfuhr die Kirche erst gegen Ende des 18. Jahrhunderts: die für den protestantischen Gottesdienst eingerichtete Kirche wurde nun „katholisiert“. Sie erhielt Seitenaltäre, eine Kommunionbank, eine Sakristei und einen marmornen Hochaltar.

Am Montag vor dem Palmsonntag des Jahres 1873 wurde bei einem verheerenden Brand die Stadtkirche fast völlig zerstört. Es blieben nur die Umfassungsmauern mit den prächtigen Portalen sowie der gemauerte Turmteil bis oberhalb der Uhr stehen.

Von 1874 bis 1876 wurde der ursprüngliche Renaissancebau in gotisierendem Stil unter Verwendung der Umfassungsmauern neu errichtet und am 20. August 1876 durch Kardinal Fürst Schwarzenberg geweiht.

Schade, daß auf dem Luftbild die barocke Trinitätssäule am Ende des Kirchplatzes von einer Baumgruppe verdeckt wird. Sie wurde im Jahre 1703 von der St. Joachimsthaler Knappschaft gestiftet.

2 Das Rathaus (ehemals das Schlick'sche Haus)

1538 bricht in diesem Teil der Stadt ein Großfeuer aus und zerstört auch das Rathaus.

Auch heute noch läßt das Rathaus von St. Joachimsthal etwas von dem Stolz der Bürger auf den Reichtum ihrer Stadt erkennen.

1531 erwirbt die Stadt das im Renaissancestil errichtete Haus des Grafen Hieronymus Schlick als neues Rathaus.

1543 ist der Neuaufbau beendet.

1782 brennt das Rathaus ein zweitesmal nieder. Den Wiederaufbau leiten der Prager Baumeister Heger und der Kaadener Baumeister Bernt.

1871 wird der achteckige Turm, der seit dem Brand nur ein Notdach besaß, wieder aufgemauert und später mit einer Galerie gekrönt.

Vom einstigen Schlick'schen Haus ist das schöne Hauptportal mit den beidseitigen Treppenaufgängen bis in unsere Zeit erhalten geblieben. An der Stirnwand ist eine Gedenktafel für Johannes Mathesius eingelassen, die zur 370. Wiederkehr seines Geburtstages enthüllt wurde und folgenden Wortlaut hat: *„Dem Andenken des Gelehrten M. Johannes Mathesius aus Rochlitz in Sachsen, geboren den 24. Juni 1504, gestorben den 8. Oktober 1565, welcher hier bis zu seinem Tode als Lehrer und Seelsorger wirkte, gewidmet von der Stadtgemeinde St. Joachimsthal, 1874."*

3 Der Münzhof (später Gebäude des staatlichen Oberbergamtes)

Er wurde 1534 bis 1536 erbaut. In den mächtigen tonnengewölbten Kellern wurde das Silbererz aufbewahrt, aus dem im Anschluß an die Schlickenthaler in der „Königlichen Münze" die „böhmischen Taler" geschlagen wurden. Aus der Anfangszeit sind das Portal, die Erker und das Renaissancegesimse um die Fenster erhalten. Heute befinden sich hier das Bergbau- und Radiumbadmuseum.

4 Der Turm des ehemaligen Schlosses Freudenstein

Er allein ist vom früheren Schlick'schen Schloß Freudenstein übriggeblieben. Von seinem Ausguck überblickt man weithin die ganze langgestreckte Stadt und sieht tief hinein in das Vorland des Erzgebirges bis hinüber zu den Bergen des Kaiserwaldes. Lange Zeit diente dieses Wahrzeichen St. Joachimsthals als Wohnung des Feuerwächters.

Schloß Freudenstein wurde 1517 zum Schutz der aufstrebenden Silberstadt im Auftrag des Grafen Schlick erbaut. Bei einem Aufstand der Bergarbeiter im Jahre 1525 wurde das Schloß belagert und geplündert. Nach seiner Wiederherstellung wurde es Amtssitz der jeweiligen Berghauptleute; bis 1540 der gräflich Schlick'schen und von da ab der königlichen.

Beim Ausbruch des Dreißigjährigen Krieges schloß sich St. Joachimsthal den böhmischen Ständen an und erhielt auf dem Schloß Mansfeld'sche Besatzung. Schon 1621 mußte der protestantische Heerführer seine Truppen aus der Gegend zurückziehen, ließ aber vorher Stadt und Schloß plündern. 1631 wurden Stadt und Schloß von sächsischen Truppen besetzt, die ein Jahr später von Wallensteinern vertrieben wurden. Nach der Schlacht bei Lützen und der Ermordung Wallensteins rückten 1634 die Schweden heran und forderten die kaiserliche Besatzung zur Übergabe auf. Ohne Erfolg. Das Schloß wurde belagert und beschossen, die Stadt selbst von einer zügellosen Soldateska heimgesucht. Die Feste mußte sich ergeben. Doch bald gelang die Rückeroberung, und die kaiserliche Besatzung ist *„noch lange droben blieben"*.

Zwei Jahre später, 1636, brannte das Schloß ab, vermutlich durch unvorsichtiges Hantieren mit Brennmaterial. Von da an wurde der Bau nicht mehr in Stand gesetzt und verfiel. Nur der nordöstliche Turm hat sich bis in unsere Zeit erhalten.

5 Der Dreieinigkeitsschacht

Er ist das älteste Radiumbergwerk des ganzen Erzgebirges. 1956 wurde hier der Uranerzabbau beendet und das Bergwerk aufgelassen. Heute ist die Zechanlage Museum und Touristenattraktion.

Quellen:

1. Heribert Sturm, Abriß der geschichtlichen Entwicklung von Stadt und Bezirk St. Joachimsthal, Verlag der Buchhandlung Rudolf Weis in St. Joachimsthal, 1932.
2. Ernst Schremmer, Sudetenland in Farbe, Adam Kraft Verlag Würzburg, 1990.
3. Historische Stätten – Böhmen und Mähren, Alfred Kröner Verlag Stuttgart, 1998.

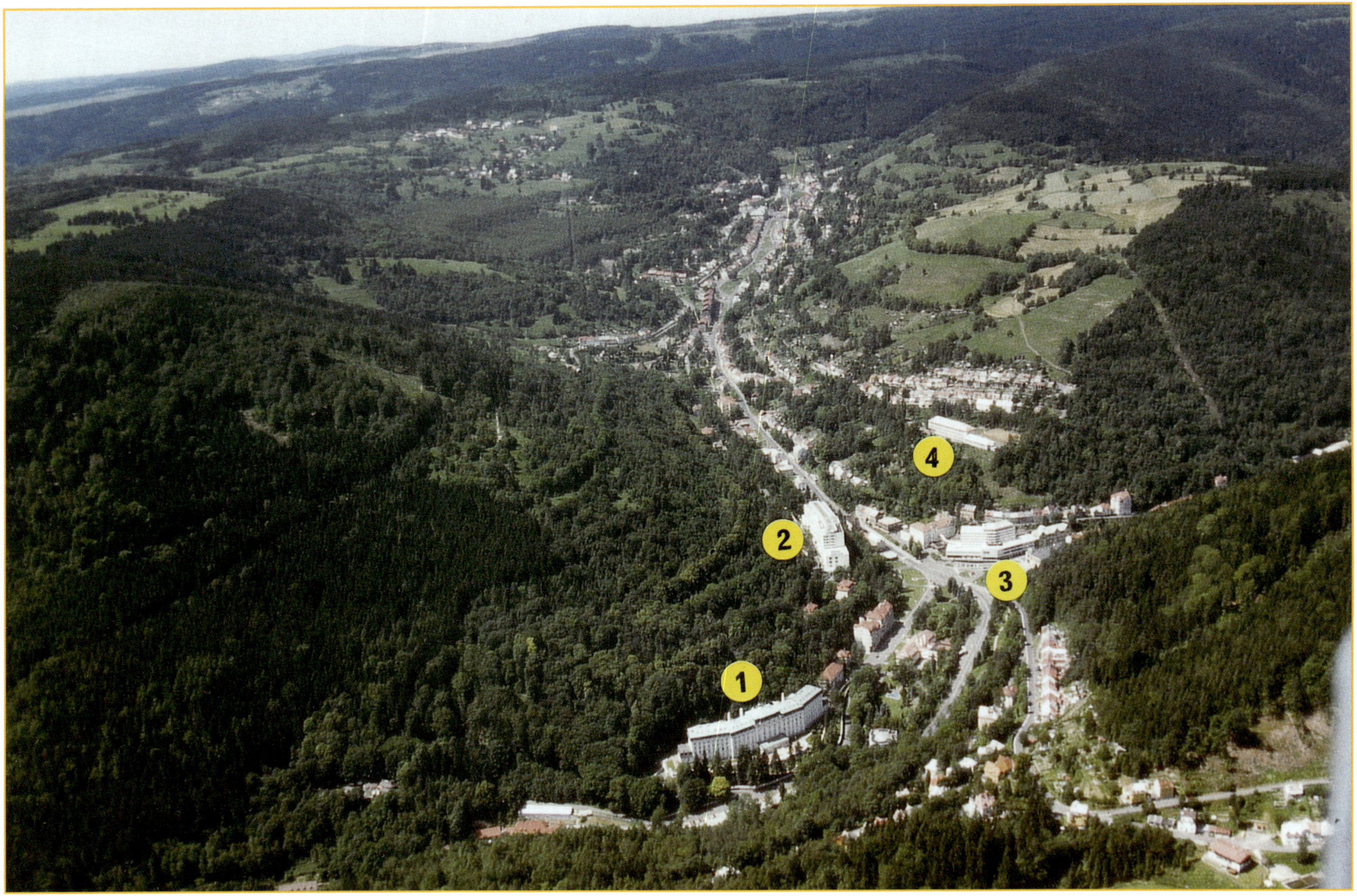

St. Joachimsthal – Uran heilt und tötet.

22 St. Joachimsthal (Teil 2)

Uran heilt und tötet

Diese Luftaufnahme von St. Joachimsthal läßt gut erkennen, wie wenig Platz in dem von steilen Berghängen eingeengten Tal den Menschen für den Bau ihrer Stadt zur Verfügung stand. Vom Radium-Palace-Hotel im tiefer liegenden südlichen Ortsende bis über den Kirchplatz hinaus zum nördlichen Stadtrand steigt das schmale Tal immerhin respektable 200 Meter an.

Zwei wertvolle, weil seltene Bodenschätze, die die Berghänge und Seitentäler bargen und immer noch bergen, haben die Geschichte dieses Tales und seiner Menschen in den letzten 500 Jahren bestimmt.

Im 16. Jahrhundert war es Silber, das St. Joachimsthal reich und weit über seine Grenzen hinaus bekannt machte.

Anfang des 20. Jahrhunderts machte die Stadt im Erzgebirge ein zweites Mal weltweit von sich reden. In seinen Uranerzen entdeckte Marie Curie das Element Radium und begründete damit den Aufstieg St. Joachimsthals zum **Radiumheilbad.**

Für die Abfassung des folgenden Textes habe ich zwei Heimatschriften verwendet, die bei der Quellenangabe genannt sind.

Marie Curie entdeckt das Radium

Das Element Uran – ein schweres, silberweißes Metall, das in der Luft schnell oberflächlich schwarz wird – wurde schon 1789 von dem Berliner Apotheker Klaproth in einer Pechblende aus Johanngeorgenstadt im sächsischen Erzgebirge entdeckt. Genauere Analysen erfolgten später mit ergiebigeren Uranerzen aus St. Joachimsthal, die hier als Pechblende immer wieder anfiel. Dieses Uranerz, für das man keine Verwendung hatte, zwang die Grubenverwaltung zu Versuchen, mit denen irgendeine Nutzbarkeit gefunden werden sollte.

Es gelang dem Hüttenchemiker Patera im Jahre 1867 aus Uranerz (Pechblende) ein gelbes Uranoxyd oder kurz Urangelb zu gewinnen, dem in den nächsten Jahren weitere Farbnuancen folgten.

In der ehemaligen Silberhütte wurde im Jahre 1881 die k. k. Uranfarbenfabrik eingerichtet, in welcher aus der reich anfallenden Uranpechblende Farben hergestellt wurden, die in der Glas- und Porzellanindustrie Verwendung fanden.

Mein Luftbild zeigt den „Dreieinigkeitsschacht“, ein altes Uranerzbergwerk, das heute als Museum und Touristenattraktion dient.

1896 entdeckte der französische Physiker Professor Henri Bequerel, daß Uranerz starke Strahlung abgibt.

Der entscheidende Durchbruch in der Erforschung der „Radioaktivität“ gelang der Physikerin Marie Curie. Die gebürtige Polin Marya Sklodowska (1867 - 1934) hatte in Paris Physik und Chemie studiert und sich 1895 mit dem französischen Physiker Pierre Curie verheiratet. In ihrem Labor in Paris analysierten sie mit unendlicher Geduld die aus St. Joachimsthal erhaltenen 23,6 Tonnen Uranpechblende, die dort reichlich auf Halde lagen. Dabei entdeckte Marie Curie im „wertlosen" Haldenmaterial zwei neue strahlende Elemente: im Juli 1898 das Element „Polonium" und im Dezember 1898 das Element „Radium".

Für diese Entdeckung erhielten Marie und Pierre Curie 1903 den Nobelpreis für Physik, 1911 erhielt Marie Curie noch den Nobelpreis für Chemie.

Marie Curie hat erst sehr spät, am 15. Juni 1925, St. Joachimsthal besucht und den Herkunftsort ihres Haldenmaterials kennengelernt. Damals traf sie noch die in St. Joachimsthal beheimateten deutschen Bewohner an, die das für sie so wichtige Erz aus den Uranschächten gewonnen und gefördert hatten.

St. Joachimsthal wird Radiumheilbad

Mit der Entdeckung des Elementes Radium begann der Aufstieg St. Joachimsthals zum Radiumheilbad. Die Professoren H. Macher und St. Meyer und der Oberbergrat J. Stěp wiesen in den St. Joachimsthaler Grubenwässern ebenfalls Radiumaktivität nach. Als Oberbezirksarzt Dr. Leopold Gottlieb mit „Grubenwasserbädern" besonders bei Rheuma, Gicht und Gelenksentzündungen erstaunliche Heilerfolge erzielte, wurden zunächst in kleinen Badeanstalten Heilbäder verabreicht.

Ab 1910 entstand dann am südlichen Stadtrand ein neues großes Kurviertel. 1911 wurde hier die „Staatliche Kuranstalt" eröffnet, 1912 nahm dann das große Kurhotel unter dem Namen „Radium-Palace-Hotel" seinen Betrieb auf. In den folgenden Jahren entstand so ein ganzer Stadtteil aus modern eingerichteten Kurhäusern und Kurhotels.

Von Jahr zu Jahr stieg die Zahl der Kurgäste aus aller Herren Länder, auch aus Übersee, die in St. Joachimsthal Erholung und Gesundung suchten und fanden. Begann das neue Radiumheilbad im Jahr 1906 mit bescheidenen 30 Kurgästen, so waren es 1931 bereits 7665.

Die Heilkraft des Radiums kam und kommt in den St. Joachimsthaler Kurbetrieben auf verschiedene Weise zum Einsatz.

In den **Radiumbädern** wird die Aktivität der Quellwässer durch Mischen mit kaltem und warmem, nicht radioaktivem Wasser in verschiedene Stärken, der ärztlichen Indikation entsprechend, abgestuft.

Auch **radioaktive Luft** wird in Inhalationsräumen zur Therapie eingesetzt.

Trinkkuren haben sich ebenfalls als therapeutisch sehr wirksam erwiesen, wobei das Quellwasser in Radiumlaboratorien auf die dem Kurgast verordnete Dosis aktiviert wird.

Radiumbestrahlungen und Radiuminjektionen werden besonders bei Geschwulstbildungen erfolgreich angewendet.

Das Luftbild zeigt drei der größten Radiumheilanstalten im heutigen St. Joachimsthal:

1 Das Palace-Hotel

Dieses palastartige Kurhotel wurde in den Jahren von 1910 bis 1912 von der Wiener Radium-Kurhaus A.G. errichtet und unter dem Namen „Radium-Palace-Hotel“ eröffnet. Ab 1922 stand es unter staatlicher Verwaltung und hieß „Palace-Hotel“ (heute Radiumpalác).

Zur damaligen Zeit war dieses vornehme Kurhotel mit den modernsten Mitteln ausgestattet. Es hatte eine Radium-Badeanstalt, einen Gymnastikraum, ein Radium-Inhalatorium, ärztliche Ordinationszimmer, Gesellschaftsräume, eine Tanzdiele und viele Gästezimmer, die den höchsten Ansprüchen genügten. Es lag inmitten eines gepflegten Parkes, dessen Wege auch in den nahen Bergwald führten.

2 Badehaus „Běhounek“ (Lázeňský ústar dr. Běhounka)

Dieses Kurhaus wurde 1975 eröffnet und ist nach dem tschechischen Atomphysiker Běhounek benannt.

3 Die Kurklinik „Curie“

Diese moderne Kurklinik wurde erst 1992 in Betrieb genommen und trägt den Namen der Entdeckerin des Radiums, Marie Sklodowska-Curie.

4 Die neue tschechische Schule

Sie wurde nach der Vertreibung der Deutschen auf dem Roserberg errichtet.

Uran heilt und tötet

Brachten und bringen die Radiumheilbäder in St. Joachimsthal vielen Menschen Linderung und Heilung ihrer Gebrechen, so brachte besonders nach dem Ende des Zweiten Weltkrieges St. Joachimsthaler Uranerz vielen Menschen Siechtum und Tod. Sehr viele in russische Kriegsgefangenschaft geratene deutsche Soldaten, aber auch zivile deutsche Strafgefangene, haben sich ab 1945 beim Abbau der Uran-Pechblende für die sowjetische Atomwaffenindustrie in den St. Joachimsthaler Uranbergwerken den gefürchteten Urankrebs geholt.

Dieses Schicksal erlitt auch **Toni Herget**, ein Egerländer Historiker und Publizist von Rang und Namen. Nach seiner Rückkehr aus der Kriegsgefangenschaft – er war vom April 1939 bis Mai 1945 Soldat – wurde er 1946 von einem tschechischen Retributionsgericht in Eger zu zehn Jahren Zwangsarbeit verurteilt. Begründung: „Mitgliedschaft in deutschen Vereinigungen“.

Sein Leidensweg durch insgesamt 28 verschiedene Kerker und Arbeitslager führte ihn auch nach St. Joachimsthal, wo er im Uranbergbau acht lange Jahre schwere Zwangsarbeit leisten mußte. Die radioaktive Belastung führte auch bei ihm zu Spätfolgen, ausgelöst durch Urankrebs. Am 4. April 1996 ist Toni Herget in Marburg seinem Leiden erlegen.

Durch seinen Tod sind Sudetendeutsche und Tschechen ärmer geworden, denn er hat Verständigung und Versöhnung nicht nur gepredigt, sondern es gelang ihm auch, im Land seiner Peiniger durch Ansprachen und Vorträge tschechische Menschen vom Unrecht unserer Vertreibung zu überzeugen und für einen fairen Neubeginn zu gewinnen.

Sollte einmal in St. Joachimsthal eine Gedenktafel an die deutschen Opfer in den Uranerzgruben mahnen, so darf der Name **Toni Herget** nicht fehlen.

Auf diesem Luftbild ist die Trinitätssäule auf dem Kirchplatz zu sehen.

Quellen:

1) Heribert Sturm, Abriß der geschichtlichen Entwicklung von Stadt und Bezirk St. Joachimsthal, Verlag der Buchhandlung Rudolf Weis in St. Joachimsthal, 1932.
2) Dr. Gerhard Eigler, Uran: Heilung und Verderben, Die Rolle des böhmischen Erzgebirges bei der Erforschung der Radioaktivität, Aufsatz in der „Festschrift zum 20. Bundestreffen der Falkenauer vom 26. - 28. Sept. 1997; Herausgeber: Heimatverband der Falkenauer e. V., Wilhelm-Albrecht-Str. 67, 91126 Schwabach.
3) Josef Grimmer, Informationen zu Objekten auf den Luftaufnahmen seines Heimatortes St. Joachimsthal.

Keilberg – Lied 2000 – „Arzgebirch, wie warst du schü!“

23 Keilberg – Lied 2000

„Arzgebirch, wie warst du schü!"

Aus dem Heimatkundeunterricht meiner Littitzer Volksschulzeit wußte ich, daß der Keilberg die höchste Erhebung im Erzgebirge ist. Daß er genau 1244 Meter hoch ist, hat mir als Bub sicher wenig gesagt. Aber eine Vorstellung von ihm hatte ich schon: er mußte eine keilartige Spitze haben, die man nur schwer besteigen kann.

Später erfuhr ich dann, daß das nicht stimmt, daß der Keilberg auf dem Kamm des Erzgebirges kaum als höchste Erhebung auszumachen ist, daß man ihn ohne große Mühe besteigen kann, daß man dazu keine Spezialausrüstung braucht, ja daß man sogar mit dem Auto hinauffahren kann. Meine Bubenromantik war dahin.

Als wir ihn am 18. Juni 2000 von St. Joachimsthal aus, also von Süden her, anflogen, wirkte er von oben gesehen überhaupt nicht wie ein richtiger Berg, und wenn nicht schon von weitem der hohe neue Fernsehturm und daneben die Keilbergbauten den höchsten Punkt angezeigt hätten, wären wir sicher achtlos darüber hinweggeflogen. Und das würden mir die noch lebenden Mitglieder des Erzgebirgsvereins schwerlich verzeihen, hatte es doch großer Anstrengungen und viel Idealismus bedurft, bis der Aussichtsturm und die Unterkunftshäuser oben auf dem Keilberg standen und ihn zunächst im Sommer und später auch im Winter zu einem sehr beliebten Wanderziel und Wintersportort machten.

Die Geschichte dieser Entwicklung habe ich mit großem Interesse in einem Sonderdruck der „Erzgebirgszeitung" Nr. 10 entnommen, der 1927 im Selbstverlag des Erzgebirgsvereins St. Joachimsthal erschienen ist und in der Wissenschaftlichen Bibliothek des Sudetendeutschen Hauses in München archiviert ist.

Gut, daß auf meiner Luftaufnahme noch etwas von der Umgebung der Keilbergbauten zu sehen ist. Schon seit langem ist vom großen Waldsterben im Erzgebirge zu hören und zu lesen, das durch die giftigen Dunstwolken, vor allem aus dem Falkenauer und Kaadener Braunkohlenrevieren und Industrieanlagen, verursachst wird. Obwohl auch oben auf dem Keilberg längst schon Tausende toter Nadelbäume abgeholzt wurden, ist die Fläche um die Gipfelstation am 18. Juni 2000 noch immer übersät mit grauweißen Baumleichen. Anton Günther aus Gottesgab könnte heute nicht mehr singen „Arzgebirch, wie bist du schü!"

Das staatliche Aufforstungsprogramm läßt schon erste, wenn auch noch spärliche Erfolge erkennen. Noch 1992 gab es hier – Fotos von Landsleuten zeigen es – einen einzigen großen Baumfriedhof, nichts als verdorrten Bergwald.

Wie es hier vor 70 Jahren ausgesehen hat, beschreibt Professor Anton Kriegelstein (Karlsbad), 1927 1. Vorsitzender der Deutschen Skizunft Keilberg in einem Aufsatz „Der Keilberg als Wintersportplatz" so: *„...Steil abfallend nach Süden und Norden, weniger steil nach Osten und sanft nach Westen, trägt er meilenweite hochstämmige Fichtenwälder an seinen Hüften und Schultern, einen dichten Zwergfichten- und Zwergkiefernbestand sogar auf seinem Haupte..."*

Hoffen wir, daß auf dem Keilberg bald wieder gesunde Krüppelfichten und Krummholzkiefern wachsen und gedeihen können.

Doch nun zur interessanten Geschichte der Keilbergbauten, wie sie in der bereits genannten „Erzgebirgszeitung" abgedruckt ist. Aus Platzgründen mußte ich den Bericht sehr straffen.

Die ersten Menschen auf dem Keilberg: Bergleute!

Magister Johann Mathesius, der im 16. Jahrhundert in St. Joachimsthal als Pfarrer und Rektor der Lateinschule wirkte, erklärte den Namen der höchsten Erhebung im Erzgebirge so: *„Über dieses Gebirge sticht ein Keil Bergs (d. i. ein Keil von einem Berg) herein, zwischen dem Kohl- und Niklasberg, heißt der Keylberg".*

Mathesius berichtet in seiner Chronik von lange andauernden Wintern mit grimmiger Kälte, großen Schneemassen und gefährlichen Lawinenabgängen. *„Schnee am Keylberg hat etliche Häuser eingedrückt den 6. Feber (1556), sieben Menschen umgekommen..."* Nach Lehmann gab es im Jahr 1627 sechs Monate lang Winter. 1666 waren *„Windwehen dreizehn Ellen hoch, auf der Gottesgabe über zwanzig Ellen, so hoch wie die Häuser waren, vor Kälte platzten die Nägel, niemand konnte reisen..."*

Mathesius hat auch festgehalten, daß im 16. Jahrhundert die Bergleute auf der Suche nach Silber die Berge bis zu den höchsten Gipfeln hinauf nach Erz durchwühlt haben. Er nennt den „St. Johannes Lehen Gang am Keylberg", den „St. Jobs Gang, der durch den Keylberg streicht", den „Reich Geschüber Gang" und noch andere Stollen. Die Ausbeute aus diesen Gängen war nach Angaben in der Chronik ganz beträchtlich und lockte die Ansiedler bis zur Höhe des „Sonnenwirbels" hinauf, wo heute noch viele Halden Zeugnis von dem umfangreichen Bergbau jener Zeit geben.

Die Silber suchenden Bergleute werden es wohl gewesen sein, die unten im Tal von der herrlichen Fernsicht geschwärmt haben, die man oben auf dem Keilberg hat, wo der König des Erzgebirges inmitten seiner Vasallen thront, die da Fichtelberg, Spitzberg, Braunstein, Wirbelstein, Kupferhügel, Pleßberg, Plattenberg und Peindlberg heißen und alle an die 1000 Meter hoch sind. Bei klarer Sicht reicht der Blick südwestwärts weit ins böhmische Land hinein bis zu den letzten Ausläufern des Böhmerwaldes, dem Wolfsberg bei Mies und dem Pfraumberg bei Tachau. Im Südosten ist manchmal sogar der Weiße Berg bei Prag auszumachen.

Auf dem Keilberg wird gebaut!

So stellt sich die Geschichte der Keilbergbauten in Kurzform dar: (Exzerpt aus dem Aufsatz von Anton Müller „Die Entwicklung der Keilbergbauten".)

1817 entsteht auf dem Keilberg als Art Aussichtsturm eine hölzerne „Pyramide".

1838 errichten zwei Joachimsthaler Geschäftsleute eine neue Aussichtswarte, „Gloriett" genannt, die besonders Karlsbader Kurgäste häufig besuchen. Die Gemeinde St. Joachimsthal läßt einen von der Reichsstraße oberhalb der Sonnenwirbelhäuser abzweigenden Fahrweg herstellen.

1868 brennt die „Gloriette" ab.

1880 beschließt der Erzgebirgsverein St. Joachimsthal den Bau eines gemauerten Turmes. Bis zur Sicherung seiner Finanzierung wird zunächst wieder ein hölzerner Turm errichtet.

1884 Am 3. August wird der neue 24 Meter hohe gemauerte Turm, der oben auch einen Rundgang hat, bei Anwesenheit zahlreicher Festgäste aus nah und fern feierlich eingeweiht. Zwei kleinere Anbauten bieten bei schlechter Witterung Schutz. Hier bewirtet zunächst nur im Sommer der erste Turmwart Johann Kämpf aus Gottesgab Wanderer und Ausflügler.

1893 läßt der Erzgebirgsverein St. Joachimsthal ein kleines Haus mit einem Gastzimmer erbauen.

1900 Weil es noch keine geeigneten Räume zum Übernachten gibt, wird ein größeres Unterkunftshaus für 16092 K errichtet. Es hat im Erdgeschoß einen geräumigen Saal, der zu Ehren des verstorbenen Präsidenten des Zentralkomitees „Dotzauersaal" heißt, eine Küche und im ersten Stock neun beheizbare Fremdenzimmer nebst den erforderlichen Nebenräumen. Von nun an ist das „Keilberghaus" ganzjährig bewirtschaftet.

1903 Der Keilberg wird Wintersportort, zunächst für Ruschel-(Rodel)- und Hörnerschlitten. Vom Gipfel aus werden drei Hörnerschlittenbahnen angelegt und zwar nach St. Joachimsthal, Wiesenthal und Gottesgab. Auch Fahrten mit pferdebespannten Schlitten werden ins Programm aufgenommen.

1906 wird das Stallgebäude durch einen Anbau erweitert und erhält ein Stockwerk mit Saal für Massenquartiere und zwei Zimmer. Gleich im Winter 1906/07 werden die neuen Räume von einer Militär-Ski-Abteilung genutzt. Im Unterkunftshaus wird Telefon eingerichtet.

1906 und 1907: Der 1838 angelegte Fahrweg von der Reichsstraße hinauf zum Gipfel befindet sich in einem schlechten Zustand. Er wird auf 1,8 km Länge neu befestigt, später noch verbreitert und gewalzt.

1908 Auf dem Keilberg findet eine vielbeachtete und stark besuchte Ausstellung kunstgewerblicher und industrieller Erzeugnisse des böhmischen Erzgebirges statt. Zu diesem Zweck wird 1907 eine massive Ausstellungshalle gebaut. Die Kassettendecke zeigt 26 gemalte Wappen der Bergstädte des böhmischen Erzgebirges sowie der Städte Karlsbad, Komotau und Teplitz. Die Keilbergausstellung wird von etwa 40 000 Gästen aus aller Herren Länder besucht, die die vielseitige und hochentwickelte Industrie des Erzgebirges und auch seine Naturschönheiten kennenlernen. Sie trägt wesentlich zur weiteren Entwicklung des Fremdenverkehrs im Erzgebirge bei. Nach Ausstellungsende entsteht aus der Halle ein Restaurationssaal.

1910 Die Wasserversorgung der Keilbergwirtschaft wird verbessert. Die Zuflüsse einer nahen Quelle werden gefaßt, in ein Sammelbecken geleitet und durch einen Benzinmotor hinauf zu den Keilbergbauten gepumpt.

1912 wird die Kapazität des alten Unterkunftshauses durch einen Neubau vergrößert. Er erhält im Untergeschoß mehrere Kellerräume, eine geräumige Küche und in zwei Stockwerken 30 Gästezimmer. Alle Räume erhalten Zentralheizung, elektrische Beleuchtung und Wasserleitung. Anschließend an die Veranda entsteht eine gemauerte Autohalle.

1919 wird der Aussichtsturm renoviert und außen völlig mit Holzschieferschindeln verkleidet.

1920 In der Nähe des Unterkunftshauses entsteht ein Ski-Übungsplatz.

1922 Im „Fuchsloch" am nördlichen Abhang des Keilberges wird eine Sprungschanze angelegt. Ihre Ausgestaltung und den Betrieb übernimmt die neugegründete „Deutsche Skizunft Keilberg". Die Schanze kostete 100 000 K und wird von Fachleuten als eine der bedeutendsten Anlagen dieser Art in Mitteleuropa bezeichnet.

Willy Dick hält hier den deutschen und tschechoslowakischen Rekord (62 m)

1926 Eine weitere Wasserzuleitung schafft täglich 150 bis 180 hl Wasser ins Keilberghaus.

1927 An der Westseite wird ein zweistöckiger Neubau errichtet, der durch die dazwischen liegende Sobitschka-Halle mit dem bereits bestehenden Ostflügel verbunden wird. Von nun an stehen im „Keilberghotel" 80 Betten und außerdem eine Anzahl Sofas und Rahmenmatratzen zur Verfügung.

Einladung.

Der Erzgebirgsverein in St. Joachimsthal begeht Samstag den 12. November 1927 die Eröffnung der durch den heuer ausgeführten Zubau auf dem Keilberge gewonnenen neuen Räume.

Tages-Ordnung:

1.) 2 Uhr nachmittags Begrüßung und Eröffnung.
2.) Besichtigung der neuen Räume.
3.) Kommers bei Konzert der verstärkten Hauskapelle.
4.) Abends 8 Uhr Festball (Eintritt 10 Kč, Kleidung zwanglos).

Zur gefälligen Teilnahme an dieser Eröffnungsfeier ergeht hiemit die höfliche Einladung.

Persönliche Einladungen können nicht erfolgen.

Der Vereinsausschuß.

Da die Keilbergbauten seit der Errichtung des Aussichtsturmes 1883/84 bis 1927, also während eines Zeitraumes von 40 Jahren in mehreren einzelnen Abschnitten entstanden sind, können sie, von außen gesehen, natürlich keine einheitliche Linie aufweisen. Auf einem Foto, das Landsmann Karl Bartl aus Weipert im August 2001 gemacht hat, sieht man, daß die Keilbergbauten dem

Verfall preisgegeben sind. Sie sind seit Jahren geschlossen.

Am Schluß meines Fluges zum Keilberg im Erzgebirge will ich zweier Männer gedenken, die sich um den Keilberg und das Erzgebirge besonders verdient gemacht haben.

Anton Müller

war damals Bezirksschulinspektor und ab 1899 Obmann des Erzgebirgsvereins St. Joachimsthal. Unter seiner Leitung hat der Erzgebirgsverein St. Joachimsthal ab 1900 die Neubauten zur Vergrößerung der Unterkünfte des Keilberghauses durchgeführt. Daß die Keilbergausstellung im Jahre 1908 zustandekam und ein voller Erfolg wurde, war in erster Linie Anton Müllers Verdienst. Auch die Förderung des Wintersports auf dem Keilberg durch Schaffung von Ski-Übungsplätzen und den Bau einer großen Sprungschanze geht auf seine Tatkraft zurück.

Im Sonderdruck der „Erzgebirgszeitung“ Nr. 10 anläßlich der Eröffnung des 1927 fertiggestellten Zubaues schließt die Laudatio auf Anton Müller so: *„Sein schönster Lohn ist das eherne Denkmal, das er sich geschaffen hat hoch oben im ragenden Bergland, nicht minder aber auch das Denkmal, das er sich errichtet hat in den Herzen von Tausenden von Gebirgsfreunden und Wanderern...“*

Anton Günther

Der „Sänger des Erzgebirges“ wurde 1876 in Gottesgab, also ganz nahe beim Keilberggipfel, geboren. Schon während seiner Lehrzeit als Lithograph in Prag schrieb er seine ersten Mundartgedichte. In die Heimat zurückgekehrt, führte er hier ein einfaches Leben wie alle Kleinbauern, schrieb seine Gedichte und dazu die Melodien auf und trug sie daheim bei Veranstaltungen in Böhmen und Sachsen, sogar vor dem König von Sachsen, zur Gitarre vor. Die eingängigen Lieder wurden Volksgut, heute hört man bei Begräbnissen von Vertriebenen das Lied „‘s is Feieromd“.

Von ihm stammt auch die „Nationalhymne“ des Erzgebirges.

Arzgebirch, wie bist du schü!

Worte und Weise von Anton Günther.

(Alle Rechte vorbehalten.)

O Arzgebirch, wie bist du schü,
Mit deine Wälder, ihr Wiesn, Barch on Tol,
In Winter weiß, in Sommer grü,
O Arzgebirch, wie bist du schü!
Be Regn on Sonnaschei, ebs stöwert, störmt on schneit,
Be Toch on Nacht, omd oder früh,
Wie hamlich klingst du doch du deitscha Mottersproch,
O Arzgebirch, wie bist du schü!

In Frühgahr wenn dr Schnee zetaat,
Da Wasserla fließn, da Beer blüht in dr Haad,
Wenn's sommt on singt in aller Früh,
O Arzgebirch, wie bist du schü!
Be Regn on Sonnaschei, ebs stöwert u. s. w.

On wenn da Schwarzbeer zeitich sei,
Da Saasn klinga, wie duftich riecht nort's Hei,
Do kah mr in da Schwamma gieh,
O Arzgebirch, wie bist du schü!
Be Regn on Sonnaschei, ebs stöwert u. s. w.

In Herwist is su still on leer,
Is Hei on Haazing rei, rut glüht da Vuglbeer,
Nort kah mr wieder hutzn gieh,
O Arzgebirch, wie bist du schü!
Be Regn on Sonnaschei, ebs stöwert u. s. w.

On kömmt da liewa Winterszeit
Nort liecht in Friedn da Hamit tief verschneit,
Mir fohrn mit Schneeschuh drüwer hie,
O Arzgebirch, wie bist du schü!
Be Regn on Sonnaschei, ebs stöwert u. s. w.

On wenn ich ve dir scheidn muß,
Gilt dir ven Harzn dr letzta Abschiedsgruß
Ze dir do zieht michs immer hie,
O Arzgebirch, wie bist du schü!
Be Regn on Sonnaschei, ebs stöwert, störmt on schneit,
Be Toch on Nacht, omd oder früh,
Wie hamlich klingst du doch du deitscha Mottersproch,
O Arzgebirch, wie bist du schü!

Quellen:

1) Der Keilberg“, Sonderdruck der Erzgebirgszeitung Nr. 10 im Selbstverlag des Erzgebirgsvereins St. Joachimsthal, 1927.

2) Rudolf Hemmerle, Sudetendeutsches Lexikon, Adam Kraft Verlag Würzburg, 1992.

Klösterle an der Eger – Deutsch durch Kreuz und Pflug.

24 Klösterle an der Eger (Teil 1)

Deutsch durch Kreuz und Pflug

Erst das Luftbild zeigt, wie gegensätzlich sich Klösterle an der Eger nach der Vertreibung seiner deutschen Einwohner entwickelt hat. Im Vordergrund der einstige deutsche Ortskern, historisch gewachsen, idyllisch das Thun'sche Schloß an der Eger, die Pfarrkirche, das Rathaus, die Maria-Trost-Kirche, alles irgendwie heimelig und warm.

Jenseits der neugebauten Umgehungsstraße ragt das neue Klášterec auf, Hochhaus an Hochhaus, einige bis zu 13 Stockwerke hoch, einförmig, trist, kalt. Diese graue Trabantenstadt hat man aus dem Boden gestampft, weil ganz in der Nähe, bei Kaaden, Braunkohle im großen Stil im Tagebau gefördert wird und bedeutende keramische Industriebetriebe entstanden sind.

Im Gegensatz zu dieser tschechischen Arbeitersiedlung kann das einst deutsche Klösterle an der Eger eine sehr lange geschichtliche Entwicklung aufweisen. Professor Dr. Rudolf Langhammer, Ehrenbürger der Stadt Klösterle, hat ihr nachgespürt und die Ergebnisse seiner Forschungen im Heimatbuch „Das mittlere Egertal und die Geschichte der Stadt Klösterle an der Eger im Sudetenland" veröffentlicht. Die folgende Zeittafel beinhaltet die wesentlichen geschichtlichen Daten aus der umfangreichen Abhandlung Dr. Langhammers.

1150 bis 1250: In dieser Zeit errichtet das **Benediktinerkloster Postelberg** auch die Propstei Claustrellum (= das kleine Kloster), woraus der Name Klösterle entsteht. Reste des einstigen Klosters finden sich noch im Thun'schen Park.

1420 Am 20. Mai wird das Benediktinerkloster Postelberg von den Hussiten vollständig zerstört. Es soll keine Überlebenden gegeben haben.

1277 König Ottokar II. gibt den **Herren von Schönburg** als Dank für geleistete Kriegsdienste Klösterle zum Leben.

1449 Der Ort kommt als „oppidum Clasterzecz" an die aus Sachsen nach Böhmen geflüchteten **Ritter von Vitzthum.**

1623 Weil Christoph von Vitzthum sich dem Lager der Protestanten angeschlossen hatte, verkauft die königliche Kammer die nach der Schlacht am Weißen Berg konfiszierte Herrschaft Egerberg mit Klösterle an **Christoph Simon Freiherr von Thun.** Das aus Südtirol stammende Geschlecht bleibt bis 1945 im Besitz seiner Güter.

1712 In einer Beschreibung der einzelnen Städte Böhmens heißt es über Klösterle: *„Ist ein schönes Schloß und Markt mit einem luftigen Garten an der Eger im Saazer-Creis."*

1722 Das namentliche Zunftverzeichnis von Klösterle führt u. a. 9 Fleischhackermeister, 9 Schuhmacher, 4 Tuchmacher und 13 Bäcker an. Außerdem gibt es eine Müllerzunft, die Zunft der Wagner, Büchsenmacher und Schlosser, die Zunft der Schmiede, die Zunft der Binder, Tischler, Töpfer und Glaser, die Leinweberzunft, die Mälzerzunft und die Zunft der Zimmerleute. Damals gehören die Seifensiedler, Weißgerber, Schwarzgerber, Lohgerber, Sattler, Kürschner, Hutmacher, Posamentierer und Kaminfeger aus Klösterle den Zünften in anderen Orten an.

Interessant sind die Kleidervorschriften in der Zunftordnung der Schuhmacher: *Kein Meister soll ohne Mantel bei einem Quartal oder einer anderen Zusammenkunft erscheinen bei Strafe von 1 Pfund Wachs. Kein Meister oder Gesell soll sich auf dem Markt oder in den Gassen barfüßig, ohne Kragen oder Halstuch sehen lassen bei Strafen von 1 Pfund Wachs.*

1780 Unter dem Grafen Franz Josef von Thun werden auch auf der Klösterler Herrschaft die Robotleistungen in Geld umgewandelt. Diese Ablösung vollziehen die Untertanen gerne, weil sie nun ihre ganze Zeit für ihre Wirtschaft verwenden können. Ein Robottag mit zwei Pferden mußte mit 12 Kreuzer abgelöst werden, ein Handrobottag mit 4 Kreuzer.

1781 Kaiser Josef II. hebt die Leibeigenschaft der Bauern auf.

1785 Klösterle erscheint in einer *„Eintheilung der kreißigen Städt“* in der dritten Klasse der Städte. Doch noch in der *„Ratserneuerung“* von 1785 fehlen dem *„untertänigen Städtchen“* die einfachsten Rechte der Selbstverwaltung. Die Ratserneuerung enthält u. a. eine ausführliche Polizeiordnung und eine Kirchenordnung und gibt einen guten Einblick in die Verhältnisse dieser Zeit. Gemäß dieser Ratserneuerung, gegeben vom Grafen H. J. Thun am 21. Christmond 1784, wählen die Bürger von Klösterle Wahlmänner, welche die Wahl des Magistrats vollziehen. Diese Bürgermeister und Ratspersonen müssen aber erst vom Grundherrn oder dessen Stellvertreter bestätigt, d. h. endgültig ernannt werden. Der jeweils drei Monate amtierende Bürgermeister heißt in den Stadtbüchern *„jetzt regierender Purgermaister“*.

1786 In einer amtlichen Beschreibung der Stadt Klösterle heißt es:

1. *Eigentümer: Graf von Thun. Liegt am Fuß der Gebürge mit mittelmäßigem Boden.*

2. *Population 858 Köpfe deutscher Sprache, mittelmäßigen Leibeswuchs und guter Gemütsart.*

3. *Arm an Vermögen, fleißig, nähren sich vom Ackerbau, einige von Handarbeit.*

4. *Die Landwirtschaft wird nach Möglichkeit gut betrieben. Es wird von allen Früchten gebauet, doch von den geringsten am meisten.*

5. *Ackerbau 669 Strich 3 1/2 Vr.; Wieswachs 146 1/8 Fuder. Man ist im Begriff, von ausländischen Kräutern, nämlich Luzern und Reigras, Versuche zu machen.*

6. *Sowohl das Nutz- und Zuchtvieh wird mittelmäßig gehalten und besteht dieses Nutz Viehe 58, Zucht Viehe 12, Zugochsen 21, Pferde 3.*

7. *Hier ist eine Nanquins-, (Nanking = Baumwollnessel) Stahl-, Strumpfwirkerei- und Ruß-Fabrique vorhanden.*

Nach dem 1846 erschienenen Werk „Das Königreich Böhmen" von J. G. Sommer hatte Klösterle damals 1 162 Einwohner. 1921 betrug die Einwohnerzahl 2 452, 1930: 2 594, 1945: 3 983. Als im Jahre 1942 Meretitz und Ziebisch eingemeindet wurden, betrug die Einwohnerzahl von Klösterle 5 465.

1827 Kaiser Franz I. bestätigt das Marktrecht von Klösterle. Es wird darin bestimmt, daß der erste Jahrmarkt am Tage nach Maria Lichtmeß sein soll. Wenn aber Bartholomäi oder der Martinitag ein Feiertag ist, soll der Markt am folgenden Tag stattfinden. Der Wochenmarkt bleibt am Mittwoch. Durch das Privileg Kaiser Ferdinands I. von 1838 wird die Zahl der Jahr- und Viehmärkte auf vier erhöht.

1848 **Hans Kudlich,** ein schlesischer Bauernsohn, erreicht als Mitglied des ersten österreichischen Reichstages mit seinem Antrag die **„Bauernbefreiung".** Von nun an ist das Untertänigkeitsverhältnis samt allen daraus entsprungenen Rechten und Pflichten aufgehoben.

1852 Am 2. Mai erhält Klösterle ein Postamt, das bis zur Eröffnung der Eisenbahnlinie auch für den Personenverkehr zuständig ist. Täglich verkehrt der sog. Hauptwagen in Richtung Teplitz – Karlsbad und zurück. Zur Beförderung von Privatreisenden hat der Postmeister einen Landauer und zwei Kutschen. Zum Postamt Klösterle gehören die Orte: Meretitz, Ziebisch, Zuflucht, Gesseln, Bettlern, Haardorf, Kunau, Kettwa, Leskau, Roschwitz, Dörnthal, Grün, Klein- und Groß-Spinnelsdorf und Humitz.

1872 In Klösterle wird für die Buschtěhrader Eisenbahnlinie ein Bahnhofsgebäude errichtet. Die Eisenbahnlinie hat ihren Namen nach dem Ort Buschtěhrad bei Kladno, wo die Eisenbahngesellschaft Kohlengruben besitzt. Die Gesamtstrecke Prag – Komotau – Eger wird nur in Teilstrecken vollendet und eröffnet. Die Strecke Priesen – Brunnersdorf – Karlsbad wird für den Gesamtverkehr am 9. Dezember 1871 freigegeben. Eine bedeutende Verkürzung der Eisenbahnstrecke Aussig – Teplitz und der Strecke Karlsbad – Eger wird durch die Linie Komotau-Brunnersdorf erreicht, die am 1. März 1873 den Betrieb aufnimmt. 1898 wird ein zweites Gleis auf der Strecke Komotau – Karlsbad verlegt, da der internationale Reiseverkehr nach Karlsbad dies erfordert. Nach 1918 werden alle deutschen Bahn- und Postbeamten, die die Prüfung in tschechischer Sprache nicht bestehen, durch Tschechen ersetzt.

1918 Auch die deutschen Gendarmerieposten in Klösterle werden von tschechischen Beamten abgelöst. Weil sie mit deutschen Frauen verheiratet sind, besteht zwischen ihnen und der deutschen Bevölkerung bis 1938 ein gutes Verhältnis.

1945 Viele Einwohner von Klösterle müssen nach dem Ende des II. Weltkrieges in den Kohlebergwerken von Kladno harte Zwangsarbeit leisten. 1946 werden sie mit nur 50 kg Gepäck aus ihrem Heimatort vertrieben.

So sah der Obere Marktbrunnen in Klösterle zu deutscher Zeit aus.

Zurück zum Luftbild:
Ich wünsche nicht, daß meine Luftaufnahme vom 18. Juni 2000 im Jahre 2050 Seltenheitswert hat, weil es dann überall nur noch graue Plattenbauten gibt und nichts mehr an einen idyllischen Sommerfrischeort namens Klösterle an der Eger erinnert.

Quellen:

Das mittlere Egertal und die Geschichte der Stadt Klösterle an der Eger im Sudetenland, Dr. Viktor Karell, Verlag Das Viergespann Bad Homburg, 1961.

Hier bietet Klösterle an der Eger noch einen idyllischen Anblick.

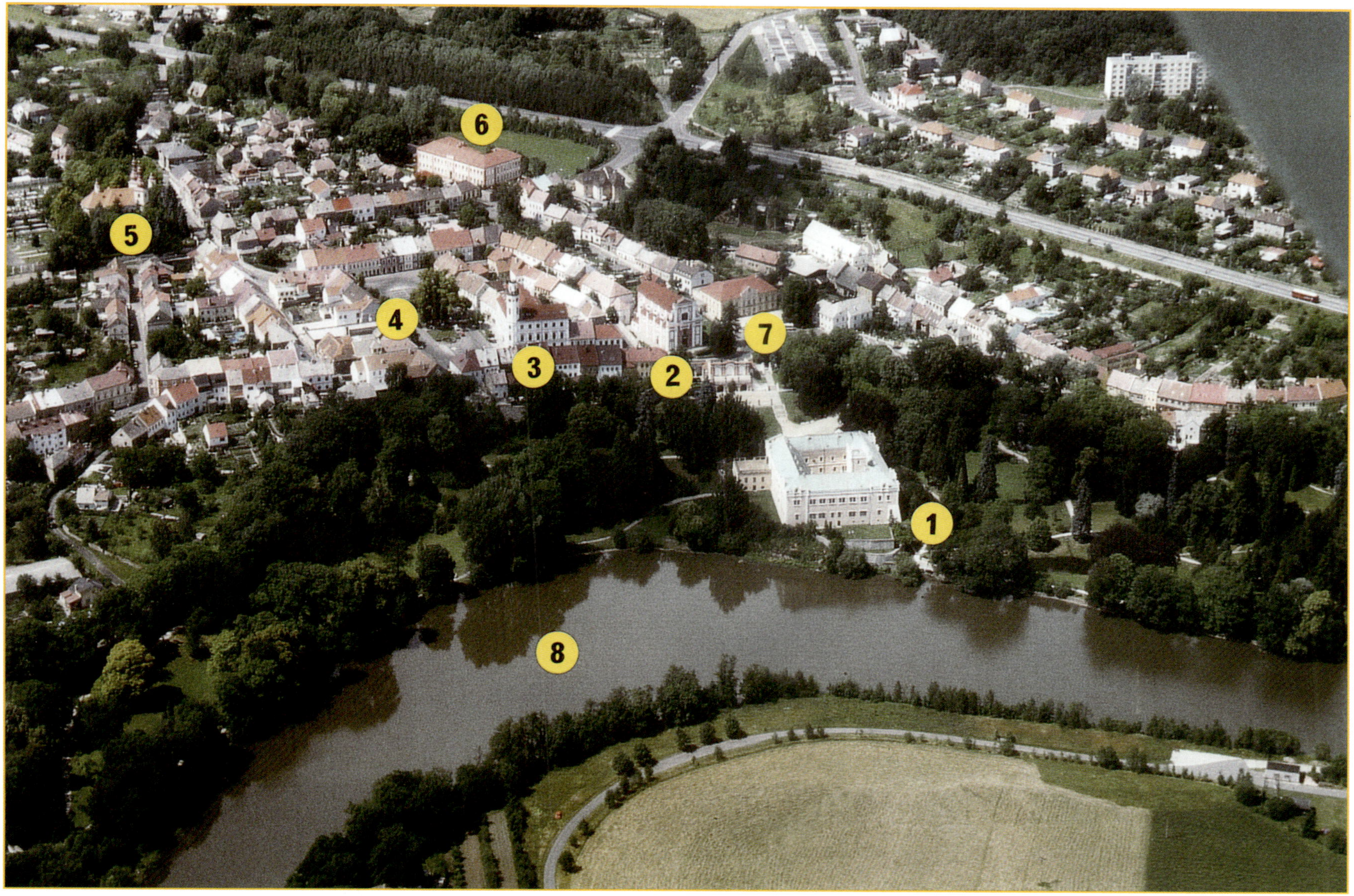

In die Sommerfrische nach Klösterle an der Eger.

25 In die Sommerfrische nach Klösterle an der Eger (Teil 2)

Die romantische Lage im Egertal zwischen Erzgebirge und dem Duppauer Bergland, der Kranz der nahen Berge, auf denen Burgruinen zum Schauen und Staunen einluden und der bekömmliche „Sauerbrunn" machten Klösterle zu einer sehr beliebten Sommerfrische im deutschen Egerland.

Die Luftaufnahme vom 18. Juni 2000 ignoriert ganz bewußt die vielen grauen Plattenbauten im Nordwesten der Stadt, damit der Beschauer noch etwas von der einstigen Idylle des Ortes erahnen kann. Die noch lebenden Deutschen aus Klösterle und Umgebung werden mit Freude feststellen, daß die historischen Gebäude noch vorhanden sind und – zumindest aus etwa 200 Meter Höhe – keinen verwahrlosten Eindruck machen.

Daß ich sie beschreiben kann, verdanke ich wieder Professor Dr. Karell, der die Heimatschrift „Das mittlere Egertal und die Geschichte der Stadt Klösterle an der Eger im Sudetenland" verfaßt hat. Sie ist 1961 im Verlag Das Viergespann, Bad Homburg vor der Höhe, erschienen.

1 Das Thun'sche Schloß

Es trohnt auf einem Felsen am linken Egerufer. Ein erster Schloßbau läßt sich urkundlich bis vor 1546 zurückverfolgen. Es hat sich ein Verzeichnis der Schäden erhalten, welche 1546 *„in der Frauen Behaussung"*, d. i. im Schlosse der Margareta von Vitzthum zu Klösterle, angerichtet wurden. Was sie vor Ankunft des Kriegsvolkes *„auf Neuem Schönberg hinweckh geschickt, darin Ir khain schadenn beschehenn."*

Das von schwedischen Truppen im Dreißigjährigen Krieg schwer beschädigte Renaissance-Schloß ließ Michael Oswald Graf von Thun im Jahre 1660 durch Rossi de Lucca barockisieren. Nach zwei großen Bränden wurde es im Stil der englischen Neugotik von dem Architekten Wenzel Hagenauer in sein jetziges Aussehen umgestaltet.

Seit 1953 befindet sich im Schloß ein Museum, das wertvolles böhmisches, europäisches und asiatisches Porzellan zeigt. Die Thun gründeten 1793 in Klösterle die zweitälteste Porzellanfabrik Böhmens, die heute noch arbeitet.

Das Geschlecht der Grafen von Thun, das sich auch um die Stadt und ihre Bürger große Verdienste erworben hat, wurde 1945 von den neuen tschechischen Machthabern enteignet und vertrieben.

2 Die neue Pfarrkirche

Die älteste urkundliche Nachricht über eine Pfarrkirche in Klösterle stammt aus dem Jahre 1352. Sie hieß *„czum heiligen Leichnam"* und stand in der späteren Schießhaus-Straße. Der Bau der neuen Pfarrkirche zu „Ehren der heiligen Dreifaltigkeit" wurde zum großen Teil von der Thun'schen Herrschaft finanziert und nach den Plänen von Carlo Lurago von dem italienischen Baumeister Rossi de Lucca im Barockstil ausgeführt.

Am Hochaltar wurde unter dem Thun'-schen Wappen in lateinischer Sprache folgende Inschrift angebracht: *„Wenzel, von Gottes Gnaden Bischof von Passau und Gurk, des Heiligen Römischen Reiches Fürst, Propst zu Salzburg, Graf von Thun, hat diesen Altar gestiftet und die Kirche am 21. September 1670 geweiht."*

Der Johannisaltar wurde 1723 aufgestellt. Ein Jahr später ließ Maria Philippine, verw. Thun, geb. Reichsgräfin von Harrach, die Kirche renovieren. Drei Brände, 1726, 1784 und 1859 richteten an der Kirche große Schäden an.

Die Bilder am Hochaltar stellen dar: Mariä Himmelfahrt und die Heilige Dreifaltigkeit. Zu beiden Seiten stehen der heilige Wenzel, der heilige Michael, der heilige Hieronymus und der heilige Augustinus, der heilige Sebastian und der heilige Rochus. Die Bewilligung zur Wiederherstellung und Benützung der Familiengruft der Grafen Thun unter der Stadtkirche wurde 1859 erteilt mit der Bedingung, daß nur einbalsamierte Leichen beigesetzt werden.

1848 wurde der neue Glockenturm errichtet, da man den alten hölzernen Kirchturm wegen Straßenbauarbeiten abtragen mußte. Für die während des 1. Weltkrieges abgelieferten Glocken goß die Firma Rudolf Perner in Budweis (nach der Vertreibung in Passau ansässig) drei neue Glocken, die am 1. Juni 1930 eingeweiht wurden.

3 Das Rathaus

Im Freiheitsbrief von 1604 und in den Klösterler Gerichtsbüchern wird ein Rathaus erwähnt. Ritter Christoph von Vitzthum verkaufte der Gemeinde das *„Newe Hauß"*, daß sie daraus ein *„rath- und Mältzhauß zue solchen ihren Gersten Bier Schenken aufbawen"*. Auch in dem Verzeichnis der bürgerlichen Häuser aus dem Jahre 1722 wird *„aufn Blatz"* das Rathaus genannt. 1726 und 1784 fiel es den großen Stadtbränden zum Opfer. Da es nach dem Brand von 1784 nur *„leicht"* wieder aufgebaut wurde, mußte man es 1855 abtragen und durch den Brüxer Baumeister Böhm um 24 000 fl. neu errichten lassen. 1859 brannte das Rathaus noch einmal vollständig aus, daß nur die kahlen Wände stehen blieben. So wie es wieder aufgebaut wurde, sieht es noch heute aus.

4 Der Obere Marktbrunnen

Er steht in der Mitte des Marktplatzes und ist auf dem Luftbild leider von einer hohen Baumgruppe verdeckt. Zu deutscher Zeit, als die Bäume noch kleiner und lichter waren, konnte man das berühmte Wahrzeichen von Klösterle gut sehen. In der Mitte des Bassins befindet sich ein Springbrunnen, der von zwölf auf einem Steingeländer stehenden großen Figuren umrahmt wird. Geschaffen hat sie der große Barockbildhauer Johann Brokoff, der von 1685 bis 1687 im Dienst der Grafen Thun stand. Ursprünglich befanden sich die Figuren in den Laubengängen und auf den Terrassen des gräflichen Schlosses. 1785 ließ Franz Josef Graf von Thun den Oberen Marktbrunnen errichten und schenkte dazu die zwölf Plastiken.

Sie stellen dar: Hiems (Winter), Terra (Erde), Venus (Liebesgöttin), Mercurius (Götterbote), Aestas (Sommer), America, Africa, Autumnus (Herbst), Ulysses (der lateinische Name für Odysseus), Asia, Europa. Bei der 12. Figur ist die Aufschrift nicht mehr erhalten. Diese Figur stellt einen Jüngling dar; es dürfte der Frühling (Ver) sein.

Von Johann Brokoff stammen auch das Gußmodell für die Statue des Landespatrons Johann von Nepomuk, sowie die große Pieta für die Prager Brücke und mehrere Statuen dazu.

5 Die Maria-Trost-Kirche

Diese stattliche Kirche – man denkt unwillkürlich an Dientzenhofer – wurde an Stelle einer Totenkapelle beim Friedhof errichtet und 1760 eingeweiht.

Der Anlaß zum Bau dieser schönen Kirche war ein Marienbild, das sich heute noch über dem Hochaltar befindet. Dieses Marienbild wurde samt Altar 1652 vom St. Thomas-Kloster auf der Prager Kleinseite gekauft und zuerst in der alten Pfarrkirche aufgestellt. Nach Vollendung der neuen Pfarrkirche 1670 wurde das Marienbild in aller Stille in die Niklasdorfer Kirche geschafft. Erst 1683 wurde es zur Freude der Einwohner von Klösterle, die es immer sehr verehrt hatten, wieder zurückgebracht. Die Verehrung des Gnadenbildes nahm ständig zu, und Klösterle wurde ein bedeutender Marien-Wallfahrtsort.

1712 wurde beschlossen, die alte Totenkapelle beim Friedhof abzutragen und an ihrer Stelle eine neue Kirche zu bauen. Da die Geldmittel nicht ganz ausreichten, wurde vorerst die alte Kapelle gründlich renoviert, das Gnadenbild aus der neuen Pfarrkirche feierlich dorthin übertragen und diese Kapelle am 15. August 1714 neuerlich eingeweiht. Dieser Kapelle wurde nun der Ehrentitel „Maria Trost" verliehen. Im Jahre 1745 war das Kirchenvermögen so ansehnlich geworden, daß man den früheren kostspieligen Bauplan ausführen lassen konnte. 1760 konnte die neue Maria-Trost-Kirche von Vikar Kirchner aus Kralupp eingeweiht werden. Von der großen Feuersbrunst 1784 blieb die Kirche gottlob verschont.

Die würdige Ausgestaltung des Hochaltares als Standort des Gnadenbildes wurde erst 1825 begonnen. Die Kirche erhielt auch zwei neue Seitenaltäre.

Nun fehlten nur noch die zwei Türme. Im Juli 1831 waren auch sie nach den Plänen des Baumeisters Karl Sieh vollendet. Damit erhielt Klösterle einen der schönsten barocken Kirchenbauten in unserer Heimat.

6 Volkschule für Knaben und Bürgerschule

In dem immer noch recht repräsentativ wirkenden Bau nahmen am 4. Oktober 1909 die Volksschule für Knaben und die Bürgerschule ihren Betrieb auf. Die Knabenvolksschule leitete damals Oberlehrer Hermann Wiesner, die Bürgerschule Direktor Franz Czekal. Die gewerbliche Fortbildungsschule im gleichen Haus besaß auch eine spezielle Fachklasse für Porzellan.

7 Volksschule für Mädchen

In diesem Schulhaus, das 1864 eingeweiht wurde, waren bis 1909 die Knabenvolksschule und die Mädchenvolksschule untergebracht. Von 1924 bis 1945 leitete Oberlehrerin Franziska Gruber die Mädchenschule.

8 Von Egerzoll, Egerbrücke und Eisgang

Der Egerzoll war für die Herrschaft Klösterle eine wichtige Einnahmequelle. Aus dem Jahre 1674 wird berichtet: *„Schönburg hat auf der Eger zweierlei Maut; die eine unter Okenau, die andere unter dem Schlosse Schönburg, woraus jährlich 74 fl oder mehr erzielt wurde."*

Im Jahre 1879 wurde die Egerbrücke eingeweiht. Zum Andenken an dieses Ereignis hat man um die Dreifaltigkeitssäule auf dem Marktplatz Linden gepflanzt.

Die Eger war fast jeden Winter zugefroren, und es gab oft schwere und gefährliche Eisgänge. So ist z. B. bekannt, daß 1939 durch einen Eisstau das Eis bei Wotsch bis zu 6 Meter hoch auf der Straße lag und auf der anderen Seite bis zum Bahngleis reichte. Ein anderer gefährdeter Punkt war die Überfuhr bei Kettwa. 1942 mußte der Überführer mit Hab und Gut hinter das Haus auf die Felsen hinauf flüchten, weil das Eis bis an die Fenster des ersten Stockwerkes reichte. Häufig staute sich auch das Eis beim Schloß in Klösterle und bei Kaaden. Wenn das Eis auf der Eger bis zum 17. März hielt, veranstaltete man in Klösterle das sogenannte „Josefi-Kegelschieben" auf dem Eis, wie es zuletzt 1917 und 1929 der Fall war.

Die Porzellanfabrik

Die Gründung einer Porzellanfabrik durch Franz Josef Graf Thun von Hohenstein im Jahre 1798 war für die Stadt Klösterle von großer wirtschaftlicher Bedeutung. In der zweitältesten Porzellanfabrik Böhmes arbeiteten 1872 sechs und 1890 bereits acht Brennöfen. Als Fabrikmarke diente von 1798 bis 1803 ein K (Klösterle) mit einem Hirschgeweih. Bis 1830 finden wir TK (Thun-Klösterle). Bis 1938 war über TK die Adelskrone, darunter stand: Thun, Czechoslovakia.

Im Museum der Patenstadt Weißenburg in Bayern befindet sich auch ein Klösterle-Zimmer, in dem die Erzeugnisse der Porzellanfabrik Klösterle aufbewahrt werden, u. a. auch ein Gedeck als Jubiläumsausgabe Thun.

Zweierlei „Gebräu" in Klösterle

Klösterle hatte um 1660 ein herrschaftliches und ein bürgerliches Brauhaus. Das herrschaftliche hatte Felix Apel von Vitzthum, der Grundherr von Klösterle, bereits in der 2. Hälfte des 15. Jahrhunderts beim Schloß errichten lassen. Das bürgerliche Brauhaus befand sich in der Gasse nach Schönburg.

1866 übernahm die Herrschaft Thun das bürgerliche Brauhaus. Nach dem Schloßbrand von 1856 entstand eine neue Brauerei an der Bahnhofstraße, die 1928 an die Brüxer Brauerei verpachtet wurde.

Der „Klösterle-Sauerbrunn"

Am 18. Mai 1883 stieß der Besitzer Josef Ficker aus Klösterle bei einer Bohrung nach Trinkwasser auf eine Säuerlingsader. Auch die Stadtgemeinde fand auf einem Grundstück, das zur Hälfte der Stadt, zur Hälfte dem Schützenkorps gehörte, im Juni 1897 Sauerbrunn, der vom Pächter des Schießhausrestaurants von 1897 bis 1901 gegen ein kleines Flaschenfüllgeld verkauft wurde. Auch bei Josef Ficker war seit der Entdeckung der Quelle Sauerbrunn zu haben. 1896 verkaufte er Haus, Grundstück und Quelle an den Zuckerfabrikbesitzer Fieber in Aussig, der mit großem finanziellen Einsatz die Sauerbrunnversendung maschinell betrieb und auch den schönen Sauerbrunnpark anlegen ließ.

1902 aber machte dieses Unternehmen Konkurs und ging in den Besitz der Stadt Klösterle und des Schützenkorps über. Der Handelskammerrat Weber übernahm die Stadtquelle und die Eugeniequelle in Pacht und verschaffte durch Fleiß und geschickte Reklame dem „Klösterle-Sauerbrunn“ Weltgeltung. Bis zur Vertreibung 1946 ist dieser vorzügliche Säuerling – zuletzt von der Firma Hinke & Glaser – als Kur- und Tafelwasser in alle Welt versandt worden, und es gab wohl kein Hotel im In- und Ausland, das nicht diese vorzügliche Marke führte.

Klösterle war bis 1945 eine rein deutsche Stadt

Prof. Ernst Pfohl, Ortslexikon Sudetenland:
1930: 2451 Einwohner,
davon 2403 Deutsche (=98%)

Rudolf Hemmerle, Sudetenland, Wegweiser durch ein unvergessenes Land:
1930: 2590 Einwohner,
davon 2523 Deutsche (=97,4%).

Klösterle 1945: Gewalt durch Tschechen, aber auch Hilfe durch Tschechen

Nach dem Ende des Zweiten Weltkrieges war auch in Klösterle die deutsche Bevölkerung – Frauen, Kinder und ältere Männer – wehrlos und schutzlos tschechischer Gewalt ausgesetzt. So wurde der bereits pensionierte Bürgerschuldirektor Josef Forkl – er leitete von 1934 bis 1942 in Klösterle die Bürgerschule – von Tschechen verhaftet, ins Kreisgerichtsgefängnis Brüx verbracht, wo er am 10. Februar 1946 an den Folgen brutaler Mißhandlungen gestorben ist. Man hatte ihm vorgeworfen, daß im Oktober 1938, nach der Eingliederung des Sudetenlandes in das Deutsche Reich, einige tschechische Kommunisten für eine Nacht in seiner Bürgerschule festgesetzt waren. Forkl war für diese Aktion in keiner Weise verantwortlich. Im Gegenteil: er hatte die Tschechen noch mit Essen versorgt.

Es hat in dieser Zeit aber auch tschechische Menschen gegeben, die sich vom staatlich verordneten Deutschenhaß nicht anstecken ließen und verfolgten Deutschen geholfen haben. So hat zu Pfingsten 1945 ein tschechischer Wachtposten, der den Forstanwärter Josef Jugl aus Klösterle mit einem LKW nach Kaaden ins Gefängnis bringen sollte, diesem zur Flucht verholfen, indem er ihn auf halber Strecke zum Abspringen und Fliehen aufgefordert hat. Josef Jugl konnte sich über die Grenze in Sicherheit bringen. Seine Freiheit und vielleicht auch sein Leben verdankt er einem Tschechen, der sich ein mitfühlendes Herz bewahrt hat.

Quellen:

1) Dr. Viktor Karell, Das mittlere Egertal und die Geschichte der Stadt Klösterle and der Eger im Sudetenland, Verlag Das Viergespann Bad Homburg, 1961.
2) Rolf Nitsch, Westböhmen Unvergessene Heimat, Adam Kraft Verlag Würzburg, 1999.
3) Rudolf Hemmerle, Sudetenland, Wegweiser durch ein unvergessenes Land, Bechtermünz Verlag, 1996.
4) Dokumente zur Austreibung der Sudetendeutschen, Europa-Buchhandlung München, 1951.

Tschechische Denkmalschützer: Rettet die Burgruine Egerberg!

25 Tschechische Denkmalschützer:

Rettet die Burgruine Egerberg!

Wegen dieser eindrucksvollen Fotografie im Bildband „Westböhmen – Unvergessene Heimat“ von Rolf Nitsch, Würzburg: Flechsig, 1999, habe ich die Burgruine Egerberg – sie liegt nur 2 km südlich von Klösterle – in mein Flugprogramm aufgenommen.

Als ich sie am 18. Juni 2000 überflog und fotografierte, habe ich gesehen, daß der Wald ringsum bereits den inneren Burghof vollständig überwuchert hat und dem einstigen Palas und der Bastion das gleiche Schicksal droht.

Ich kann mir nicht vorstellen, daß diese letzten und sehr markanten Ruinenreste vom Fuß des Leskauer Schloßberges aus noch zu sehen sind.

Nur gut, daß der große Egerländer Heimatforscher Professor Dr. Viktor Karell in seinem Heimatbuch „Burgen und Schlösser des Erzgebirges und Egertales“, erschienen 1935 im Verlag Vinzenz Uhl's Buchhandlung, Kaaden, auch die Burg Egerberg und ihre Geschichte beschrieben und so vor dem Vergessen bewahrt hat.

Dr. Viktor Karell

Burg Egerberg

„Gegenüber dem Bahnhofe der Stadt Klösterle erheben sich im Süden drei mächtige Ausläufer des Duppauer Gebirges, der Schwarzberg (674 m), der Leskauer Schloßberg (545 m) und der Heckelberg (528 m), von denen der zweitgenannte durch die mächtigen Reste einer Burg auffällt. Es ist die Ruine Egerberg, die 240 m über dem Spiegel der Eger emporragt. Steil führt der Weg, nur mühsam noch erkennbar, vom Dorfe Leskau zu diesen stolzen Trümmern einer vergangenen Zeit empor.

Der Grundriß der Burg Egerberg zeigt ein längliches Oval mit 280 m Umkreis und 56 m größter Breite. Ein tiefer Graben und ein hoher Wall schirmten sie ringsum. Von einer Vorbastion führte eine Zugbrücke von Südwesten her über den Graben ins Innere der Burg. Vom Torturm sind die Seitenwände – 13 m hoch – noch erhalten. Ein schmaler

Zwinger führt auf den eigentlichen Burgplatz. Die Nordostseite der Burg nahmen die Dienerwohnungen ein, von denen nur die Grundmauern noch erkennbar sind. Der Palas – 3 Stockwerke hoch – war vom Burgplatz aus nur durch eine Zugbrücke oder Treppe zugänglich. Ein fast 2 m breites Tor führte in sein Inneres. Im zweiten Stockwerk befand sich der Rittersaal oder vielleicht auch eine Kapelle – ein Fenster mit zierlichem gotischen Rippengewölbe ist noch vorhanden. Den Abschluß der Burg gegen Süden bildet eine gewaltige Bastion, durch die Egerberg hauptsächlich charakterisiert ist. Diese 4 m starke Bastion vertrat den Berchfrit, war nach innen offen und diente als mächtigster Schutz der Zugbrücke. Verstärkt wird sie noch durch eine 1 1/2 m starke Untermauerung. Von dieser Bastion genießt man bei Abendbeleuchtung die entzückendste Fernsicht. Silbern blinken die Wellen der Eger herauf. Der mächtige Wall des Erzgebirges türmt sich terrassenförmig im Norden auf. In den Tälern seines Hanges träumen zwischen grünen Wäldern, üppigen Wiesen und fruchtbaren Feldern schmucke Dörfer. In weitester Ferne gegen Osten zeigen sich die Vulkankuppen des Mittelgebirges, der Milleschauer, der Kostial und die Hasenburg, ja sogar der Georgsberg bei Raudnitz wird an klaren Herbst- und Frühjahrsabenden sichtbar. Gegen Südost schiebt sich die gewaltige Naturfestung Burgberg nahe heran und der zerklüftete Schöbafels und der über 120 m höhere, reich bewaldete Schwarzberg, mit dem der Leskauer Schloßberg durch einen niedrigen Sattel in Verbindung steht, schließen die Rundsicht gegen Süden ab.

Die Bauart der Burg Egerberg weist ihre Errichtung in die erste Hälfte des 13. Jahrhunderts. Das Geschlecht der Egerberge war damals an den südlichen Marken des Saazer Kreises seßhaft. „Von Egerberg“ nennt sich als erster Odolen von Chiesch-Auspitz, der wahrscheinlich auch die Burg erbaute. Er erscheint als Zeuge am 10. Juni 1254 beim Schenkungsbrief Ottokars II. für das Kloster Osseg und am 2. November 1289 auf dem Lehenbrief Alberts Nothaft für das Kloster Tepl. Auch seine Söhne Wilhelm und Friedrich nennen sich „von Egerberg“, ersterer seit 1317, letzterer seit 1322. Wilhelm, zuerst ein erbitterter Gegner König Johanns, begleitet ihn später auf allen seinen Kriegszügen. Die Brüder verkauften ihre mährischen Güter, sodaß sie imstande waren, im Saazer Kreise neue Besitzungen zu erwerben. Am 24. Dezember 1322 nahm Friedrich Fünfhunden, Negranitz, Pressern und Wikletitz vom Könige zu Lehen. Friedrich teilte den Besitz mit seinem Bruder und wurde der Begründer der Seitenlinie der Egerberge auf Fünfhunden. Er nannte sich nach seinem Besitz Pietipesky von Chiesch und Egerberg. Die Hauptlinie der Egerberge wurde Begründer von Willomitz. Karl IV. erhob auf ihr Einschreiten hin Willomitz 1347 zu einem Marktflecken.

Von den Egerbergern erwarben die Burg die Schönburge, die mit ihnen verwandt waren. Im Lehensbrief aus dem Jahre 1352 ist Egerberg bereits in ihren Händen. Von den drei Brüdern Albert, Friedrich und Dietrich von Schönburg, die als Besitzer Egerbergs erscheinen, übte zuerst Friedrich um 1359 Hoheitsrechte über Egerberg aus. Ihm folgte um 1379 sein Bruder Albert.

Doch nicht lange blieben die Schönburge Herren auf Egerberg. Im Jahre 1384 traten die Herren von Dauba den Besitz an. Heinrich Skopek von Dauba, Herr auf Maschau und Tschachwitz, Auscha, Liebeschitz und Liboch, gehörte zu den mächtigsten Adeligen seiner Zeit. Zweimal war er sogar Statthalter und Landesverweser von Böhmen. Er starb im Jahre 1396. Auch seine Söhne Alesch und Heinrich erbten seine Macht. Seit 1403 war Alesch oberster Kämmerer, und Heinrich war ein mächtiger Beschützer und Freund des Magisters Huß.

Auf welche Weise sich die Daubaer Herren ihres Egerberger Besitzes entschlugen, ist nicht bekannt. Sicher ist nur, daß 1411 als Besitzer der Günstling König Wenzls, Nikolaus von Prag, auftaucht. Er hatte es bis zum obersten Landschreiber gebracht und wurde wegens seines Wohlstandes nur „der Reiche" genannt. Seinem mächtigen Einfluß ist die Entscheidung König Wenzls im Prager Universitätsstreite zuzuschreiben. Nach seinem Tode (1416) wurde Egerberg wahrscheinlich als erledigtes Lehen von der Kammer eingezogen. Als Kaiser Sigismund die Hussiten bekämpfte, verpfändete er Egerberg 1420 seinem Vertrauten Wend von Ilburg, der es wohl verstand, die Hussiten von seinem Besitze fernzuhalten. Im Jahre 1430 erhielt er Egerberg für seine vielfachen Verdienste um des Kaisers Sache als rechtes, freies Manneslehen. So tatenreich das Leben dieses Mannes war, so schrecklich war sein Ende. Als er mit seinem Nachbar Wilhelm von Schönburg in Fehde lag, ließ dieser durch List am Samstag vor dem Pfingstfeste des Jahres 1443 Egerberg einnehmen. Wend wurde dabei gefangen und endete im Hungerturm.

Des Schönburgers Frevel blieb ungerächt und kam erst 1487 beim Hoflehenrecht zur Sprache. Damals sagte der 70jährige Richter zu Warta, Hans Hußner, unter Eid folgendes aus:

„Es ist mir bekannt und ich erinnere mich, daß einmal Herr Wilhelm von Schumburg mit Herrn Wend, der zu jener Zeit Egerberg besaß, in Fehde lag. Dabei intervenierten aber die von Kaaden und brachten unter ihnen die Vereinbarung zustande, die Feindschaften auf 2 Wochen einzustellen. Und in diesem beiderseits auf zwei Wochen geschlossenen Frieden schickte er (Herr Wilhelm) seine Diener zu Herrn Wend, der damals im Bade sich befand und oben in der Burg nur den Küchenmeister und den Schließer zurückgelassen hatte. Die Diener übernachteten auf einer Waldwiese, und als sie erfuhren, daß Herr Wend von der Burg abwesend sei, gelangten sie durch Verrat in die Burg und nach Aufziehen einer Fahne riefen sie: „Schumb, Herr Schumberg!" Als dies aber dem Herrn Wend angezeigt worden, verließ er schnell das Bad und lief hinauf, da er nicht ahnen konnte, daß etwas Derartiges geschehen sei und daß der Feinde in der Burg so viele wären. Sobald er aber ihre Anzahl gesehen, konnte er nicht anders entkommen, als mit Hilfe seines Hasennetzes, an dem er sich hinabließ. Dabei jedoch verwundete er sich und konnte nicht entfliehen. Da hob ihn ein Bauer Tyrant auf die Schultern und trug ihn zu Herrn Wilhelm. Dieser befahl, ihn in den Turm zu werfen und ihm einen Heubund zu bringen und marterte ihn in diesem Turme bis zum Tode."

Wilhelm von Schönburg war nur vier Jahre im Besitze der durch Verrat gewonnen Burg. Er verkaufte sie 1447 dem berüchtigten Jakob von Wrzessowitz, dessen Herrschaft auf Egerberg aber bald von Wends Verwandten ange-

fochten wurde. Obwohl Botho von Ilburg Protest gegen diesen Verkauf einlegte, betrachtete die Kammer Egerberg als heimgefallenes Lehen und König Ladislaw verlieh es Johann Czalta von Steinberg. Erst nach langen Verhandlungen gelang es Botho, sein Recht durchzusetzen, sodaß ihm am 15. Oktober 1457 Egerberg vom Hoflehengerichte zu Prag rechtsgültig zugesprochen wurde.

Schon am 17. Januar verkaufte aber Otto von Ilburg die Herrschaft Egerberg um 2350 Schock Groschen dem Bosso von Vitzthum. Damals gehörten zur Burg die Dörfer Rassowicze (Roschwitz), Kotwinny (Kettwa), Woslowicze (Woßlowitz), Suchydol (Dörnthal), Mezirady (Meseritz), Brodecz (Prödlas), Donyn (Dohnau), Mensdorff (Männelsdorf), Hennczdorf (Heinersdorf), Radnicz (Rednitz), Humnicz (Humitz), Merczdorff (Merzdorf), Zasada (Sosau), Kruptiz (Grupitz), Melnik (Melk), Crondorff (Krondorf), Steynklis (Stengles), Lestkow (Leskau), Warta und das öde Dorf Winowicze.

Bosso folgten im Besitze Egerbergs seine Söhne Dietrich und Wenzl. Als Wenzl früh starb, blieb Dietrich Alleinbesitzer. Er war mit Katharina von Mühldorf vermählt. Ihm folgte 1518 sein Sohn Bernhard Appel von Vitzthum. Von seiner Gemahlin Magdalena von Kolowrat hatte er 5 Söhne und 2 Töchter. Als diese 1553 ihren Besitz teilten, erhielten Dietrich und Georg die Herrschaft Egerberg als Anteil. Eine der Töchter, Anna, vermählte sich zwischen 1553 – 56 mit dem berühmten Krieger und Staatsmann Bohuslaw Felix von Lobkowitz-Hassenstein, der am 26. Jänner 1557 um 16.000 Sch.m. Egerberg von seinen Schwägern kaufte. Der Lobkowitz setzte es bei Kaiser Rudolf II. durch, daß 1581 Egerberg in freies Erbeigentum verwandelt wurde. In seinem Testamente vermachte er Egerberg seiner zweiten Gemahlin Anna von Vitzthum. Diese verzichtete aber auf den Erbanfall zu Gunsten ihrer zwei Stiefsöhne Johann Waldemar und Bohuslaw Joachim von Lobkowitz. Als sie im Jahre 1587 starb, erhielt Egerberg mit 23 Dörfern Bohuslaw Joachim. Dieser verkaufte 1591 die ganze Herrschaft um 31.006 Schock m. Groschen dem Leonhard Steinbach von Steinbach. Um diese Zeit verfiel die Burg immer mehr, da seit dem Abgange der Vitzthum nur Burgpfleger residierten. Noch um 1600 wurde das alte Schloß bewohnt, seit dieser Zeit aber nicht mehr, sodaß es langsam zur Ruine wurde. Leonhard Steinbach hinterließ die Söhne Johann Heinrich, Mathias d. J. und Leonhard. Mathias, der Egerberg erhalten hatte, verlor nach der Schlacht am Weißen Berge seinen Besitz.

Am 2. Juni 1623 erwarb Christoph Simon Freiherr von Thun Schloß und Städtchen Klösterle, die Neuschönburg, Himmelstein, Pürstein und Egerberg samt Besitz. Er vereinigte alle diese Güter zur Herrschaft Klösterle. 1629 gewann er für seine Familie den Grafenstand. Seit dieser Zeit sind die Grafen Thun bis auf den heutigen Tag im Besitz der Herrschaft Klösterle.“ Soweit der Bericht von Dr. Karell.

Sehen wir uns die beiden Bilder von der Burgruine Egerberg noch einmal an:

Rolf Nitsch bemerkt im Begleittext: „Noch als Ruine war sie sehenswert und der Egerberg der herrlichen Aussicht wegen ein häufig besuchtes Ausflugsziel.“

Zu meinem Luftbild:

Es ist höchste Zeit, daß tschechische Denkmalschützer die noch zahlreich vorhandenen Ruinenreste weiträumig freilegen und – wie bei der Ruine Wolfstein – durch geeignete Konservierungsmaßnahmen noch retten, was zu retten ist. Dann wird die Burgruine Egerberg, wie früher, wieder ein beliebtes Ausflugsziel sein, von dem man aus weit ins Duppauer Land schauen kann.

Ruine Egerberg. Der Wald hat den inneren Burghof völlig überwuchert.

Quellen:

„Burgen und Schlösser des Erzgebirges und Egertales", Band I von Dr. Viktor Karell, 1935, Verlag Vinzenz Uhl's Buchhandlung Kaaden.

Mit Dr. Viktor Karell über Kaaden.

26 Mit Dr. Viktor Karell über Kaaden (Teil 1)

Den schönsten Blick auf Kaaden hat man vom Flugzeug aus. Meine Luftaufnahme vom 18. Juni 2000 zeigt den Ringplatz, die Dekanalkirche, das Rathaus mit seinem berühmten steinernen Turm, das Heiligentor, das frühere Deutsche Gymnasium, die St. Anna-Kirche, das ehemalige Minoritenkloster, das Elisabethinenkloster, die Spittelkirche, das alte Stadtschloß. Auch heute noch besticht die harmonische Geschlossenheit des einstigen deutschen Stadtkerns.

Dem großartigen Werk von Professor Dr. Karell „Kaaden – Duppau – Ein Heimatbuch der Erinnerung und der Geschichte des Landkreises" habe ich es zu verdanken, daß ich zu meinem Luftbild von Kaaden auch die Geschichte dieser leidvoll geprüften Stadt im nördlichen Egerland vor allem für die Nachkommen der 1945/46 aus ihrer Heimat vertriebenen Sudetendeutschen darstellen kann.

Daß Kaaden bis 1946 eine von Deutschen bewohnte Stadt war, beweisen die Einwohnerzahlen.

Nach Prof. Ernst Pfohl, Ortslexikon Sudetenland:

1930: 8268 Einwohner,
davon 7574 Deutsche (=91,6 %)

Nach Rudolf Hemmerle, Sudetenland, Bechtermünz Verlag 1996:

1930: 8641 Einwohner,
davon 7692 Deutsche (= 89 %)

Wegen des neu erschlossenen Braunkohleabbaus im Tagebau hat Kaaden heute, im Jahr 2000, etwa 12000 Einwohner. Die Luftaufnahme zeigt einen Teil der Neubauten.

Kaaden gehört zu den ältesten Städten in Böhmen

Um 800 Zum Schutz der Saumpfade nach Prag und Sachsen entsteht, im Wald versteckt, auf einem Gneisfelsen über der Eger eine Feste. Was den Namen Kaaden betrifft, sind sich die Historiker nicht einig. Ernst Schwarz denkt an eine slawische Namensgebung, der tschechische Forscher Profous schließt wegen der frühesten überlieferten Form Cadan auf den deutschen Personennamen Kadolt. Er deutet Cadan als „das Haus oder die Burg der Kadoltsleute".

846 Unter den 14 böhmischen Fürsten, die sich in Regensburg taufen lassen, wird ein Herr von Cadan genannt.

1183 wird in Kaaden die vom Johanniterorden erbaute Pfarrkirche zum hl. Kreuz erwähnt.

1186 Herzog Friedrich von Böhmen schenkt dem Johanniterorden den Burgenweiler Cadain.

1240 In Kaaden lassen sich die Minoriten nieder. Der Ort wird als civitas forensis bezeichnet, als ein Marktflecken mit territorialer Funktion. Um diese Zeit lassen sich hier Kolonisten aus Ostfranken nieder.

Kaaden unter den Přemysliden und Luxemburgern

1261 Unter König Ottokar II. Přemysl (1253 - 1278) wird mit der Anlage einer neuen Stadt mit großem Ringplatz begonnen. Ab 1261 wird Kaaden in allen Urkunden als **Königliche Stadt** bezeichnet.

1277 Als Treuhänder des Königs wird ein Burggraf Albert von Seeberg mit Sitz in der Stadtburg genannt.

1279 In diesem Jahr erscheint erstmals das Kaadner Stadtsiegel als

schriftliches Symbol für die universitas civium, die Gemeinschaft der Bürger.

Es stellt ein Mauertor mit zwei Flankentürmen und einem breiteren mittleren Turm dar. In den beiden Seitentürmen befinden sich je ein Wappenschild mit einem Adler, dem Zeichen des Reiches, und einem Löwen, dem Emblem Böhmens.
Das Siegel trug die Umschrift: Sigillum civium de Chadano.

1284 In einer Urkunde tragen Richter und Zeugen nur deutsche Namen.

1297 König Wenzel II. hält auf der Kaadner Burg einen Fürstentag ab und bereitet mit einigen deutschen Fürsten die Absetzung des deutschen Königs Adolf von Nassau zu Gunsten des Habsburgers Albrecht I. von Österreich vor.

1319 Nach Erlöschen des přemyslidischen Mannesstammes erben die Luxemburger mit König Johann die Länder der Wenzelskrone. Der neue Herrscher bestätigt der Stadt Kaaden die alten Rechte und Freiheiten. Dazu zählen eigene Gerichtsbarkeit, Stapelrecht und Straßenzwang.

Kaaden unter Karl IV. und Wenzel IV.

1366 Karl IV., König Johanns Sohn, ist der Stadt Kaaden besonders gewogen. In 10 Gnadenbriefen gewährt er den Bürgern u. a. freies Verfügungsrecht über ihr Vermögen.

1367 Im Frühjahr weilt Karl IV. mit großem Gefolge in Kaaden. Er verleiht der Stadt einen Jahrmarkt und bestätigt den Bürgern den freien Besitz der Dörfer Burgstadtl, Atschau und Wilken.

1374 Karl IV. gewährt den Bürgern das berühmte Weinprivileg, das die Stadt mit ihren Weingärten und ihrem *„Weinwachse“* der Hauptstadt Prag gleichstellt.

1398 König Wenzel IV. verleiht Kaaden einen Wochenmarkt und ist auch sonst den Bürgern sehr gewogen.

Hussitennot und Zwangstschechisierung

1420 Der neue König Sigismund bestätigt der Stadt für ihre „Anhänglichkeit und Treue“ alle früher erworbenen Rechte und sichert ihr Hilfe zu, damit sie im christlichen Glauben bestehen bleibt.

1421 Am 16. März, Palmsonntag, erobert ein hussitisches Heer unter Zischka die Stadt. Zacharias Theobald schreibt dazu 1623 in seinem Buch über den Hussitenkrieg: *„Sie schlugen viel Volk tot. Die Kirchen wurden ausgeplündert und in Brand gesteckt. Gleich der Nachbarstadt Komotau zählte auch Kaaden viele Blutzeugen der Kirche und Märtyrer ihrer Stammestreue.“* Im Herbst 1421 nimmt die Hussitenherrschaft in Kaaden ein schnelles Ende. Die hussitische Besatzung, die in der Stadt zurückgeblieben war, wird mit ihrem Anführer in einem Turm mit Pulver in die Luft gesprengt. Von nun an bleibt Kaaden unter Ritter Erkinger von Seinsheim unter dem Schutz deutscher Kreuzfahrer.

1462 erhält Johann von Lobkowitz die Pfandherrschaft über Kaaden, die er bis zu seinem Tod 1517 mit zunehmender Strenge ausübt.

1467 Söldner des utraquistischen Königs Podiebrad besetzen Stadt und Schloß und halten über die katholisch gebliebenen deutschen Bürger ein strenges Strafgericht. Viele Bürger verlieren Gut und Leben, andere fliehen über die Grenze nach Sachsen, um der Zwangstschechisierung zu entgehen.
Enteignung und Vertreibung deutscher Menschen aus ihrer Heimat hat es also schon vor 500 Jahren gegeben.

1511 König Wladislaus II. sichert den Kaadner Bürgern zu, daß sie nach dem Tod ihres ungeliebten Pfandherren Johann von Lobkowitz Schloß und Stadt auslösen können.

1517 Am 21. Jänner stirbt der eigenmächtige Pfandherr. Den Kaadnern gelingt es, den geforderten Kaufschilling von 18000 Schock aufzubringen. Die Burg wird der Obhut eines königlichen Hauptmanns übergeben. In Kaaden scheint unter König Wladislaus das goldenen Zeitalter Karls IV. wiederzukehren. Es beginnt eine Zeit des wirtschaftlichen Aufschwunges und bürgerlichen Wohlstandes, in der – so ein heimischer Geschichtsschreiber – *ein Taglöhner an einem Tag so viel Geld verdient, daß er mit Weib und sechs Kindern eine Woche lang davon leben kann.*

Kaaden zur Zeit des Glaubensstreites

1530 Luthers Lehre fällt auch in Kaaden auf fruchtbaren Boden. Die Stadt erklärt ihren Abfall von der römisch-katholischen Kirche.

1547 Beim Ausbruch des Schmalkaldischen Krieges 1546 steht Kaaden zunächst auf der Seite König Ferdinands I., unterstützt aber ein Jahr später mit ihrem Truppenkontingent das evangelische Lager.
Als am 24. April 1547 das Heer der protestantischen Fürsten be-

siegt wird, muß Kaaden harte Strafen hinnehmen. Die Stadt verliert ihre Privilegien, Besitzungen und Einkünfte. Aber schon im Herbst wendet König Ferdinand I. den Kaadnern wieder seine Gunst zu. Zug um Zug, zum Teil auch gegen Zahlung von Bußgeld, erhält die Stadt die meisten Vergünstigungen wieder zurück.

1581 In Kaaden festigt sich das Luthertum. 1564 bis 1568 ist das Franziskanerkloster leer und verlassen.

1595 In Kaaden gibt es bereits drei evangelische Winkelschulen. Die meisten nehmen die Kommunion unter beiderlei Gestalten. Aus Trotz gegen Rom stemmen sich die Kaadner sogar gegen die Einführung des Gregorianischen Kalenders.

1609 Mit dem Majestätsbrief gestattet Kaiser Rudolf II. freie Religionsausübung und begünstigt damit das Luthertum. In Kaaden kommt es zu Katholikenverfolgungen.

1619 Alle Mitglieder des Stadtrates bekennen sich zum Protestantismus. Das Franziskanerkloster wird überfallen, die Altäre der Dekanalkirche werden – bis auf drei – umgestürzt, die Reliquien vernichtet, Katholiken werden eingekerkert.

1620 Der „Winterkönig" verliert die Schlacht am Weißen Berg. Das katholische Lager triumphiert, Kaaden streckt die Waffen und unterwirft sich dem kaiserlichen Oberst Albrecht von Wallenstein. Die Bürgerschaft muß vor dem Rathaus dem Kaiser den Treueid leisten. Glaubenstreue Lutheraner wandern aus.

1628 Da sich Kaaden durch den protestantischen Heerführer von Mansfeld nicht zum Abfall vom Kaiser bewegen läßt, erhält die Stadt die eingezogenen Güter und auch ihre Privilegien zurück.

Kaaden im Dreißigjährigen Krieg

Aus den dreißig schrecklichen Jahren heben sich in Kaaden einige Katastrophenjahre besonders hervor:

1631 In der Stadt wütet die Pest, der etwa 1500 Bürger zum Opfer fallen.

1631 und 1635 legen zwei große, nicht durch kriegerische Ereignisse ausgelöste Brände den größten Teil der Innenstadt in Schutt und Asche, darunter die Dekanalkirchen und das Rathaus.
Die Heere der protestantischen Union und der katholischen Liga verschlingen Jahr für Jahr Unsummen an Kriegssteuer und Truppenverpflegung.

1639 Aber erst der Einbruch des Schwedenheeres über den Preßnitzer Paß bringt die Stadt durch Besetzung, Brandschatzung, Plünderung und Raub in schwerste Not.

1641 Als 3000 kaiserliche Kürassiere und Dragoner in Kaaden „Quartier" nehmen, ergeht es der Bevölkerung nicht viel besser.

1643 auch 1645 und 1647 sind es im Wechsel schwedische und kaiserliche Truppen, die die Bürger um ihre letzte Habe bringen.

1648 Endlich ist Frieden. Kaaden ist zur Hälfte verbrannt, verwüstet und entvölkert.

100 Jahre später neue Not

Der Österreichische Erbfolgekrieg, dann der Siebenjährige Krieg und schließlich die Napoleonischen Kriege bringen der Stadt durch Truppendurchmärsche, Einquartierungen und Brandschatzerpressungen neue Not.

1811 brennt die ganze Stadt

Am 1. Oktober 1811 erleidet Kaaden den größten Stadtbrand seiner Geschichte. Das Feuer war nachmittags zwischen zwei und drei Uhr im Wällischwirtshause in der Schmiedgassen-Vorstadt durch brennendes Schmalz ausgebrochen. Da es auch zur gleichen Zeit in der Rosengasse zu brennen begann, glich bald die ganze Stadt einem Flammenmeer. Bald waren alle öffentlichen Gebäude wie die Stadtkirche, die Dechantei, die Knaben- und Mädchenschule, das Rathaus, das Bräuhaus, die Kaserne, das Piaristenkloster ein einziger Schutt- und Aschenhaufen. Binnen fünf Stunden waren fast 500 Häuser zerstört. Noch 14 Tage später glich die Stadt einem qualmenden Trümmerhaufen.

1846 neuer Aufstieg durch Bürgerfleiß

Das „Mannschaftsbuch“ des Jahres 1846 gibt einen guten Einblick in die berufliche Gliederung der damals 3892 Einwohner zählenden Stadt. Es gab 24 Bäcker, 69 Schuhmacher, 18 Schneider, 30 Tuchmacher und Weber, 30 Handschuhmacher. Vertreten waren auch Gürtler, Kammmacher, Kupferschmiede, Nagelschmiede, Orgelbauer, Papiermacher, Posamentierer, Seifensieder, Wachszieher und Zinngießer. Der einzige Fabrikbetrieb gehörte dem Tabakpfeifenfabrikanten Gottlieb Gläßl.

Von den freien Berufen waren damals in Kaaden 8 Ärzte, 1 Tierarzt und 3 Hebammen tätig.

Vier Lehrer und ein Schulgehilfe vermittelten den Kindern das nötige Wissen.

Die städtebauliche, kulturelle und wirtschaftliche Entwicklung Kaadens wird im folgenden Teil 2 ausführlich dargestellt.

Am Anfang der ČSR stehen 28 ermordete Deutsche aus Kaaden

Der 1918 neu gegründete Staat der Tschechen und Slowaken beginnt seine Geschichte mit 58 ermordeten Deutschen, 28 davon sterben in Kaaden.

Am 23. Dezember 1918 wurde Kaaden von tschechischem Militär besetzt. Die Soldaten gehörten dem 74. Infanterie-Regiment an, das während des 1. Weltkrieges zeitweise in der Kaadner Garnison stationiert war. Zwischen der deutschen Bevölkerung und den tschechischen Soldaten hatte nie ein gespanntes Verhältnis bestanden. Im Gegenteil! Als Einheiten des Regiments in den Krieg zogen, wurden ihnen von den Deutschen zum Abschied Liebesgaben und Blumen geschenkt. Diese gleichen Soldaten haben am 4. März 1919 mit Maschinengewehren in die auf dem Ring versammelte Menschenmenge geschossen.

Die „Kaadner Zeitung“ vom 8. und 12. März 1919 – ein Exemplar wird im

Heimatmuseum von Weißenburg, der Patenstadt des Heimatkreises Kaaden – Duppau, aufbewahrt – hat seinerzeit die Vorgänge vom 4. März 1919 ausführlich geschildert. Die folgende Zusammenfassung beinhaltet die wesentlichen Passagen:

Wie in allen Städten Deutschböhmens hatte auch die sozialdemokratische Partei in Kaaden die Einwohner zu einer Versammlung für den Dienstag, 4. März nachmittags, in den Schützensaal eingeladen. Es sollte für das vom amerikanischen Präsidenten Wilson propagierte Selbstbestimmungsrecht und gegen die Verhinderung der Wahlen zur deutschösterreichischen Nationalversammlung durch die tschechischen Staatsorgane friedlich protestiert werden.

Da sich der Saal des Schützenhauses für die etwa 9000 Teilnehmer als zu klein erwies, wurde die Kundgebung im Vorhof abgehalten. Die Redner der Sozialdemokratischen Partei, der bürgerlichen Parteien und der freisozialistischen Partei stimmten darin überein, geschlossen für die Verwirklichung von Wilsons Selbstbestimmungsrecht einzutreten. Zum Schluß forderte Bürgermeister Josef Hergl die Kundgebungsteilnehmer auf, sich in Ruhe und Ordnung zu einem Zug zu formieren, zum Ringplatz zu marschieren und sich zu keinen Ausschreitungen hinreißen zu lassen.

Dort war es noch vor Eintreffen des Zuges zwischen Deutschen und Tschechen wegen der Fahnenhissung am Rathausturm zu erregten Wortwechseln gekommen. Als die deutsche Fahne, die mit Bewilligung des tschechischen Militärkommandanten aufgezogen worden war, wieder eingeholt und durch eine weißrote Fahne ersetzt wurde, reagierten die auf dem Platz anwesenden Bürger mit Empörung. Sie hatten auch festgestellt, daß tschechisches Militär nicht, wie vereinbart, in der Kaserne zurückgeblieben war, sondern die Schloß- und Süßengasse absperrte und im ersten Stock des Postamtes und des Hotels Austria Maschinengewehre in Stellung brachte.

Als der Demonstrationszug den Marktplatz erreicht hatte, erzwangen sich einige junge Leute den Aufgang zum Rathausturm, um abermals die deutsche Fahne zu hissen. Auch diesesmal war der tschechische Kommandant einverstanden. Als die Fahne entrollt wurde, brach die Menge vor dem Rathaus in Heilrufe aus und stimmte „Die Wacht am Rhein“ an. Unterdessen gerieten beim Rathausaufgang junge deutsche Kriegsheimkehrer mit den dortigen tschechischen Posten in einen Wortwechsel.

Als ein halbwüchsiger Bursche mit einem Stück Mauermörtel nach einem Soldaten warf, feuerte dieser einen Schuß ab. Der Einschlag der Kugel im inneren Pfeilerbogen konnte später genau nachgewiesen werden. Der Schuß des Soldaten aber war das Signal zu einem furchtbaren Gemetzel. Die Posten beim Rathaus und auf den Zinnen des Turmes begannen in die Menge zu schießen, zur gleichen Zeit eröffneten die Maschinengewehrschützen das Feuer. Selbst den in die Häuser flüchtenden Menschen wurde noch nachgeschossen. Zurück blieben 20 Tote und mehr als hundert Schwerverletzte. Noch Stunden nach dem Feuerüberfall glich der Speisesaal im Hotel Sonne einem Feldlazarett. Auch in der Dekanalkirche und in der städtischen Polizeistube wurden Verletzte versorgt.

Zwanzig deutsche Bürger, neun Männer und elf Frauen, wurden tot vom Platz getragen, acht Schwerverletzte erlagen später noch ihren Wunden.

Schon am Mittwoch Nachmittag hielt der Gemeinderat unter Vorsitz von Bürgermeister Hergl eine Trauersitzung ab. Am Samstag, 8. März 1919, fand um 10 Uhr die feierliche Bestattung der Toten in einem Gemeinschaftsgrab statt.

Das tschechische Ministerium für nationale Verteidigung erließ zwar einen Erlaß gegen *„die Übergriffe der tschechoslowakischen Besatzungstruppen"*, worin man ausdrücklich darauf hinwies, daß *„die Militärgarnisonen eigenmächtig nicht in die Funktion der zuständigen Ämter eingreifen dürfen"*, aber zur gleichen Zeit wurden junge Männer aus Kaaden, meist Kriegsheimkehrer, in die Kaserne zitiert, dort beschimpft und mißhandelt.

Das gemeinsame Grab der Toten vom 4. März 1919 in Kaaden.

Die Schrifttafel „Die Schmach ist aus, der Würfel fiel" wurde erst 1939 nach dem Anschluß des Sudetenlandes an Deutschland angebracht.

Am 4. März 1919 sind in den deutschen Siedlungsgebieten insgesamt 58 Sudetendeutsche von tschechischen Polizisten und Soldaten erschossen worden. Diese Zahl wurde in einer am 29. 11. 2000 vom 3-SAT gesendeten Dokumentation „Sudetendeutsche und Tschechen" mehrfach genannt.

Ernst Gütter vermerkt in seinem „Reiseführer Egerland/Westböhmen" 1997, daß das Gemeinschaftsgrab wieder hergerichtet ist.

Quellen:

1) Kaaden-Duppau, Ein Heimatbuch der Erinnerung und Geschichte des Landkreises, von Dr. Viktor Karell, herausgegeben vom Kreisrat Kaaden-Duppau im Verlag Das Viergespann Frankfurt am Main.
2) Ernst Gütter, Reiseführer Egerland/Westböhmen, Verlag Gerhard Rautenberg, Leer, 1997.
3) Rolf Nitsch, Westböhmen Unvergessene Heimat, Adam Kraft Verlag Würzburg, 1999.

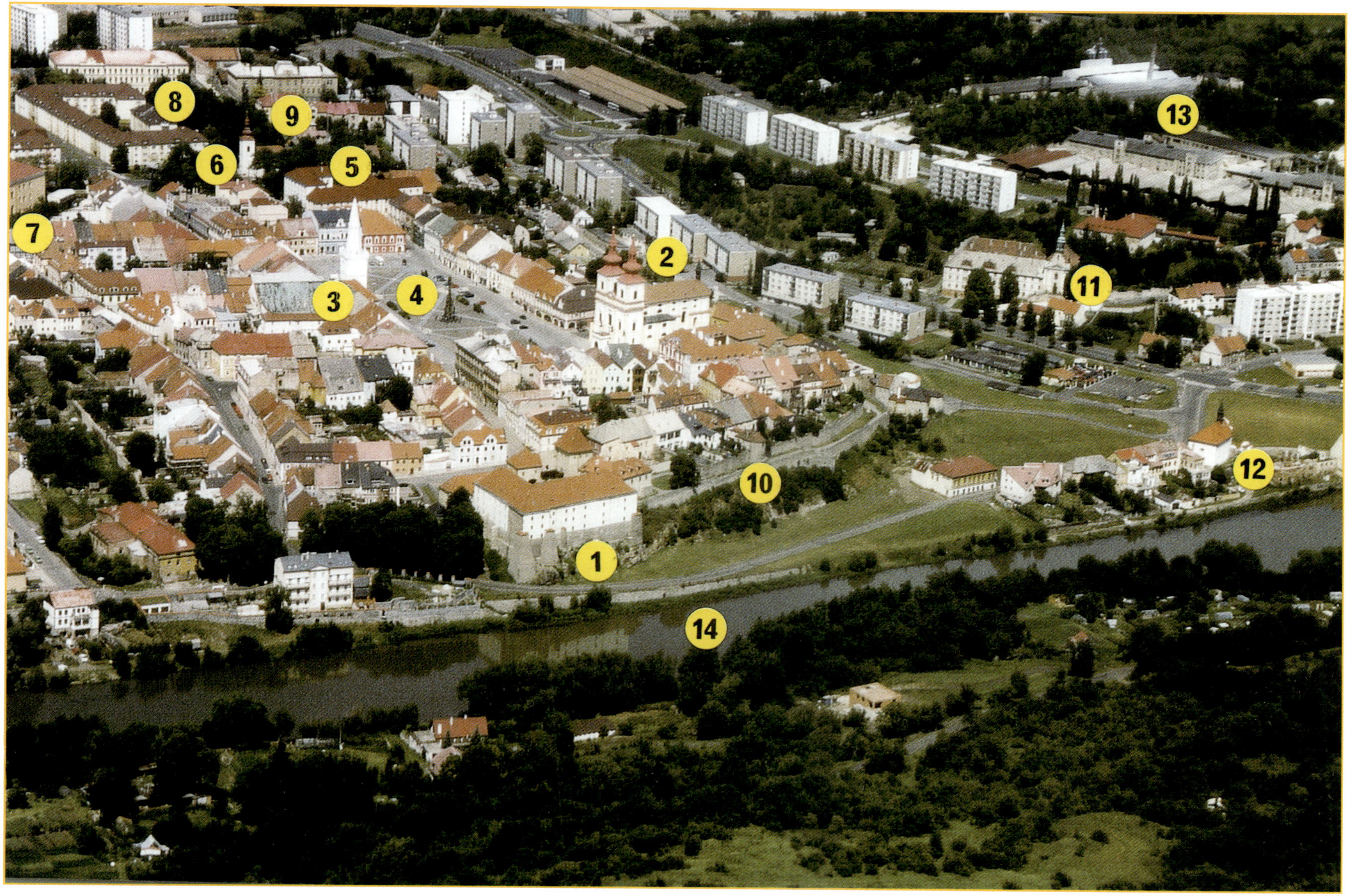

Mit Dr. Viktor Karell über Kaaden.

26 Mit Dr. Viktor Karell über Kaaden (Teil 2)

Seinem großartigen Werk „Kaaden – Duppau – Ein Heimatbuch der Erinnerung und der Geschichte des Landkreises“ habe ich es zu verdanken, daß ich meine Luftbilder von Kaaden kommentieren kann. Während meines ganzen Fluges über das nördliche Egerland war Dr. Karell mein Heimatkundelehrer.

Er wurde 1898 in Duppau geboren und war Professor an der Handelsakademie in Karlsbad und Leiter des Karlsbader Archivs und Museums. Seine zahlreichen Heimatbücher sind längst für die Kinder und Enkel der aus dem Egerland vertriebenen Deutschen zu wertvollen heimatkundlichen Lehr- und Arbeitsbüchern geworden. Dazu zählen „Das Egerland und seine Weltbäder“, „Das böhmische Erzgebirge“ u. a.. Außerdem verfaßte er ein Stadtlexikon von Karlsbad und eine Geschichte der deutschen Literatur. Die Stadt Landau an der Isar ernannte Professor Dr. Viktor Karell zu ihrem Ehrenbürger. Hier ist er 1979 gestorben.

Und so hat mich Dr. Karell am 18. Juni 2000 über seine Heimatstadt geführt:

Auch er begann mit jenem Spruch über die drei Sehenswürdigkeiten der Stadt, den man in jeder Heimatschrift über Kaaden finden kann:

Einen Turm ohne Dach bis zur Stund’,
Ein Haus ohne Rost und Grund,
Ohne Damm und Wall einen Teich
Hat nur Kaaden im ganzen Reich.

1 Die Alte Stadtburg

Die auf einem Gneisfelsen über der Eger errichtete Burg ist „das Haus ohne Grund“. Das Luftbild läßt gut erkennen, daß die Feste ohne Grundmauern direkt auf den Felsen gestellt und mit gewaltigen Strebepfeilern gesichert ist. Einen Vorgängerbau dürfte es schon um 1183 gegeben haben, als hier eine Siedlung „Kadan super Egram fluvium“ – Kadan über dem Fluß Eger- – hieß. Unter Herzog Soběslav (1125 - 1140) diente die Feste bereits zur Verteidigung der böhmischen Landesgrenze. An gleicher Stelle ließ Přemysl Otakar II. um 1260 eine gotische Burg errichten, die Sitz der königlichen Burggrafen und Pfandherren wurde. So saßen hier auch die Seeberg, Schönburg, Wolfstein, Egerberg und Kolowrat. 1277 wird ein Albert von Seeberg als „purcravius de Cadan“ genannt. 1297 ließ König Wenzel II. auf der Burg mehrere deutsche Fürsten zusammenkommen, um die Absetzung des römisch-deutschen Königs Adolf von Nassau zugunsten des Habsburgers Albrecht I. vorzubereiten.

Von 1750 bis 1755 ließ Maria Theresia das verwahrloste Stadtschloß zur Militärkaserne umbauen. Heute sind hier ein Museum und eine Kunstgalerie untergebracht.

2 Die Dekanalkirche „Kreuzerhöhung“

Der Kaadener Schulrat Josef Hofmann hat die Stadtkirche in seiner 1911 erschienenen Schrift „Kaaden an der Eger“ so beschrieben:

„Die Kaadener Dekanalkirche „Kreuzerhöhung“ war ursprünglich ein gotischer Kirchenbau, der von 1746 bis 1755 vom Baumeister Johann Christoph

Kosch in einen stattlichen Barockbau im Jesuitenstil umgestaltet wurde. Dank seiner hohen Fassade, die von zwei reicher entwickelten Türmen überragt wird, wirkt er imposant. Die gotische Uranlage des von Kapellen umgebenen Schiffes und des langen Chores ist unverkennbar, wiewohl außer der Vorhalle und einigen Streberesten seitwärts derselben aus der gotischen Zeit kein Baubestandteil dieses von den Johannitern erbauten, vielmals vom Feuer heimgesuchten Gotteshauses erhalten blieb.

Die architektonische Ausstattung des Inneren aus der Mitte des 18. Jahrhunderts ist einheitlich, die Einrichtung seit dem großen Brand vom Jahre 1811 allmählich aufgestellt worden. Eine Zierde des prächtigen Hochaltares, der samt der reichgeschnitzten Kanzel aus Leitmeritz stammt, ist das Lünettenbild „Gott Vater“. Die Altarblätter sind bis auf das des Floriani-Altares (1812 von A. Bayer gemalt) und des Johannisaltares Werke von W. Kandler. An der Südwand des Vorderschiffes hängt Onghers „Sturz der Engel“, eine figurenreiche Nachbildung des Gemäldes von Giordano Luca.

Östlich der Dekanalkirche verbirgt die kahle Außenwand einen interessanten Kapellenbau gotischen Stils mit drei guterhaltenen Maßwerkfenstern. Die äußere Ostwand des Presbyteriums dieser Kapelle trägt über zwei Fenstern sogenannte Pechnasen, das letzte Beispiel einer solchen Schutzanlage in Kaaden.“

3 Der Rathausturm

„Ein Turm ohne Dach bis zur Stund'“ – ist der gotische Rathausturm auf dem Ringplatz. Ein Ausschnitt aus einer anderen Luftaufnahme von der Kaadener Innenstadt zeigt seine Schauseite. Der schon erwähnte Kaadener Schulrat Josef Hofmann hat das Wahrzeichen der Stadt so gewürdigt:

„Der Rathausturm, seit altersher Mittelpunkt der Stadt, ist als Bauwerk ein-

zig im Lande, ein Zeuge stolzer Bürgerkraft und Wohlhabenheit aus der Zeit um 1400. Über den vier mächtigen, durch Spitzbogen verbundenen Pfeilern des Erd- und Durchgangsgeschosses baut sich in drei Stockwerken von quadratischem Grundriß der Turm auf, dessen Treppenanlage in origineller Art eine nordseits vorspringende Nase eingefügt ist. Eine stark vorkragende Zinnengalerie, die auch die Türmerwohnung umschließt, dient dem prächtigen achtseitigen Helm zur Basis, der bis zur Spitze gemauert und darum dachlos ist und dessen Kanten Steinkrabben schmücken. Die Krönung bildet seit 1831 ein vergoldetes 1 1/2 Meter hohes F, zum Gedächtnis an die Regierung Kaiser Fanz I. statt des 1672 zu Ehren Kaiser Leopolds errichteten L aufgesetzt, nachdem im Jahre 1830 ein Sturmwind letzteres mit einem zentnerschweren Tragstein herabgeschleudert hatte. Der bei aller wehrhaftigen Festigkeit gefällige, in seinen Verhältnissen so ebenmäßige Bau hat sich nur auf der Stirnseite etwas Schmuck angelegt: ein mit fünf Seiten vorspringender, mit einem steinernen Zeltdache eingedeckter Erker auf abgestumpftem Träger im ersten Stock gehört zur ehemaligen Rathauskapelle, dem jetzigen Archivraum, den er mit drei im Kielbogen geschlossenen Fenstern erleuchtet; zwei geradlinige, schlitzartige Lichtluken im zweiten Geschoß und ein Spitzbogenfenster mit zierlicher Rippenumrahmung oberhalb des Zifferblattes der Turmuhr im obersten Stockwerk beleben die glatte Fläche, welche lediglich durch die Scheidesimse der Geschosse waagrecht gegliedert ist. Eines Wasserspeiers in Hundegestalt aus Stein unterhalb des Zinnenumganges bemächtigte sich die Sage und knüpfte an ihn eine Geschichte von der Klugheit und Treue eines Hundes, die ihm und seinem goldgierigen Herrn zum Verhängnis wurde. Ein schmucker Giebelkranz mit Schalllöchern unterbricht in ungefähr halber Höhe die Helmpyramide.

Diesen Turm nannte der Kunstforscher Neuwirth in einem Vortrag den steinernen Schwurfinger, den deutsche Bürgerkunst vor Jahrhunderten zur Beteuerung ihrer Daseinsberechtigung an diesem Orte zum Himmel erhoben hat und der noch lange ein weithin sichtbares Wahrzeichen deutschen Geistes und deutschen Schaffens bleiben möge. Um ihn schare sich die Bevölkerung Kaadens und seiner Umgebung mit dem Losungswort: „Hie gut deutsch allewege!“

Das mit dem Turm verbundene Rathaus ist nach einem Brand im Jahre 1811 im barocken Stil renoviert worden.

Was Schulrat Hofmann nicht erwähnt hat: Der um 1400 von Steinmetz Hundt gebaute Turm ist 53,7 Meter hoch und galt als schönster Wartturm Böhmens.

Auf dem gleichen Luftbild ist der Heiligenturm der ehemaligen Stadtbefestigung schön zu sehen. Das Heiligentor hatte früher drei Torbogen. Der Heiligenturm über dem dritten Torbogen war neben dem Rathausturm ein weiteres Wahrzeichen Alt-Kaadens. Ursprünglich war sein gotisches Satteldach mit Hohlziegeln gedeckt, erst in späterer Zeit kam Schiefer darauf. Seinen einzigen architektonischen Schmuck bilden am Dachfuß vier zackige Ziergiebel mit eingeblendeten Bogennischen. Leider fielen die zwei äußeren Torbogen und die Bastei schon vor 150 Jahren einer sogenannten „Stadtverschönerung“ zum Opfer. Das im Torbogen untergebrachte Bild der Schwarzen

Muttergottes wurde im Jahre 1738 auf Kosten des Kaadener Bürgers Franz Max Köllisch von Köllischheim aufgestellt.

4 Der Ringplatz

In seiner Mitte fällt zunächst die mächtige und figurenreiche Dreifaltigkeitssäule auf. Leider kennt man nicht den Namen des Schöpfers, der die Säule durch Grundriß, Aufbau und die edle Haltung der Gestalten zu einem berühmten Kunstwerk seiner Zeit machte. Stadtdechant Roch hat sie 1753 zur Ehre Gottes und der Namensheiligen der Roch'schen Verwandtschaft errichten lassen.

Leider ist auf diesem Luftbild der alte, von barocken Steingeländern eingefaßte Stadtteich durch ein hohes Gebäude am südlichen Ende des Rings verdeckt.

Der Kaadener Marktplatz wurde zu deutscher Zeit als einer der schönsten in ganz Böhmen bezeichnet. Davon zeugen noch einige Bürgerhäuser mit ihren romantisch anmutenden Laubengängen. Der Kunstfreund freut sich auch heute noch über einheitlich stilisierte Hausfronten mit gotischen Dacherkern und Renaissanceportalen. Das Nittner'sche Haus am Ring, das vor dem 30jährigen Krieg dem Grafen Schlick gehörte, hat sein gotisches Antlitz bis in unsere Zeit gerettet.

Auf diesem Marktplatz wurden am Dienstag, 4. März 1919, zwanzig deutsche Bürger, neun Männer und elf Frauen, von tschechischen Soldaten erschossen, als sie friedlich für das den Deutschen Böhmens vom amerikanischen Präsidenten Wilson zugesicherte Selbstbestimmungsrecht demonstrierten. Weitere acht Deutsche erlagen einige Tage später ihren schweren Schußverletzungen.

5 Das Minoritenkloster

Die Minoriten hatten sich schon um 1240 in Kaaden niedergelassen. Der große Gebäudekomplex beherbergte ihr Kloster bis es 1783 durch Kaiser Josef II. aufgelöst wurde. Drei Jahre nach seiner Aufhebung wurde die gotische Klosterkirche und ein Teil des Gebäudes durch einen Brand schwer beschädigt. Nach seiner durch Spenden der Bürger ermöglichten Instandsetzung – die Kirche selbst wurde nicht wieder aufgebaut – nahm hier von 1803 bis 1823 ein von Piaristen neu errichtetes Gymnasium seinen Betrieb auf. Das Gebäude wurde 1850 an die Stadtgemeinde verkauft und diente von da an als Sitz des Bezirksgerichtes.

6 Die St. Anna-Kirche

Sie ist mit ihrem Glockenturm von 1592 bis 1600 als Friedhofskirche entstanden. Kaadener Bürger, die sich zu Luthers Lehre bekannten, hatten sie an Stelle eines älteren Totenkirchleins als Notbau errichtet. Die beiden Altarbilder stammen von dem Kaadener Maler Leopold Täublinger (um 1850). Aus dem früheren Friedhof ist längst eine Grünanlage geworden.

7 Das deutsche Gymnasium

Die Luftaufnahme zeigt nur einen Teil des Gebäudes, das 1872 erbaut wurde. 1880 wurde das Gymnasium in ein Obergymnasium umgewandelt, aus dem wiederum 1891 ein achtklassiges staatliches Realgymnasium wurde. Da die Lehranstalt einen guten Ruf hatte, kamen die Schüler auch von weit her. Der wohl berühmteste Kaadener Gymnasiast war Dr. Theodor Innitzer (1875 - 1955). Er war bis 1932 Professor an der Universität in Wien, wurde 1932 Erzbischof und 1933 Kardinal.

8 Die deutsche Volks- und Bürgerschule

Das 1892 neu erbaute Schulgebäude an der Schulrat-Josef-Hofmann-Straße galt als Musterbau. In ihm waren untergebracht zwei fünfklassige Volksschulen, zwei vierklassige Bürgerschulen, eine gewerbliche und eine kaufmännische Fortbildungsschule, die in Verbindung mit den Volks- und Bürgerschulen den Fortschritt der Lehrlinge in ihren Berufszweigen sichern sollten.

9 Die Höhere Landwirtschaftliche Mittelschule

In dem 1872 eingeweihten Gebäude nahm zunächst eine zweiklassige Ackerbauschule ihren Betrieb auf. Auf eigenen Versuchsfeldern am Wistritzbach entstanden eine Musterlandwirtschaft, ein Obstmustergarten, ein Gewächshaus, eine Gehölzbaumschule, ein botanischer Garten, ein Hopfenversuchsgarten, ein Bienen-Lehrhaus, eine Samenkontrollstation und eine Wetterbeobachtungsstation. Diese Einrichtungen besaß keine andere Anstalt der damaligen Monarchie.

Die Ackerbauschule wurde 1887 in eine landwirtschaftliche Mittelschule und 1900 in eine landwirtschaftliche Landesmittelschule umgewandelt. 1926 wird die Anstalt in Höhere Landwirtschaftliche Mittelschule umbenannt. Sie wurde auch von Schülern aus den anderen Landesteilen Böhmens besucht, aus Deutschland, Österreich, der Schweiz, Rußland, selbst aus der Türkei. Viele bedeutende Persönlichkeiten haben an dieser Anstalt studiert, so auch Gustav Hacker, geb. 1900 in Lubau, Kreis Podersam, praktischer Landwirt. Er war von 1928 bis 1935 Vorsitzender des Bundes der Deutschen Landjugend, 1936 bis 1938 Obmann des Bundes der Landwirte und 1938 Abgeordneter im Prager Parlament. Nach der Vertreibung wurde er 1955 in Hessen Staatsminister für Landwirtschaft und Forsten.

10 Das Schmidtor

Von den vier Toren im einstigen Mauerring sind das Heiligentor und das Schmidtor erhalten geblieben. Das Schmidtor hatte einst vier hintereinanderstehende Torbogen. Vom Turm über dem innersten Bogen ist nichts mehr vorhanden. Zwischen den beiden äußeren Torbogen erhob sich ein mit innerem Wehrgang und Schießluken ausgestatteter mächtiger Rundbau von bedeutender Höhe. Von diesem Rondell hat sich bis heute als letzter Rest des alten Schmidtores nur noch die untere Hälfte mit seiner spitzbogigen Torwölbung erhalten. In einem viereckigen Falz lag die aufgezogene Zugbrücke, deren Ketten seitlich in den Schlitzen liefen, die noch sichtbar sind. Die Länge des ganzen Tores betrug 55 Meter. Durch dieses Tor, das ins Landesinnere weist, hielten auch immer die Landesfürsten ihren Einzug.

Im Jahre 1838 fielen die meisten Bauten der Befestigungsanlage den Aktivitäten der „Verschönerungskommission“ zum Opfer.

11 Das Elisabethinenkloster

Es liegt im Osten der Stadt und wurde 1746 von Karoline Justine Gräfin Schönkirch gestiftet. Die geistlichen Schwestern betreuten ein 1853 im Klostergarten von dem Franziskanerpater Pöpl aus Spenden erbautes Waisenhaus und das beim Kloster gelegene Spital, welches inzwischen ein Caritasheim für Ordensschwestern wurde.

Von 1753 bis 1755 wurde unter der Leitung des Kaadener Baumeisters Christoph Kosch die zum Kloster gehörende Elisabethkirche gebaut, die im Inneren reiche Rokokoausstattung besitzt. Eine mit Sandsteinfiguren geschmückte Freitreppe führt längs des Klostergebäudes zur Kirchentür empor.

12 Die Spittelkirche

Die St. Anna-Kirche im Norden und die Spittelkirche im Süden sind die zwei ältesten Gotteshäuser der Stadt. Das frühgotische Kirchlein „Zu Johannis Enthauptung", ganz nahe an der Eger gelegen, bildete einmal den Mittelpunkt des „Dörfl", aus dem dann allmählich die königliche Stadt Kaaden erwuchs. Die Spittelkirche erhielt ihre heutige Gestalt mit dem Sanktustürmchen nach dem großen Stadtbrand von 1811. Im Inneren sind die Felder des Tonnengewölbes mit Fresken des Kaadener Malers J. Fuchs geschmückt.

13 Das Kaolinwerk

Neben 25 Handschuhfabriken brachte nach 1850 das Kaolinwerk am Lerchenhübel großen wirtschaftlichen Aufschwung. Es erzeugte Schamotte- und Silikatsteine für Industriezwecke, feingeschlämmten Kaolin für Papier- und keramische Industriebetriebe, kalzinierten Kaolin, eisenfreie Quarzsande, Bau- und Betonsand.

14 Die Eger

Ab 1900 wurde die Wasserkraft des Flusses zur Gewinnung elektrischer Energie verstärkt genutzt. Oberhalb des Ortes Seelau wurde durch ein 52 Meter langes und 3,6 Meter hohes Überfallwehr aus Beton ein Teil des Egerwassers in einen 173 Meter langen Stollen geleitet. Dadurch und durch Abschneidung der dortigen Egerschlinge wurde ein Nutzgefälle von 5 Metern ermöglicht. Die zwei damit betriebenen Turbinen leisteten 700 - 750 Pferdestärken, wodurch an Energie jährlich an die 2 1/2 Millionen Kilowattstunden erzeugt werden konnten.

Von 1919 bis 1924 entstand hier (auf dem Luftbild nicht zu sehen) das größte Wasserkraftwerk der Tschechoslowakei. Das neue Werk leistete mehr als das Zehnfache des alten Elektrizitätswerkes und ermöglichte es außerdem, den gesamten Bezirk Kaaden und Buchau, Weipert, Sebastiansberg, Komotau, Görkau, Brüx, Postelberg, Saaz, Podersam, Jechnitz und Luditz mit Kraft- und Lichtstrom zu versorgen.

Mein Rundflug über Kaaden begann und endete an der Eger. Er hat gezeigt, daß viele historische Gebäude aus deutscher Zeit noch stehen und von den Menschen, die heute hier leben, als kulturelles Erbe bewahrt werden.

Daß heute im Jahr 2000 das Denkmal des Kaisers Josef II. in restauriertem Zustand wieder an seinem alten Platz steht und das Ehrengrab der deutschen Toten vom 4. März 1919 wieder hergerichtet ist, sind für uns vertriebenen Deutschen willkommene tschechische Signale, die Zukunft von Kaaden/Kadaň in einem vereinten Europa gemeinsam zu gestalten.

Professor Dr. Viktor Karell würde uns dazu Mut machen.

Kaaden – Auch heute noch besticht die harmonische Geschlossenheit des einstigen deutschen Stadtkerns.

Quellen:

1) Kaaden-Duppau, Ein Heimatbuch der Erinnerung und Geschichte des Landkreises, von Dr. Viktor Karell, herausgegeben vom Kreisrat Kaaden-Duppau im Verlag Das Viergespann Frankfurt am Main.
2) Ernst Gütter, Reiseführer Egerland/Westböhmen, Verlag Gerhard Rautenberg, Leer, 1997.

In Saaz entstand der „Ackermann aus Böhmen".

27 In Saaz entstand der „Ackermann aus Böhmen“ (Teil 1)

So habe ich am 18. Juni 2000 die am weitesten im Osten des Egerlandes gelegene Stadt Saaz unter mir gesehen. Der Anblick des Stadtkerns mit seinem langgestreckten Ringplatz und den beiden beherrschenden Gebäuden, Rathaus und Dekanalkirche, hat mich begeistert. Auf den ersten Blick kein Zweifel: eine heile Welt da unten! Aber der Schein trügt.

In der Dezember-Ausgabe des Jahres 1993 berichtete die tschechische Wochenzeitschrift Mladý Svět (Junge Welt), daß viele Häuser am Ring nach der Vertreibung der Deutschen Bewohner von Roma bezogen wurden, die darin ihre Vorstellungen vom Wohnen verwirklichten. Mittlerweile gehören die historischen Gebäude am Ring wohl neuen Besitzern, die sie aber leer stehen lassen müssen, weil ihre Statik gestört ist. In Mladý Svět hieß es weiter, daß mit einem staatlich geförderten Stadterneuerungsprogramm der historische Kern von Saaz saniert und so gerettet werden soll. Vorläufig sei Saaz aber ein Vorzeigebeispiel für eine abgesiedelte Stadt.

Meine Luftaufnahme liefert dafür den Beweis. Der 18. Juni 2000 war ein strahlend schöner Sommertag. Aber Saaz wirkt wie ausgestorben. Selbst mit dem Vergrößerungsglas sind weder auf der „Drehscheibe“ – hier pulsierte einst das Leben der Stadt – noch auf dem Ringplatz menschliche Gestalten zu entdecken. Das heutige Žatec hat jedenfalls keine Parkplatzprobleme.

Der jetzige desolate Zustand des „abgesiedelten“ Saaz verlangt förmlich danach, den Nachkommen der aus ihrer Heimat vertriebenen Egerländern, aber auch den jetzt in Saaz lebenden tschechischen Menschen von der großen geschichtlichen Vergangenheit dieser Stadt zu berichten und die noch zahlreich vorhandenen Sehenswürdigkeiten aus der Zeit des deutschen Saaz zu beschreiben.

Für die Erstellung einer Zeittafel stand mir zu Verfügung „Saazerland – Hopfenland, Ein Buch treuen Gedenkens, Heimatbuch für die Kreise Saaz und Podersam“, Druck 1959 von Gugath & Sohn, München, für die Beschreibung der Sehenswürdigkeiten „Das Buch von Saaz und dem Saazer Land“, herausgegeben von Erich Hentschel, Zimmermann Druck und Verlag GmbH, Balve, 1987, sowie verschiedene Folgen vom „Heimatbrief Saazerland“, die im Quellenanhang genannt sind.

Das Saazerland war uraltes Siedlungsland

Bodenfunde, die sich einst im Saazer Museum befanden, weisen nach, daß die Gegend um Saaz schon um 2000 vor Christus von Völkerstämmen besiedelt war, deren Namen niemand kennt. Primitive Werkzeuge aus Stein und Bein, später aus Ton, Kupfer, Bronze und Eisen legen davon Zeugnis ab.

Grab- und Siedlungsfunde belegen, daß in den letzten vorchristlichen Jahrhunderten **keltische Bojer** – von ihnen hat Böhmen seinen Namen – hier siedelten. Etwa ab Christi Geburt bis 500 nach Christus lebten hier **germanische Markomannen,** die in ihren Gräbern prächtigen Silber-, Gold- und Bernsteinschmuck hinterlassen haben. Erst im 6. Jahrhundert nach Christus wanderten **slawische Stämme** ein, die besonders zahlreiche Siedlungsspuren hinterlassen haben. So fand man bei Ausgrabungen nahe Postelberg slawische Viereckbauten und slawische Gebrauchskeramik. Berühmt wurde ein Schatzfund, der um 1020 nach Christus bei der heutigen Hopfensignierhalle vergraben wurde: Silber- und Goldschmuck und 357 Silberdenare. Im Süden von Saaz stieß man auf ein Kriegergrab aus der Zeit um 1000 nach Christus, in dem sich ein Langschwert und einige Äxte befanden.

Forschungen ergaben, daß die Saazer Burg der Hauptort des Stammesgebietes der **Lutschanen** war, die nach langen Kämpfen mit den Tschechen im Laufe des 9. Jahrhunderts in den Přemysliden-Staat eingegliedert wurden.

Satzi wird slawische Provinz

973 bis 1196: Unter den Prager Herzögen Brzelislaw, Wratislaw, Sobieslaw und Wladislaw wird die Provinz Saaz von herzoglichen Präfekten, Kastellanen und Burggrafen verwaltet.

1120 Unter Herzog Wladislaw wird in Postelberg bei Saaz das Benediktinerkloster **Porta Apostolorum** gegründet und reich ausgestattet. Zum Saazer Archidiakonat gehören um diese Zeit die Dekanate Saaz, Elbogen, Kaaden, Luditz und Tepl.

1197 Unter König Přemysl Ottokar I. kommen verstärkt deutsche Siedler ins Saazer Land. Sie tragen wesentlich zur wirtschaftlichen und kulturellen Entwicklung bei und stellen im Laufe der Zeit einen großen Teil des werdenden deutschen Bürgertums. In diese Zeit fällt die Gründung der Lateinschule von Satec.

Saaz wird eine deutsche Stadt

1266 Mit Urkunde vom 30. Dezember 1266 wurde Saaz zur königlichen Stadt mit deutscher Bürgerschaft erhoben. Der tschechische Geschichtsschreiber Palacky bestätigt diesen Sachverhalt, wenn er schreibt: *„König Ottokar hat die in Deutschland durch lange Zeit zur Reife gelangte Frucht der Kultur und Zivilisation nach Böhmen gebracht.“*

1310 Ab diesem Jahr gelangt Saaz unter dem böhmischen König Johann von Luxemburg zu kultureller und wirtschaftlicher Blüte. Er genehmigt der Stadt einen achttägigen Jahrmarkt zu Pfingsten, befreit die Saazer vom Egerzoll und verleiht ihnen den Zehent vom Wochenmarktzoll.

1366 König Karl IV. befiehlt in deutscher Sprache den Städten Saaz, Brüx, Kaaden und Laun, über die Sicherheit der Straßen zu wachen und Straßenräuber zu richten. Er bestätigt den Saazern die Privilegien über das Brau- und Schank-

recht und gewährt den Bürgern der Stadt freie Verfügungsgewalt über ihr Vermögen.
Saaz ist zu dieser Zeit eine deutsche Stadt. Deutsche Ratsherren sprechen deutsches Recht.

Satez wird die „Sonne der Hussiten“

1400 Unter Wenzel IV. wächst das Nationalgefühl der Tschechen. Zwei Päpste bekämpfen einander, in den Klöstern schwinden Zucht und Ordnung. In Saaz schreibt ein Johannes den „Ackermann aus Böhmen“, in Prag bereitet sich ein anderer Johannes aus Husinetz auf seinen Kampf gegen die römisch-katholische Kirche vor. Seine Hinrichtung auf dem Scheiterhaufen wird in Böhmen einen Feuersturm entfachen, in dem das Deutschtum auch in Saaz sein Ende finden wird.

1411 Im Saazer Stadtrat tauchen immer mehr tschechische Namen auf.

1413 Saazer Bürger, die an der Prager Universität studiert haben, bekennen sich zu den Lehren des Hus. Saaz gehört zu den 5 Städten in Böhmen, die nicht „vertilgt“ werden sollen.

1419 In Saaz brennt das Minoritenkloster, das Kloster in Postelberg geht in Flammen auf, Komotau, Kaaden und Maschau gehen im Hussitensturm unter.

Das hussitisch gewordene Satezc nennt sich „Sonne der Hussiten“.

1421 Das deutsche Kreuzheer belagert die Festung Saaz, kann sie aber nicht erstürmen. Jan Žižka weilt wiederholt in der Stadt, die auch weiterhin an der radikalen taboristischen Richtung festhält. Ihre Deutschfeindlichkeit zeigt eine Inschrift an einem Haus in Saaz. Bei den hussitischen Emblemen Kelch und Adler steht: „Erst dann wird der Deutsche dem Tschechen etwas gönnen, wenn sich die Schlange am Eis wird wärmen.“

1434 Nach dem Sieg des Königs Georg von Podiebrad über die Taboriten setzt sich in Saaz die gemäßigte hussitische Richtung durch, aus der die **Böhmische Brüdergemeinde** hervorgeht.

Saaz wird wieder katholisch

1547 Nach der gewonnen Schlacht bei Mühlberg ergreift der Habsburger Erzherzog Ferdinand, ein strenggläubiger Katholik, als neuer König von Böhmen scharfe Maßnahmen gegen alles Nichtkatholische. Der Stadt Saaz wird eine hohe Geldbuße auferlegt, sie muß ihre Befestigungen niederreißen, damit die Stadt *„ewig offen bleibe“*. Der König läßt kundtun, daß Saaz von nun an nicht eine Stadt, sondern ein Dorf genannt werden soll.

Aber schon am 26. September 1547 erfolgt in einem Majestätsbrief eine Rücknahme der meisten Sanktionen.

1583 Die älteste vorhandene Bürgermatrik beginnt 1583 und besagt, daß zahlreiche Deutsche in Saaz wieder das Bürgerrecht erworben haben.

1619 Der kalvinistische Friedrich von der Pfalz wird vom Direktorium in Prag zum neuen König von Böhmen gewählt. Diesem Direktorium gehören auch Mitglieder aus Saaz an.

1620 Nach der Niederlage der protestantischen Union bei der Schlacht am Weißen Berg bei Prag geht Kaiser Ferdinand II. mit aller Strenge gegen die Anhänger des „Winterkönigs" vor. Auch der Saazer Primator und ein Ratsherr werden hingerichtet. Saaz muß sich dem kaiserlichen Heerführer Wallenstein ergeben und eine hohe Brandschatzung entrichten. 1627 erhält die Stadt ihre beschlagnahmten Güter und ein Jahr später alle Privilegien wieder zurück. Von nun an können nur Katholiken das Bürgerrecht erlangen, Häuser erwerben und ein Gewerbe betreiben.

1622 Auch in Saaz beginnt mit der Gegenreformation die Wiedererstarkung des katholischen Religionsbekenntnisses. Alle protestantischen Geistlichen müssen die Stadt verlassen. Viele lutherisch gesinnte Saazer Bürger gehen nach Sachsen ins Exil.

1634 Durch ständig wechselnde Einquartierungen sächsischer, schwedischer und kaiserlicher Truppen gerät Saaz an den Rand des finanziellen Ruins. Mit den fremden Soldaten zieht auch die Pest in die Stadt ein und rafft 538 Bürger und 435 Soldaten dahin. Saaz braucht mehr als ein Jahrhundert, um sich vom 30jährigen Krieg zu erholen.

Saaz wird wieder deutsch

1650 Viele Deutsche aus den österreichischen Erblanden, aus Bayern, Sachsen, Brandenburg und aus den Orten der Nachbarschaft werden wieder in Saaz ansässig.

1653 In den Ratsprotokollen tauchen wieder Eintragungen in deutscher Sprache auf. Ab 1707 sind sie nur noch in Deutsch abgefaßt.

1700 Die deutsche Bürgerschaft beginnt ihre Stadt mit neuen Bauwerken auszuschmücken. Fast alle Heiligenstatuen entstehen in dieser Zeit.

1760 Während des Siebenjährigen Krieges zwischen Preußen und Österreich werden vom Militär wieder Brandschatzungen erzwungen und Kontributionen erpreßt.

1800 Auch während der Napoleonischen Kriege muß die Stadt öfters Rekrutenaushebungen, Geld- und Naturalforderungen und Einquartierungen hinnehmen.

1848 Als Folge der Französischen Februarrevolution fordern auch die tschechischen Einwohner von Saaz die Gleichberechtigung beider Landessprachen bei Behörden und die Besetzung öffentlicher Ämter mit Beamten, die beider Sprachen mächtig sind.

1850 Alle Staatsbürger erhalten ohne Rücksicht auf Abstammung, Religionszugehörigkeit oder Beruf gleiche Rechte.

1871 Nach Fertigstellung der Eisenbahnbrücke über die Eger wird die Eisenbahnlinie Prag – Saaz – Komotau eröffnet.

1873 wird der Bau der Pilsen – Priesener Eisenbahnlinie beendet. Mit dem Anschluß an das Eisenbahnnetz lassen sich in Saaz mehrere große Fabriken nieder: die Aktien-Zuckerfabrik, die Hufnägelfabrik, die Drahtstiftefabrik, die Fichtenpech-Raffinerie, die Lederfabriken, eine Knopffabrik, eine Maschinenschlosserei, eine Metallwarenfabrik, eine Konservenfabrik und zwei große Kunstmühlen.

1896 Bei der Gemeinderatswahl erringen die Deutschnationalen in Saaz die Zweidrittelmehrheit.

1914 bis 1918: 402 Saazer Männer kehren aus dem 1. Weltkrieg nicht mehr zurück.

1918 Am 6. Dezember rückt tschechisches Militär in Saaz ein. Die deutsche Gemeindevertretung muß einer tschechischen Kommission weichen. Sämtliche Ämter erhalten tschechische Leiter. Die deutschen Siedlungsgebiete werden systematisch tschechisiert. Deutsche Bezirke werden tschechischen Wahlkreisen zugeteilt. Der Saazer Kreis wird dem tschechischen Wahlkreis Laun zugeschlagen.

1933 Das große sudetendeutsche Turnfest in Saaz dokumentiert vor aller Welt die Treue der Sudetendeutschen zum deutschen Volkstum. Die „Sudetendeutsche Partei“ wird stärkste Fraktion im Prager Parlament.

1938 Am 8. Oktober rückt die deutsche Wehrmacht in Saaz ein und wird als Befreierin vom tschechischen Joch stürmisch gefeiert.

1939 bis 1945: Am Ende des 2. Weltkrieges hat Saaz mehrere tausend Tote zu beklagen.

1945 Im Morgengrauen des 9. Mai rücken russische Panzer über die Egerbrücke in die Stadt ein. Mit der Verschleppung der Saazer Männer am 3. Juni 1945 in die „Hölle von Postelberg“, der Ermordung des letzten deutschen Bürgermeisters von Saaz Dr. Ernst Kröbl, und der Erschießung von fünf Saazer Buben erreicht der tschechische Terror gegen die deutsche Zivilbevölkerung seinen ersten grausamen Höhepunkt. Ein ausführlicher Bericht dazu folgt im 3. Teil.

1946 Am 13. Februar geht der erste Vertriebenentransport mit 1195 Saazer Deutschen nach Schwabach ab. Die nächsten Zielbahnhöfe sind Augsburg, Lauterbach, Schweinfurt, Hanau, Rüdesheim und Hockenheim.

1955 Der mittelfränkische Landkreis Roth übernimmt die Patenschaft über den Heimatkreis Saaz. In der Stadt Roth befinden sich auch das Archiv und die Heimatstube der Stadt Saaz.

1987 In Roth wird ein Gedenkstein enthüllt, mit dem die Patenstadt an das Verbrechen der Vertreibung erinnert.

1993 Die tschechische Wochenzeitschrift Mladý Svět (Junge Welt) nennt Žatec eine abgesiedelte Stadt.

Das Wappen von Saaz zeigt eine Stadtmauer aus viereckigen Steinen mit offenem Tor, Fallgitter und Torturm. Hinter der Mauer zwei Türme mit Satteldächern und Fenstern. Zwischen den Türmen ein Schild mit dem doppelgeschwänzten böhmischen Löwen.

Nach Rudolf Hemmerle hatte Saaz
1930 18100 Einwohner,
davon 14422 Deutsche (79%)

Nach Prof. Ernst Pfohl hatte Saaz
1930 16211 Einwohner,
davon 13979 Deutsche (86%)

Quellen:

Saazerland Hopfenland, Ein Buch treuen Gedenkens, Heimatbuch für die Kreise Saaz und Podersam, herausgegeben von Ing. Hugo Zumpf für den Heimatkreis Saaz und Josef Schuldes für den Heimatkreis Podersam, Druck 1959 von Gugath & Sohn, München.

Im Saazer Rathaus arbeitete Johannes von Schüttwa als Stadtschreiber und Stadtnotar.

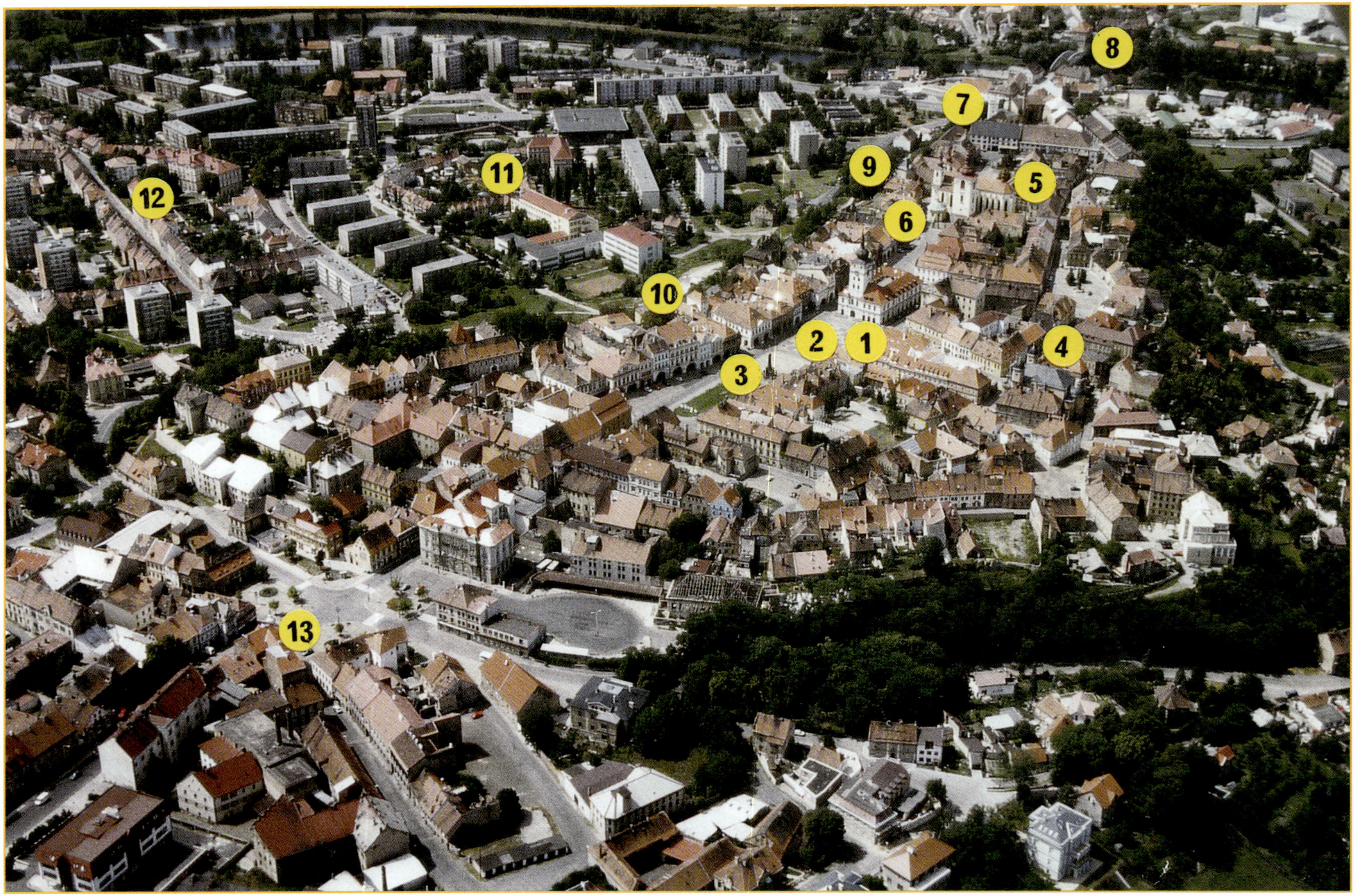

In Saaz entstand der „Ackermann aus Böhmen“.

27 In Saaz entstand der „Ackermann aus Böhmen“ (Teil 2)

Grimmiger tilger aller leute, schedlicher echter aller werlte, freissamer morder aller menschen, ir Tot, euch sei verfluchet!
Das Original zu dieser Fotokopie wurde von dem aus Saaz stammenden Landsmann Erich Hentschel, Verfasser von mehreren Saazer Heimatbüchern, koloriert.

Bei der Auswertung der Luftbilder habe ich mit großer Freude festgestellt, daß bis auf die Loretto-Kapelle – sie war schon vor 1945 recht verfallen – alle übrigen historischen Gebäude und Sehenswürdigkeiten aus der Zeit des deutschen Saaz noch vorhanden sind. Für ihre Beschreibung habe ich die Stadt ab der „Drehscheibe“ in eine nördliche und südliche Hälfte geteilt.

1 Das Rathaus

Als Saaz noch ein Burgort war, befand sich an der Stelle des Rathauses eine Art Vorwerk oder Torburg. 1361/62 errichteten die Saazer Tuchmacher und Tuchhändler mit Zustimmung der Obrigkeit *„inmitten der Stadt“* ein Kaufhaus *(domus mercatorium)*.

Schon 1376 wird das Gebäude als Rathaus *(praetorium)* bezeichnet.

Hier amtiert zehn Jahre lang Johannes aus Schüttwa (bei Bischofteinitz) als Stadtschreiber und Notar. Er hatte an der Universität in Prag studiert und dort die Würde eines Magisters erworben.

1370 kommt er als Rektor der Lateinschule und Notarius nach Saaz. Auf seine Initiative hin wird 1383 das städtische Kopialbuch angelegt, in das anfänglich die königlichen Privilegien, später auch verschiedene Rechtsvorschriften ihren Eintrag finden. Da die meisten Originale verlorengingen, stellen diese Aufzeichnungen eine einzigartige Quelle für die ältere Stadtgeschichte dar.

Als am 1. August 1400 seine Frau Margarethe im Kindbett stirbt, verfaßt Johannes, aufgewühlt vom Schmerz über den frühen Tod seiner geliebten Frau, ein Streitgespräch zwischen einem Ackermann und dem Tod. In ihm tritt der Ackermann als Ankläger, der Tod als Beschuldigter und Gott als Richter auf. Der „Ackermann aus Böhmen“ trägt autobiographische Züge des Autors und gilt als das bedeutendste literarische Kunstwerk in der Zeit des Humanismus.

Inkunabeldruck aus der Wiener Hofbibliothek *„Der ackerman aus behme beclaget den tod seyner frawen"*. Wir sehen hier den Ackermann und den Tod in einem Streitgespräch begriffen. Zwischen beiden fließt die Eger, und im Hintergrund liegt die Stadt Saaz. Es kann angenommen werden, daß es sich hier um die älteste Darstellung von Saaz handelt.

Zum Gedächtnis:

dem Dichter Johannes von Saaz
dem Verfasser des Streitgespräches
Der Ackermann aus Böhmen
vom Jahre 1400
des bedeutendsten Prosawerkes
des deutschen Humanismus.

Stadt Saaz (Wappen) i. Herbst 1921

Auf dem Ackermannplatz zwischen der Dekanalkirche und dem Rathaus wurde zu deutscher Zeit regelmäßig das Mysterienspiel vom „Ackermann aus Böhmen" aufgeführt.

Diese Bronzetafel wurde 1922 zu Ehren des Ackermann-Dichters Johannes von Saaz neben dem Eingang des Saazer Rathauses angebracht, aber gleich nach Kriegsende von den neuen tschechischen Machthabern abgenommen. Erst vor etwa 15 Jahren hat man sie durch eine neue Tafel in tschechischer Sprache ersetzt. Lediglich der Titel „Der Ackermann aus Böhmen" blieb deutsch.

Als Anfang Mai 1945 der 2. Weltkrieg zu Ende war, begannen viele Tschechen ihren Rachefeldzug gegen alles Deutsche. Der alte antideutsche und antikatholische hussitische Geist zog damals erneut in das Saazer Rathaus ein. So wurde zum Beispiel mit dieser Bekanntmachung des tschechischen Nationalausschusses von Saaz deutschen Frauen bei Nichtbefolgung seiner Anordnung die Todesstrafe angedroht.

Die Saazer Männer im Alter vom 13. bis zum 65. Lebensjahr mußten bereits am 3. Juni 1945 ihren Leidensweg in die „Hölle von Postelberg“ antreten.

Kundmachung.

Es wird angeordnet, daß sich heute alle Personen weiblichen Geschlechtes, čechischer und deutscher Nationalität ohne Unterschied des Alters und Kinder sofort nach Veröffentlichung dieser Kundmachung in der ehemaligen „SS“ Kaserne in der Trnovanerstraße in Saaz zu melden haben.

Personen, deutscher Nationalität haben mitzubringen:

1.) Gepäck mit dem allernotwendigsten Reisebedarf im Höchsgewichte von 25 kg je Person einschließlich Decken und Eßbedarf.

2.) Lebensmittel für 3 Tage.

3.) Alle Personalausweise.

4.) Wohnungsschlüßel in einem Bund, der mit der Hausnummer und der Wohnung bezeichnet ist.

5.) Alle Wertsachen, Geld, Einlagebücher, Wertpapiere und kostbaren Schmuck mit einem genauen Verzeichnis dieser Gegenstände.

Diese Vorkehrungen werden zur Durchführung einer genauen Evidenz aller Personen deutscher Nationalität und ihrer Einteilung zum Arbeitseinsatz durchgeführt.

Die Verheimlichung irgend einer der angeführten Wertsachen oder die Nichtbefolgung dieser Anordnung wird mit dem Tode bestraft.

Saaz. 13. Juni 1945

Národní Výbor.

2 Der Ringplatz

„Der Marktplatz mit seinen Bürgerhäusern gleicht den schönsten Plätzen Frankens ... Eine wahrhaft schöne Stadt ...“ so schrieb Johann Wolfgang von Goethe in sein Tagebuch, als er am 6. August 1810 in Saaz zu Besuch war.

Daß es zu beiden Seiten des Ringplatzes noch einige schöne barocke Laubenhäuser gibt, ist dem tschechischen Wirtschaftsministerium zu danken, das 1993 die Stadt Saaz für ein Regenerationsprogramm ausgewählt hat. Was man auf dem Luftbild nicht sieht, darüber hat die tschechische Wochenzeitschrift Mladý Svět (Junge Welt) im Dezember 1993 berichtet: *„Viele der historisch wertvollen Häuser sind kurz vor dem Zusammenbruch, ihre Statik ist gestört, durch die Mauern ziehen sich lange Risse. Nach 17 Uhr ist der Marktplatz von Saaz dunkel und tot. Die Geschäfte haben bereits geschlossen, und in den Häusern, obwohl neuen Besitzern gehörend, wohnt niemand. Vorläufig ist Saaz ein Vorzeigebeispiel für eine abgesiedelte Stadt. Nach demoskopischen Untersuchungen sind von den etwa 1000 Menschen, die in der* *städtischen Denkmalreservation leben, 26 % sogenannte Nichtanpassungsfähige.“* Soweit der tschechische Zeitungsbericht. Erstaunlich ehrlich!

Zu deutscher Zeit gab es auf dem Ringplatz keine Grünanlage, dafür aber geschäftiges Treiben: Markttage, Hopfenkranzfeste und abends den „Bummel“.

3 Die Dreifaltigkeitssäule (auch Mariensäule oder Pestsäule genannt)

Daß die Dreifaltigkeitssäule mitten auf dem Ring die deutsch- und kirchenfeindliche Gewalt des tschechischen Mobs in den Jahren 1945 und 1946 heil überstanden hat, verdankt sie vielleicht dem Standbild des Königs Wenzel, das zu den acht überlebensgroßen Heiligenfiguren gehört, die die Säule umrahmen. Die anderen sieben Plastiken stellen die Heiligen Johannes von Nepomuk, Karl Borromäus, Prokop, Antonius von Padua, Joseph, Sigismund und Florian dar.

Der Saazer Apotheker Johann Clemens Calderar ließ 1714 die große Steinsäule mit ihren deutschen Inschriften errichten. Die Figuren dazu wurden von Saazer Bürgern gestiftet. Säule und Standbilder sollen ein Werk des Bildhauers Karl Vetter sein.

4 Der Tempel

Seit 1864 bestand in Saaz eine jüdische Kultusgemeinde. Der Tempelneubau wurde am 19. März 1872 eingeweiht.

1870 wohnten über 1200 jüdische Bürger in Saaz, die hauptsächlich im Hopfenhandel tätig waren. Sie stammten aus dem Umland und durften bis zur Mitte des 19. Jahrhunderts in Saaz keinen Hausbesitz erwerben. Erst 1850 erhielten sie die gleichen Rechte wie nichtjüdische Einwohner. 1851 erwarben zwei jüdische Hopfenhändler in Saaz eigene Häuser. Rudolf Hemmerle nennt in seinem Heimatbuch „Sudetenland – Wegweiser durch ein unvergessenes Land“, Bechtermünz Verlag 1996, für 1930 760 jüdische Einwohner in Saaz.

5 Die Dekanalkirche zu Mariä Himmelfahrt

Im Heimatbrief „Saazerland“ Nr. 10 vom 15. Juni 1949 fand ich diesen Bericht *„Aus der Geschichte der Saazer Dekanalkirche“:*

Sie ist das letzte erhaltene Zeugnis gotischer Baukunst in Saaz. Da Saaz schon 973 Sitz eines katholischen Dekanats wurde, dürfte es um diese Zeit eine Kapelle bei der Burg gegeben haben. Erst 1206 begann man mit dem Bau einer größeren Stadtpfarrkirche zu Mariä Himmelfahrt. Als diese Ende des 13. Jahrhunderts abbrannte, dürfte mit dem Bau des heutigen Gotteshauses um 1336 begonnen worden sein. Es weist alle Merkmale der frühen Hallenkirchen der ersten Hälfte des 14. Jahrhunderts auf, wie sie in der Luxemburger Zeit im Sudetenland und in Innerböhmen anzutreffen sind. An den dreijochigen, hochansteigenden Chor schließt sich die mächtige vierjochige Halle an. Drei wuchtige Säulenpaare trennen das Hauptschiff von den beiden schmäleren Seitenschiffen. Schmale Fenster schlitzen die schweren Mauermassen der Wände auf und gewähren dem Licht nur spärlichen Zutritt, so daß auch an hellen Tagen gedämpftes Halbdunkel den Raum einhüllt.

Vom plastischen Architekturschmuck der Kirche ist fast nichts mehr erhalten, denn sie wurde im 18. und auch im 19. Jahrhundert mit einer Reihe barocker

Zu- und Umbauten versehen, durch die die Einzelheiten des gotischen Hauses stark mitgenommen wurden. Die Schönheit der ursprünglichen Formenführung kann man nur noch erahnen.

Zwischen 1724 und 1728 wurde an das Südwestjoch des Schiffes eine achteckige Kapelle mit Kuppeldach und Laterne angebaut, die dem Johannes von Nepomuk geweiht ist. Nach dem Stadtbrand von 1738, der das Kirchendach und die drei schlanken, spätgotischen Fassadentürme vernichtete, wurde die barocke Doppelturmfassade neu aufgerichtet. Die Türme mußten bereits 1767 nach einem neuerlichen Stadtbrand wieder erneuert werden. Gleichzeitig mit ihnen wurde auch der große Glockenturm an der Westseite ausgebaut. Sein Quaderfundament stammt noch aus der Zeit der Gotik. Der spätbarocke Turm mit dem schnittigen Helm wurde vom Saazer Baumeister Johann Paul Losche 1773 vollendet.

Soweit alte Inneneinrichtung erhalten ist, gehört sie zum überwiegenden Teil der zweiten Hälfte des 17. Jahrhunderts an. Der bis an das Gewölbe reichende Hauptaltar und sechs Säulenheilige, von denen der hl. Christopher der künstlerisch stärkste ist, sowie eine Kalvariengruppe und andere Plastiken schuf der in Saaz ansässige Bildhauer Veit Styrl. Das Altarblatt des Hauptaltars, das Anton Stievens von Steinfels malte, wurde 1668 aufgestellt.
Im 18. Jahrhundert entstanden die überlebensgroßen Holzstandbilder des Judas Taddäus und des Johannes von Nepomuk an beiden Seiten des Chores, die Johann Karl Vetter 1728 bis 1729 schuf. Ungefähr aus der gleichen Zeit stammt das Bildnis des Gekreuzigten.

Vor der Kirche ist eine Reihe von Sandsteinplastiken aus dem 18. Jahrhundert aufgestellt, die von verschiedenen Meistern stammen.

6 Die Johannes von Nepomuk-Kapelle

Sie steht an der Südwestecke der Stadtkirche und verdankt ihr Dasein einem in einen Stein eingeritzten Namen.

Direktor E. Stoll hat im Heimatbrief „Saazerland" vom 20. Juli 1955 die Entstehungsgeschichte der Kapelle so dargestellt:

In Saaz war die Begeisterung für Johannes von Nepomuk schon lange vor seiner Heiligsprechung besonders groß. Der Grund hierfür war, daß man an einem Außenpfeiler der Stadtkirche den eingeritzten Namen Johannes Hasil Nepomucenus entdeckte, woraus man schloß, daß Johannes von Nepomuk in Saaz die Lateinschule besucht habe. Darauf waren die Saazer ungemein stolz. Man überdeckte den Namen mit einer Glasplatte, baute einige Stufen zu ihm empor und errichtete hier einen Altar mit dem Bild des Verehrten.

Aber fünf Jahre vor der Heiligsprechung verbot das erzbischöfliche Konsistorium in Prag die Verehrung dieses eingeritzten Namens in der Erkenntnis, daß es sich um einen Irrtum handle. Der eingeritzte Name mußte vermauert werden.

Doch die Johannesverehrung hatte die Saazer bereits ergriffen, und die Stadtverwaltung beschloß 1725, an die Stadtkirche eine Johanneskapelle anzubauen. Die ungemein große Opferwilligkeit der Bürgerschaft ermöglichte eine schnelle Durchführung des Baues. Da sich aber die Heiligsprechung in Rom verzögerte, trat auch ein Stillstand im

Kapellenbau ein. Erst als es 1728 feststand, daß der Kanonisierung des Märtyrers von Nepomuk nichts mehr im Wege stand, wurde der Bau fertiggestellt und geweiht.

Die Innenausstattung wurde in den folgenden Jahren immer vollständiger und eindrucksvoller. 1735 erhielt die Kapelle den Florianaltar, für dessen Altarbild der Maler Czetsch 22 Gulden erhielt. 1748 stiftete der Apotheker und Ratsherr Josef Spaczek den hohen Altar, den der Saazer Bildhauer Friedrich Schierl für 353 Gulden errichtete. Das Altarbild des hl. Johannes von Nepomuk schuf wieder der Maler Czetsch, wofür er 20 Gulden 50 Kreuzer bekam.

7 Die „Bürgerliche Brauerei“

Im „Das Buch von Saaz und dem Saazerland“ schreibt Autor Erich Hentschel, daß die älteste Urkunde über den Hopfenbau in Saaz aus der Zeit Karls IV. stammt. Am 23. April 1348 wird der Verkauf eines Gutes samt Hopfengärten bezeugt. Kaiser Karl IV. besaß selbst Hopfengärten in Saaz.

Die Brauberechtigung von Saazer Familien reicht weit ins Mittelalter zurück. Im Heimatbrief „Saazerland“ vom 5. August 1953 ist ein Verzeichnis abgedruckt, das 144 brauberechtigte Häuser in Saaz nennt. Bis 1778 wurde das stärkere „Sametsbier“, ein starkes Lagerbier aus Gerstenmalz, gebraut, dann folgte Landbier, ein gewöhnliches Schankbier, welches das ganze Jahr hindurch hergestellt wurde.

Von 1798 bis 1801 wurde an Stelle der verfallenen Saazer Burg die „Bürgerliche Brauerei“ erbaut. Einer der alten Burgtürme wurde als Wasserturm in den Bau integriert und gab so – die Luftaufnahme zeigt es – der ganzen Anlage ein burgähnliches Aussehen.

Dieses Original-Etikett der Bürgerlichen Brauerei klebte einst auf einer Flasche „Alt Saazer 12° Lagerbier“, einem hochwertigen und bekömmlichen Erzeugnis.

1892 wurde die Bürgerliche Brauerei vergrößert und modernisiert. Sie hatte einen Jahresausstoß von über 100 000 Hektoliter. 1934 errichteten die Saazer ihre Hopfensignierhalle, die bis heute an der Dr. Damm-Straße steht. Dr. Damm hatte sich besonders für die deutschen Hopfenbauern große Verdienste erworben. Das 1932 zu seinen Ehren errichtete Denkmal steht gegenüber der Hopfensignierhalle.

Zu den besten Käufern von Saazer Hopfen gehörten bereits im 18. Jahrhundert die bayerischen Brauherren. Später errichteten die Saazer Hopfenhändler auch in Nürnberg eine Filiale.

Die Lorettokapelle, im Volksmund „Muttergotteshaus“ genannt, die bis 1945 vor dem Brauereigebäude auf dem Lorettoplatz stand, wurde, wie die Dreifaltigkeitssäule, von dem Saazer Apotheker Calderar um 1710 gestiftet. Die Kapelle war Eigentum der Bürgerlichen Brauerei und stand dem Bräuhaus im wahrsten Sinn des Wortes im Weg. Da das „Muttergotteshaus“ aber unter Denkmalschutz stand, ließ der tschechische Staat einen Abriß nicht zu. So machte es noch zu deutscher Zeit einen verkommenen Eindruck.

Diese beiden Bilder mit den Texten entstammen dem Bildband „Westböhmen – Unvergessene Heimat“ von Rolf Nitsch (s. Quellennachweis!).

Saazer Land war Hopfenland – die Ernte Höhepunkt des Hopfenjahres. Die Dolden mußten von Hand gepflückt werden. Der Saazer Hopfen hatte härtere Stiele und auch mehr Blätter als andere Sorten. Das führte dazu, daß er in der Regel nachgepflückt werden mußte. Es bedurfte daher vieler fleißiger Hände. So kamen alljährlich Zehntausende von Hopfenpflückern nicht nur aus der Umgebung, sondern vielfach von sehr weit her. Beendet wurde die Arbeit durch das Überreichen des Hopfenkranzes an den Bauern und eine lustige, lärmende Heimfahrt mit Imbiß und Umtrunk.

Verpackt in großen Säcken, Zichen genannt, wurde der Hopfen zu den Darren gefahren. Früher ließ man die Dolden unter den hohen Dächern der Häuser an der Luft trocknen. Später wurden die

Hopfendarren mit indirekter Warmluftheizung eingerichtet. Man erkannte sie an den hohen Kaminen und den langgestreckten Bauten mit den Hopfenböden. Das Trocknen und Nachbehandeln des Hopfens waren die letzten Bauernarbeiten. Nun hieß es hoffen, daß der Preis die Mühe lohnte. Der schwankte stärker als der Hopfenertrag.

8 Die „Eiserne Brücke“

Sie löste 1895 die alte Kettenbrücke ab, die 1827 als erste Kettenbrücke auf dem europäischen Festland errichtet wurde.

Zwei Uferpfeiler bildeten je ein hohes Tor, woran die tragenden Ketten verankert waren.

Konstrukteur der Kettenbrücke war Ingenieur Schnirch.

Im Jahre 1895 ersetzte man die Kettenbrücke durch die jetzige Eisenbrücke, die sich heute in schlechtem Zustand befindet und für den Autoverkehr gesperrt ist. Zu deutscher Zeit wurde aber diese Brücke von den Saazern weiterhin als „Kettenbrücke“ bezeichnet.

9 Das Priestertor

Weil Saaz ohne natürlichen Schutz in der Ebene liegt, brauchte die Stadt in früherer Zeit Mauern, Türme und Tore, um den Bürgern Schutz und Sicherheit zu geben.

Zum einstigen Befestigungsgürtel gehörte auch das Priestertor. Leider zeigt das Luftbild nur den obersten Teil des noch vorhandenen inneren Torturmes.

Im Bildband „Westböhmen – Unvergessene Heimat“ ist er in seiner Gänze zu sehen. Genauso ist er nach erfolgter

Renovierung auf einer Ansichtskarte aus dem Jahr 1951 abgebildet.

Die Gesamtanlage des Priestertores bestand aus dem äußeren und dem inneren Tor und dem dazwischenliegenden, von hohen Mauern umgebenen Zwinger, der wiederum einen hölzernen Wehrgang trug. Über der Toreinfahrt befand sich ein kleiner Erker, von dem bei Gefahr heißes Wasser und siedendes Pech auf die Angreifer geschüttet werden konnte. Der innere Torturm ist heute noch erhalten und ist ein Wahrzeichen von Saaz.

10 Die Liebotschaner Pforte (Brankator)

Von dieser Toranlage – auf dem Luftbild ist nur das Dach des Pfortenturmes zu sehen – existiert eine Zeichnung, die das Brankator um 1600 zeigt.

Der Zwingervorbau mit der kleinen Pforte und die polygonale Bastion aus dem Jahre 1463 wurden 1880 abgebrochen. An der Bastei zeigte eine Tafel das alte Stadtwappen, darüber den utraquistischen Kelch, flankiert vom böhmischen Löwen und dem Reichsadler.

So sieht der Brankatorturm heute aus.

Eine lateinische Inschrift lautete in deutscher Sprache: *„Im Jahre des Herrn 1463 wurde dieses Werk beendet am nächsten Dienstag vor dem Feste des hl.…“*

11 Öffentliche Kommunalhandelsschule beim Wenzelskirchl

Nach 1938 zogen Handelsschule und Handelsakademie in die aufgelöste tschechische Lehrerbildungsanstalt um.

12 Volks- und Bürgerschule II in der Liebotschaner Vorstadt

Weil die deutsche Volks- und Bürgerschule I im Gebäude an der Wussinallee am Ende des 19. Jahrhunderts aus allen Nähten platzte, wurde in der Liebotschaner Vorstadt unter dem Bürgermeister Dr. Karl Ungar ein moderner zweistöckiger Neubau errichtet. Nach der Eröffnung übernahm Oberlehrer Anton die Leitung der Schule.

13 Die „Drehscheibe“

Als Saaz noch die deutsche Hopfen- und Gurkenstadt war, bildete die „Drehscheibe“ den Dreh- und Angelpunkt der Stadt. Hier traf man sich, hier unterhielt man sich, hier wickelte man Geschäfte ab, hier pulsierte das Leben. Am Sonntag, 18. Juni 2000, wirkte die „Drehscheibe" wie ausgestorben.

Die besonderen Gebäude südlich der „Drehscheibe" werden in „Saaz Teil 3" vorgestellt.

Quellen:

1) Saazerland Hopfenland, Ein Buch treuen Gedenkens, Heimatbuch für die Kreise Saaz und Podersam, Druck 1959 von Gugath & Sohn, München.
2) Das Buch von Saaz und dem Saazer Land, herausgegeben von Erich Hentschel, Zimmermann Druck und Verlag GmbH, Balve 1987.
3) Heimatbrief Saazerland, Ausgabe vom 15. 6. 1949, 20. 7. 1955, 5. 12. 1956.
4) Rolf Nitsch, Westböhmen, Unvergessene Heimat, Würzburg: Flechsig, 1999.

Fast hätte ich mit der Kamera ganz Saaz erwischt.

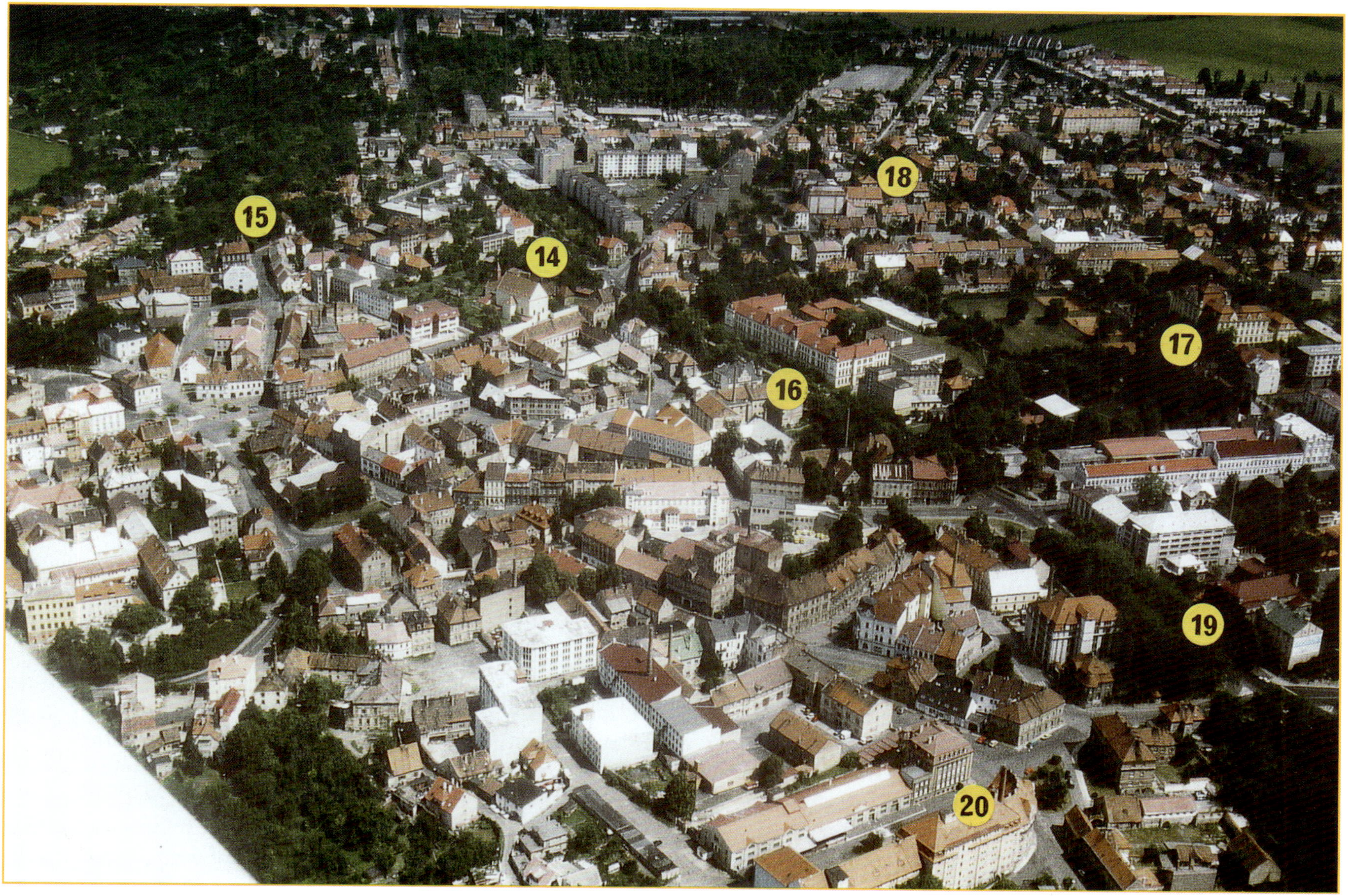

In Saaz entstand der „Ackermann aus Böhmen“.

27 In Saaz entstand der „Ackermann aus Böhmen" (Teil 3)

Diese Luftaufnahme von Saaz zeigt den südlichen Teil der Stadt. Die markierten Gebäude sind:

14 Das Kloster

Im Heimatbrief „Saazerland" vom 20. Juni 1955 hat Direktor E. Stoll über die „Errichtung eines Kapuzinerklosters in Saaz (1674)" diesen von mir etwas gekürzten Bericht verfaßt:

Die Gründerin des Saazer Kapuzinerklosters und Erbauerin der Klosterkirche war die Gemahlin des Grafen Kolowrat-Liebsteinsky, dem neben vielen anderen Besitzungen auch das Gut Horatitz-Schießelitz gehörte und der zu jener Zeit Oberstburggraf von Böhmen war. Am 15. August 1674 erhielt der Orden die kaiserliche Erlaubnis zur Zweigniederlassung in Saaz. Als geeignetes Gelände für die Klosterkirche, die Unterkünfte für die Patres und Fratres sowie für den Klostergarten wählte man die Grundstücke innerhalb der kleinen städtischen Festungsmauer, die noch heute den Kapuzinergarten gegen die Trnowanerstraße abgrenzt.

Das Gesuch der gräflichen Stifterin an die Stadt um einen Baubeitrag beantwortete die Stadtverwaltung verneinend, „weil die städtische Schuldenlast sehr groß ist und weil die Stadtmauern, Thürmen, Mühlen, Wasserwöhr und gemeine Graben von tag zu tag einreißen und zugrundgehen".

Auch machte die Stadtgemeinde zur Bedingung, daß „sie (die Kapuziner) den unterhalt auf dem Land und wir noch weder gemeine Statt allhier Jetzt und tzu künftigen Zeiten ihnen Herren P. P. Kapuzinern mit nichten obligat, noch verbunden sein sollen". Das heißt also, die Stadtverwaltung verlangte, daß der Orden, der ja ein Bettelorden ist, seine Sammlungen nicht in der Stadt und bei den Stadtbürgern tätigen darf, sondern bloß auf dem Lande. Die Stadt übernahm weder für jetzt, noch für die Zukunft irgendeine Verpflichtung gegenüber dem Kapuzinerorden. – So mußte die Gräfin den ganzen Aufwand allein tragen. Der Bau dauerte von 1676 bis 1683 und wurde am 10. Oktober 1683 eingeweiht.

Erst nach seiner Errichtung wurden Stiftungen dem Kloster auch von anderen Seiten zugewendet. Die Gräfin Varenbach ließ auf ihrem Gut Pohlig eine jährliche Abgabe von achtzehn Faß Bier, ein Faß Wein, fünfzig Strich Korn und zehn Strich Weizen sicherstellen. Graf Schütz verpflichtete sein Gut Zitolib zu einer jährlichen Abgabe von 15 Klafter Holz an die Saazer Kapuziner. Bierstiftungen kamen noch hinzu vom Gut Neusattl, Tuchorschitz, Neuschloß und Litschkau.

An dieser Stelle wollen wir des lieben Saazer Kapuzinerguardians Pater Max gedenken, der auf dem Todesmarsch der Saazer Männer in das Konzentrationslager Postelberg am 3. Juni 1945 ermordet wurde.
– Soweit der Bericht von Dir. Stoll.

15 Das Jakobskirchl (ehemalige Pfarrkirche zu St. Jakob)

Erich Hentschel berichtet in seinem „Buch von Saaz und dem Saazer Land", daß die ehemalige Pfarrkirche zu St.

Jakob wie die Dekanalkirche im romanischen Stil erbaut wurde und früher als Friedhofskirche diente. An der Rückseite soll sich eine gotische Fensterrosette befinden.

Die Jakobskirche enthält heute einen aus Ikonen zusammengesetzten Altar der russisch-orthodoxen Kirche, den die nach dem 2. Weltkrieg zugewanderten Wolhynien-Tschechen mitgebracht haben.

16 Die Volks- und Bürgerschule I in der Wussinallee

Im Heimatbrief „Saazerland", Folge 92 vom 5. 11. 1956 veröffentlichte Direktor E. Stoll einen Bericht über die Saazer Schulen. Es heißt da u. a.:

Eine segensreiche Einrichtung waren die Bürgerschulen. Wer eine solche besucht hat, weiß ihren Wert gerade jetzt als Vertriebener zu schätzen. In Saaz wurde die Bürgerschule im Jahre 1874 eröffnet und zwar mit je drei Klassen gesondert für Knaben und Mädchen, doch unter einer Leitung. Der erste Bürgerschuldirektor war Josef Nikasch (1874 - 1908), die ersten Bürgerschullehrer Johann Jirka, Josef Ott, Eduard Groß, Eduard Bauer, Franz Vogl und Lazarus Ullmann. Da das Schulgebäude hinter der Stadtkirche nicht einmal Raum genug für die Volksschulklassen bot, wurden die ersten zwei Bürgerschulklassen (eine Knaben – und eine Mädchenklasse) im großen Tippmannhaus in der Karlsbader Straße und die in den weiteren Schuljahren dazugekommenen Klassen in anderen Privathäusern untergebracht. Das war natürlich nur ein Notbehelf. Man mußte unbedingt darangehen, ein neues, geräumiges Schulgebäude zu errichten.

Im Jahre 1878 faßte der Gemeinderat unter Vorsitz des Bürgermeisters Theodor von Schönfeld den Beschluß, ein großes Schulhaus in der Wussinallee zu errichten, in dem sowohl die zwei Bürgerschulen, als auch die zwei Volksschulen (Knaben und Mädchen) mit allen Klassen- und Nebenräumen, Wohnungen für die Bürgerschuldirektoren und die zwei Volksschuloberlehrer, für zwei Hausmeister und den Heizer genügend Platz haben sollten.

Die Ausarbeitung der Pläne und auch die Bauausführung erhielt Baumeister Daut. Die Grundsteinlegung erfolgte am 24. April 1879. Mit Beginn des Schuljahres 1880/81 wurde das wirklich herrliche Gebäude seiner Bestimmung übergeben. Die Baukosten betrugen 222 000 Gulden.

Der damalige Oberlehrer der Knabenvolksschule war Anton Tschiesch, dem bald Lehrer Hanauer folgte. Die Mädchenschule wurde von dem provisorischen Leiter, Josef Anton, in Vertretung des Oberlehrers Girschick geleitet, der als Bezirksschuldirektor beurlaubt war. Nach seiner Pensionierung wurde Josef Willomitzer neuer Bezirksschuldirektor.

17 Das Gymnasium

Als Nachfolgerin der Saazer Lateinschule hatte das 1807 errichtete Gymnasium sein erstes Domizil am Floriansplatz nahe dem Rathaus. Die Brauberechtigte Bürgerschaft ließ ihr altes Bräuhausgebäude am Floriansplatz zu einem Schulhaus umbauen. Zahlreiche Saazer Bürger spendeten teils hohe Geldbeträge, deren Zinsen für die Erhaltung des Gymnasiums bestimmt waren.

Am 3. November 1807 wurde die neue höhere Lehranstalt in feierlicher Weise durch den Strahover Abt, Pater Grün, eröffnet und dem Saazer Dechanten Pater Singer als dem Rektor der Schule übergeben. Das Gymnasium bestand anfangs aus fünf, später aus sechs Klassen.

1851 wurde die Schule achtklassig und 1873 verstaatlicht. Vorher gehörte sie den Prämonstratensern von Strahov.

Das auf dem Luftbild markierte im schönen Jugendstil erbaute neue Gymnasium in der Jahnstraße nahm am 2. Dezember 1903 seinen Betrieb auf. Im Programm heißt es darüber: *„Se. k. u. k. Apostolische Majestät haben die Benennung des Neubaues nach Allerhöchst ihrem Namen zu bewilligen geruht und so heißt die Anstalt seither k. k. Kaiser Franz Joseph-Staatsobergymnasium."*

18 Die ehemalige tschechische Lehrerbildungsanstalt

Das Gebäude an der Gabelsberger Straße steht noch. Nach 1938 waren hier die deutsche Handelsschule und die deutsche Handelsakademie untergebracht.

19 Die Turnhalle

Sie wurde im wilhelminischen Pseudo-Renaissancestil erbaut. Auf dem Treppenabsatz der Halle stand früher eine Büste des Turnvaters Jahn. Die Halle diente nicht nur dem Turnbetrieb, hier wurden auch Feste und Feiern veranstaltet. Hinter dem Haus war im Winter eine Eisbahn in Betrieb.

20 Hopfensignierhalle und Hopfenverkehrsgesellschaft

Der Saazer Hopfen hatte wegen seiner Feinheit und seines Aromas weltweite Berühmtheit erlangt. Seine Eignung für helle und mildbittere Biere nach Pilsener Art machten ihn zu einer begehrten Handelsware.

1833 wurde der Saazer Hopfenverein gegründet. 1860 gab es in Saaz den ersten Hopfenmarkt. Überall entstanden große Hopfenmagazine und Hopfenschwefeleien, deren Schlöte auf dem Luftbild zu sehen sind.

1934 errichtete der Saazer Hopfenverein die Hopfensignierhalle in der Dr. Dammstraße. Hier wurden versandfertige Hopfensäcke beglaubigt und zum Schutz gegen Mißbrauch mit Siegel und Plombe versehen. Außerdem ist über jede Versandpartie eine Beglaubigungsurkunde ausgestellt worden.

Gegenüber der Hopfensignierhalle steht das im Jahre 1932 errichtete Denkmal für die verdienstvollen Führer der Hopfenbauern: Theodor Zuleger, Josef Fischer und Dr. Hans Damm.

Die Hölle von Postelberg

Wie alle Deutschen im Sudetenland hofften auch die Einwohner von Saaz, daß mit dem Ende des Zweiten Weltkrieges Angst und Not und Tod ein Ende haben. Die Hoffnung trog. Schon am 8. Mai 1945 eröffnete ein großer Teil des tschechischen Volkes, von seinem aus dem Londoner Exil zurückgekehrten Präsidenten Eduard Beneš dazu ermuntert, seinen eigenen Krieg gegen die wehrlose Bevölkerung in den deutschen Siedlungsgebieten.

Besonders die Saazer Deutschen mußten in den ersten Nachkriegswochen auf sehr grausame Weise die Ausuferung des tschechischen „Siegergrößenwahnes" über sich ergehen lassen. Der Marsch der Saazer Männer in die „Hölle von Postelberg" gehört mit zu den Höhepunkten der sadistischen Willkürhandlungen.

Der Heimatbrief „Saazerland" hat 1995 in einer Sonderausgabe anläßlich 50 Jahre Vertreibung 1945/46 - 1995 den Opfern zum Gedenken eine von Erich Hentschel zusammengestellte erschütternde Dokumentation veröffentlicht. Die Berichte über die Vorgänge während des Marsches der Saazer Männer am 3. Juni 1945 nach Postelberg und im Lager Postelberg selbst decken sich ganz genau mit der Schilderung von Günther Hofmann, der als Junge Augenzeuge dieser grausamen Geschehnisse war. Sie sind in dem von Walli Richter herausgegebenen Buch „Letzte Tage im Sudetenland", Copyright 1989 by Langen Müller, München, so dokumentiert:

Der Todesmarsch von Saaz nach Postelberg (Auszug)

Am 2. Juni 1945 wurde Saaz von den russischen Besatzungstruppen an die tschechische Verwaltung übergeben. Zunächst verlief alles ruhig. Am darauffolgenden Sonntag, dem 3. Juni, wurden wir morgens um sieben Uhr durch Gewehrschüsse und Kolbenschläge an die Haustür geweckt. Nachdem wir diese geöffnet hatten, drangen tschechische Soldaten der Svoboda-Armee und tschechische „Befreiungskämpfer" in das Haus ein und forderten meinen Vater und mich auf, uns sofort anzuziehen und mit ihnen zu gehen. Dabei erlaubten sie uns nicht einmal, daß wir uns von unseren Angehörigen verabschiedeten. Mit Kolbenschlägen und Fußtritten trieb man uns die Treppe hinunter, so daß wir mehr fielen als gingen. Ähnlich verfuhr man in den Nachbarhäusern. In kurzer Zeit waren alle in der Nachbarschaft wohnenden Männer und Burschen zusammengetrieben. Im Eiltempo jagte man uns dann auf den Marktplatz, den man als Sammelplatz ausersehen hatte. Wer körperlich nicht in der Lage war, das scharfe Tempo mitzuhalten und zurückzubleiben versuchte, wurde kaltblütig erschossen. Auf dem Marktplatz erklärte man uns, daß wir alle ausnahmslos Verbrecher seien, ließ uns aber im unklaren, was man mit uns vorhatte. Zunächst ließ man uns etwa von 8 Uhr morgens bis 14 Uhr nachmittags auf dem Marktplatz, auf den die Junisonne unbarmherzig herniederbrannte, stehen. Dabei blieb es nicht aus, daß einige Männer ohnmächtig wurden und zusammenbrachen. Sie wurden kurzerhand erschossen. Gegen 15 Uhr mußten wir uns in Achterreihen aufstellen, und es begann der Marsch in das etwa 12 km entfernt gelegene Postelberg. Dieser war für viele von uns der Marsch in den Tod. Das Begleitpersonal bestand aus berittenem und motorisiertem Militär. Alle Soldaten trugen lange Reitpeitschen und Gummiknüppel bei sich. Um uns in der gewünschten Geschwindigkeit zu behalten, schlug man immer wieder auf uns ein. Es waren etwa 6000 Mann, die so nach Postelberg gejagt wurden. Alle erreichten das Ziel aber nicht. Der schnelle Marsch und die anhaltende Hitze ließen manchen schnell ermüden. Die Rast im Straßengraben wurde vielen aber zum Verhängnis. Männer, die nicht mehr laufen konnten und zurückblieben, wurden erschossen, erhielten den sogenannten Gnadenschuß. Dies veranlaßte uns, daß wir uns gegenseitig stützten. Wir hakten uns ein und konnten dadurch auch die Schwächeren mit-

schleppen. Der dabei aufgewirbelte Staub machte den Mund trocken und das Atmen schwer. Wir versuchten dem damit abzuhelfen, daß wir an einem vom Boden aufgelesenen Stein oder ein von einem Baum abgerissenes Blatt kauten.

Als wir in Postelberg ankamen, war die ganze Stadt wie ausgestorben. Wie wir später erfuhren, hatte man mit den Bewohnern von Postelberg tags zuvor dasselbe gemacht wie mit uns. In Postelberg trieb man uns in eine alte Kaserne, die jetzt als Straflager benutzt wurde. Da es schon Spätnachmittag war, als wir ankamen, ließ man uns für diesen Tag in Ruhe. In der darauffolgenden, kalten Nacht mußten wir uns auf den blanken Erdboden legen und durften uns nicht erheben, anderenfalls wurde sofort scharf geschossen. Ermüdet schliefen wir trotz der Unbilden ein. Durch Schüsse und Schreie geschlagener Mitgefangener wurden wir am nächsten Morgen aufgeweckt. Es war unseren Bewachern anzusehen, daß sie mit Freude über uns herfallen und ihre Wut an uns auslassen konnten. Dabei sparten sie auch nicht mit Schlägen.
Nachdem diese Wutausbrüche einigermaßen verrauscht waren, begann man uns zu sortieren. Man teilte uns nach den verschiedenen Organisationen, denen jeder einzelne von uns angehört hatte, auf. So wurden die Gruppen NSDAP, SA, NSKK, SS und HJ gebildet. Bei dieser Gelegenheit wurde ich auch von meinem Vater getrennt. Während meiner Lagerzeit in Postelberg gab es nichts zu essen. Erst am siebenten Tag gab es für je zwölf Mann ein Brot, und am dritten Tag durften wir aus einem Brunnen Wasser holen. Da wir keine Gefäße besaßen, wurde das Wasser in Hüte geschöpft und aus diesen getrunken.

Was sich am dritten und darauffolgenden Tage auf dem ehemaligen Kasernenhof alles zutrug, kann ich nicht erschöpfend wiedergeben. Hier wurde geschlagen, dort wurde geschossen, da schleifte man eine Leiche weg, hier wurden Arbeiter ausgesucht und fortgetrieben, die einen kamen hinter Stacheldraht, andere sperrte man in Ställe. Der ganze Hof hallte wieder von Kommandos, Schreien, Schimpfworten, Schlägen und Schüssen. Als die Sonne sank und wir auch an diesem Tage, wie gesagt, keinen Bissen zu essen bekommen hatten, in die Ställe getrieben wurden oder uns auf dem Kasernenhof niederließen, hatte wohl jeder von uns mit seinem Leben abgeschlossen und war bereit, mannhaft zu sterben. Die während des Tages umgebrachten Mitgefangenen wurden nicht gezählt. In der Nacht hämmerten wieder unablässig nah und fern die Maschinenpistolen.

Der schlimmste und wohl der schrecklichste Tag in meinem Leben war aber der fünfte Tag im Lager Postelberg, als fünf meiner Schulkameraden ohne Genehmigung zusammen mit einem Arbeitskommando das Lager zu verlassen versuchten, also fliehen wollten. Sie kamen nicht weit. Noch in der Stadt Postelberg bemerkte man ihr Vorhaben, nahm sie fest und brachte sie ins Lager zurück. Dort beurteilte man ihre Handlungsweise als Fluchtversuch. Auf Fluchtversuch aber stand die Todesstrafe. Zunächst wurden die Zurückgebrachten entkleidet und mit Reitpeitschen blutig geschlagen. Die Beteiligung unserer Bewacher an dieser Bastonade war sehr stark. Die Tschechen stürzten wie blutrünstige Raubtiere auf die Vierzehn- bis Fünfzehnjährigen. Wir anderen, die zusehen mußten, *glaubten alle, daß es mit dieser Züchtigung genug wäre. Doch weit gefehlt! Man stellte anschließend schwere Maschinengewehre auf den Platz, mit den Mündungen auf uns gerichtet. Die fünf Ausreißer, wie man sie bezeichnete, stellte man mit dem Gesicht zur Wand auf und erschoß sie vor den Augen ihrer Väter und vor uns anderen. Einer von ihnen drehte sich um und wollte offenbar mit dem Gesicht zur Gewehrmündung sterben. Sie alle sind tapfer gestorben, ohne zu bitten oder zu flehen. So gingen sie in den Tod. Der Jüngste von ihnen war in meinem Alter, also 13 Jahre, der Älteste war 15 Jahre. Hätten wir nur den Versuch gemacht, ihnen beizustehen, so hätte es sicherlich ein arges Gemetzel gegeben; die Tschechen hätten gnadenlos mit ihren Maschinengewehren in die Massen geschossen. Lagerkommandant war seinerzeit in Postelberg Major Marek. Ihn kann man ohne Übertreibung als Massenmörder bei der Saazer Vertreibung, die 800 Todesopfer forderte, bezeichnen.*

Nach der Ermordung meiner Schulkameraden mußten wir ihre Leichen in etwas weiter entfernt liegende Wassergräben, die sowieso bereits durch verrichtete Notdurft angefüllt waren, schleppen, da die im Kasernenhof aus dem Krieg noch vorhandenen Splittergräben schon mit Leichen angefüllt waren. Dies wäre, so sagte man uns höhnisch, unser letzter Dienst an unseren toten Kameraden.

Am darauffolgenden Tag mußte ein Kommando, mit Spaten und Schaufeln ausgerüstet, in den in der Nähe unseres Aufenthaltsortes gelegenen Fasangarten ausrücken und, streng bewacht, zwei große Gräber auswerfen, die für viele Saazer zum Massengrab werden sollten. Am Nachmittag dieses Tages führte man den ersten Zug Gefangener zur Hinrichtung. Ihm folgten weitere Züge zu je 80 Mann. Ich hörte fortwährend Karabinerschüsse und sah tschechische Soldaten, wie sie immer wieder weitere Todeskandidaten abführten. Dabei war ich in größter Sorge um meinen Vater. Ich konnte aber nicht feststellen, ob auch er sich unter den zur Exekution Geführten befand.

Am siebenten Tag unserer Internierung kamen wir Jugendlichen von Postelberg weg. Mit uns unbekanntem Ziel wurden wir zu je 70 Mann in einem Omnibus abtransportiert. Die Fahrt dauerte nicht lange. Groß war aber unsere Enttäuschung, als wir nicht unserer Erwartung entsprechend in Saaz, sondern in Maltheuern bei Brüx ankamen. Dort sollten wir als Arbeiter im Hydrierwerk eingesetzt werden. Auf diese Weise kamen wir zuerst für acht Tage in das neue „KZ 28". Dort wurden wir auch entsprechend behandelt. Es begann bereits bei unserer Ankunft: Als wir aus den Bussen stiegen, mußten wir, um zu den Baracken zu kommen, durch ein Spalier von Wachposten laufen. Es war das reinste Spießrutenlaufen. Die Wachposten schlugen mit ihren Gummiknüppeln auf uns ein, wo sich ihnen eine Gelegenheit bot. Wer diese Tortur nicht aushielt und zusammenbrach, wurde mit Hilfe eines Eimers Wasser wieder zur Besinnung gebracht.

Günther Hofmann berichtet des weiteren über die unmenschlichen Zustände im Straflager 28 Postelberg, im Jugendstraflager 17/18 Postelberg, im Saazer Internierungslager Schützenhaus und über seine geglückte Flucht nach Sachsen.

Es hat damals kaum einen deutschen Ort in Böhmen gegeben, der von tschechischen Gewalttaten verschont blieb. Allein im Kreis Saaz haben mehr als 2 400 deutsche Männer, Frauen und Kinder den zweiten tschechischen Hussitensturm im Frühjahr und Sommer 1945 nicht überlebt.

Immer mehr tschechische Menschen – vor allem Priester, Intellektuelle und junge Leute – verurteilen die Untaten ihrer Landsleute und setzen Zeichen zur Verständigung und Aussöhnung.

Der Heimatkreis Mies-Pilsen veröffentlichte in seinem Heimatbrief „Land an der Miesa", Oktober 2000, das Schreiben eines tschechischen Christen aus Neuhaus/Jundřichův Hradec, in dem es u. a. heißt:

„Nach dem Vorbild unseres Papstes Johannes Paul II. spüre ich die innere Notwendigkeit, um Vergebung unserer Schuld gegenüber dem deutschen Volk zu bitten.

Gott unser Vater, zu Dir beten wir ... vergib uns unsere Schuld ... Vergib uns unsere Sünden, mit welchen wir uns als tschechische Nation in der Vergangenheit versündigt haben gegenüber unseren deutschen Brüdern.

Wir entschuldigen uns bei Ihnen für das Unrecht unserer Väter zwischen den Kriegen und auch für die Vertreibung aus Ihrer Heimat nach dem 2. Weltkrieg ..."

(Der Name des Briefschreibers ist dem Vorstand des Heimatkreises bekannt)

Quellen:

1) Saazerland Hopfenland, Ein Buch treuen Gedenkens, Heimatbuch für die Kreise Saaz und Podersam, Druck 1959 von Gugath & Sohn, München.
2) Das Buch von Saaz und dem Saazer Land von Erich Hentschel, 1. Auflage 1987, Zimmermann Druck und Verlag GmbH, Balve.
3) Letzte Tage im Sudetenland, herausgegeben von Walli Richter, Copyright 1989 by Langen Müller, München.

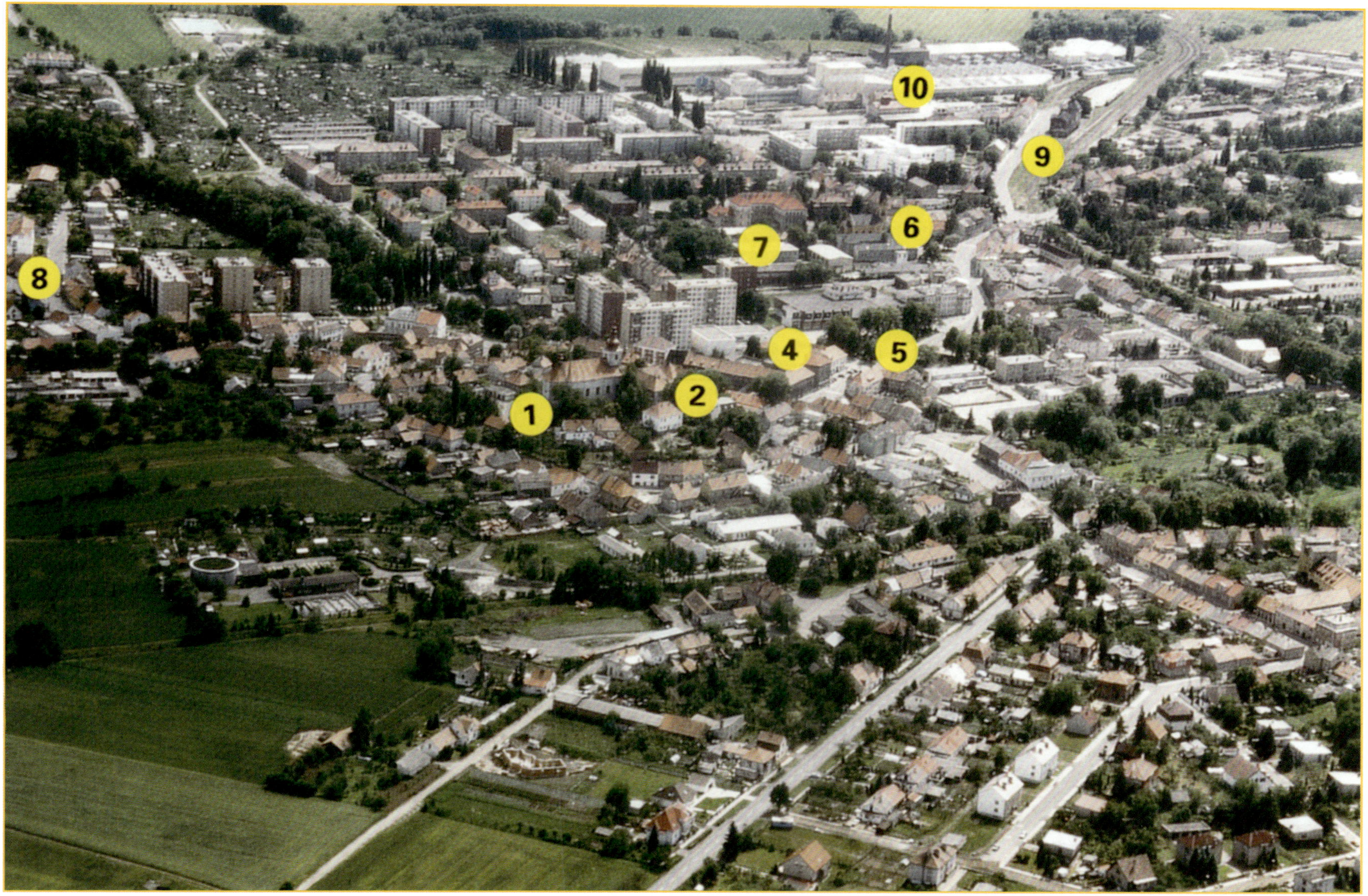

PODERSAM

Podersam zu deutscher Zeit: „Wie eine Perle in glänzender Schale...“

PODERSAM

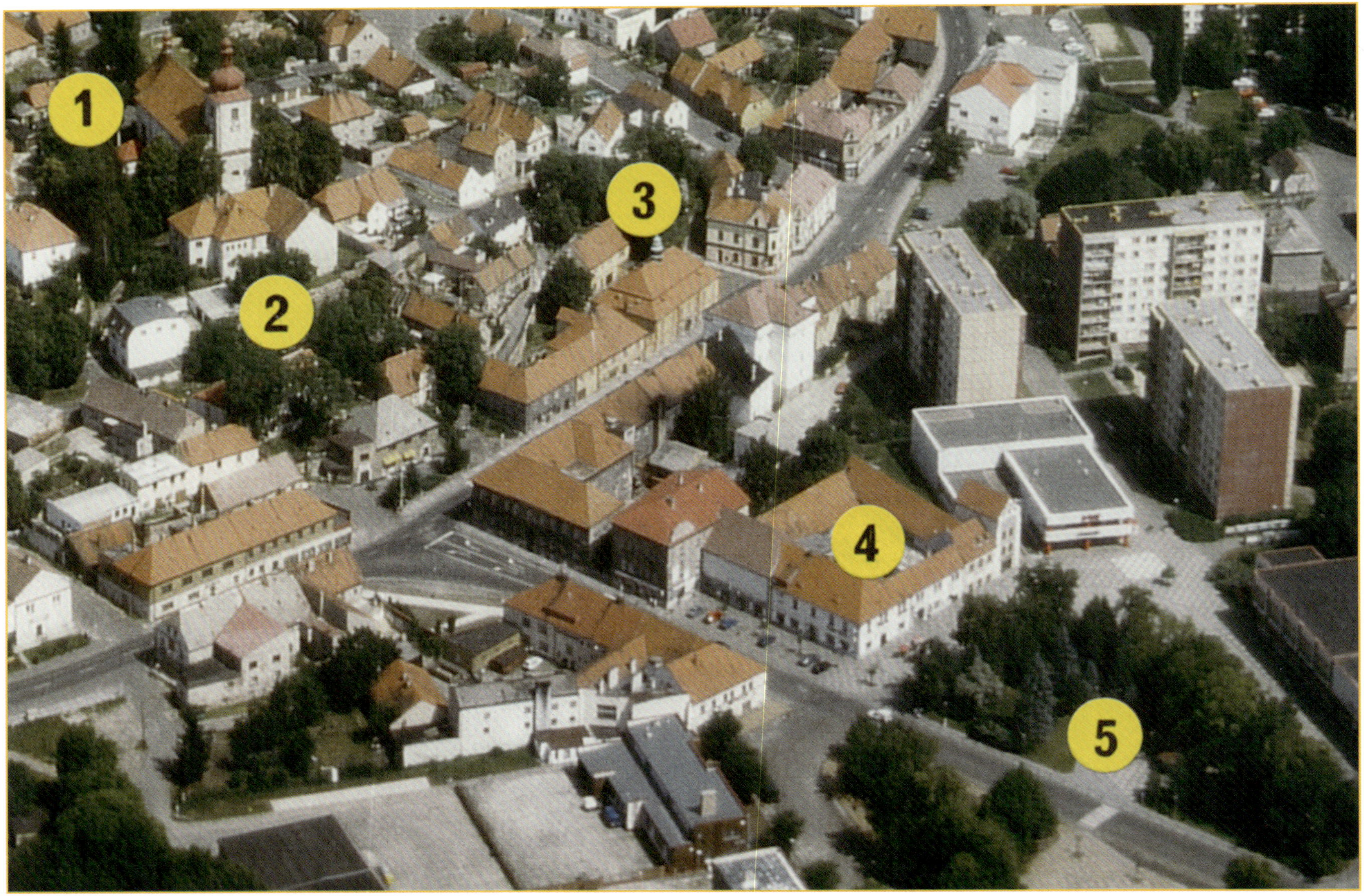

28 Podersam zu deutscher Zeit: (Teil 1)

„Wie eine Perle in glänzender Schale...“

Die einstige deutsche Kreisstadt Podersam ist auf der Karte des nördlichen Egerlandes etwa 14 km südlich von Saaz zu finden. Vom Flugzeug aus ist gut zu erkennen, daß die Stadt in einem weiten Talkessel liegt, der im Norden und Süden von den Ausläufern der Duppauer Berge eingerahmt wird.

Karl W. Gawalowski hat diese Lage in einem Gedicht besungen:

„Wie eine Perle in glänzender Schale,
ein Sommervöglein auf grünem Blatt,
so ruhst du im weiten, gesegneten Tale,
mein Podersam, du trauliche Stadt.“

Das Podersam des Jahres 2000 ist keine Perle mehr in glänzender Schale. Meine Luftaufnahme vom 18. Juni 2000 zeigt, daß nur noch der alte Ortskern um die Stadtkirche etwas von der einst „traulichen Stadt“ ahnen läßt. Heute haben die in die Mitte der Stadt gesetzten bis zu acht Stockwerke hohen Plattenbauten jede Idylle zerstört. Sie haben aus Podersam Podbořany gemacht.

Landsleute aus Podersam und Umgebung werden vielleicht einige Mühe haben, sich auf dem Luftbild zurecht zu finden. Für die Beschreibung der aus deutscher Zeit noch vorhandenen Objekte standen mir zwei Heimatbücher zur Verfügung.

1) Der politische Bezirk Podersam, eine Heimatkunde für Schule und Haus, verfaßt von Wenzel Rott, Oberlehrer in Pomeisl, Verlag des Bezirkslehrervereines Podersam, 1902;

2) Saazerland Hopfenland, Heimatbuch für die Kreise Saaz und Podersam, Druck 1959 von Gugath & Sohn, München.

1 Die Dekanalkirche Peter und Paul

Da sie auf dem höchsten Punkt von Podersam steht, ist sie schon von weitem zu sehen. Die jetzige Stadtkirche Peter und Paul ist unter Pfarrer Martin Anton Lorenz im Jahre 1734 im barocken Stil erbaut worden.

Die erste Peter und Paul-Kirche war ein gotischer Hallenbau aus dem 14. Jahrhundert, der 1590 bei einem Großfeuer abbrannte und 1592 durch einen Neubau ersetzt wurde. Wie in fast allen Orten im nördlichen Egerland setzte sich auch in Podersam, das ursprünglich zum Benediktinerkloster Postelberg gehörte, Luthers Lehre durch. Was im kirchlichen Gedenkbuch über den letzten katholischen Dechanten und das Wirken protestantischer Pastoren verzeichnet ist, darüber schreibt Oberlehrer Rott folgendes:

Im kirchlichen Gedenkbuch heißt es wörtlich:
„Ab Antiquo (von altersher) lebt in Podborzamb die Tradition, daß vor den Praedicantes (luth. Geistliche) ein infulierter Kreisdechant namens Gregor gewesen, der 1562 von dem lutherischen Patron seines Amtes entsetzt wurde. Er mußte fliehen, und die Kirche wurde versiegelt. Starb 1569. Darauf wurde das Städtlein lutherisch. Sein lutherischer Patron Christoph Schlick

ließ ihn gefangen nehmen und fortführen, auf die Bitten der treugebliebenen Kirchkinder wurde er wieder freigelassen und durfte seines Amtes walten bis zu seinem Tode."

Als protestantische Pastoren wirkten in Podersam:
1589 - 1593 Michel Neuber; 1593 - 1603 Thomas Megler, 1603 - 1612 Bartholomäus Adler; 1612 - 1624 Adamus Mylius (eigentlich Adam Müller).

Um diese Zeit trat hier die Gegenreformation ein, und die Katholiken mehrten sich. Da aber wegen der herrschenden Pest sich kein katholischer Geistlicher um die hiesige Pfründe bewarb, so wurde durch die Obrigkeit als Patron der Kirche bekannt gemacht, *„wer immer von der umliegenden Geistlichkeit sich dargeben wolle, in diesen Pestumständen die Kranken zu versehen und die Todten zu begraben, der solle als Pfarrer anerkannt und angenommen werden."*

Pater Johann Rinalius Weißgerber, ein Mönch des Franziskanerklosters in Kaaden, meldete sich und blieb auch nach der erloschenen Pest als Seelsorger hier.

Seit dieser Zeit ist Podersam wieder katholisch. Unter Pfarrer Wenzel Wächtler (1866 - 1902) wurde Podersam durch Bischof Johann Schöbel am 25. Jänner 1892 zur Dechantei erhoben.

2 Das alte Schulhaus bei der Kirche

Es stammt aus dem Jahre 1864. In den Aufzeichnungen des pfarramtlichen Gedenkbuches wird erwähnt, daß am 15. Juni 1590 die Schule abbrannte. Demnach dürfte die Errichtung der ersten Schule in Podersam noch weiter zurückliegen.

Im Gedenkbuch werden folgende Leiter der Schule genannt:
Johann Christoph Philipp (um das Jahr 1730); Georg Adam Vögel (vom Jahr 1733 ab); Lamber Vögel, wahrscheinlich ein Sohn des Georg Adam (1762 - 1789); Johann Eigl, ein bedeutender Orgelvirtuos (1789 - 1848); Johann Hauska (1849 - 1890).

Neben Johann Hauska wirkten anfangs Eduard Wagner, und als die Schule 1868 dreiklassig geworden war, auch Franz Wettengel als Lehrer. Dieser wurde nach dem Rücktritt Hauskas mit der Leitung betraut und versah dieselbe bis zu seinem fast plötzlich erfolgten Tode am 4. November 1890.

In diese Periode fällt der Aufschwung der Stadt überhaupt und damit auch der der Schule. 1874 wurde die 4. Klasse, 1875 die 5. Klasse, 1884 die 6. Klasse und 1887 wurden zwei Parallelklassen errichtet. 1888 geschah die Einführung der gewerblichen Fortbildungsschule (Leiter Friedrich Baumgärtl) und im Jahr 1890 bestanden bereits eine Knaben- und eine Mädchenvolksschule mit je 5 Klassen.

3 Das Rathaus

Auf dem Luftbild 2 ist das Podersamer Rathaus mit seinem schönen Walmdach und dem Glockentürmchen gut zu sehen. Als Oberlehrer Rott im Jahre 1902 seine „Heimatkunde für Schule und Haus" veröffentlichte, stand an der Spitze der Stadtverwaltung Bürgermeister Josef Ehm, der sich große Anerkennung um das Gemeinwohl seiner Stadt erworben hatte. Wegen seiner vielfachen Verdienste um das heimische Schulwesen erhielt er wiederholt belobende Anerkennungen des k. k. Landesschulrates. Wegen seiner gesamten, das Gemeinwohl fördernden Wirksamkeit wurde er im Jahre 1898 von Sr. Majestät mit dem Kaiser Franz Josefs-Orden ausgezeichnet.

In der Rathausgasse befanden sich früher auch das Gerichtsgebäude, die beiden Geldinstitute „Spar- und Vorschußverein" und die „Städtische Sparkasse", außerdem die Buchhandlung Tenschert und die Drogerie Killian.

4 Das Bräuhaus

Nach dem Schmalkaldischen Krieg (1546/47) kam Podersam in den Besitz der Grafen Schlick. Christoph Graf Schlick schenkte den Podersamern das herrschaftliche Bräuhaus mit allem Zubehör, *„also daß sie selbsten Altbier und Weißbier brauen mögen nach ihrem Willen und Wohlgefallen". Die Gebräue sollten so angestellt werden, „daß die Armen sowohl als auch die Reichen brauen können und sich hierüber nicht zu beschweren haben." Ein fremdes Bier sollte nicht eingeführt werden, „außer das selbsterzeugte würde der Menge nach nicht genügen."*

1900 erwarb die Firma Hielle und Dittrich die Podersamer Dampfbrauerei, die einen großen Teil der Südfront des Marktplatzes einnahm.

5 Der Ringplatz

Auf seiner Westseite stand einst das Standbild Kaiser Josefs II., das die bäuerliche Bevölkerung der Stadt und des Bezirks als Dank für die Aufhebung der Leibeigenschaft zum 1. November 1781 gestiftet hatte. Nach 1918 wurde es von den neuen tschechischen Machthabern zuerst mit Brettern verschalt und später in das Magazin der Lagerhausgenossenschaft gebracht. Auf dem Sockel wurde 1935 ein großer Gedenkstein für den Bauernbefreier Hans Kudlich aufgestellt. Er wurde 1945 von Tschechen zerstört.

Auf der Ostseite des Ringplatzes errichteten im Jahre 1905 die Podersamer zum Gedenken an die bis zu diesem Jahr gefallenen Soldaten ein Kriegerdenkmal. Es wurde nach der Besetzung Podersams durch tschechische Truppen im Oktober 1918 schwer beschädigt. Später hat man den Torso wieder instandgesetzt und mit den Namen der im 1. Weltkrieg gefallenen und vermißten Soldaten ergänzt. Auch das Kriegerdenkmal hat man nach 1945 weggeschafft.

6 Die evangelische Kirche

Die Gegenreformation bewirkte auch in Podersam eine Stärkung des Katholizismus, der bis etwa 1880 ohne Konkurrenz blieb. Dies änderte sich, als nach Podersam reichsdeutsche evangelische Fabrikantenfamilien zuzogen. Diese schlossen sich mit den evangelischen Christen aus Saaz zu einer Predigtstation zusammen. Am 7. Mai 1899 fand im Zeichensaal der Podersamer Bürgerschule der erste evangelische Gottesdienst statt.

Am 16. Februar 1900 bildete sich der deutsch-evangelische Kirchenbauverein, der 1901 mit dem Bau einer evangelischen Kirche begann. Die im neoromanischen Stil errichtete evangelische Heilandskirche wurde am 9. November 1902 eingeweiht. Die Pläne stammten von Baurat Viktor Schwerdtner aus Pilsen, die Ausführung leitete Baumeister Ferdinand Schindler aus Podersam.

Der kunstvoll geschnitzte Altar ist eine Spende eines Gustav Adolf-Frauenvereins aus Schleswig-Holstein, die vier Altarfenster mit den Bildnissen der vier Evangelisten sind Widmungen von Mitgliedern der einheimischen evangelischen Gemeinde, ebenso die beiden mittleren Fenster des Kirchenschiffes mit den Medaillonbildnissen Luthers und Melanchthons.

Landsleute aus Podersam berichteten, daß die evangelische Kirche renoviert wurde.

7 Die neue Volks- und Bürgerschule an der Bahnhofsstraße

Dieses auch heute noch recht stattlich aussehende Schulgebäude hat am 20. September 1891 seinen Unterrichtsbetrieb aufgenommen, nachdem der k. k. Landesschulrat mit Erlaß vom 26. August 1890 die Schaffung einer Knaben- und Mädchenbürgerschule genehmigt hatte. In diesem Haus war auch ein Teil der Volksschule untergebracht.

Oberlehrer Wenzel Rott hat darüber ausführlich berichtet:

„Mit dem Beginn des Schuljahres 1891/92 wurde der unobligate Unterricht in der französischen Sprache an beiden Bürgerschulen eingeführt, 1897/98 der wahlweise Unterricht im Violinspiel an der Knabenbürgerschule.

Dank der treuen Fürsorge des Ortsschulrates, der vielen namhaften Spenden ehemaliger Schüler und der wiederholten Widmungen von Geldbeträgen seitens des Spar- und Vorschußvereins und der Firma Hielle und Dittrich, wurden die Lehrmittelsammlungen reichlich ausgestattet, die Lernbehelfe (Bücher, Hefte u. dgl.) bedeutend vermehrt.

1902 waren Wilhelm Künstner Direktor der Knabenbürgerschule und Robert Hoßner Direktor der Mädchenbürgerschule. Den katholischen Religionsunterricht erteilte Kaplan Pater Josef Hauschild, den evangelischen Religionsunterricht Vikar Karl Braasch und den mosaischen Religionsunterricht der Rabbiner Rudolf Rychnovsky. Den Unterricht in den weiblichen Handarbeiten erteilten Frau Johanna Felbinger und Fräulein Augusta Felbinger.“

8 Das Allgemeine Bezirkskrankenhaus

Darüber schreibt 1902 Oberlehrer Rott in seinem Heimatbuch:

„Das Bezirkskrankenhaus wurde hauptsächlich geschaffen durch die nimmermüde Tätigkeit des bischöflichen Bezirksvikärs, Canonicus Pater Wenzel Wächtler aus Podersam. Schon 1878 dachte er an den Bau eines Krankenhauses in Podersam, als er unter dem Titel „Liebfrauensteine“ ein Buch herausgab, welches das Motto führte:

„Arm zu sein ist harte Pein,
Arm und krank noch härt're Sein,
Aber arm, krank und verlassen,
Wer kann dieses Leid erfassen?
Uns're liebe Frau so rein
Sei uns mild der erste Stein,
Wenn ein Haus wir mit Vertrauen
Für das Heil der Kranken bauen.“

Das Buch wurde in zwei Auflagen abgesetzt und ergab den ersten Baustein zum Krankenhaus. Ein für diesen Zweck gebildetes Komitee sammelte von Haus zu Haus und brachte an 2000 fl. auf. 1882 wurde mit dem Bau begon-

nen. Kronprinzessin Stephanie übernahm das Protektorat, gestattete, daß das Krankenhaus ihren Namen führen durfte und spendete 500 fl. zum Bau.

Obwohl sich die Bauzeit wegen des häufigen Regens ungünstig gestaltete, wurde das Werk doch bis zum Herbst soweit fertiggestellt, daß nur noch wenige Arbeiten für den Frühling 1883 übrigblieben. Um die kostspielige Inneneinrichtung anschaffen zu können, veranstaltete ein Komitee von Podersamer Damen eine Effektenlotterie. Es wurden 6000 Stück Lose á 25 kr. ausgegeben, auf welche 1000 Gewinne fielen. Die Ausstellung der Gewinne erbrachte ein Entree von 116 fl., das Lotterieunternehmen einen Reinertrag von 1616 fl., womit die Anschaffung der Einrichtung ermöglicht wurde.

Die Einweihung der Krankenanstalt fand am 16. September 1883 durch den hochwürdigsten Bischof von Leitmeritz statt. Am 23. Jänner 1890 wurde dem Krankenhaus das Öffentlichkeitsrecht zuerkannt mit der Verwaltung durch die Bezirksvertretung in Podersam. Unter der Leitung des k. k. Bezirksarztes MUDr. Josef Richter nahm das Krankenhaus einen großen Aufschwung. 1937/38 wurde es bedeutend erweitert."

9 Der Bahnhof

Nach Fertigstellung der Eisenbahnlinie Pilsen – Podersam – Saaz in den Jahren 1871/73 kam es auch in Podersam zu einem beachtlichen wirtschaftlichen Aufschwung. In unmittelbarer Nähe des Bahnhofes befanden sich die Tonwarenfabrik L. & C. Hardtmuth, die Porzellanfabrik der Brüder Martin und die landwirtschaftliche Ein- und Verkaufsgenossenschaft.

10 Die Porzellanfabrik – 1945 Internierungslager

Gleich nach Ende des Zweiten Weltkrieges richteten die neuen tschechischen Machthaber in der Porzellanfabrik der Brüder Martin ein Internierungslager ein. Im Heimatbrief „Saazerland" vom 1. August 1951 findet sich über das „Hunger- und Prügellager" dieser Bericht:

„Über ein volles Jahr hatte die „Erholung" hinter jenem Stacheldraht gewährt, bewacht und schikaniert in der ersten Zeit von tschechischen Partisanen, den sogenannten „Gelben Löwen", und später von der Gendarmerie. Durch regelmäßigen Wechsel der gesamten Bewachungsmannschaft wurde dafür gesorgt, daß keiner der Wachposten zu warm und damit zu lau in seiner Dienstpflicht wurde und andererseits recht viele solcher „Wächter der nationalen Sicherheit" (SNB) ihre Wut und ihren Haß an den wehrlosen, unschuldigen Frauen und Männern auslassen konnten, deren einziges Verbrechen darin bestand, daß sie eben Deutsche waren.

Wem von uns sind jene Bilder des Jammers und Elends nicht noch in lebhaftester Erinnerung? Draußen vor dem Tor standen die Frauen oder andere Angehörige, oft einen stundenweiten Weg in sommerlicher Hitze oder winterlichem Schneesturm hinter sich, in der Tasche die wenigen vom Mund abgesparten Sachen und etwas an Wäsche oder Kleidung, mit tränenfeuchten Augen. Und drinnen stand ein Mann oder eine Frau irgendwo hinter einem Fenster mit sehnsuchtsvollen Augen auf sein Liebstes draußen starrend, und die

Tränen rollten nur so über die Wangen. Und alle mußten warten, bis plötzlich das Tor geöffnet wurde und die Leute ihre Sachen abgeben durften. Nicht selten kam es aber auch vor, daß die Lieben draußen den oft sehr weiten Weg heimwärts unverrichteter Dinge wieder antreten mußten."

Über die Geschichte von Podersam – vom Anfang im Jahre 804 bis zum gewaltsamen Ende der deutschen Stadt im Jahre 1946 – berichtet der 2. Teil.

Podersam, Internierungslager

Diese Fabrik sah viel Elend und Grauen. Hier hat man uns bettelarm gemacht.
Von hier aus vertrieb man uns in alle Winde.
(Aus „Heimatbrief Saazerland", Folge 93, 20. November 1956)

Podersam zu deutscher Zeit: „Wie eine Perle in glänzender Schale…“

28 Podersam zu deutscher Zeit: (Teil 2)

„Wie eine Perle in glänzender Schale..."

Die folgenden Daten zur Geschichte Podersams sind in Auszügen dem Heimatbuch „Saazerland Hopfenland, Heimatbuch für die Kreise Saaz und Podersam" entnommen, das 1959 von Gugath & Sohn, München, gedruckt wurde.

804 Um diese Zeit soll ein Rohowicz von Wrssowetz durch Streifzüge und Plünderungen das Saazer Land unsicher gemacht haben. Deshalb errichten die Saazer auf einem Berg ein Blockhaus und besetzen es mit einer Wache. Um dieses Blockhaus entsteht eine slawische Ansiedlung, die sich Podhoran (= unter dem Berg) nennt.

1369 wird Podersam erstmals als Besitz des Benediktinerklosters Postelberg erwähnt.

1426 Nach der Zerstörung Postelbergs durch die Hussiten kommt Podersam in den Besitz der Herren von Guttenstein, die die Herrschaft bis 1535 behalten.

1535 gehört Podersam einem Sebastian von Weitmühl, Oberbefehlshaber der ständischen Truppen im Schmalkaldischen Krieg (1546/47).

1574 Unter Graf Christoph Schlick wird der Marktort Podersam durch Kaiser Rudolf II. zum Städtchen erhoben mit dem Privileg zur Wappenführung.

In einem blauen Schild eine gezinnte silberne Stadtmauer mit offenem Tor, Flügeltüren und aufgezogenem Fallgitter, hinter welchem sich zwei viereckige gezinnte Türme mit roten Satteldächern und goldenen Knöpfen erheben; unter den Zinnen haben die Türme zwei eckige Schießlöcher und zwischen den Türmen ein Schild mit drei Hirschgeweihen, dem Wappen der Guttensteiner.

Im 16. Jahrhundert besteht die Hälfte der Einwohnerschaft aus deutschen Lutheranern, was die häufige Verwendung der deutschen Sprache in den Stadtbüchern bezeugt.

1575 Christoph Graf Schlick gewährt den Podersamern wichtige Privilegien, überläßt der Stadt die herrschaftliche Brauerei und belegt eingeführtes Bier mit hohem Schutzzoll.

1590 In Podersam wird erstmals eine Schule erwähnt.

1586 bis 1636 wechselt Podersam mehrmals seine Besitzer.

1618 bis 1648: Während des Dreißigjährigen Krieges hat die Stadt durch Einquartierung, Plünderungen, Kontributionen und Hungersnot schwer zu leiden.

1637 bis 1665 gehört die Herrschaft Podersam dem kaiserlichen General Julius Heinrich zu Sachsen-Lauenburg.

1654 In einer Steuerrolle sind 80 Prozent der Namen deutsch.

1772 Nach kurzem Besitz durch Markgraf Ludwig Wilhelm von Baaden-Baaden steht Podersam ab 1772 unter der Verwaltung der königlichen Kammer. Podersam ist nun „Kameral-, Schutz- und Munizipalstadt" (= fürstliche Kammer-, Schutz- und Verwaltungsstadt).

1795 Ab diesem Jahr hat Podersam einen „regulierten Magistrat". Er besteht aus dem Bürgermeister, einem geprüften Ratsmann und Syndikus, zwei unbesoldeten Ratsmännern aus der Gemeinde und einem Kanzlei-Individuum.

1850 In der 2. Hälfte des 19. Jahrhunderts nimmt Podersam einen großen wirtschaftlichen Aufschwung durch Anschluß an das Eisenbahnnetz, Gründung von Industriebetrieben (Tonwarenfabrik und Porzellanfabrik), Ein- und Verkaufsgenossenschaften, Geldinstituten und Einführung der Gasbeleuchtung (elektrische Beleuchtung erst 1920).

Es entstehen viele Vereine zur Förderung der Geselligkeit, der Bildung und des Gemeinschaftssinnes:

1861 Gesangsverein, 1873 Freiwillige Feuerwehr, 1875 Verschönerungsverein, 1886 Deutscher Turnverein, 1904 Arbeiterturn- und Sportverein.

1918 Als Folge des von den Mittelmächten verlorenen Ersten Weltkrieges wird auch Podersam am 26. Oktober 1918 von tschechischem Militär besetzt. Podersam erhält eine tschechische Garnison.

1938 Am 9. Oktober wird Podersam gemäß dem Münchener Abkommen durch reichsdeutsche Truppen besetzt und die Bevölkerung vom tschechischen Joch befreit.

1945 Am 9. Mai rücken sowjetische Panzer von Kaaden her in die Stadt ein.

1945 Mit der Ermordung von 67 völlig unschuldigen deutschen Männern am 7. Juni beim Elementenwald erreicht der tschechische Terror auch in Podersam seinen Höhepunkt.

1946 Der erste Güterzug mit 1200 Vertriebenen aus Podersam hat am 9. März 1946 mit Zielbahnhof Höchst im Odenwald die Grenze passiert. Weitere Transporte führen nach Bamberg, Nürnberg, Schlüchtern, Würzburg, Augsburg und Regensburg.

1955 Am 7. August übernimmt die Stadt Kronach in Oberfranken die Patenschaft für die Stadt Podersam. Der Landkreis Kronach hat 1946 über 500 Vertriebene aus

Stadt und Kreis Podersam aufgenommen. Zwischen Kronach und Podersam bestanden jahrhundertealte wirtschaftliche Beziehungen. Kronach bezog aus dem Podersamer Land Kaolin für seine Porzellanfabriken und Hopfen für seine Brauereien. Es ist nachgewiesen, daß unter den ersten deutschen Siedlern, die das Egerland urbar machten, auch Oberfranken waren.

Nach Prof. Ernst Pfohl (Ortslexikon Sudetenland) hatte Podersam
1930 3342 Einwohner,
davon 2798 Deutsche (= 83,7 %);
nach Rudolf Hemmerle (Sudetenland) hatte Podersam
1930 3730 Einwohner,
davon 2974 Deutsche (=79,7 %).

Auch in Podersam tobten sich nach dem Ende des Zweiten Weltkrieges tschechische Mörderbanden aus.

Der „Heimatbrief Saazerland" hat 1995 in einer Sonderausgabe anläßlich 50 Jahre Vertreibung eine von Erich Hentschel zusammengestellte Dokumentation der Öffentlichkeit übergeben. In Abschnitt IV gedenkt der Heimatkreis Podersam mit diesem Bericht der Opfer des Massakers beim Elementenwald:

Das Massaker beim Elementenwald

Gleich in den ersten Tagen nach dem Zusammenbruch im Mai 1945 begann für alle Sudetendeutschen eine völlig rechtlose Zeit, die Zehntausenden das Leben kosten sollte. Die neuen Herrscher demonstrierten uns grausigste Beispiele dafür, was absolute Macht Einzelner bedeutet, wie gering solche Menschen das Leben anderer achten. Alle bisherigen leitenden Beamten und Angestellten, Ortsvorsteher, Polizeibeamte, Parteifunktionäre, deren man habhaft werden konnte, und solche aus allen Berufen, denen man geringste Vergehen gegenüber den Tschechen nachsagte, wurden ohne jede offizielle Ermächtigung und ohne Skrupel verhaftet, mißhandelt und in Gefängnisse geworfen.

Auch in Podersam hielt man bis Anfang Juni 1945 auf menschenunwürdigste Weise insgesamt 68 Männer der Umgebung im Gerichtsgefängnis in Haft. Man ließ sie bewußt hungern und dursten, befahl ihnen, wie ein mitfühlsamer tschechischer Zeuge später berichtet, sich gegenseitig zu schlagen; und die Rohlinge halfen nach, wenn die Qualen der Opfer sie nicht zufriedenstellten.

Der unmittelbare Anlaß zu dem furchtbaren Massaker soll sich folgendermaßen ergeben haben: Ein Tscheche aus dem etwa 50 km entfernten Kladno zechte mit den Gewaltigen des Gefängnisses im Hotel „Zur Sonne". In der sich aufschaukelnden Stimmung schrie der Erstgenannte auf einmal: „Heute vor fünf Jahren verlor ich durch die Deutschen meinen Neffen. Gib mir hundert Deutsche dafür!" Darauf der Gefängnisaufseher: „Etwa siebzig habe ich, die kannst du dir nehmen!" Trotz einiger Beschwichtigungsversuche anderer Anwesender nahm die Tragödie ihren Anfang.

Noch am gleichen Nachmittag, dem 7. Juni 1945, wurden die Bedauernswerten in Marsch gesetzt, nach Otschehau zum Rübenklauben, wie man ihnen sagte. Wer aus welchem Grunde diese Richtung angegeben und schließlich die Hinrichtungsstätte bestimmt hat, ob es auch nur ein Zufall war, weil sich die

Bewacher über das letzte Ob und Wo uneins waren, ist nicht bekannt. Berichtet wurde, daß sich der Zug der Unglücklichen während des Zwei-Kilometer-Marsches immer mehr dehnte. Die Jüngeren und Kräftigeren gingen zügiger, die Älteren konnten nicht ganz Schritt halten.

Beim Elementenwald, dort wo der Weg von Ledau nach Wohlau die Bezirksstraße Podersam – Groß-Otschehau kreuzt, auf einem Flurteil „Das Gericht“, Parzelle 2509 und 2510, dem auf der anderen Straßenseite der Judenfriedhof gegenüber lag, sollte das Leben der langsameren Hälfte des Zuges enden. Die erste Hälfte war noch etwa 200 Meter weiter in Richtung Wohlau getrieben worden; das Golgatha unseres Heimatkreises war bestimmt.

Herr Eduard Fickert und Herr Gustav Vobel aus Groß-Otschehau, die bei dem Verscharren der Toten mitarbeiten mußten, berichteten:

Wir waren beim Klee-Aufhängen, als wir gegen fünf Uhr Nachmittag Einzelschüsse und Maschinenpistolen-Salven aus Richtung Elementenwald hörten. Frau Guschl, die bei mir mithalf, bemerkte ahnungslos, die Russen schössen die letzten Rehe im Revier weg.

Als wir abends in das Dorf zurückgekehrt waren und gerade das Vieh versorgt hatten, liefen plötzlich Tschechen in Uniformen des deutschen Afrikakorps umher und holten alle erreichbaren Männer und kaum der Schule entwachsenen Jungen, 32 an der Zahl, auf dem Dorfplatz zusammen. Man hatte angeordnet, Hauen und Schaufeln mitzubringen. Undeutlich war allmählich durchgesickert, was sich beim Elementenwald zugetragen hatte. Besorgnis kam auf. Was hatten sie mit uns vor, waren wir jetzt an der Reihe?

Der Landwirt Scheiterhauser mußte seinen Leiterwagen anspannen; 30 Männer fanden Platz, zwei mußten laufen. Dann ging es zum Dorf hinaus. Der Befehlsgewaltige war Karl Srb, als Sohn eines Tagelöhners in Groß-Otschehau aufgewachsen, am 14. Mai wieder hierher zurückgekehrt und als Správce, also als Zwangsverwalter und Ortsvorsteher, eingesetzt. Die zurückbleibenden Frauen und Kinder weinten, hieß es doch, daß wir unser eigenes Grab schaufeln müßten, also nicht wiederkehren würden.

Der Tag neigte sich, als wir etwa um halb neun Uhr an der Stelle des furchtbaren Gemetzels ankamen. Auf dem Acker des Landwirts und Müllers Hart aus Podersam, am Westrand des Weges, nur 80 bis 100 Meter von der Straße entfernt, sahen wir von weitem schon tote Männer kreuz und quer liegen. Mehrere Bewaffnete standen in drohender Haltung umher. Eine seltsame Aufgeregtheit erfaßte uns. Beim Näherkommen erkannten wir die ersten Toten an ihren weißen Haaren: den Buchbindermeister Pfaff, Magazineur Bienert, Spenglermeister Meier, den Gendarmen Schwarz, den Invaliden Stocklassa mit Beinprothese und den Direktor der Tonwarenfabrik Pansky.

Nach dem Absteigen schrie Srb zunächst „klid“, dann zu deutsch „Ruhe!“. Alle wandten sich verängstigt dem Ortsgewaltigen zu, denn was unsere Augen sahen, zeugte von einem grausamen Hinmorden. Einzelne Leichen wiesen mehrere Einschüsse auf, ganz wahllos in Kopf, Kinn, Brust, Bauch; einem war die Schädeldecke abgeris-

sen. In gebrochener Mundart wurde uns sinngemäß erklärt: „Hier liegen 30 Männer, die ausreißen und nichts arbeiten wollten. Wenn ihr euch drückt, ergeht es euch auch so! Die Hälfte bleibt da, die anderen gehen zu denen da hinten." Er wies den Weg entlang. Das bedeutete zunächst, daß wir nicht das volle Ausmaß des furchtbaren Geschehens kannten.

Und tatsächlich waren auch weiter hinten zumindestens umherlaufende, bewaffnete „Helden" zu erkennen. Wir wurden geteilt und erhielten konkrete Anweisungen. Vier Jungen unserer Gruppe mußten die Toten ausziehen, die Kleider durchsuchen und bündeln. Die anderen sollten ein Loch, recht tief, aber nicht allzu groß, für 34 Leichen graben. Zwischen Weg und Wald begannen wir bei strengem Redeverbot den trockenen, harten Basaltboden mit unseren schlechten Geräten – alles brauchbare Werkzeug hatten die Russen bereits im Mai beschlagnahmt – zu bearbeiten. Zwei Meter Breite und ca. vier Meter Länge hatte Srb abgeschritten; 1,30 Meter sollte die Grube tief werden. Während wir gruben, schossen die Wächter zu unserer Einschüchterung ab und zu über unsere Köpfe hinweg. In Ungewißheit und Sorge dachten wir an unsere Lieben zu Hause. Ihnen bereitete das unregelmäßige Geballer eine schreckliche Nacht; überdies verbreitete ein schlesischer Flüchtling die Furcht, daß er den Ablauf kenne: erst müßten sie Löcher schaufeln, dann würden die Männer selbst erschossen.

Nach einiger Zeit kam der Leiterwagen von der hinteren Stelle zurück. Auch unsere Burschen hatten unterdessen ihre Arbeit getan und brachten die Kleiderbündel nun auf den Leiterwagen. Sie konnten uns heimlich mitteilen, welche Opfer aus dem anderen Grab ihnen Franz Scheiterhauser zugeflüster hatte: Groschup Albin, Schaffer Otto, Machowetz Adalbert und Major Steiner mit seinem 16-jährigen Sohn. Er brachte auch das Gerücht mit, daß es einem der 68 gelungen sein sollte, in den Wald zu fliehen. Die Namen waren für den Groschup Tontsch, dem Sohn des erstgenannten Toten, ein schmerzlicher Schreck; der 15-jährige wurde von den Terroristen besonders beobachtet.
Wir standen so dicht in der Grube, daß wir uns gegenseitig behinderten. Da befahl Srb, daß eine Hälfte arbeite und die andere raste, nur der junge Groschup mußte ohne Unterbrechung arbeiten. Es war sehr dunkel geworden, und um Mitternacht drangen wir trotz harten Zupackens kaum mehr tiefer. Obwohl die vorgesehene Tiefe nicht erreicht war, bestimmte Srb, nun die Toten zu bringen.

Ich mußte in der Grube bleiben, um die Getöteten zu schichten. Das hatte so zu erfolgen, daß abwechselnd jeweils ein Toter mit seinem Kopf bei den Füßen eines anderen Mordopfers zu liegen kam. Die zweite Schicht wurde quer zur ersten gelegt und die dritte wieder wie die erste. Da ich ein platzsparendes Einreihen allein nicht bewältigen konnte, wurden mir von Srb zur Unterstützung Paul Machowetz und Adolf Walenda zugewiesen.

Es war ein unbeschreibliches Gefühl, auf Menschenleibern herumzusteigen. Unser „Oberheld" trieb zur Eile; wir mußten möglichst schnell zuschaufeln. Ein letzter, schaudererregender Eindruck: Das Dunkle war Erde, das Helle unsere lieben Toten. Dann kamen die sechzehn Männer vom hinteren Grab und so wurde die Arbeit rasch beendet.

Die Überdeckung der Leiber war wegen des schlechten Lichtes sehr unterschiedlich und betrug stellenweise nur wenige Zentimeter. Erschöpft von der harten Arbeit merkten wir erst spät, daß sich alle Bewacher unterdessen verzogen hatten. Noch einmal kam Furcht auf: Erwartete uns selbst das Schlimmste erst auf dem Heimweg? Wir verließen gemeinsam die Grabstätten, ohne uns Zeit für ein stilles Gedenken zu nehmen, es war schon gegen zwei Uhr früh. Im Wiesenbächlein wuschen wir unsere blutverschmierten Hände und gelangten, die Straße meidend, auf Umwegen, doch unbehelligt nach Hause. Von unseren Lieben wurden wir mit Tränen in den Augen umarmt, waren zuwenigst wir doch von größerem Unheil verschont geblieben.

Durch die Meierhofbesitzerin, Frau Ridlo aus Groß-Otschehau, wurde später der Name des Entflohenen bekannt. Es war der Bezirkskommissär Schauer von der Bezirksbehörde in Podersam. Er wurde zwar verwundet, konnte aber doch entkommen. Frau Ridlo verband ihn und half ihm weiter, so daß er sich aus der Tschechei absetzen und nach Würzburg fliehen konnte.

Eine traurige Tatsache ist aber, daß bis heute noch nicht alle Namen der 67 Opfer erfaßt werden konnten. Es werden immer noch einige Korrekturen notwendig werden, um ein genaues Verzeichnis zusammenstellen zu können.

In der Podersamer Kirche soll eine Gedenktafel aus Marmor mit den Namen der Opfer vom Elementenwald angebracht werden.

Die tschechischen Massenmörder, allen voran der „Správce“ Karl Srb, sollten vor ein internationales Tribunal gestellt werden! Die Namen und Adressen der Mörder sind inzwischen bekannt, auch die der Rädelsführer, die uns am Turnplatz und in der Porzellanfabrik gefoltert, geschlagen und Hans Schmolik vor unseren Augen erschossen haben.

Wir wollen für die, die nach uns kommen, deutlich festhalten und uns selbst noch einmal vergegenwärtigen:

Keinen dieser 68 Männer traf eine Schuld, die ihren Tod auch nur im geringsten gerechtfertigt hätte, ob es nun ein Leiter einer Behörde, ein Bürgermeister, ein Geschäftsmann oder ein Arbeiter war, ja ob es gar nur der jugendliche Sohn war, dessen Vater eine wichtige gesellschaftliche Stellung innehatte, und nur zufällig bei der Verhaftung des Vaters mitgenommen worden war. Diese Hinrichtung war bloße Willkür, sie lag einzig im Ermessen einiger primitiver Unmenschen in ihrem Machtwahn, die durch keinerlei administrative Weisungen zu solchen Ausschreitungen legitimiert waren.

Es war rachelüsternes, kaltblütiges Hinmorden unbescholtener Landsleute!

Da die Opfer ja nur Deutsche waren, findet sich offiziell selbstverständlich kein Hinweis mehr auf das fürchterliche Geschehen. Es ist nicht bekannt, ob die sterblichen Überreste der Toten noch an Ort und Stelle ruhen.

Die tschechischen Mörder vom Elementenwald bei Podersam werden bis an ihr Lebensende straffrei bleiben, denn nach tschechischem Recht beträgt die Verjährungsfrist für Mord zwanzig Jahre.

Naziverbrechen werden in der Bundesrepublik Deutschland heute noch strafrechtlich verfolgt.

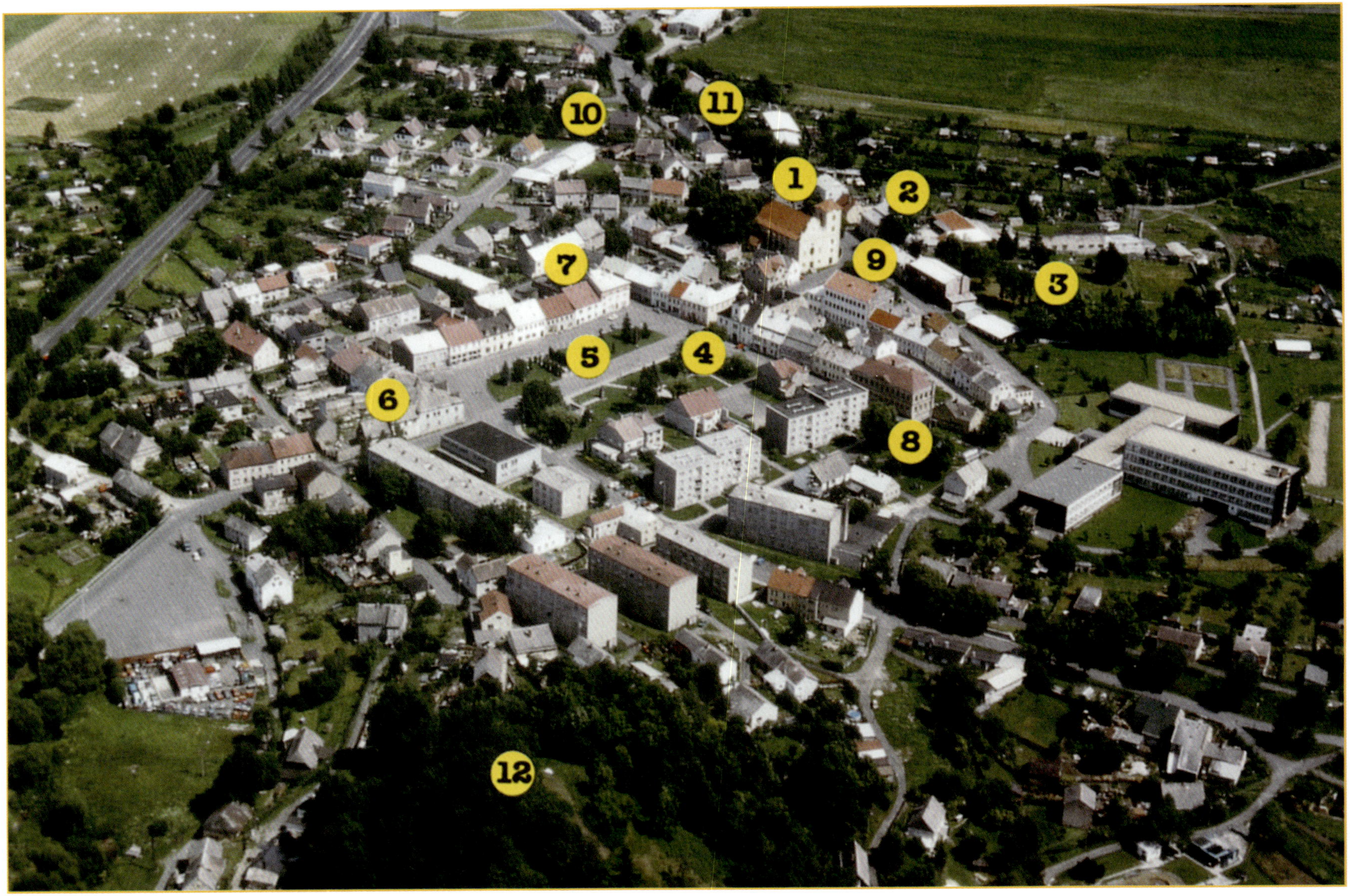

Buchau – 70 Prozent steht nicht mehr.

29 Buchau – 70 Prozent steht nicht mehr (Teil 1)

Wer Buchau aus deutscher Zeit kennt, den wird meine Luftaufnahme vom 18. Juni 2000 schockieren. Ein Vergleich mit dem Ortsplan von 1945 zeigt, daß etwa 70 Prozent der Häuser, in denen bis 1946 Deutsche wohnten, nicht mehr vorhanden sind.

Besonders nördlich und westlich des Marktplatzes, wo jetzt graue Plattenbauten stehen, haben nach 1946 tschechische Planierraupen ganze Arbeit geleistet.

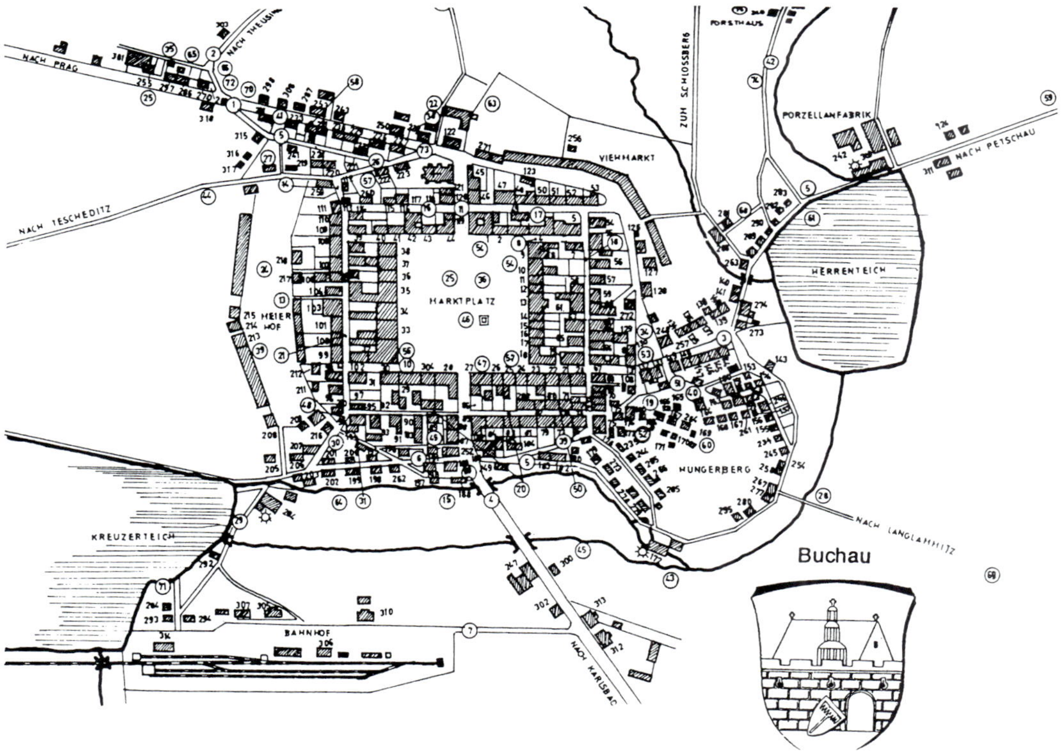

Ein Trost: die meisten historischen Gebäude blieben verschont und zeugen – so lange sie noch stehen – von 600 Jahren deutscher Geschichte in Buchau, denn eine amtliche Verleihungsurkunde aus dem Jahre 1325 ist deutsch geschrieben.

Daß ich die auf dem Luftbild markierten Gebäude genauer beschreiben konnte, danke ich dem „Heimatbuch des Kreises Luditz“, das 1971 von der Arbeitsgemeinschaft Heimatbuch Luditz herausgegeben und von Brönner & Daentler KG in Eichstätt gedruckt wurde.

1 Die Kirche zum Erzengel Michael

Ihr genaues Baujahr ist nicht bekannt. Da die älteste urkundliche Erwähnung des Ortes aus dem Jahre 1349 stammt, kann angenommen werden, daß um diese Zeit die Brüder Borscho und Slawko von Riesenburg die Feste auf dem Hungerberg und die Kirche errichten ließen. Der erste Pfarrer von Buchau namens Wolfhard starb 1356. Daß die gotische Kirche 1437 von den Hussiten zerstört wurde, bezeugt ein Brief, in welchem die Buchauer den Bürgern von Eger mitteilen, daß *„die bösen Leut das arme Gotteshaus unsrer lieben Frau zerstört und Paramente, Bücher und Kelche mitgenommen haben"*. Eine größere Spende der Stadtbürger ermöglichte den Wiederaufbau des Gotteshauses.

Während einer kriegerischen Auseinandersetzung zwischen Heinrich II. von Plauen und dem utraquistisch gesinnten Böhmenkönig Georg von Podiebrad sind 1469 Burg, Stadt und Kirche von Buchau von Truppen des böhmischen Königs zerstört worden. Unter dem damaligen Besitzer der Herrschaft Buchau, Adam von Steinsdorf, kam es zum Neubau der Kirche. Nach einem Großbrand im Jahre 1666 wurde sie nur notdürftig wiederhergestellt. 1744 ließ die Patronin Gräfin Theresia Hartig die Stadtkirche im Barockstil neu errichten.

Heute noch läßt die Kirche des hl. Michael an den Außenwänden des Schiffes gotische Stützpfeiler, an der Stirnseite Merkmale der Renaissance und längsovale Fenster aus der Barockzeit erkennen. Der viergeschossige massive Turm mit seinem flachen Faltdach überragt nur wenig den Giebel der Westfront.

Der Hochaltar wurde 1667 von Anton Schmidt in Prag-Kleinseite angefertigt. Er war von Katharina Schlick und Pfarrer Daniel Reska gestiftet worden. Mit seinen gedrehten Säulen und reichen Zierformen ist er wie die Seitenaltäre voll hochbarocker Prägung. Auch die am Triumphbogen der Evangelienseite angebrachte Kanzel stammt aus der Barockzeit. Eine Statue der Schmerzhaften Muttergottes am Seitenaltar soll noch aus der Gotik stammen und wäre demnach das wertvollste Stück der Kirche. Sie wurde immer wieder aus den Flammen gerettet. Aus der Renaissancezeit stammen die Epitaphien der Steinsdorfer im Kirchenschiff und das Epitaph der Prollenhofer beim Sakristeieingang. Sie entstanden 1568 und 1579 und könnten Nürnberger Arbeiten sein. Bei der Neupflasterung 1894 wurde die Steinsdorfersche Gruft geöffnet, wobei man einige Gräber entdeckte, die durch Steinplatten mit Inschriften geschlossen waren.

2 Das Pfarrhaus

Das massive im Barockstil erbaute Gebäude wurde 1613 von den Tepler Prämonstratensern errichtet und nach dem großen Brand von 1666 vergrößert. Von 1932 bis 1945 wohnte hier als letzter deutscher Pfarrer Wenzel Wenda (geb. 1882 in Alt-Sattel). Er starb 1958 in Velden/Vils, wo er nach der Vertreibung als Seelsorger wirkte.

3 Der Friedhof

Anstelle des aufgelassenen Friedhofes um die Kirche hat man 1785 auf den Feldern neben dem Pfarrhaus einen neuen Friedhof angelegt, der 1888 erweitert wurde. Durch Ankauf eines Teiles des Pfarrgartens konnte er 1926 noch einmal vergrößert werden.

4 Das Rathaus mit Bezirksgericht

Der spätbarocke Bau, dessen Turm aus dem 18. Jahrhundert stammt, war ursprünglich das Herrschaftshaus Heinrichs IV. von Plauen, der es 1529 an die Stadt verkaufte. Die letzte Nachricht über einen Neubau stammt aus dem Jahr 1817, der 32.000 fl. gekostet hat.

Jeder Bürger mußte 20 Tage Handarbeit und 40 Fuhren leisten. Seit 1848 war hier auch das Bezirksgericht untergebracht. Bei der Renovierung und Neueindeckung im Jahre 1887 schaffte man auch eine neue Turmuhr an. 1925 wurde der Sitzungssaal vom akademischen Maler Oswald Voh mit historischen Motiven aus dem Stadtgeschehen ausgemalt. In drei anderen Gemälden hielt der Künstler ein Geschehnis aus dem Dreißigjährigen Krieg, die Verleihung des Erbrechtes an die Töchter der Buchauer Bürger durch die Riesenburger im Jahre 1349 und die Verleihung des Marktrechtes fest.

5 Der Marktplatz

Auf meinen Flügen über das nördliche Egerland habe ich keinen Marktplatz gesehen, der nach der Vertreibung der deutschen Bewohner so verunstaltet wurde wie der von Buchau. Nur an seiner Ost- und Südseite stehen noch die Häuser aus deutscher Zeit, an der Nord- und Westseite hat man sie bis auf wenige alle abgerissen. Die dafür hochgezogenen tristen Plattenbauten sind – milde ausgedrückt – städtebauliche Schandflecke, die jeder Bauethik Hohn sprechen. Das Luftbild zeigt es deutlich: die alten, kleineren deutschen Häuser schmücken den Marktplatz, die neuen, großen tschechischen verunstalten ihn. Schade, daß die tschechischen Behörden es unterlassen haben, den historischen Marktplatz von Buchau durch ein Erneuerungsprogramm zu retten. Plattenbauten sind eben billiger!

Lediglich die neugeschaffenen Grünanlagen auf dem weiten Platz mildern den sonst sehr negativen Gesamteindruck vom Zentrum Buchaus etwas ab.

Landsleute aus Buchau finden auf dem Marktplatz den Röhrenkasten, die Steinpumpe aus dem Jahre 1720, die Johann von Nepomuk-Statue vor dem Haus Nr. 32 am Marktplatz und die 1685 von Martin Rück geschaffene Mariensäule.

6 Die Städtische Sparkasse
(früher Gasthaus „Herrenhaus“)

Sie wurde 1889 gegründet. 1913 schloß sie sich mit der 1868 entstandenen „Spar- und Vorschußkassa“ zusammen. Bis August 1946 war Kamill Springer Sparkassenleiter. Kassenstand 1945: 10 Millionen Reichsmark Geld, 4,5 Millionen Reichsmark Wertpapiere, 1 Million Reichsmark Wechsel, 150.000 Reichsmark Liegenschaften. Weitere 4,35 Millionen Reichsmark verteilten sich auf Hypotheken- und Kontokorrent-Kredite, sowie auf Anlagen bei anderen Geldinstituten. Reiche Beute für unsere Vertreiber!

7 Der Betsaal der jüdischen Gemeinde

Er befand sich im Haus Nr. 37 am Marktplatz und hatte etwa 40 Sitzplätze. Bis 1938 gehörten etwa 28 Personen der jüdischen Gemeinde an. Der Rabbiner kam aus Luck, wo sich auch der Friedhof für die Buchauer Juden befand.

8 Die deutsche Volksschule

In Buchau muß es schon 1612 eine Schule gegeben haben, denn für dieses Jahr ist ein Schulmeister Hans Maier, der auch Organist war, aktenkundig.

1839 umfaßte die „Pfarrschule“ unter dem Patronat des Wilhelm von Neuberg zwei Klassen mit 198 schulpflichtigen und 116 wiederholungspflichtigen Kindern. Das Schulhaus befand sich neben der Kirche.

Nach Errichtung einer dritten Klasse baute die Gemeinde 1865 neben dem Friedhof ein neues Schulhaus.

Das große auf dem Luftbild markierte Volksschulgebäude nahm 1890 seinen Betrieb auf. Letzter deutscher Schulleiter war Hauptlehrer Wilhelm Ulberth. Die letzten deutschen Lehrkräfte hießen Wendelin Heinzmann, Johanna Zapf, Emanuel Müller und Wilhelm Cecil, der zur Wehrmacht eingezogen war.

9 Die Bürgerschule

Eine Bürgerschule nahm schon 1900 ihren Unterricht auf. Das neue Bürgerschulgebäude nahe der Pfarrkirche wurde am 12. September 1909 eingeweiht. Baumeister Röder hat es für 75.000 Kronen erstellt. Anfangs war Oberlehrer Josef Jelinek Leiter der Volks- und Bürgerschule. Zuletzt standen Rektor Ernst Rötz der Knabenbürgerschule und Rektor Franz Paul der Mädchenbürgerschule vor.

10 Der deutsche Kindergarten

Er war 1939 im Haus Nr. 315 untergebracht. Kindergärtnerin war Theresia Bauer.

11 Das Bürgerspital

Das Gebäude aus dem Jahr 1650 diente bei Seuchengefahr als Quarantänestation und in den letzten Jahren als Altersheim für minderbemittelte Bürger.

12 Der Hungerberg

Auch Buchau hatte früher eine Burg, die um 1349 von den Brüdern Borscho und Slawko von Riesenburg zum Schutz der neugegründeten Siedlung Puhaw erbaut wurde. Von ihr haben sich bis heute der alte Burgweg, Wall und Graben erhalten. Auf die einstige Burg weist auch der Name „Hungerberg" hin. Die Sage berichtet, daß dereinst ein Hungerturm auf dem Berg stand. Es dürfte sich um den Bergfried gehandelt haben. Da die unteren Räume solcher Türme gewöhnlich als Kerker benützt wurden, nannte sie das Volk Hungertürme. Vermutlich diente der Hungerturm der Feste Buchau auch dann noch als Gefängnis, als die übrige Burg längst verfallen war. Auch die am Fuß des Hungerberges gelegene Mühle hieß Hungermühle.

Heute steht auf dem Hungerberg die Dreifaltigkeitskapelle, die auf dem Luftbild leider nicht zu sehen ist. Die Hungerbergkapelle wurde von Johann Michael Paulus d. Ält., Bürgermeister und Wundarzt, 1693 gestiftet und der Hl. Dreifaltigkeit geweiht. 1772 wurde sie renoviert.

Buchauer Porzellan ging bis in die Türkei. Ein Inserat in einer Heimatschrift aus dem Jahre 1923 liefert den Beweis. Die Porzellanfabrik lag am nördlichen Stadtrand direkt beim Herrenteich und erzeugte hauptsächlich Gebrauchsporzellan.

In allen Heimatbüchern wird neben der Kleinlandwirtschaft das Buchauer Schuhmacher-Handwerk als wichtiger Erwerbszweig genannt.

Die Zunftbücher des *„ehrsamben Handtwerks der Schumacher"* mit der ältesten Meisterliste aus dem Jahre 1616 stellen heute eine wertvolle Familienchronik dar. Noch 1922 lebten in Buchau etwa die Hälfte der in den Zunftbüchern genannten Familien.

Fachlehrer E. Rötz hat in der „Flugschriftenreihe der Heimatbildung", Heft 22, erschienen im Sudetendeutschen Verlag Franz Kraus, Reichenberg, nachstehenden Beitrag über die Umzüge der Buchauer Schusterknechte veröffentlicht:

„Vom ehrsamben Handtwerk deren Schumacher in der Stadt Buchau.

Am Dreikönigstag 1851. – Seit dreien Tagen ist der jüngste Geselle von Haus zu Haus umgangen, um alle Brüder Schuhknechte (Purschen oder Gesellen) zum Quartal beim „Ulbertn-Anresn" zu laden. Im Festgewande erscheint eine gar stattliche Zahl junger Leute, meist Söhne von Meistern, in der großen Stube, wo man neben einem Tische in der Quere auch einige Bänke längs gestellt hat. Die lustige Unterhaltung wird pünktlich um 1 Uhr unterbrochen von dem Anruf des Altgesellen, der mit dem Schlüssel dreimal auf die schön verzierte Gesellenlade klopft und beginnt: „Seid ein wenig stille meine Brüder!" Alles schweigt. Der Älteste spricht weiter: „Die Lade wird geöffnet, der Jüngste tritt vor die Tür! Lasset Niemand heraus und herein, weil wir Brüder beisammen sein!" Der Bursche, an dem die Reihe als „Jüngster" ist, tritt an die Stubentür und sieht auf Ordnung und Ruhe während des Quartals. „Ist Einer oder der Andere hier, der sich in die löbliche Bruderschaft einschreiben lassen will, der melde seinen Namen und trete vor der Ältesten Tisch!" Zaghaft treten einige Lehrlinge vor, sie sind erst im „Quartal St. Stephany" vor der Meisterladen freigesprochen worden und harren der Dinge, die da über sie kommen sollen. Man hat ihnen von „Hobeln, Schleifen, Predigen und Taufen, von der Anlegung ungewöhnlicher Kleider" erzählt und sie den schwierigen Handwerksgruß gelehrt, trotzdem alle diese „üblen Gewohnheiten" längst verboten sind. Nachdem sie „Mit Hand und Mund angelobet", kehren sie auf ihre Sitze an der untersten Tischecke zurück; ein alter Schuhknecht, der vor Weihnachten bei einem Meister eingestanden, tritt vor der Ältesten Tisch. Er zeigt die Abschrift seines Attestes (Verhaltens-Kundschaft) und wird nach einiger Befragung ebenfalls in die Bruderschaft aufgenommen. Während der Mit-Älteste die Neulinge einschreibt und die Auflage von 1/2 Kreuzer einhebt, beginnt der Älteste mit der Verlesung der Satzungen. Er mahnt seine Mitgesellen, die Standesehre zu wahren, der Ladung der Altgesellen Folge zu leisten und bei allen feierlichen Anlässen vollzählig zu erscheinen. Er droht den Neulingen und allen Anwesenden: „Wer barfuß auf die Gassen geht; wer einen Spitznamen anhängt; wer beim Quartal betrunken ist; wer ein Durst erregendes Mittel zum Quartal zu sich nimmt; wer spielt und rauft – ... der zahlt einen Groschen Strafe". Nach kurzem sonstigen „Dischputat" wird die Lade geschlossen und der Schuhknechts-Umzug formiert sich.

Die Musikbande wartet schon vor dem Hause. Der Lade wird der aus Holz geschnitzte Schuh und das Stiefelchen, beide mit bunten Bändern reich verziert, entnommen; diese Stücke hat der Altgeselle voranzutragen. Ihm folgt der „Jüngste" mit der Lade und dann in Paaren, nach dem Alter geordnet, die übrigen Schuhknechte. Mit einem flotten Marsch setzt sich der Umzug in Bewegung, das Johlen und Schreien der jungen Leute lockt alles zur Schau herbei. Beim diesjährigen „Altmeister der Zunft" wird Halt gemacht; dort hat man schon längst die Vorbereitungen für den Empfang der lustigen Brüder getroffen. Ein kurzer Willkomm seitens des Zunft-Ältesten und seiner Wirtsfrau, dann nehmen alle in der vorigen Sitzordnung ihre Plätze ein. Dann verkündet der Altgeselle mit lauter Stimme: „Wir haben Bier holen lassen von unserem Gelde, von eurem Gelde. Trinkt Keiner gehend, Keiner stehend, laufet Keiner der Bierkannl nach! Wer das Bier geholt hat, macht den Anfang!" Die mit der Jahreszahl 1651 gezeichnete Zinnkanne geht in der Reihe um und wird auf Kosten der Lade immer wieder neu gefüllt. Ein lustiges Treiben hebt an. Der Zugewanderte erzählt von seinen Erlebnissen in verschiedenen Landen und lügt, daß die Wände blau anlaufen. Ein „Dasiger" erzählt dem „Hergelaufenen" die Sage von der Entstehung des „Schustersprungs" in Eger:

„An Nazn-Seff sa Groußvoda hauts oft dazühlt. In Hemärmln u mit'n Schuarz san drei Mastern am Hungerberch g`seßn. Sagt aina: Manner, ich häit an Glustara af a Egharesch Böia. Geh ma an Sprung affi." Wegganga sans, wöi's woarn. Daba haut d`Sunn nidabrennt u haut an Dua(r)scht g'macht, daß bal allen schlecht g`west is. Endli san se ba deara Reichsstroaßn einikumma, an da Egha weita g'schamelt u statt in d`Stod in dös klaina Wiartshaisl g`roudn. Wöi sa ihrn Wech dazühlt ho(b)m, dou ho(b)m san Zech zohlt u hamgfahrn af Bucha ho(b)m ses a. Seit dera Zeit höißts durta „Am Schoustasprung" – in Egha soll's niedag'schriebn sa(n)."

Der „Schustersprung" war früher ein traditionsreiches Gasthaus zu Eger. Der Fachwerkbau mit einem schattigen Wirtsgarten lag etwas erhöht über dem Wasser und war wegen seines süffigen Egerer Aktienbieres, das zusätzlich im großen Steinkeller nachgelagert wurde, weit und breit bekannt und gern besucht.

Ob da nicht bei der Geschichte von den drei durstigen Schuhmachermeistern vom Hungerberg auch eine große Portion „Schusterlatein" dabei gewesen ist?! Denn die Fama erzählt, daß vor langer Zeit Nürnberger Handwerksgesellen auf einen Sprung ins besagte Egerer Gasthaus kamen und dort einige Tage und Nächte durchgezecht hätten, um ihren großen Durst zu löschen.

Außerdem hatte Buchau selbst 12 (in Worten zwölf) Gasthäuser, die den „Silberbock" und „Silberquell" der Buchauer Brauerei Josef Blomer & Oswald Beckert ausschenkten. Beides waren Starkbiere ersten Ranges nach altbayrischer Brauart und von vorzüglichem Geschmack! Und vom Hungerberg zum „Grünen Baum" oder zur „Goldenen Kugel" wäre es wirklich nur ein „Schustersprung" gewesen.

Die besagten zwölf Gasthäuser waren einst auch Mittelpunkt des Buchauer Vereins- und Gesellschaftslebens. Besonders stolz waren die Buchauer auf ihr schon 1797 gegründetes „k. k. privilegiertes Scharfschützenkorps". Die ursprünglich 36 Mann starke Truppe sollte die Bevölkerung vor Raubüberfällen und Plünderungen schützen. Bei Besuchen und Durchfahrten des Kaisers und anderer gekrönter Häupter übernahm das Schützenkorps den Schutz der Kaiserstraße vom „Pflug" bei Budau bis Engelhaus.

Dann gab es in Buchau noch einen Veteranenverein (1872), einen Verein „Heimatsöhne im Weltkrieg", einen Verband der Kriegsbeschädigten und Hinterbliebenen, eine Freiwillige Feuerwehr (1872), einen Männergesangsverein (1872), einen Deutschen Turnverein (1882), einen Anpflanzungs- und Verschönerungsverein (1888), eine Ortsgruppe des Deutschen Kulturverbandes (1920), eine Ortsgruppe der Deutschen in Böhmen (1892), einen Geselligkeitsverein (1892), den Radfahrklub „Adler" (1892), den Deutschen Jagdschutz- und Hundezuchtverband St. Hubertus, eine Imkervereinigung, einen Fußballklub, den Jugendbund „Germania", die Jugendgruppe „Wandervogel" und den Verband Deutscher Flieger (1934) mit eigenem Segelflugzeug.

Ungemütlich konnten die Buchauer werden, wenn man sie nach dem „Heiligen Geist von Buchau" fragte. Bürgerschuldirektor und Volksdichter Josef Hofmann aus Karlsbad (1858 - 1943) hat in einem Mundartgedicht den Buchauer Glöckner unsterblich gemacht.

Da halich' Geist va Bucha

Da halich'Geist va Bucha war
ganz z`brochen gwest; sie gebm nan dar
zan Reparieren hin öiringwau,
da Glöckna fiahrt danau(ch).

U wöi dasell am Hoimweech war,
dau wird dean Hoinz dös Kistel schwaa,
er kröigt dahalm bal möida Boin
u häut se dar am Roin...

U schnarcht als wöi an alta Bär.
Dau kumma grod dra Borschen her,
döi hobm Geist in's Buschwerk g`legt
u a Tab ins Kistel g`steckt.

U wöi da Glöckna r'afgwacht is,
dau luast er mit r`an alwan Gfrieß
u schreit: „Du Wunna! säahrt near oa!
ma Geist fängt z'krabeln oa."

U d'Borschen sog`n: „Du olwra Aff,
schau nau u mach an Deckel af!"
Er touts. Du mein! Dau flöigt dean Moa
a halich Geist davoa.

Vanäih war unna Glöckna starr,
du affa brüllt er wöi an Narr:
„Höj, halcha Geist! Af Bucha zou!
Af Bucha, Bucha zou!"

Wer sita r'amal af Bucha reust
u fräigt: „ Wau is da halich' Geist?"
u tout se affa neat glei zöign,
der lernt in Bucha 'sFlöign!

Alle benützten Quellen sind im Text genannt.

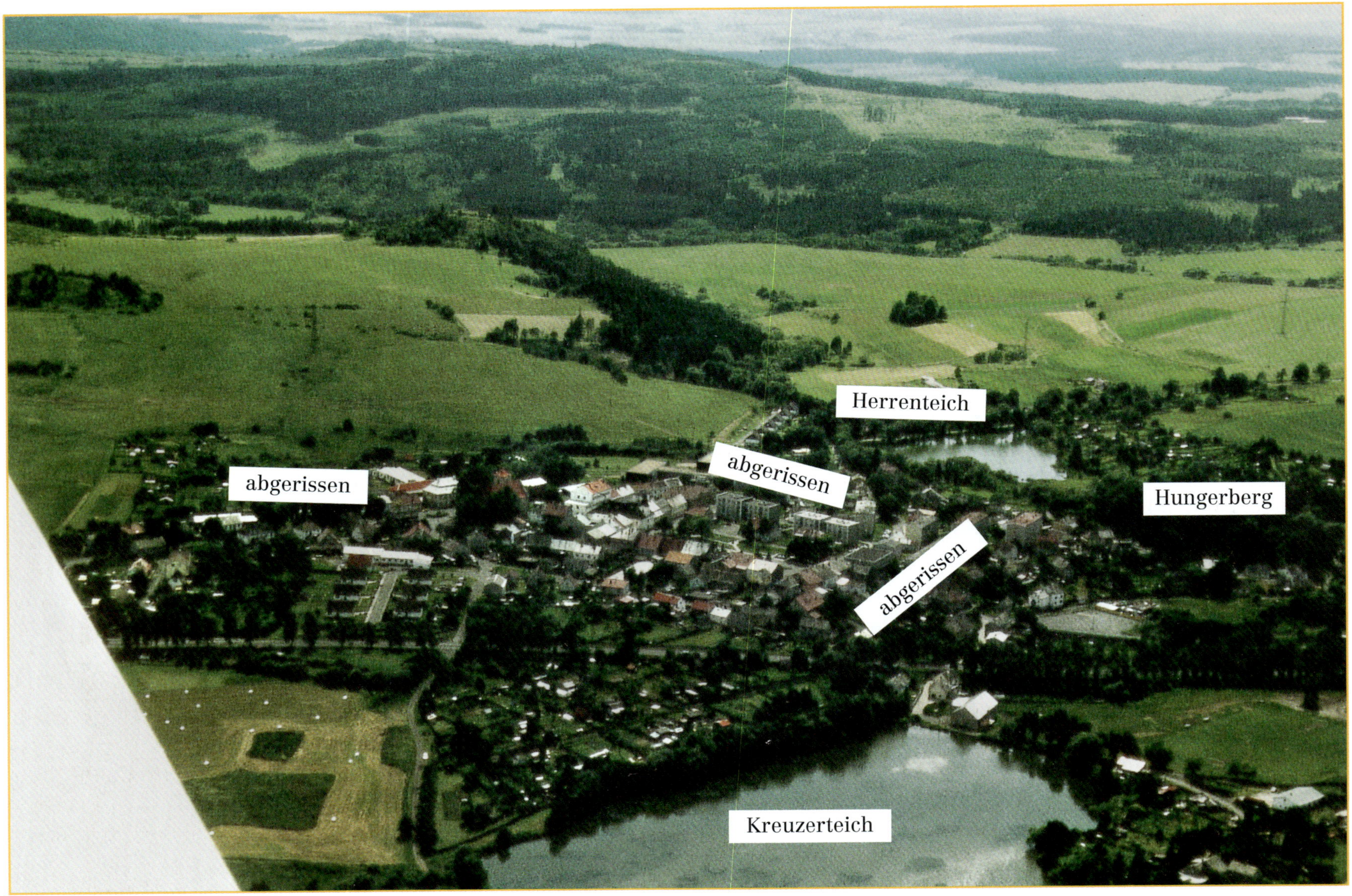

Buchau – 70 Prozent steht nicht mehr.

29 Buchau – 70 Prozent steht nicht mehr (Teil 2)

Deshalb habe ich für meinen Bericht zur Geschichte Buchaus ganz bewußt diese düster wirkende Gegenlichtaufnahme ausgewählt. Sie soll symbolhaft dokumentieren, daß auch 55 Jahre nach der Vertreibung seiner Bewohner immer noch ein Trauerflor über der einst blühenden deutschen Stadt im Egerland liegt. Denn mehr als zwei Drittel der Wohnhäuser, in denen bis 1945/46 Deutsche lebten, stehen nicht mehr.

Die Häuser konnte man zerstören, aber nicht ihre Geschichte. Sie ist für alle Zeiten festgeschrieben und dauert fort. So geschehen auch im „Heimatbuch des Kreises Luditz“, das 1971 von der Arbeitsgemeinschaft „Heimatbuch Kreis Luditz“ herausgegeben wurde. Die folgenden Daten zur Geschichte der Stadt Buchau sind diesem Buch entnommen.

Im 13. Jahrhundert war das gesamte Land ringsum Eigentum der Herren von Riesenburg; nur die Stadt selbst fehlte noch. Dafür befand sich im Südwesten des Hungerberges, jenseits des Lohbaches, wo jetzt das Jakobikirchlein steht, ein Dorf von bedeutender Ausdehnung, wovon noch heute Grabstätten und verschüttete Mauerreste Zeugnis geben. Die mündliche Überlieferung berichtet, daß in diesem Dorfe die Vorfahren der Buchauer Bürger wohnten, daß sie von dort aus als deutsche Bauern den Wald rodeten und den Boden urbar machten. Auf den Gründen dieses Dorfes wurde am Fuße des Hungerberges in der ersten Hälfte des 14. Jahrhunderts durch die Herren von Riesenburg Buchau neu errichtet. Das Dorf aber soll durch einen Brand vernichtet worden sein.

Wohl um dieselbe Zeit ließen die Riesenburger auf dem Hungerberg eine Burg erbauen. Von ihr sind nur noch Burgweg, Wall und Graben erhalten; auch findet man den alten Zwingerraum sowie die Stellen einer vorspringenden Bastei noch angedeutet.

Über die Entstehung des Ortsnamens gehen die Meinungen der Heimatforscher auseinander. Die einen denken an einen gerodeten Buchenwald, die anderen an „pochen“, weil es hier in sehr früher Zeit ein Zinnbergwerk gegeben hat.

Folgende drei sehr alte Dokumente weisen zweifelsfrei nach, daß Buchau keine slawische, sondern eine deutsche Gründung ist:

1325 Montag nach Christi Himmelfahrt auf Pergament deutsch geschrieben: Boresch von Riesenburg verleiht den Bürgern von Buchau dieselben Rechte und Privilegien, mit denen er die Stadt Luditz beschenkt hat.

1349 Tag des hl. Andreas auf Pergament in Deutsch geschrieben: Gnadenbrief der Gebrüder Slak und Boresch von Riesenburg, wodurch das gleiche Erbrecht wie den männlichen Nachkommen auch der weiblichen Nachkommenschaft anerkannt wird.

1366 Tag des hl. Johann d. T. auf Pergament in Deutsch geschrieben: Boresch von Riesenburg verleiht den Bürgern von Buchau das Luditzer Stadtrecht. Alle weiteren Verleihungen und Bestätigungen sind ebenfalls auf Pergament in Deutsch geschrieben.

1407 Die Riesenburger verkaufen die Herrschaft Petschau mit Engelsburg und dem Buchauer Gebiet an **Ulrich Hasen von Hasenburg.**

1411 **Heinrich von Plauen** erwirbt Petschau mit Buchau.

1437 Der Hussitenführer Jakob von Wrzessowitz erobert die Engelsburg und baut sie zur taboristischen Grenzfeste aus. Die Buchauer Bürger klagen in einem Brief an den Egerer Rat, daß *„die bösen Leut das arme Gotteshaus unserer lieben Frau zerstört haben..."*

1468 Weil Heinrich II. von Plauen dem königsfeindlichen Herrenbund beitritt, zieht ein Heer des utraquistischen Böhmenkönigs Georg von Podiebrad gegen die Engelsburg und zerstört dabei die Stadt Buchau.

1486 Unter Heinrich III. von Plauen erhält Buchau von König Wladislaw einen Jahrmarkt *„am Feste Michaelis und die ganzen acht Tage hindurch."*

1533 Heinrich der IV. von Plauen überläßt den Buchauern das Herrschaftshaus als Rathaus und verkauft auch den Meierhof an den *„Rat und Gantze Gemein"*.

1563 bis 1848 hat Buchau folgende Besitzer: Heinrich V. von Plauen, Heinrich Niklas von Lobkowitz-Hasenstein, Ritter Adam von Steinsdorf, Hieronymus Hrobschitzky von Hrobschitz, Ferdinand Burian Hrobschitzky von Hrobschitz, Wilhelm Lobkowitz, Leonhard Colonna Freiherr von Vels, Herrschaft Gießhübl.

1618 bis 1648: Über die Auswirkungen des Dreißigjährigen Krieges in Buchau melden die Ratsberichte und das Zunftbuch der Schusterinnung ständige Truppendurchzüge, Einquartierungen, Plünderungen und Bestialitäten durch schwedische Soldaten. *„Viele der armen Opfer füllte man mit stinkendem Wasser, um sie zum Ausliefern verborgener Schätze zu zwingen. Frauen wurden so entsetzlich gequält, daß sie in ihrer Verzweiflung ins Wasser gingen oder sich mit dem Messer töteten."* Der Gießhübler Amtman Andreas Heyer berichtet vom *"ganz ruinierten und entvölkerten Städtlein Buchau."*

1666 Am 26. Juli vernichtet ein Großbrand Kirche, Pfarrei, Rathaus, Hospital und 69 Bürgerhäuser.

1744 Auch der Österreichische Erbfolgekrieg und die Napoleonischen Kriege bringen Buchau Einquartierungen, Zwangsabgaben und Teuerung.

1793 Auf Anordnung des Kaisers Josef II. wird in Buchau ein Schüttboden errichtet, in dem der 20. Teil der Aussaat von Sommer- und

Wintergetreide als Vorrat für schlechte Zeiten „aufgeschüttet“ werden muß.

1833 Wegen seiner Lage an der Kaiserstraße von Prag nach Karlsbad wird Buchau oft von hohen Fürstlichkeiten besucht. So kommt 1833 Kaiser Franz II. mit Gemahlin zum zweitenmal in die Stadt. Dabei übernimmt das Schützenkorps den Schutz der Kaiserstraße vom „Pflug“ bei Buda bis Engelhaus.

1850 Buchau wird Sitz eines Bezirksgerichtes.

1897 Zur Eröffnung der Bahnlinie Rakonitz – Petschau mit Abzweigung Protiwitz – Buchau ist auch der Statthalter von Böhmen, Graf Coudenhove, anwesend.

1914 Mit Beginn des Ersten Weltkrieges werden auch viele Männer aus Buchau rekrutiert. Flüchtlinge aus Galizien und der Bukowina werden auf Orte der Umgebung verteilt. In der Volksschule wird ein Reservelazarett eingerichtet, das schon am 28. November Verwundete aufnimmt. 1915 sammeln die Schulkinder Brennnesseln zur Herstellung von Uniformstoff. 1916 treffen Flüchtlinge aus Südtirol ein.

1918 106 Männer aus Buchau sind im Krieg gefallen.

1924 Am 27. Juli wird für sie am „Vorderen Bühl“ ein 12 Meter hohes turmartiges, aus schweren Granitsteinen errichtetes Kriegerdenkmal enthüllt. Es steht auf dem Gipfel der Anhöhe, ist von einem schönen Steingarten umgeben und kann nachts beleuchtet werden. Es gilt als das schönste Kriegerdenkmal Deutsch-Böhmens.

1945 Frau Ingrid Pimpl aus Buchau Nr. 40 berichtet in „Letzte Tage im Sudetenland“, herausgegeben von Walli Richter, Copyright 1989 by Langen Müller, München, was sie nach Ende des Zweiten Weltkrieges in ihrer Heimatstadt erlebt hat:

Mai 1945, der Krieg war zu Ende.

Die in Buchau lebenden Flüchtlinge aus Schlesien, Ostpreußen und Ungarn sowie umgesiedelte Familien aus Binnendeutschland brachen Hals über Kopf auf, um so schnell wie möglich nach Deutschland zu gelangen.

Auch wir überlegten, ob es nicht ratsam sei, sofort mitzuziehen. Ein Bekannter unseres Hauses überredete uns jedoch, zu Hause zu bleiben und mit den anderen abzuwarten.

Einige Tage später...

Polizist Kießewetter (man erkannte seinen Beruf an der Mütze) zog mit der Trommel von Eck zu Eck des Marktplatzes und von Straße zu Straße des ganzen Städtchens und verkündete die letzten Neuigkeiten aus aller Welt.

Beim 1. Trommelschlag wurden Fenster und Türen geöffnet. Die auf der Straße spielenden Kinder liefen zu dem Trommler, um ja nichts zu verpassen. Noch schneller als der Trommler selbst lief die Kunde, daß die Amerikaner unterwegs waren und im Stadtpark ihr

Lager aufschlagen wollten. Die Bevölkerung wurde gebeten, weiße Fahnen zu hissen. Kurze Zeit später hörte man schon wieder die Trommel. Die Nachricht, die Russen wären ebenfalls unterwegs, erschreckte die Bewohner. Nun möchte man rote Fahnen heraushängen. Auch das wurde geschafft, allerdings hatten die roten Fahnen einen dunkelroten Kreis in der Mitte; aber das störte im Augenblick niemanden. Zum Schluß flatterten rote und weiße Fahnen einträchtig nebeneinander, denn man wußte nicht, ob zuerst die Russen oder die Amerikaner da sein würden. Geschafft hat es der Russe. Die Amerikaner kehrten vorzeitig um. Bei dem großen Bevölkerungszuwachs durch Tschechen und Russen war es ja nur natürlich, daß die Deutschen Platz machen mußten. Die Auswahl der zu räumenden Häuser wurde von den neuen Herren getroffen.

Ein Teil unserer Familie zog vorsichtshalber in das alte Haus unserer Großeltern am unteren Marktplatz Nr. 24. Meiner Mutter schien dieses alte Haus sicherer, zumal unser jüngster Bruder ausgerechnet jetzt zur Welt kommen wollte.

Es war unvermeidbar, daß sich Russen in unser Haus einquartierten, auf dem noch mit großen Buchstaben Konditorei – Café – Weinstube F. Pimpl zu lesen stand. Öfter als einmal durchsuchten sie die Keller nach Wein und Schnaps. Es war aber nichts mehr zu finden. Sogar die Jauchengrube durchsuchten sie vergeblich.

Nach der russischen Belagerung hielten die Tschechen in unserem Haus Einzug. Sie waren einigermaßen anständig, denn sie gestatteten uns, noch einige persönliche Sachen (außer Backstubeneinrichtung und sonstigen Möbeln) zur Großmutter zu räumen.

Oktober 1945

Wir mußten endgültig Buchau verlassen.

Mit zwei Leiterwägelchen, einem Kinderwagen und je Person einem Rucksack, brachte uns Onkel Ludwig mit dem Pferdewagen bis hinter Marienbad. Von dort zogen bzw. schoben wir bis nach Klein-Sichdichfür zu den Verwandten meines Vaters.

Eigentlich wollten wir schnellstens schwarz über die Grenze. Doch man riet uns dringend ab, denn es war bereits unmöglich, heil durchzukommen. So verlebten wir den Winter in Klein-Sichdichfür. Durch ein Versehen standen meine Großmutter und der Sohn meiner Tante nicht auf der Ausweisungsliste. Meine Tante nutzte diese Gelegenheit und fuhr bzw. wanderte öfter schwarz nach Hause, um unseren neuen Haushalt etwas zu vervollständigen. Bei der letzten schwarzen Pilgerfahrt war es sehr kalt. Sie wickelte deshalb Muttis Silberfuchs um die Taille. Wahrscheinlich hatte sie dadurch eine sehr ungleichmäßige Figur, denn man kontrollierte sie genauer und nahm ihr alles ab.

Mai 1946

Lager Marienbad: Eine scheußliche Angelegenheit. Am meisten störten mich die Entlausungskuren mit einem sehr übelriechenden Pulver. Nachdem man uns bei einigen Durchsuchungen die Sparkassenbücher, Grundbesitzbögen und einige andere für uns wertvolle Stücke abgenommen hatte, wurden wir in einen Wagen gepackt, zum Bahnhof gefahren und mit ca. 30 anderen Leuten in einen Viehwaggon verladen. Das Leben spielte sich nunmehr auf Rädern ab. Man gewöhnte sich an alles, sogar an den umgekippten Grießbrei für meinen kleinen Bruder. An der Grenze baumelten gelbe und weiße Armbinden. Wir fuhren gen Bayern. Ich weiß nicht mehr, worüber man sich immer unterhielt; aber daß durch die Unterhaltung die Angst vor der russischen Zone klang, ist mir noch deutlich in Erinnerung.

Als Frau Pimpl ihre Heimatstadt verlassen mußte, zählte Buchau mit Taschwitz etwa
2000 Einwohner,
davon 1958 Deutsche (=97%).

Kröners Taschenausgabe Band 329 „Historische Stätten Böhmen und Mähren“, 1998 by Alfred Kröner Verlag in Stuttgart, nennt für
1991 1760 Einwohner in Bochov.

Die meisten von ihnen wohnen in den grauen Plattenbauten auf dem Grund und Boden, wo einst die Häuser von Hans Cecil (früher Gasthaus „Goldener Engel), Franz Schödl (Garkischhaus), Walter Zimmer (Gussnhaus), Alois Heinz (Notariat u. Alte Post), Franz Heinzmann (Flaschnerhaus), Geschwister Leipold (Seiler-Kirschnerhaus), Anton und Hermine Rispler und die Brauerei Graf Czernin standen.

Diese und noch viele andere Häuser stehen nicht mehr. Aber die Namen der Deutschen, die einst hier wohnten, sind für alle Zeit in den Heimatbüchern festgeschrieben.

Die benützten Quellen sind im Text genannt.

PETSCHAU

„Das Städtlein Petschau samt dem überaus herrlichen Schloß...“

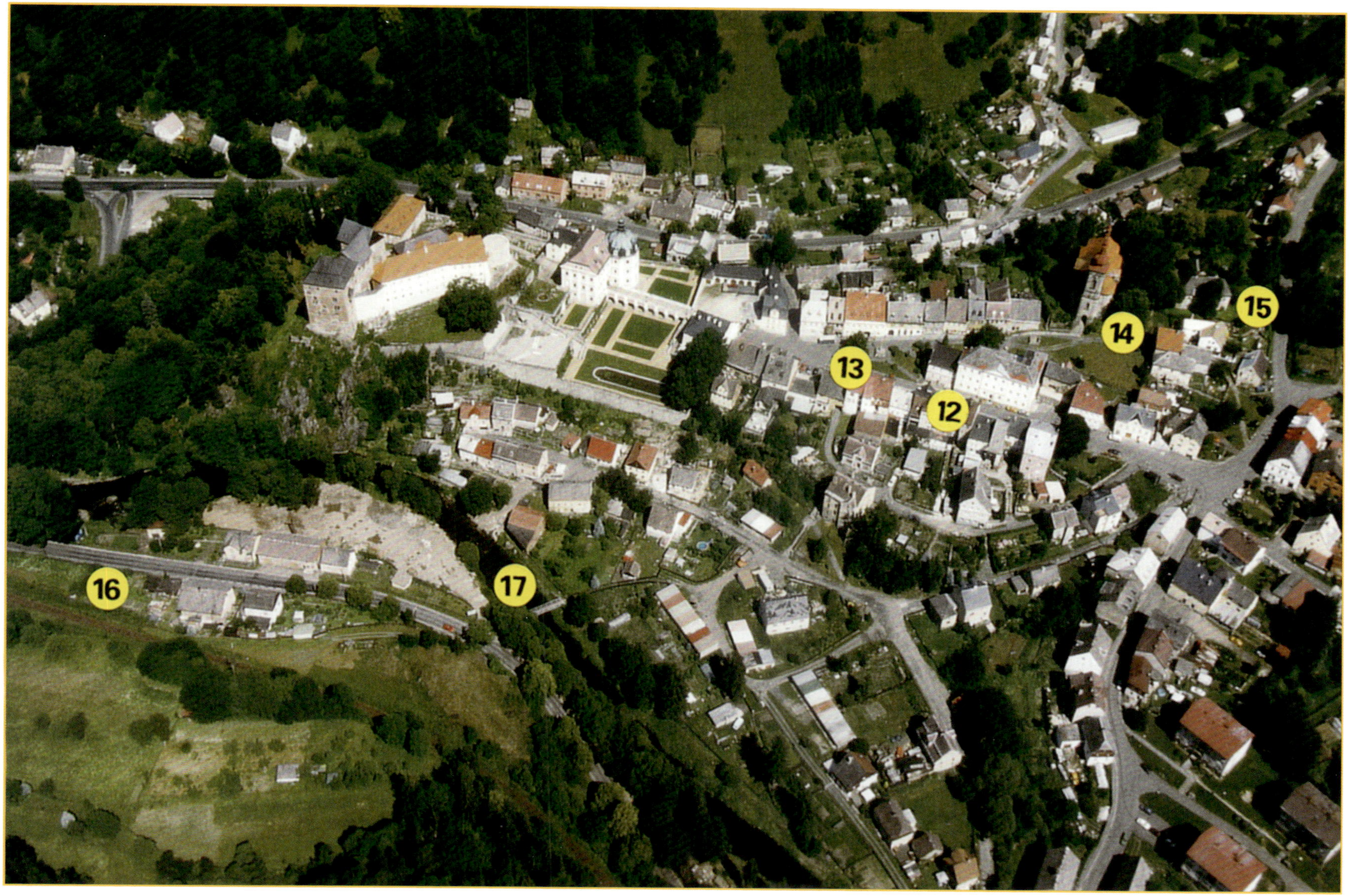

12
13
14
15
16
17

30 „Das Städtlein Petschau
samt dem überaus herrlichen Schloß...“

So berichtete einst Kaspar Bruschius über die Baugeschichte der alten Burg zu Petschau. Meine Luftaufnahme vom 18. Juni 2000 zeigt, daß dieser 400 Jahre alte Satz immer noch zutrifft. Die alte Burg und das neue Schloß zu Petschau zählen zu den schönsten Burganlagen im Egerland.

Dr. Anton Gnirs veröffentlichte 1932 in einem Sonderdruck eine wissenschaftliche Abhandlung mit dem Titel „Petschau – Geschichte und Bauwerk einer Burg und der unter ihrem Schutz entstandenen bürgerlichen Siedlung“. Diese Arbeit ist seinerzeit im Dr. Benno Filser Verlag in Augsburg erschienen.

Sie ist im Sudetendeutschen Archiv in München vorhanden und ermöglicht die Beschreibung der Burganlage.

1 Der Kapellenturm

Er birgt im Untergeschoß die Schloßkirche, den ältesten Teil der Burg. Mit ihrem Bau wurde Ende des 14. Jahrhunderts noch zur Zeit der Riesenburger Herrschaft begonnen. Die kleine gotische Saalkirche zu S. Mariä Heimsuchung wurde am 14. Mai 1400 eingeweiht.

Eine besondere Kostbarkeit stellen die gotischen Wandmalereien dar, die von einem unbekannten Maler der alten böhmischen Schule in Fresco-Technik auf noch nicht ganz abgebundenem Kalkgrund aufgetragen worden sind. Der Künstler hat sie auf alle Wandflächen der Schloßkirche verteilt. Die 17 zum Teil schon recht verblaßten Wandbilder stellen u. a. dar: Verkündigung und Kalvariengruppe, Geburt Christi, Anbetung der Könige, der Leidensmann, die hl. Kümmernis am Kreuz, Christus als Weltenrichter, die Verdammten, die Seligen.

2 Der Wohnturm

Er ist etwa 100 Jahre später entstanden (um 1500), hat mit 16 x 16,5 Meter einen fast quadratischen Grundriß und vier Stockwerke. Die Wohnräume waren bereits gemauert, hatten zum Teil bemalte Wände und Decken, Sitzbänke in den Fensternischen, Teppiche an den Wänden und waren durch Kachelöfen beheizbar.

3 Der Saaltrakt

Er wurde als Verbindungsbau zwischen Kapellenturm und Wohnturm 1524 vollendet. Auf einem Fensterstein ist diese Jahreszahl festgehalten. Über einem fensterlosen Kellerraum mit Tonnengewölbe befinden sich in den drei darüberliegenden Stockwerken drei Säle, die den Kapellenturm mit dem Wohnturm verbinden. Die Saalausgänge zu den Räumen des Wohnturmes und Kapellenturmes sind mit reich gezierten Rundbogenportalen ausgestattet. In den Fensternischen befinden sich Sitze aus gekehlten Steinplatten.

So sah es im Inneren der Hochburg aus

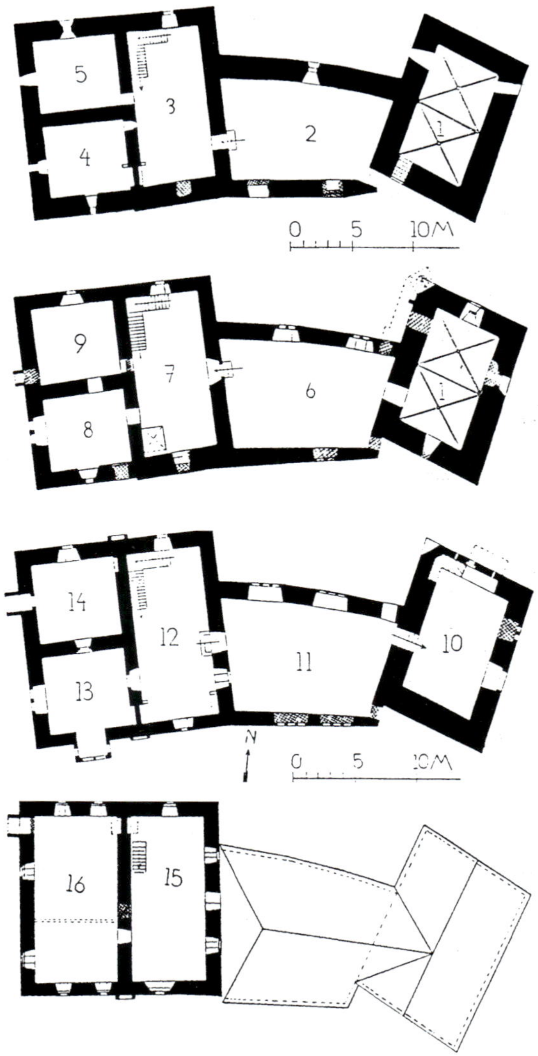

Hochparterre

1 die Kapelle im Kapellenturm
2 Parterre des Saaltraktes
3 Vorraum mit Stiegeneinbau
4 Wohnraum
5 Wohnraum

1. Stockwerk

1 Kapelle
6 Saal
7 Vorraum mit Stiegeneinbau
8 Wohnraum
9 Wohnraum

2. Stockwerk

10 bewohnbarer Raum über der Kapelle
11 Saal
12 Vorraum mit Stiegeneinbau
13 Wohnraum } mit reicher Bauausstattung und Erker
14 Wohnraum

3. Stockwerk

15 Vorraum
16 großer, ehemals unterteilter Raum mit Sitznischen an den Lichtwegen

4 Der Bergfried

Von ihm ist nur noch ein etwa 10 Meter hoher massiv gemauerter Sockel mit einem Durchmesser von ungefähr 12 Meter erhalten. Zu der bereits im Jahre 1623 erfolgten Abtragung findet sich im Ratsprotokoll vom 27. März 1623 dieser Vermerk: *„Demnach der grosse schlossturm zu Petschau von tag zu tag grössere risse bekommt und zu besorgen ist, es möge über den vorigen noch grösserer schaden dem schlosse sowohl als den daran stossenden bürgern zu Petschau begegnen, also ist zur verhütung solchen unheils und schadens für rathsam befunden worden, dass der kranz desselben soll abgetragen werden. Wie er dann alsbald Georg Merzen in Mielessgrün um 30 gulden neben dem alten holz auf selben verdingt worden, jedoch dass er die steine ganz herabthun und einem ehrsamen rath übergeben soll.“*

Konservierungsarbeiten am Ruinenrest des Bergfrieds haben in den Jahren 1871/72 stattgefunden. Im Sockel findet sich das stark verwitterte Unionswappen der Grafen Kaunitz-Questenberg aus dem 18. Jahrhundert.

5 Das Beamtenhaus

Daß sich in der langen Front des um 1820 errichteten Beamtenhauses auch ein alter Palas verbirgt, ist von außen kaum noch erkennbar. Nur auf der Hofseite treten vom alten Bau Eckpfeiler hervor. Hier erinnert ein Pflug'sches Wappen an die Zeit von 1495 bis 1547.

6 Das Kanzleigebäude

Es ist neueren Datums und gehört auch zum Besitz des Schloßherrn Dr. Heinrich Herzog von Beaufort.

7 Das Untere oder Neue Schloß

Hier befand sich früher eine mittelalterliche Unterburg, an deren Stelle schon die Herren Pflug um 1540 ein neues Schloß errichten wollten. Seine heutige Gestalt erhielt das Neuschloß in der Zeit um 1750, als die Herrschaft Petschau sich im Besitz der Herren von Questenberg befand.

Die gewölbten Erdgeschoßräume im Wohntrakt gehören noch der alten Pflug'schen Unterburg an, während die Stockwerkbauten unter den Questenbergern enstanden.

Bei Umbauarbeiten in der Zeit von 1861 bis 1875 wurde im obersten Stockwerk des Eckturmes eine Schloßkapelle eingerichtet. Das Altarblatt, eine französische Arbeit, stellt in vergoldetem Rahmen die thronende Gottesmutter dar.

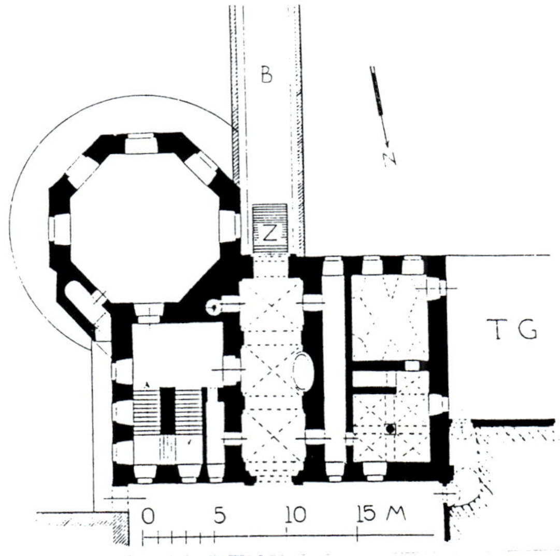

B Schloßbrücke, TG Terrassengarten, Z Zugbrückenfeld in der Schloßbrücke

Zu den im Neuschloß untergebrachten Kunstgegenständen zählen Bilder, Rüstungen, Porzellan, Gobelins, Möbel und andere Antiquitäten. Sie stammen zum größten Teil aus den belgischen Schlössern der Herzöge Beaufort oder wurden auf Kunstmärkten in Frankreich, Holland, Italien und Wien angekauft.

Wo sich heute die Terrassengärten befinden, stand bis zur Mitte des 19. Jahrhunderts das herrschaftliche Brauhaus, das dann den italienischen Gartenarchitekturen weichen mußte.

8 Die Schloßbrücke

Gleichzeitig mit dem Neuschloß ist sie an Stelle einer Holzbrücke erbaut worden. Sie ist 35 Meter lang, ruht auf acht Quaderpfeilern, zwischen denen sich die Gewölbejoche spannen. Früher war das letzte Feld von einer Zugbrücke unterbrochen, deren Kettenrollen heute noch im Toraufsatz zu sehen sind. Dieses Brückenfeld hat man durch Holzbohlen ersetzt. Auf einer Brückenseite steht die Statue des Johannes von Nepomuk, ihr gegenüber die Statue des Jesuitenpaters Johannes (Jean de Goto). Der barockgestaltete Sockel trägt das Kaunitz-Questenberg'sche Wappen. Daneben weist die Jahreszahl 1753 auf die Errichtung hin.

9 Der Schloßgarten

Seine Anfänge gehen auf ein Burggärtlein zurück, das sich auf den Burggraben vor dem Neuschloß beschränkte. Nach 1880 ließen die Beaufort an Stelle der Brauereianlagen vor dem Herrenhaus von breiten Wegen durchzogene weite Rasenflächen anlegen. Sie machen einen sehr gepflegten Eindruck.

10 Die Terrassengärten

Die an italienische Gartenarchitekturen der Renaissance erinnernden Terrassengärten entstanden in der 2. Hälfte des 19. Jahrhunderts. Vorher schon waren die Parkanlagen über das felsige Gelände westlich und nördlich der Oberburg erweitert worden.

11 Das Herrenhaus

Es ist ein einstöckiges Wohnhaus mit gewölbten Räumen, das man im 18. Jahrhundert auf seiner dem Markt zugewandten Südseite mit einem barocken Ziergiebel geschmückt hat. Das schöne, aus Hausteinen gefügte Rundbogenportal stellt eine architektonische Besonderheit dar.

12 Das Rathaus und das Bezirksgericht

In einer Chronik aus dem Jahre 1689 ist vermerkt, daß das älteste Rathaus von Petschau *„in der großen brunst anno 1621 mit weggebronnen und als brandstadt umb armuth willen der stadt liegen bleiben mußte.“*

Einem Notbau, der 1656 begonnen wurde, folgte 1760 das auf dem Luftbild markierte neue Rathaus gegenüber der Zufahrt zum Schloß.

Sein barockes Markteck ist nach einer Renovierung im Jahre 1898 erhalten geblieben, der Gassentrakt aber wurde 1851 abgetragen, weil er dem neuen wuchtigen Bau des Bezirksgerichtes weichen mußte, der den Petschauer Bürgern so gar nicht in das Ortsbild paßte.

Zu deutscher Zeit wurden im Rathaus aufbewahrt die Zunftfahnen der Leinweber, Bäcker und Schuhmacher mit den Bildnissen ihrer Patrone, die Petschauer Zunftwappen und Zunftbilder seit 1803 und zwei kleine reich verzierte barocke Zinnleuchter, die Petschauer Zinngießer angefertigt hatten.

13 Die Mariensäule am Marktplatz

Auf einem gegliederten Sockel wächst aus einem Akanthuskelch eine schlanke Granitsäule empor. Ihr korinthisches Kapitell trägt eine auf der Erdkugel stehende Immaculata. Die Inschrift am Denkmalsockel „Gestiftet von Gerhard von Questenberg im Jahre 1632, renoviert im Jahre 1891“ stimmt nicht, denn die Mariensäule hat Johann Adam von Questenberg errichten lassen. Eingeweiht wurde sie am 21. Juli 1680 durch den Tepler Abt Friedrich II. Uhl.

14 Die Pfarrkirche Sankt Georg

Wo sie steht, dürfte die älteste Anlage einer Burg gewesen sein. Aus der Burgkapelle ist dann gegen Ende des 14. Jahrhunderts die Ortskirche entstanden. Zu dieser Zeit errichteten die Riesenburger im Kapellenturm ihre eigene Schloßkirche. Die Stadtkirche Sankt Georg ist zweimal durch Brand zerstört worden, und zwar 1621 und 1760.

1763 wurde mit dem Neubau der jetzigen Pfarrkirche im Barockstil begonnen. Am Schlußstein des Haupteinganges gibt die Jahreszahl MDCCLXVII (1767) die Fertigstellung des Kirchenbaues, darüber die Jahreszahl 1834 ein Renovierungsdatum an.

Maurermeister Franz Pöperle aus Petschau baute ein gewölbtes Kirchenschiff, an das sich ein quadratischer Altarraum mit angegliedertem herrschaftlichem Oratorium anschloß. Die in die Kirchenachse gelegte Sakristei bildet den Abschluß des Gotteshauses.

Thomas Pistel, ein kunstfertiger Bildschnitzer aus Tepl, baute den Hochaltar mit den Engeln und den Rahmenschmuck für das Georgsbild, das der Maler Johannes Grimmer aus Luditz schuf.

Das Altarblatt des rechten Seitenaltares zeigt die hl. Anna mit Maria. Als krönender Abschluß des Altares weist das Bild der hl. Cäcilia auf die alte Musikvereinigung in Petschau hin.

Völlig gleich ist der dem hl. Johannes geweihte linke Seitenaltar aufgebaut. Die Seitenfiguren stellen den hl. Wenzel und die hl. Ludmilla dar, als Abschluß wählte man ein Maria-Hilf-Bild.

Thomas Pistel hat auch die Kanzel geschaffen. Dem Dekor liegt das Motiv der Verklärung des Herrn auf dem Berg Tabor zugrunde. Am Aufgang der Kanzel sind eine Berglandschaft und Wolken dargestellt, auf der Bühne zeigt ein Holzrelief die Verklärungsszene mit den Aposteln Petrus, Jakobus und Johannes zu Füßen des Heilandes. Auf dem Gewölk am Schalldeckel thront Gott Vater.

Die Orgel von Sankt Georg wurde 1774/75 vom Elbogener Orgelbauer Ignaz Schmidt installiert, die Orgelpfeifen goß der Zinngießer Caspar Grundt.

Der Glockenturm war nach dem Stadtbrand im Jahre 1760 abgetragen worden. Nach Fertigstellung des Kirchenneubaues hat Maurermeister Pöperle 1776 die Fundamente für einen neuen Glockenturm gelegt, der aber erst 1885 nach alten Plänen vollendet wurde.

15 Das „neue" Pfarrhaus

Es wurde 1641 auf dem Gelände der alten Petschauer Burg durch den Petschauer Baumeister Johann Ziehr errichtet. Der Chronist des 17. Jahrhunderts bezeichnet den Bauplatz als die Stätte eines *„auff den Gengerhoff gehörenden Edelsitzes."* Weil auch das Pfarrhaus durch den großen Stadtbrand von 1760 sehr beschädigt wurde, erfolgte seine Wiederherstellung im heute noch sichtbaren barocken Stil. Hoffentlich kann es auch weiterhin sein schönes Walmdach behalten.

16 Die Eisenbahnlinie Karlsbad – Marienbad

Sie verläuft hier parallel zur Straße. Am 8. Mai 1945 bin ich – 16 Jahre alt – an der Oberburg vorbeigeradelt, um die amerikanischen Linien zwischen Petschau und Marienbad zu erreichen.

17 Die Tepl

Sie entspringt nordöstlich von Marienbad und mündet bei Karlsbad in die Eger. Sie fließt an der gesamten Westseite der Burgstadt Petschau entlang und schmiegt sich im Westen und Norden eng an den Burgberg an. Das romantisch-verträumte Tepltal mit seinen Wald- und Wiesenhängen zog einst in Scharen die Sommerfrischler und Wanderfreunde an, und die Musikstadt

Petschau war besonders für Pensionisten ein beliebter Alterssitz.

Wichtige Daten in der Geschichte Petschaus

1226 **Die Herren von Riesenburg** erwerben zu ihren Besitzungen am Fuß des Erzgebirges auch das Gebiet um Petschau.

1399 Die Brüder Riesenburg erteilen Petschau das Stadtrecht und errichten mit der heute noch erhaltenen Schloßkirche den ältesten Teil der Burg.

1407 Die Riesenburger verkaufen die im Bau befindliche Burg samt Stadt an **Ulrich von Hasenburg.** Schon nach kurzer Zeit erwirbt **Heinrich I. von Plauen-Meißen** die Herrschaft Petschau.

1427 bis 1431 ist Petschau Pfandherrschaft des **Erkinger von Sensheim zu Schwarzenberg.**

1431 geht Petschau an **Matthias Schlick** über.

1437 **Heinrich II. von Plauen** bringt Petschau durch Rückzahlung der Pfandsumme wieder in seinen Besitz.

1453 Nach kurzer Verpfändung an **Peter von Sternberg** ziehen die **Herren von Plauen** wieder in Petschau ein.

1481 Heinrich III. Von Plauen bestätigt dem Städtchen Petschau die alten Privilegien.

1482 bis 1492 ist **Graf Ernst von Gleichen** Besitzer des Pfandgutes Petschau.

1495 Heinrich IV. von Plauen nimmt Petschau wieder zurück und verkauft es an **Sebastian Pflug von Rabenstein.**

1495 bis 1547 erleben unter den Herren Pflug Burg und Stadt einen großen wirtschaftlichen Aufschwung. Zur Herrschaft Petschau zählen jetzt auch die Erzgruben von Schlaggenwald und Schönfeld.

1530 streckt Hans Pflug Kaiser Ferdinand I. Kapital vor und erwirbt dadurch 20 Orte im Tepler Hochland. In der Stadt und auf der Burg setzt eine rege Bautätigkeit ein.

1537 Nach dem Tod von Hans Pflug kommt es unter dessen Neffen Kaspar Pflug zu einem weiteren wirtschaftlichen Aufstieg.

1547 Nach der Niederlage des Schmalkaldischen Bundes, dem sich Kaspar Pflug mit seinen Truppen angeschlossen hatte, zieht die königliche Kammer die Herrschaft Petschau ein und läßt sie durch Kommissäre verwalten. Ein schwerer Verlust für Petschau ist die verfügte Abtretung der Bergstädte Schlaggenwald und Schönfeld.

1548 Als weitere Folge der Konfiskation wird Petschau an das Haus Plauen verpfändet, das aber das Pfandgut schon 1556 wieder an die königliche Kammer zurückgeben muß.

1556 Als neue Pfandnehmer folgen nun die **Grafen Schlick.**

1597 Die Auflassung des Schlick'schen Pfandvertrages zugunsten der Stadt Schlaggenwald bringt für Petschau einen weiteren wirtschaftlichen Nachteil.

1624 **Gerhard von Questenberg** kauft Burg und Stadt Petschau, die seine Nachkommen bis 1752 in Besitz haben.

1752 Nach dem Aussterben des letzten Questenberg tritt dessen Schwager **Dominik Andreas Graf Kaunitz-Questenberg** das Erbe an.

1813 Die Herrschaft Petschau gelangt durch Kauf an **Herzog Friedrich von Beaufort-Spontin.**

1946 Der letzte Besitzer, Dr. Heinrich Herzog von Beaufort, wird aus Petschau vertrieben. Burg und Schloß werden vom tschechoslowakischen Staat konfisziert.

2001 Im Neuschloß sind jetzt eine Abteilung des nationalen Schrifttums und eine Bildergalerie untergebracht.

Stünde diese Galerie unter deutscher Verwaltung, würde ganz bestimmt der aus Petschau stammende akademische Maler und Mitglied des Metznerbundes, **Ernst Steidl** (1891 - 1966) mit Arbeiten vertreten sein; sicher auch der Hochschulprofessor und akademische Bildhauer **Alois Rieber.**

Nach Prof. Pfohl (Ortslexikon Sudetenland) hatte Petschau
1930 2247 Einwohner, davon 2136 Deutsche (= 95%)

Kröners Taschenausgabe Band 329, Böhmen und Mähren, Alfred Kröner Verlag in Stuttgart, 1998, nennt für 1991 1086 Einwohner.

Vom Flugzeug aus noch ein letzter Blick auf Petschau:
Ich habe alle Luftaufnahmen von Petschau nach den grauen sozialistischen Plattenbauten abgesucht. Ich habe keine gefunden! Von allen überflogenen und fotografierten Städten im nördlichen Egerland ist Petschau der einzige größere Ort, der bisher davon verschont blieb. Der Zustand der gesamten Schloßanlage läßt erkennen, daß den jetzigen Bewohnern an der Erhaltung und Pflege des überkommenen Kulturerbes gelegen ist. Beamtenhaus und Kanzleigebäude haben neue Dächer bekommen, das neue Schloß mit der Schloßbrücke und das Herrenhaus machen einen renovierten Eindruck. Deshalb ist der letzte Blick auch ein sehr dankbarer Blick auf *„Das städtlein Petschau samt dem überaus herrlichen Schloß...“*

Die verwendeten Quellen sind im Text genannt.

„Das Städtlein Petschau samt dem überaus herrlichen Schloß...“

30

Einst im deutschen Petschau:

Musik aus jedem Haus (Teil 2)

So ganz wörtlich ist die Überschrift auch wieder nicht zu nehmen. Denn zu den 441 Häusern in Petschau anfangs der 40er Jahre zählten auch das Freibad, der Bahnhof, das Zinshaus, das Bezirksgericht, die Landwirtschaftliche Bezirksvorschußkasse und noch viele andere öffentliche Gebäude. So wollte es sicher auch Hanns Kagérah verstanden wissen, wenn er im Heimatbuch „Das Tepler Land" über die Musikerstadt Petschau schreibt:

„Wenn man durch die engen Gassen Petschaus wanderte, so klang aus jedem Haus Musik. Es war, als ob die ganze Stadt ein einziges Orchester bildete. Alle Instrumente waren zu hören – von der Geige bis zum großen Flügelhorn. So klein und verträumt der Ort auch war, man konnte Kammermusikabende erleben, wie sie sonst nur große Städte bieten können. Man musizierte mit Eifer, Enthusiasmus und Hingabe, und die Musikschüler gaben in den umliegenden Städten gutbesuchte und dankbar aufgenommene Musikabende und Konzerte.

Die Petschauer Musikschule war unter klarer und fähiger Leitung zu einer Institution herangewachsen, deren Bedeutung in der internationalen Musikwelt allgemeine Anerkennung fand. Der Ruf der Petschauer Musikschule war für alle Schüler in ihrer weiteren Berufslaufbahn die beste Empfehlung. Im Laufe der Jahre gingen aus diesem Institut sehr viele hervorragende Solisten, Kammermusiker, Musikpädagogen und Orchestermusi-

ker hervor. Überall in den Philharmonien und großen Orchestern der Weltstädte findet man heute noch ehemalige Schüler der Petschauer Musikschule als erstrangige und hochbezahlte Musiker. Der große Vorteil der Petschauer Musikschule lag vor allem darin, daß die individuelle Lehrmethode der Anstalt die naturgemäß sehr unterschiedlichen Musiktalente zur höchsten fachlichen Ausbildung und Entfaltung brachte."

Im gleichen Heimatbuch findet sich dieser Auszug von Jahresberichten der Musikschule Petschau über die geschichtliche Entwicklung der Anstalt:

Die Vorgeschichte der Petschauer Musikschule erstreckt sich über mehr als 200 Jahre. Die erste authentische Nachricht über regelmäßige Musikpflege in Petschau entstammt dem Jahre 1684, zu welcher Zeit laut Aufzeichnungen bereits ein „Collegium musicum" bestanden hat.

Nach einem vorliegenden 200 Jahre alten Buche gründete im Jahre 1738 der damalige Pfarrer P.L. Schusser, ein Tepler Stiftsgeistlicher, unter dem Protektorate des Herrschaftsbesitzers Graf Johann von Questenberg einen Verein mit Namen „Musikalische Bruderschaft". Das erste Mitgliederverzeichnis stammt vom 19. März 1738 und zählte bereits 600 Mitglieder. Diese Mitgliederzahl beweist, daß es eigentlich nur einer Zusammenfassung der bereits vorhandenen Kräfte bedurfte. Dieser Bruderschaft gehörten männliche und weibliche Mitglieder an und erstreckte sich nicht nur auf Petschau, sondern auch auf die umliegenden Ortschaften und Städte. Im Jahre 1783 zählte die „Musikalische Bruderschaft" 823 Mitglieder, welche mit Namen, Wohnort und nach Jahrgängen in dem oben erwähnten Buche verzeichnet sind.

Im Jahre 1806 kam aber jener Mann nach Petschau, welcher den Ruf der Petschauer Musik begründete. Es war dies der Lehrer und Chorregent Karl Veit, geboren in der Dolankamühle bei Maria Stock, Bezirk Luditz.

Mit Karl Veit beginnt eine neue Epoche in der Petschauer Musikgeschichte. Als ein hervorragender Pädagoge brachte er die Petschauer Musik-Lernenden auf eine sehr hohe Stufe; es währte gar nicht lange und Veits Schüler besorgten als tüchtige Berufsmusiker die Kurkapellen der heimischen Kurorte Karlsbad, Marienbad, Franzensbad, Teplitz und später auch jene Deutschlands, der Schweiz und der Seebäder. Im Winter schlossen sie sich zu Musikgesellschaften zusammen und gingen auf Reisen, welche sich auf alle Staaten des Deutschen Reiches, sowie nach Rußland, der Schweiz, Norwegen, Schweden, England und Frankreich erstreckten.

Durch sein segenreiches Wirken wurde Karl Veit nicht nur Begründer des Petschauer Berufsmusikerstandes, sondern auch der Begründer der Weltruf genießenden Petschauer Musikschule. Nach Veits Tode führten seine Schüler den Musikunterricht in Petschau weiter. Da aber infolge Erlangung von Anstellungen nicht alle Musiker mehr nach Petschau zurückkehrten, schien es, als ob die Musik in Petschau zurückgehen wollte. Es vereinigte der damalige Oberlehrer Alois Koppmann 1868 die noch lernende Jugend zu einem Schülerorchester, das sich bald großer Beliebtheit erfreute. Wie unter Veit kamen auch wieder Schüler von auswärts, so daß sich in Petschau der Gedanke Bahn brach, eine Musikschule nach Art der Konservatorien zu errichten.

Die erste Anregung zur Errichtung einer derartigen Musik-Lehranstalt erfolgte laut Stadtratssitzung vom 18. April 1882 unter dem Bürgermeister Georg Rohm. Das erste Ansuchen bei den staatlichen Behörden hatte aber keinen Erfolg. Ein zweites Ansuchen wurde eingebracht. Reichsrats-Abgeordneter Dr. Anton Stöhr trat als Befürworter auf, machte Vorsprechungen bei den Ministern und versuchte, die deutschen Abgeordneten dafür zu interessieren. Ebenso unterstützten das Ansuchen der Karlsbader Bezirkshauptmann, Statthaltereirat Coudenhove, sowie der Bezirksschulinspektor Pfarrer Franz Riedl, Lichtenstadt. Dieses Ansuchen war von Erfolg begleitet!

Am 16. März 1887 konnte mit staatlicher Genehmigung nach dem Muster der Konservatorien die Musikschule in Petschau eröffnet werden. Die Organisation und fachliche Aufsicht wurden von der Regierung dem staatlichen Musikinspektor Josef Lugert (geb. in Frohnau bei Lauterbach), Professor am Konservatorium in Prag, übertragen. Die Verdienste, welche sich dieser Mann um die Petschauer Musikschule erworben hat, können nicht hoch genug gewertet werden! Er spendete Musikalien, Lehrmittel und verfaßte selbst Lehr- und Lernbehelfe für die neugegründete Anstalt. Seit dem Jahre 1887 bestand die Musikschule Petschau aus sechs Jahrgängen und einer Vorbereitungsklasse. Im Jahre 1923 wurde über Anregung des derzeitigen staatlichen Musikinspektors, Rektor Fidelio F. Finke, Direktor der Deutschen Musikakademie in Prag, noch eine zweite Vorbereitungsklasse angegliedert, so daß die Anstalt aus sechs Jahrgängen und zwei Vorbereitungsklassen besteht.

Von den vielen bedeutenden Musikern, die aus der Petschauer Schule seit Karl Veit hervorgegangen sind, seien hier einige hervorragende führende musikalische Persönlichkeiten namentlich angeführt:

Josef Labitzky, Musikdirektor des Karlsbader Kurorchesters (ein genialer Komponist, zu dessen Ehren eine Erinnerungstafel am Musikgebäude angebracht wurde).

Josef Pleier führte nach Karl Veit das begonnene Werk der Musikerziehung in Petschau erfolgreich fort.

Hermann Zollitsch, Musikdirektor der Kurkapelle in Ischl.

Ludwig Pleier, (Sohn des oben angeführten Josef Pleier), Direktor der ersten Konzertkapelle in Karlsbad und rumänischer Hofkapellmeister.

Johann Gerstner, Direktor der Kurkapelle in Nenndorf (Kurhessen).

Wilhelm Kachler, Militärkapellmeister in Miskolcz und Salzburg.

Josef Metzner, Militärkapellmeister in Miskolcz, Theresienstadt und Komotau, später Musikdirektor in Preßnitz, Petschau und Reichenberg.

Luis Kunz, Musikdirektor des Marienbader Kurorchesters.

Im Laufe der Zeit wirkten an der Anstalt nachgenannte Damen und Herren als Lehrkräfte: Karl Petschko, Josef Eckl, Hugo Steidl, Karl Pfeifer, Anton Prantl, Wendelin Knauschner, Johann

Bodenstein, Josef Hofmann, Josef Metzner, Othmar Koppmann, Gisela Pfeifer-Fuß, Johann Barth, Eduard Roßmeisel, Karl Hubl, Josef Greil, Arno Kegel, August Koch, Josef Nürnberger, Gustav Radler, Wenzel Hofmann, Josef Ratka, Franz Pühra, Emil Kilbert, Anton Hamm.

Als Hilfslehrer während und nach dem Kriege: Josef Strobel, Josef Ruppert, Heinrich Hofmann, Wenzel Koschler, Ad. Josef Gerstner, Ida Bräutigam-Holzinger, Anton Gräf, Ernst Polland, Martha Wehle-Panhans, Gustav Gerlach.

Die Petschauer Musikschule hat sich bis zum Ende des Ersten Weltkrieges vollkommen aus den staatlichen Subventionen erhalten können. Nach dem Kriege wurden die Zuwendungen von dieser Seite derart gering, daß Mittel und Wege gesucht werden mußten, um sie zu erhalten. Über Anregung des damaligen Bürgermeisters Adolf Zörkler wurde am 21. März 1920 ein Verein mit Namen „Deutscher Landesverein zur Erhaltung der Musikschule in Petschau" gegründet. Gewählt wurden als Obmann: Emil Schöniger; Obmannstellvertreter: Dr. Ignaz Nadelfest; Schriftführer: Josef Metzner, Adolf Fritsch, Othmar Koppmann; Kassier: Anton Proschl.

Dieser Verein hat sich zur Aufgabe gemacht, Geldmittel hereinzubringen, um die Anstalt als deutsches Kulturgut in Petschau erhalten zu können. Es sei

„Die Schöpfung" von Haydn, aufgeführt in der Stadtkirche Petschau am 30. Mai 1930 unter der Leitung von Direktor Josef Nürnberger.

Fachlehrer Josef Ratka (Mitte) mit seiner Bläser-Abteilung an der Musikschule in Petschau.

auch an dieser Stelle festgestellt, daß dieser Verein bisher seiner sich gestellten Aufgabe vollkommen gerecht wurde. An der Erhaltung der Anstalt beteiligten sich auch der Gemischte Chor des Petschauer Männergesangvereines. In uneigennütziger Weise wirkte er bei den Aufführungen von 21 Chorwerken innerhalb 14 Jahren mit dem Chore und dem Orchester der Musikschule zusammen.

Die Musikschule Petschau feierte nun in der vom Staate 1887 genehmigten Form Sonntag, den 2. Mai 1937, ihren 50-jährigen Bestand.
Es wird kaum ein größeres Orchester geben, wo nicht Absolventen der Petschauer Musikschule tätig sind. So finden wir ihre ehemaligen Schüler heute in vielen Theaterorchestern, z. B. in den Staatsopern von München, Stuttgart, Karlsruhe, Hamburg, Düsseldorf, Frankfurt, Gelsenkirchen, Hagen, Bremen sowie in den meisten großen Orchestern der Rundfunkanstalten und den Kurorchestern. Aber auch bei den Tanz- und Unterhaltungsorchestern sind Petschauer Musiker als Solisten und Komponisten tätig.

Unersetzlich bleibt diese Schule freilich dennoch und das dürfte auch dem jetzigen Regime selbst klargeworden sein, denn nicht ohne weiteres kann man eine Lehranstalt neu gründen, die so organisch gewachsen war wie diese deutsche Musikschule in der verlorenen Heimat."

So weit der Auszug von Jahresberichten der Musikschule Petschau, ergänzt von Herbert Ledwina, ehemaliger Musikschüler in Petschau.

Im „Jahrbuch der Egerländer" 1997, erzählt der aus Petschau stammende Landsmann Herbert Wanderer mit viel innerer Anteilnahme wie er 1938 mit anderen Buben die Petschauer Musikschul-Kapelle begleitet hat, wenn sie, angeführt und dirigiert von Direktor Josef Nürnberger, mit klingendem Spiel durch die Stadt zog.

„In ganz Petschau gingen Türen und Fenster auf und Groß und Klein, Alt und Jung eilten herbei, wenn sich die 33 Mann starke Blaskapelle der Musikschule von der Schillereiche aus mit dem „Egerländer Marsch" an der Volks- und Bürgerschule vorbei Richtung Marktplatz zu ihrem Rundgang aufmachte. Es war schon ein Anblick, der die Herzen der Petschauer höher schlagen ließ. 33 junge Männer im dunklen Festtagsanzug, im gleichen Schritt und Tritt mit 5 Trompeten, 3 Bässen, 3 Waldhörnern, 3 Tenorhörnern, 2 Oboen, 4 Flöten, 5 Klarinetten, 3 Zugposaunen, 2 Fagotte, einer kleinen Trommel, einer großen Trommel und einer „Tschinälln". Der heiligen Cäcilia in der Pfarrkirche wurde es dabei warm ums Herz.

Mit dem mitreißenden „Radetzkymarsch" ging es an Erraths Feinbäckerei vorbei hinauf zum Rathaus, wo vor der Mariensäule „Preußens Gloria" hinauf zum Neuschloß und zur Hochburg schallte.

Hinter dem Kino und der Hess-Schmiede marschierte die Kapelle über die eiserne Teplbrücke und bog am Riedl-Gasthaus vorbei in die Marienbader Straße ein, wo jetzt der „Böhmerwaldmarsch" zu Ehren kam.

Beim Anger-Stegerl legten die Musikanten dann die „Kaiserjäger" auf, bogen beim Hotel Alte Post zur Holzbrücke ab und schickten mit den „Alten Kamera-

den" einen musikalischen Gruß zum Villenviertel und Alpinum.

Mit dem flotten „Fehrbeliner Reitermarsch" erreichte der Musikzug – die Buben waren immer noch dabei – die Schillereiche zwischen Musikschule und Turnplatz, wo er zwei Stunden zuvor zu seinem „Gruß an Petschau" aufgebrochen war."

So zog einst die Blaskapelle der Petschauer Musikschule durch die Stadt.

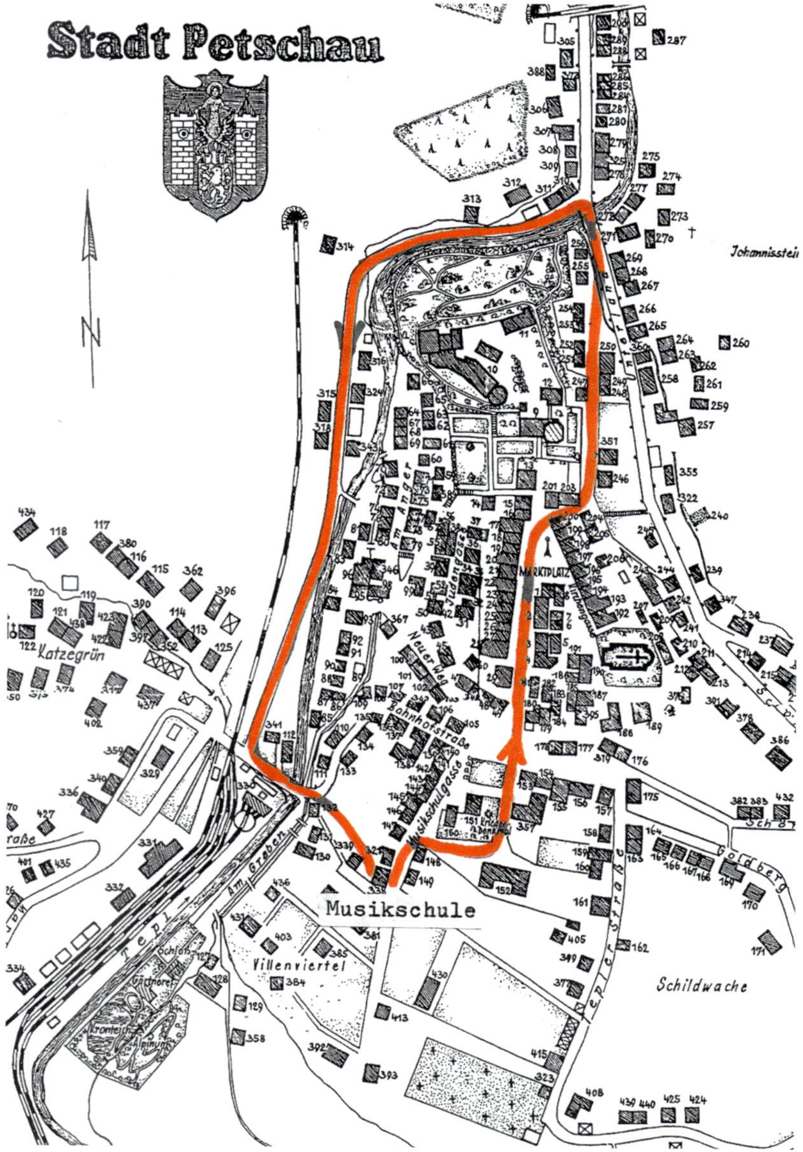

„Rückblick auf eine große Liebe“ nannte Herbert Wanderer seinen „Rundgang durch das Musikstädtchen Petschau“. Es tat mir sehr leid, daß ich ihn aus Platzgründen kürzen mußte.

Und Petschau – Bečov heute?

Im „Das Tepler Land“ schreibt Hanns Kagérah:
„Heute ist die einst so berühmte Petschauer Musikschule zur völligen Bedeutungslosigkeit herabgesunken, und es ist auch nicht zu erwarten, daß ihr Name jemals wieder ihren alten guten Klang in der Musikwelt erhalten wird.“

Und die heilige Cäcilia, die Schutzpatronin der Musik, am Hochaltar der Pfarrkirche zu Petschau? Sie denkt mit Wehmut und Sehnsucht an die Zeit, als Bečov noch Petschau hieß und die Stadt von ihren Einwohnern „Piatscha“ genannt wurde.

Petschau. Die Ansicht des Neuschlosses und der Burg aus dem J. 1846 in Hebers Burgenbuch.

Quellen:

„Das Tepler Land“, Die große Dokumentation des Heimatkreises Tepl-Petschau im sudetendeutschen Bäderdreieck, herausgegeben und verlegt für den Heimatkreis Tepl-Petschau in der Sudetendeutschen Landsmannschaft durch Josef Schmutzer, Geisenfeld (Hallertau), 1967.

Prämonstratenserkloster Stift Tepl – „Und neues Leben blüht aus den Ruinen“.

STIFT TEPL

31 Prämonstratenserkloster Stift Tepl

„Und neues Leben blüht aus den Ruinen“

Unter Edvard Beneš hat der tschechoslowakische Staat die deutsche Bevölkerung ausgeraubt und vertrieben. Unter Gottwald und Husák versuchten die tschechischen Kommunisten vier Jahrzehnte lang, Gott zu vertreiben. Alle Klöster wurden aufgelöst, Bischöfe, Priester und Ordensleute inhaftiert. Die katholische Kirche sollte ausgelöscht werden. Auch im berühmten Prämonstratenserkloster Stift Tepl bei Marienbad erlosch das Ewige Licht. Abt und Mönche gingen ins Gefängnis, russisches und tschechisches Militär zog ein. Statt Stundengebete lärmende Siegesfeiern.

In dieser Zeit wurde besonders der prächtige Bibliotheksbau verwüstet und die Prälatur mit dem prunkvollen „Blauen Saal“ beinahe vollständig ruiniert. Ein großer Teil der weltberühmten Klosterbibliothek wurde geraubt oder vernichtet. Wohin man auch sah, überall Zerstörung und Chaos. Noch vor zehn Jahren berichteten Landsleute von verfallenen Mauern, leeren Wirtschaftsräumen und einer verschmutzten Kirche. In den Regalen der Bibliothek fanden sie statt der wertvollen Folianten minderwertige religiöse Belletristik.

Am 27. September 1997 – es ist ein sonniger Spätsommertag – sehe ich aus etwa 200 m Höhe Erfreulicheres: **Stift Tepl erwacht aus dem Todesschlaf.** Das Klosterhospiz (im Bild vorne links) und die sich anschließenden Gebäude sind neu eingedeckt und renoviert. Auch die Prälatur im ersten Innenhof hat ein neues Dach bekommen. Auch im zweiten Innenhof ist bereits ein Längstrakt instand gesetzt und durch ein neues Dach geschützt. Später erfahre ich, warum das Hospiz zuerst hergerichtet wurde. Mit den Einnahmen aus dem Restaurant, der Bierstube und den neu eingerichteten Gästezimmern im Dachgeschoß wird die Restaurierung des Stiftes mitfinanziert. Deshalb sind auch die sehr zahlreich kommenden Sudetendeutschen mit ihren Familien willkommene Essens- und Übernachtungsgäste. Der mit moderner Konferenztechnik ausgestattete Konferenzraum steht für Kongresse, Symposien, Schulungen und Präsentationsveranstaltungen das ganze Jahr zur Verfügung. Weil auch diese Erträge zur kompletten Sanierung des Stiftes nicht ausreichen, fordert der Orden z.Zt. mit einer Klage bei Gericht die Rückgabe von ca. 6000 ha Land mit Wäldern, Feldern und Teichen.

Die tschechischen Mönche, die nach der 40-jährigen erzwungenen Vakanz wieder ins Kloster eingezogen sind, haben begonnen, die große religiöse Tradition des Stiftes Tepl fortzusetzen. Augenblicklich aber – und wohl noch für lange Zeit – steht für sie der Wiederaufbau im Vordergrund.

Einige Daten zur Geschichte des Stiftes:

* 1193 Von dem böhmischen Adeligen Hroznata gegründet.

* 1233 Einweihung der doppeltürmigen romanischen Hallenkirche.

* ab 1200 Die Abtei Tepl fördert die Besiedelung des Egerlandes durch deutsche Bauern und Handwerker.

* ab 1500 Tepl ist in der Reformationszeit große Stütze der kath. Kirche und Zentrum der Gegenreformation.

* 1550 Gründung einer Lateinschule durch Tepler Prämonstratenser.

* 1611 Kloster Tepl brennt bis auf die Kirche nieder.

* um 1770 Noch vor Kaiser Josef II. hebt das Kloster in seinem Herrschaftsbereich die Leibeigenschaft auf.

* um 1800 Abt Karl Reitenberger läßt in Marienbad Quellenanalysen durchführen und begründet den Kurort Marienbad, der dank der Prämonstratenser bald Weltgeltung erlangt.

* 1945 Das Kloster wird von tschechischen Partisanen besetzt, Abt Petrus Möhler und die Mönche werden verhaftet und ins Gefängnis nach Eger gebracht.

* 1950 Stift Tepl wird aufgelöst.

Zwei Tepler Stiftsherren sind im Kampf um das Selbstbestimmungsrecht der Deutschen in Böhmen und Mähren besonders bekannt geworden: der 1943 verstorbene **Abt Gilbert Helmer** und sein Nachfolger, der **letzte deutsche Abt von Stift Tepl, Petrus Möhler,** der 1944 die Abtweihe empfing. Vor allem wegen seines Eintretens für die sudetendeutsche Sache wurde er in Eger eingesperrt und erst 1948 todkrank entlassen. Er fand Aufnahme im Tepler Tochterkloster Speinshart in der Oberpfalz. 1949 ging er nach Kloster Schönau im Taunus, wo er als Prälat wirkte und am 7. März 1968 starb. Aus Anlaß der 150-Jahrfeier des Weltkurortes Marienbad am 14.9.1958 verlieh ihm Bundespräsident Theodor Heuss das Große Verdienstkreuz am Bande.

Abt Petrus Möhler

Wie es vor 60 Jahren im deutschen Stift Tepl ausgesehen hat, schildert ein Bericht im „Heimatbrief für den Kreis Plan-Weseritz“ vom Mai 1997. Er wird im Wortlaut unverändert dokumentiert.

„Man betrat das Stift durch das Tor an der Westseite, über dem das Stiftswappen (drei Hirschgeweihe) und eine Uhr zu sehen waren; die Uhr zeigte immer halb Zwölf, als Zeichen der Gastfreundschaft. Über den breiten Hof kam man zum Haupteingang der zweitürmigen Stiftskirche, die aus dem Trachyt des Tepler Spitzberges erbaut worden ist. Der linke an die Kirche sich anschließende Gebäudeteil, der sog. Bibliothekstrakt, 1902 - 1905 von Abt Gilbert Helmer erbaut, war nur montags, mittwochs und freitags von 14 - 18 Uhr geöffnet, die Kirche hingegen täglich. Der rechts von der Kirche befindliche Konvent mit den Zellen der Stiftsgeistlichen war nur männlichen Besuchern zugänglich. Im Arbeitszimmer hing ein Bildnis des Chorherrn Alois David aus Zeberhirsch, der Leiter der Prager Sternwarte war und seine Himmels-

fernrohre auch auf dem Branischer Berg aufstellte. Im Lesesaal wurden die Unterschriften aller Besucher seit 1928 aufbewahrt. Die Bücherei enthielt 70.000 Bände. An den großen Saal (24 x 12 x 15 Meter) schloß sich das Handschriftenzimmer an. Darin befand sich u. a. der **Codex Teplensis** *– eine deutsche Übersetzung des Neuen Testamentes – und eine vollständige lateinische Bibel aus dem 13. bis 14. Jahrhundert mit prächtiger burgundischer Kleinmalerei. Das Museum befand sich in einem großen Saal mit Säulen aus echtem Salzburger Marmor und einem kleinen Raum. Es enthielt Bilder, Altertümer und naturkundliche Sammlungen, darunter die Mineraliensammlung Goethes (Gesteine und Mineralien aus der Tepler / Marienbader Gegend), die dieser 1822 dem damaligen Prior des Stiftes geschenkt hatte.*

Pflanzenfreunde fanden hier drei wertvolle Herbarien, die alle auf der Tepler Herrschaft vorkommenden Pflanzen enthielten. Prachtvoll war die Sammlung der Muscheln und Schnecken. In den Wandkästen waren geschichtlich bedeutsame Gegenstände aufbewahrt, darunter Ausgrabungen vom Schwedenlager am Bethlehemberg, hussitische Waffen, Türschlösser, Meßgewänder, sogar ein Steinzeithammer von einer Wiese bei Tepl usw..

Die Kirche, eine der ältesten Böhmens, war im wesentlichen so erhalten, wie sie Hroznata erbauen ließ. Die Inneneinrichtung stammte jedoch aus dem 18. Jh.. Sie war eine romanische Hallenkirche mit Übergängen zur Gotik, 65 m lang, 16 m hoch und hatte ein Hauptschiff und zwei Seitenhallen. Chor und Hochaltar waren durch ein Gitter vom Hinterschiff abgetrennt. Der Chor enthielt die Sitze der Ordensbrüder, der Hochaltar, ganz von Marmor, zeigte das Bild 'Maria Verkündung'. Im linken Seitenschiff fanden wir auf dem Altar den vergoldeten Schrein mit den Gebeinen des seligen Hroznata, die bis 1898 in einem Steinsarg vor dem Hauptaltar ruhten.

Das Konventgebäude war im Geviert errichtet und umschloß mit hohen, lichten Wandelgängen den Kreuzgarten. In den Gängen die Bilder der Äbte. Die wichtigsten Räume waren der Kapitelsaal, wo die Neulinge eingekleidet, die Gelübde abgelegt, wichtige Beratungen gepflogen und die verstorbenen Stiftsgeistlichen aufgebahrt wurden, der Speisesaal der Stiftsgeistlichen und die Gebetshalle. Die Prälatur, 1666 erbaut, enthielt über der Durchfahrt die Wohnung des Abtes. Ihre schönsten Räume waren das Empfangszimmer, der Speisesaal und der prächtige 'Blaue Saal', der nur bei besonders festlichen Anlässen benutzt wurde. In allen Räumen fiel die vornehme, würdige und stilvolle Ausstattung auf.“ Soweit der Bericht von Landsmann Franz Schöppl.

Dieses Stift Tepl gibt es nicht mehr. Die noch lebenden Deutschen aus dem Egerland freuen sich, daß sich im heutigen Klášter Premonstrátů Teplá neues religiöses Leben regt und wünschen, daß die „weißen Priester“ vom deutschen Prämonstratenserkloster Tepl würdige Nachfolger finden.

Die tschechischen Politiker der Nachkriegszeit konnten die Deutschen vertreiben, aber nicht Gott.

Quellen:

„Westböhmen“, Johannes Jetschko; Linz 1993.
„Heimatbrief Plan-Weseritz“, Mai 1997.

Der Meditationsgarten in Pilsen – Mahnmal für die Opfer des Bösen.

32 Der Meditationsgarten in Pilsen

Mahnmal für die Opfer des Bösen

Der Bory in Pilsen. Vor 58 Jahren ging von dort aus der Todesengel durch das deutsche Land an der Miesa. Kaum ein Ort, in den er nicht Kunde vom gewaltsamen Sterben vieler schuldloser deutscher Männer jeden Alters brachte. Bory-Pilsen wurde für uns zum verhaßten Inbegriff tschechischer Gewalt. Bis heute hat der tschechische Staat diesen Opfern ein würdiges Denk- und Mahnmal verweigert.

Das Gelübde des Luboš Hruška

Aber ein einzelner Mensch, der Tscheche Luboš Hruška, hat gehandelt und seinen Staat und seine Stadt beschämt. Zufall oder Fügung, kaum zwei Kilometer vom Bory-Gefängnis entfernt, in Doudlewetz an der Radbusa, hat Luboš Hruška mit seinem Meditationsgarten ein Mahnmal für die Opfer des Bösen in Pilsen geschaffen. Ich bin diesem Mann begegnet. Hier ist seine Geschichte:

Als 1948 die Kommunisten auch in der Tschechoslowakei an die Macht gelangen, versucht ein 22 Jahre alter Leutnant der tschechischen Armee namens Luboš Hruška diesem Regime zu entkommen und illegal das Land zu verlassen. An der Grenze wird er gefaßt, wegen Hochverrats zum Tode verurteilt und schließlich zu 18 Jahren schwerer Kerkerhaft „begnadigt".

Wo noch vor ein paar Jahren Deutsche unter den brutalen Schlägen mit dem Ochsenziemer aufschrieen, sind es jetzt Tschechen, Offiziere, Intellektuelle und Priester. Auch Luboš Hruška. Wie im Jahre 1945 sind jetzt unter den tschechischen Inhaftierten Selbstmordversuche an der Tagesordnung.

Aber diese Stätten des Schmerzes, der Demütigung, der Hoffnungslosigkeit werden für manche der Gepeinigten auch zu Orten einer inneren Wandlung. In einer Zelle des Prager Pankrac begegnet der Atheist Luboš Hruška zum erstenmal Jesus Christus. Pater Ondrej, der Abt des Kapuzinerklosters Falkenau, betet mit ihm und anderen Häftlingen das Vaterunser, das keiner von ihnen kennt.

In einer anderen Haftanstalt stellt Hruška fest, daß sich gläubige Menschen anders verhalten, ihr Schicksal leichter annehmen und aus der Begegnung mit Gott Kraft zum Durchhalten und Weiterleben schöpfen. Er hat das Bedürfnis, diese Menschen näher kennenzulernen, ihnen näherzukommen. In der gemeinsamen Zelle wird er von dem Jesuitenpater Šilhan auf die römisch-katholische Taufe vorbereitet. 1956 läßt er sich taufen. Er gelobt, wenn er die Freiheit erleben würde, im Garten seines Vaters eine Gedenkstätte für alle Opfer des kommunistischen Regimes zu errichten.

1960 wird er nach elf Jahren Haft entlassen, bleibt aber weiterhin unter Polizeiaufsicht. Und nun beginnt er, sein Gelübde einzulösen. Kaum hat er als ehemaliger politischer Häftling am Ende eines harten Arbeitstages Spitzhacke und Schaufel weggelegt, beginnt er abends die Arbeit im Garten. Von Anfang an hat er den Plan, seinen Gedächtnisgarten so zu gestalten, daß auch ein Kreuzweg untergebracht werden kann.

Hruška selbst: *„Bereits in der Haftanstalt Bytíz war mir klar, daß jeder von uns sein eigenes Kreuz zu tragen hat und daß nicht jedes Leiden sinnlos ist. Durch das Leiden kann der Mensch unvergleichlich größere Geschenke bekommen. Das Leiden führt zum Glauben. Wenn Sie sich am seelischen Abgrund befinden, allein und verlassen dastehen, aber Christus hinter sich fühlen, erwächst Ihnen eine enorme Kraft, die Ihnen keiner rauben kann.*

Ursprünglich wollte ich eine Gedenkstätte für die Opfer des Kommunismus errichten. Allmählich kam ich zu der Überzeugung, daß auch andere Regime und andere Ideologien Opfer hinterlassen haben, und so widmete ich diese Gedenkstätte allen Opfern des Unheils."

Der Meditationsgarten des Luboš Hruška

Als Luboš Hruška 1960 nach elf Jahren Haft entlassen wird, beginnt er sein Gelübde einzulösen: den Garten seines Vaters zu einer Gedenkstätte für die Opfer aller totalitären Regime umzugestalten.

Erst fällt er alle 90 Obstbäume. Dann lernt er, weil Zierbäume teuer sind, das Züchten und Pfropfen der Setzlinge. Er besucht Gartenausstellungen und eignet sich in Seminaren ein umfangreiches gärtnerisches Fachwissen an. Alle Bäume im jetzigen Meditationsgarten – mehr als 400 Arten, darunter viele seltene japanische Ahorne – hat er selbst gezüchtet und in die heutige Form gebracht. Seine Setzlingszucht und sein Fachwissen bringen ihm auch die finanziellen Mittel für weitere Investitionen ein.

Nach dem „Prager Frühling" 1968 wird er immer wieder verhaftet und verhört, weil sich in seinem Garten ehemalige politische Häftlinge treffen, die sich Gruppe K 231 nennen, weil sie alle nach § 231 verurteilt worden waren.

Für den **eucharistischen Kreuzweg** im Garten plant Hruška 14 Stationen mit 12 Statuen in Lebensgröße. Der Franziskanerpater Michal bringt ihn mit dem akademischen Bildhauer Roman Podrázský aus Přibyslav in Kontakt. Seine von 1986 bis 1991 geschaffenen Sandsteinplastiken machen aus dem einstigen Obstgarten einen Ort des Nachdenkens und eine Stätte zur Genesung der Menschenseele.

Anfangs finden hier nur für Freunde und Gesinnungsgenossen kulturelle und religiöse Veranstaltungen statt. Immer mehr Menschen kommen in den Parkgarten, um abgeschieden vom Lärm der Großstadt in Ruhe zu meditieren und den Weg des Kreuzes zu gehen.

Jetzt fehlt dem Garten nur noch ein Raum, in dem man bei schlechtem Wetter unterkommen kann. Was liegt näher als eine Kapelle. Die nötigen Geldmittel – am Schluß werden es 3,5 Millionen Kronen sein – werden durch die Stiftung „ Gedenkstätte des Leidens" aufgebracht. Auf einer Tafel beim Eingang, die die Sponsoren ausweist, liest man u. a. „Kirche in Not Wien" – „Bistum Regenburg" – „Sozialwerk der Ackermann-Gemeinde". Im April 1995 wurde der moderne Bau dem hl. Maximilian Kolbe geweiht, dem ersten heiliggesprochenen Opfer des II. Weltkrieges.

Die Stadt Pilsen würdigt Hruškas großes Lebenswerk mit dem „Preis der Stadt Pilsen". Aber seine Krönung erfährt der „schmerzvolle Kreuzweg" durch Meditationstexte von Petr Hruška, die der Sohn von Luboš Hruška am Tag seiner Diakonweihe all denen widmet, die ihm auf dem Weg zum Priestertum nahestanden: seinen Eltern, seinen Lehrern, seiner Pfarrgemeinde, seinem Bischof.

Zum tieferen Eindringen in die Spiritualität der Meditationstexte sollte man an Ort und Stelle die einzelnen Stationen des Kreuzweges direkt auf sich wirken lassen. So werden dann die zwei Figuren mit den debilen Gesichtszügen – sie stellen die Auspeitschung Christi dar – zum Ausdruck einer totalitären Macht, zu SS- und Bory-Schindern und zum Protest gegen jede Gewalt.

Ich bin im Meditationsgarten gewesen, ich bin den Kreuzweg gegangen, ich bin auch Luboš Hruška begegnet. Er saß am 2. Juli 1995 beim deutsch-tschechischen Versöhnungsgottesdienst in unserer Littitzer Pfarrkirche neben mir und sagte beim Friedensgruß zu mir: „Bruder, vergib mir". Dabei umarmte er mich.

In Pilsen gibt es den Bory, aber auch das Mahnmal für die Opfer des Bösen. Geschaffen hat es Luboš Hruška zur Genesung der Seele... Und Luboš Hruška ist Tscheche.

V. Station: In den Händen von Soldaten
Die Soldaten schlugen ihm mit einem Stock auf den Kopf und spuckten ihn an, knieten vor ihm nieder und huldigten ihm. Warum schweige ich wieder? Wird diese Stille tief genug sein, um die ängstliche Verleugnung, den blinden Spott und sogar auch den durchdachten Verrat zu umarmen? Vater, wer verschließt sich jetzt mehr deiner Liebe? Diese Soldaten, oder meine Jünger?
Mein Leib ist in Stücke gerissen...
Judas, niemals ist es zu spät!
Simon, liebst du mich?

Zum Luftbild

So sieht der Meditationsgarten aus etwa 200 m Höhe aus: vom Eingang (links) gelangt man zuerst zur Pater-Maximilian-Kolbe-Kapelle (Mitte), in der Andachten, Vorträge und auch musikalische Veranstaltungen stattfinden. Dort beginnt auch der „eucharistische Kreuzweg", der zu den 14 Stationen mit den in Lebensgröße geschaffenen Steinplastiken führt.

Ob an trüben Tagen oder im Glanz des Sonnenlichts – immer umfängt den Besucher eine Stimmung, die still macht. Für mich ist der Meditationsgarten des Luboš Hruška ein Leidens- und Paradiesgarten.

Luboš Hruška mit seiner Gattin beim deutsch-tschechischen Gemeinschaftsgottesdienst in der Littitzer Pfarrkirche „Zu Peter und Paul" am 2. Juli 1995.

Quellen:

„Český-böhmen-express", Februar 1995.
„Eucharistischer Kreuzweg", Petr Hruška.

Mons. František Radkovský, Bischof der Diözese Pilsen

Beim deutsch-tschechischen Gottesdienst zum Fest „Peter und Paul“ am 27. Juni 1999 in meiner Heimatkirche Littitz bei Pilsen sagte der tschechische Oberhirte in beiden Sprachen:
„Ich freue mich, daß auch heuer wieder vertriebene Deutsche von weither gekommen sind. Ich meine, daß jeder Mensch Recht auf seine Heimat hat. Dieses Recht darf von niemandem bestritten werden. Ihr Deutschen seid in dieser Kirche willkommen. Sie ist Euer Haus, Eure Heimat!“

Hier tankt mein Pilot die Cessna für unseren Langstreckenflug auf. Herr Antonín Wagner ist 44 Jahre, verheiratet und hat drei heranwachsende Töchter. Er ist Lehrer an einer Pilsener Schule und in seiner Freizeit ein begeisterter Pilot auf dem Flugplatz Letkov bei Pilsen.

Ich bin mit ihm bisher achtmal in der böhmischen Luft gewesen, jedes Mal bis 5 Stunden lang. Für mich ist Herr Wagner der beste Pilot vom Westböhmischen Fliegerklub in Pilsen. Er kennt sich über Westböhmen sehr gut aus und steuert das auf der Karte markierte Ziel auf kürzestem Wege an. Er hat sich bisher noch kein einziges Mal „verfranzt". Er hat mehrfach gezeigt, daß er die berühmte Stecknadel im Heuhaufen findet, seien es die unter den Waldbäumen verschwundenen Ruinen der Burg Wolfstein oder die Mauerreste einer einstigen Mühle im Miesatal.

Er weiß von mir, daß mich seine Landsleute 1945 aus meinem Heimatort Littitz bei Pilsen vertrieben haben, ich weiß von ihm, daß sein Großvater noch Anfang 1945 von deutschen Soldaten erschossen wurde. Wir haben keine Probleme miteinander und wünschen, daß es auch zwischen unseren beiden Volksgruppen bald so ist.

Für Informationen, die mir bei der Abfassung der Ortsporträts sehr hilfreich waren, danke ich

Frau Rosemarie Bayer, geb. Lux, aus Gießhübl-Sauerbrunn im Egerland,
Frau Waltraud Klein, geb. Malota, aus Littitz im Egerland,
Frau Ingeborg Ranwig aus dem Heimatkreis Podersam im Egerland,
Frau Marianne Zörner, geb. Miksch, aus Rodisfort im Egerland,
Herrn Oskar Girschick aus Jokes im Egerland,
Herrn Rudolf Götzl aus Falkenau im Egerland,
Herrn Josef Grimmer aus St. Joachimsthal im Egerland,
Herrn Erich Hentschel aus Saaz im Egerland.

Besonderer Dank gilt meiner Littitzer Schulfreundin Anny Malota, die oft in der Wissenschaftlichen Bibliothek des Sudetendeutschen Archivs in München die von mir benötigte Heimatliteratur gesucht, auf Brauchbarkeit geprüft und kopiert hat.

Daß auch dieser Bildband wieder in gehobener Ausstattung erscheinen konnte,
ist dem Vorstand des Heimatkreises Mies-Pilsen mit seinem sehr rührigen

V o r s i t z e n d e n D r. H a n s M i r t e s

zu danken.

Nürnberg, im April 2001

Franz Böhm

Franz Böhm

Eine Kurzbiographie des Autors

1929 geboren in Dobrzan/Wiesengrund, Kreis Mies, Westböhmen
Vater war Lehrer in Schlowitz und Littiz; 1944 gefallen

1935 bis 1939 deutsche Volksschule in Littiz

1939 bis 1945 deutsche Oberschule in Pilsen mit gleichzeitigem Besuch der Musikschule in Pilsen

1945 Flucht zu Fuß nach Bayern

1946 bis 1949 Lehrerbildungsanstalt in Eichstätt

1949 In Nürnberg Eintritt in den bayerischen Schuldienst

1959 bis 1981 Ausbildungslehrer für Studierende der Erziehungswissenschaftlichen Fakultät der Universität Erlangen-Nürnberg

1969 bis 1993 Hauptschulrektor in Nürnberg

Heimatarbeiten

1993 Dokumentation in deutscher und tschechischer Sprache über die „Vertreibung der Deutschen aus ihren Heimartorten Littitz, Schlowitz, Elhotten und Hrobschitz“.

1995 Zusammenstellung eines „Heimatlesebuches“ für den Kirchsprengel Littitz, Schlowitz, Elhotten, Hrobschitz.

1999 „Flug über die westböhmische Heimat.“ Eine Dokumentation in Wort und Bild: Wie unsere Heimat einst war, wie unsere Heimat heute ist.
Der Fotobildband wurde vom Heimatkreis Mies-Pilsen herausgegeben.

2001 „Flug ins Stifter-Land.“ Der Fotobildband wurde vom Heimatkreis Mies-Pilsen herausgegeben.

2003 **„Flug ins nördliche Egerland“. Der Fotobildband wurde vom Heimatkreis Mies-Pilsen herausgegeben.**

Ständiger Mitarbeiter des Heimatbriefes „Land an der Miesa“ und der Sudetendeutschen Zeitung.
Artikel in tschechischen Zeitungen.

Ein Buch, das erschüttert: Wie die Hyänen sind Polen hinter den Russen hergezogen und haben sich ihre Opfer geholt, Männer, Frauen und Kinder, die in Gefängnisse und Lager verschleppt, dort zu Tode gequält und umgebracht wurden. Dadurch sollte das Land für die nachrückenden polnischen „Neusiedler“ menschenleer gemacht werden.

Festeinband — Preis 19,90 €
plus Versandkosten

In diesem glänzend dokumentierten Buch wird der Nachwelt dargelegt, dass bereits seit Mitte des 19. Jahrhunderts Pläne geschmiedet wurden, um sich der Deutschen östlich der Linie Stettin-Triest zu entledigen und damit eine 800-jährige deutsche Siedlungs- und Staatsgeschichte in diesem Raum zu tilgen. Hier wird das Tabu des großen Schweigens über die geschichtlichen Hintergründe gebrochen.

240 Seiten, gebunden — Preis 18,- €
plus Versandkosten

Abschied nimmt am 13. April 1945 ein junger Mann von Eltern und Schwester im westböhmischen Neumarkt, das heimatlich im Frühlingssonnenschein glänzt. Noch keine achtzehn, muß er unter die Soldaten, und knapp vier Wochen bei der deutschen Wehrmacht, gerät er in das Chaos der Auflösung jeglicher Ordnung und in Gefangenschaft. Er schildert, was er bei Tschechen, Polen und Russen in 4 Jahren hinter Stacheldraht erlebt hat.

Als er im Februar 1949 bei Forst die neue deutsche Grenze überqueren darf, ist er zwar entlassen, aber Heimkehr gibt es nicht. Den Vater trifft er als Vertriebenen im Allgäu wieder, die Mutter ruht unter nun fremder, ihm unzugänglicher Erde daheim im Sudetenland.

410 Seiten broschürt — Preis 21,- €
plus Versandkosten

Ein groß angelegtes zeitgeschichtliches Doku-Drama mit authentischen Schicksalen der Vertreibungsopfer. Die Autorin reißt einen Vorhang auf vor den satanischen Strategien Beneš', seiner Handlanger und Mitläufer - alles mit belegten historischen Dokumenten.
Autorin: Sidonia Dedina

ISBN 3-930648-32-6, 416 Seiten — Preis 15,- €
plus Versandkosten

Den Schwerpunkt bildet Südböhmen mit den Städten Budweis, Krummau, Bergreichenstein, Prachatitz und vielen anderen Böhmerwaldorten, mit dem Lipno-Stausee und der herrlichen Landschaft des Böhmerwaldes. Autor: Franz Böhm

Viele großformatige Luftaufnahmen in Farbe,
115 Seiten mit Festeinband — Preis 17,40 €
plus Versandkosten

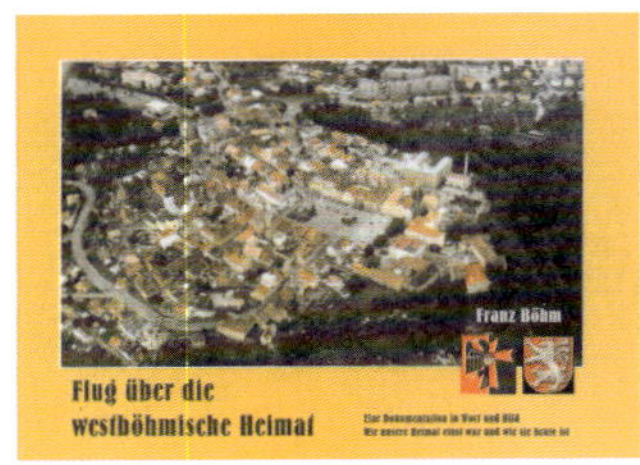

Franz Böhm ist es gelungen, auf über 375 Seiten den Altlandkreis Mies und die Stadt Pilsen mit herrlichen Luftaufnahmen zu dokumentieren. Der Band ist in die 4 Gerichtsbezirke gegliedert und die 100 großformatigen Farbaufnahmen sind mit ausführlichen Texten versehen.

Es ist ein ausgezeichneter Bildband, der bei unseren Enkeln Interesse für die alte Heimat ihrer Eltern und Großeltern wecken und zu Fragen ermuntern wird.

Festeinband — Preis 24,25 €
plus Versandkosten

Bezugsadresse: Heimatkreis Mies-Pilsen e.V.,
Postfach 127, 91542 Dinkelsbühl, Tel.: 09851/53003, Fax 09851/53004